U0926510

《2016年环境执法大练兵典型案卷汇编》

编审委员会

2016 年环境执法大练兵
典型案卷汇编

2016 NIAN HUANJING ZHIFA DALIANBING DIANXING ANJUAN HUIBIAN

生态环境部 / 编

中国环境出版集团 · 北京

图书在版编目（CIP）数据

2016 年环境执法大练兵典型案卷汇编/生态环境部编.
—北京：中国环境出版集团，2017.12
ISBN 978-7-5111-3481-3

Ⅰ. ①2… Ⅱ. ①生… Ⅲ. ①环境保护—行政执法
—案例—中国 Ⅳ. ①D922.685

中国版本图书馆 CIP 数据核字（2017）第 325467 号

出 版 人 武德凯
责任编辑 陈金华 曹 玮
责任校对 任 丽
封面设计 宋 瑞

出版发行 中国环境出版集团
（100062 北京市东城区广渠门内大街 16 号）
网 址：http://www.cesp.com.cn
电子邮箱：bjgl@cesp.com.cn
联系电话：010-67112765（编辑管理部）
010-67113412（第二分社）
发行热线：010-67125803，010-67113405（传真）

印 刷 北京中科印刷有限公司
经 销 各地新华书店
版 次 2018 年 10 月第 1 版
印 次 2018 年 10 月第 1 次印刷
开 本 787×1092 1/16
印 张 41.75
字 数 950 千字
定 价 138.00 元

序

党中央、国务院高度重视生态环境执法工作。习近平总书记指示，对破坏生态环境的行为，不能手软，不能下不为例。2018 年 5 月 18 日至 19 日，党中央决定召开的全国生态环境保护大会正式确立习近平生态文明思想，提出必须坚持用最严格制度最严密法治保护生态环境，加快制度创新，强化制度执行，让制度成为刚性的约束和不可触碰的高压线。李克强总理指出，要严格环境执法。2014 年 11 月，国务院办公厅印发《关于加强环境监管执法的通知》，就全面加强环境监管执法进行部署。2015 年 1 月 1 日，新《环境保护法》正式施行，这部史上最严环保法让环境监管执法长出“獠牙”，由过去“宽松软”转向现在“严紧硬”。

党的十九届三中全会通过了《中共中央关于深化党和国家机构改革的决定》和《深化党和国家机构改革方案》，强调推动整合同一领域或相近领域执法队伍，实行综合设置，作出组建生态环境保护综合执法队伍安排部署，要求整合污染防治和生态保护执法职责，统一实行生态环境保护执法。

党的十八大以来，以习近平同志为核心的党中央谋划开展一系列根本性、开创性、长远性工作，加强法治建设，生态环境保护执法顶层设计得到进一步优化，法治化、标准化、规范化水平跃上了新台阶，为生态文明建设保驾护航作用日益凸显。同时，也应看到，我国生态环境质量持续好转的成效并不稳固，生态破坏与环境违法行为禁而不绝、罚而不止现象仍然存在，打好污染防治攻坚战需要跨越一些常规性和非常规性关口，亟须全面提升新时代生态环境保护执法能力和水平，充分发挥监管执法“利剑斩污”，建设一支政治强、本领高、作风硬、敢担当，特别能吃苦、特别能战斗、特别能奉献的生态环境保护铁军，为打好污染防治攻坚战、提升生态文明、建设美丽中国提供强力支撑与保障。

2016 年 9 月至 11 月，原环境保护部在全国范围内组织开展环境执法大练兵活动，在提高执法水平、打击环境违法行为方面取得积极成效，涌现一批执法能手，形成一批执法实践案卷。生态环境部立足全面总结活动成果，强化执法经验交流，提升监管执法水平，组织专家对典型性、代表性执法实践案卷进行系统梳理，编辑分类，汇编成书。

该案卷汇编源自实践、指导实践，集中展示行政处罚、按日计罚、移送拘留、涉嫌犯罪移送和申请强制执行等各类型执法案件办理全过程，包括调查取证、执法文书各项细节，以及案卷归档详细条理，完整地保留案卷原貌，是一本实用性、操作性、指导性都很强的执法工具书。希望各级生态环境执法监管人员认真学习借鉴，深入掌握运用，持续增强科学执法、规范执法能力和水平，建设生态环境监督执法铁军，在打好污染防治攻坚战中发挥更强战斗力，为提升生态文明、建设美丽中国做出新的更大贡献。

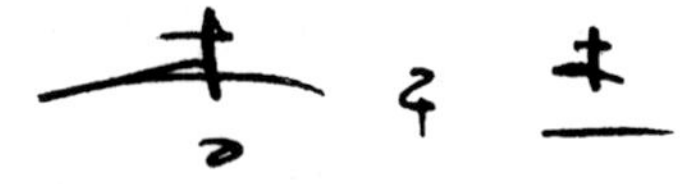

2018 年 5 月 30 日

前　言

党的十八届四中全会提出全面推进依法治国若干重大问题的决定，在深入推进依法行政和加快建设法治政府的改革大背景下，为推进全国环境执法队伍建设，进一步规范、提高执法能力和水平，环境保护部于 2016 年 9 月至 11 月，首次在全国范围内组织开展环境执法大练兵活动。

我部针对 2016 年环境执法大练兵的地方执法案件办理质量、执法案件数量、公众满意度等指标，综合评选出表现突出集体 45 个（5 个省级、20 个市级、20 个县级）和表现突出个人 100 名。其中，环境执法案卷是体现执法能力和案件办理质量的一项重要指标。为此，我部组织了两次执法案卷的评审，委托来自全国人大环资委、清华大学、中国政法大学、武汉大学等单位的 63 位法学和司法实践部门专家，对 2016 年环境执法大练兵中各地报送的 1000 余份执法案卷进行全面、系统的评审。

根据专家的普遍反映，绝大多数参评的案卷材料齐全，案件从立案、调查、取证到结案的过程清晰完整，对重大案件的集体审议合法、合规、严谨，执法态度和执法能力均有不错的表现。专家们认为，大部分案卷的执法文书规范严谨，调查执法过程使用法言法语，执法程序比较严密，证据相对充实完整，法律定性也较准确，与以往受到质疑的环境执法程序不规范、证据不完整、法律适用随意等情况相比，本次大练兵活动对各地案卷质量有明显的提升所用。

为充分发挥各地在 2016 年环境执法大练兵活动的典型案卷的示范作用，指导地方学习优秀案卷，进一步规范案件调查取证、内部审查、处理处罚决定、案卷归档等工作，我部结合案卷综合得分靠前和专家评议推荐等因素，从一般行政处罚、按日计罚、移送拘留、涉嫌犯罪移送和申请强制执行的 5 类案卷中，各选取了两份具有典型性和代表性的案卷进行整理，并编辑成 10 个典型案例的汇编材料。这 10 份案卷都是格式规范、证据充分、程序合理、处理处罚得当的典型案卷。当然，这些案卷的部分程序和某些细节也还存在瑕疵和不足。希望这些来自于各地执法实践的典型案卷能为广大地方执法工作人员的环保执法工作提供参考和借鉴。

目　录

行政处罚案卷

新疆××饲料科技有限公司违反建设项目环保“三同时”制度案

新疆××饲料科技有限公司违反建设项目环保“三同时”制度案

【案件提供单位】

新疆维吾尔自治区乌鲁木齐县环境保护局

【案件简介】

2016 年 8 月 13 日，环保部门现场检查，发现新疆××饲料科技有限公司奶牛场需要配套建设的环境保护设施未验收，主体工程已投入运营使用；违反了《建设项目环境保护管理条例》第十六条，依据《建设项目环境保护管理条例》第二十八条，对其处以罚款 1 万元，已执行。

【专家点评】

新疆××饲料科技有限公司违反建设项目环保“三同时”制度案，整体来看，案卷材料完整规范，处理程序完整，证据收集手段合法，行政执法程序规范，处罚依据明确、细致，法律定性准确，是一份比较标准的执法案卷。其中，自由裁量行使和人性化执法很有借鉴意义。

（一）该案的优点

1．案卷材料规范、清晰

该案卷目录清晰完整，从立案到结案各种文书材料齐全。文书格式符合《环境行政执法文书制作指南》的要求。调取证据材料时均有明确清晰的签名（执法证号）、盖章、手印和调取时间。

2．执法程序合法规范，事实清楚

该案执法部门的立案、现场检查、调查询问程序完整、严谨，收集证据全面、证据固定得当。

执法部门做出处罚决定过程中两次召开案情讨论会议，对相关违法事实、证据、处罚依据、拟处罚措施和额度进行了反复讨论，完全符合《环境行政处罚办法》第五十二条有关复杂案情和重大违法行为给予较重处罚时应当进行集体审议并予以记录的规定。

执法部门后督察符合《环境行政执法后督察办法》关于督察时限、针对事项、督察措施、督察后报告行为的规定。

3．自由裁量权行使恰当，体现了人性化执法

在接到涉案饲料公司提交的从轻处罚《申请报告》之后，执法部门于 2016 年 9 月 9 日召开案件集体讨论会，考虑到涉案饲料公司的西山牛场项目有利于当地农民就业、绿色农业发展，且企业具有良好的认错态度并主动提出补缴所欠的排污费，以及企业经营的困境，做出对该企业罚款 1 万元人民币的决定。执法部门以企业的实际情况为基础，降低拟处罚的额度符合《环境行政处罚办法》第三章第五节中做出处理决定中“根据其情节轻重及具体情况，做出行政处罚决定”的规定，《新疆维吾尔自治区环境行政处罚自由裁量权细化参照标准（试行）》中有关主体工程在配套环保工程未验收前先行运行的不同处罚额度规定，为执法部门降低处罚额度提供了选择，是环境保护行政主管机关在行政执法中行使自由裁量权的表现。

（二）存在的问题和建议

该案在《责令改正违法行为决定书》的最后一部分与前面的衔接逻辑性不强。应该按照规定在“如你单位不改正上述违法行为，我局将申请乌鲁木齐县人民法院强制执行”之前，应该加上“逾期不申请行政复议，也不向人民法院起诉，又不履行本决定”的内容。

卷内文件目录

序号	文件题名	文号	页码	备注
1	立案审批表	乌县环立审〔2016〕×××号	1	
2	现场检查（勘察）笔录		2～3	
3	调查询问笔录		4～6	
4	现场照片（图片、影像资料）证据		7～9	
5	当事人资料		10～17	
6	案件处理内部审批表（通用）		18	
7	责令改正违法行为决定书	乌县环改决〔2016〕×××号	19	
8	责令改正违法行为决定书送达回证		20	
9	行政处罚案件调查报告		21～22	
10	行政处罚案件审议记录		23～24	
11	案件处理内部审批表（通用）		25	
12	行政处罚事先（听证）告知书	乌县环先（听）告〔2016〕×××号	26～27	
13	行政处罚事先（听证）告知书送达回证		28	
14	陈述申辩材料		29	
15	集体讨论笔录		30～31	
16	案件处理内部审批表（通用）		32	
17	行政处罚决定书	乌县环罚决〔2016〕×××号	33～34	
18	行政处罚决定书送达回证		35	
19	案件执行材料		36～37	
20	后督察监察材料		38～39	
21	行政处罚案件结案审批表	乌县环罚结〔2016〕×××号	40～41	

乌鲁木齐县环境保护局
立案审批表

<table>
<tr><td>案件来源</td><td colspan="2">现场监察</td><td>立案号</td><td>乌县环立审〔2016〕×××号</td></tr>
<tr><td>案　由</td><td colspan="4">涉嫌违反建设项目环保“三同时”制度案</td></tr>
<tr><td rowspan="6">当事人</td><td>名称或姓名</td><td colspan="3">新疆××饲料科技有限公司</td></tr>
<tr><td>地址（住址）</td><td>×××</td><td>邮政编码</td><td>×××</td></tr>
<tr><td>营业执照注（公民身份号码）</td><td>×××</td><td>组织机构代码</td><td>×××</td></tr>
<tr><td>社会信用代码</td><td colspan="3">—</td></tr>
<tr><td>法定代表人（负责人）</td><td>黄某某</td><td>职　务</td><td>总经理</td></tr>
<tr><td>联系人</td><td>崔某某</td><td>联系电话</td><td>×××</td></tr>
<tr><td>案情简介及立案理由</td><td colspan="4">2016年8月13日，乌鲁木齐县环境保护局环境监察大队执法人员对位于乌鲁木齐县永丰乡×××的新疆××饲料科技有限公司西山牛场进行检查，发现该公司“乌鲁木齐市××奶牛场标准化养殖场项目”需要配套建设的环境保护设施未申请竣工验收，建设项目主体工程擅自投入运营使用。该单位的上述行为涉嫌违反《建设项目环境保护管理条例》第十六条的规定，符合《环境行政处罚办法》第二十二条规定的立案条件，建议立案查处。
承办人：×××　　2016年　8月　20　日</td></tr>
<tr><td>监察大队负责人意见</td><td colspan="4">同意立案
签　名：×××　　2016年　8　月　20　日</td></tr>
<tr><td>环保部门负责人审批意见</td><td colspan="4">同意立案
签　名：×××　　2016　年　8　月　20　日</td></tr>
<tr><td>备　注</td><td colspan="4"></td></tr>
</table>

乌鲁木齐县环境保护局
环境监察通知书

乌县环监通（2016）×××号

新疆××饲料科技有限公司：

依据《中华人名共和国环境保护法》及相关法律、法规的规定，我局环境监察人员对你（单位）进行现场检查。

经查，发现你（单位）：建设项目未办理竣工环保验收手续，厂内已开始养牛，主体工程已投入生产使用。

请你（单位）于2016年8月18日10时20分（京时）携带以下资料（复印件须加盖公章）到我局环境监察大队办公室接受调查。

☑营业执照（副本）　☑组织机构代码　☑法定代表人身份证明书及其身份证复印件　☑授权委托书及受委托人身份证复印件

☑环境影响评价手续　☑“三同时”审批手续　☐环保竣工验收手续　☐排污申报登记材料　☐污染源环境监测报告　☐排污许可证　☐水、电、气缴费单据

若逾期不前来接受调查，我局将根据现场检查情况依法对你（单位）进行从严处理。

特此通知。

监察人员及其执法证号：×××（执法证号：×××）

×××（执法证号：×××）

联系地址：×××县×××乡×××号楼

联系电话：×××

XX县环境保护局

2016年8月23日

乌鲁木齐县环境保护局
现场检查（勘察）笔录

时间：2016年8月13日15时01分至15时30分

地点：×××县×××乡×××村×××队

被检查（勘查）人名称或姓名：新疆×××饲料科技有限公司

现场负责人：××× 电话：××× 邮编：×××

工作单位：新疆××饲料科技有限公司西山奶牛场 职务：厂长

告知事项：我们是乌鲁木齐县环境保护局的行政执法人员，这是我们的执法证件（执法证编号：×××）。请过目确认：×××确认。

今天我们依法进行检查并了解有关情况，你应当配合调查，如实提供材料，不得拒绝、阻碍、隐瞒或者提供虚假情况。如果你认为检查人与本案有利害关系，可能影响公正办案，可以申请回避，并说明理由。请确认：×××不申请回避。

现场情况：该建设项目属于新疆××饲料科技有限公司“乌鲁木齐市×××奶牛场标准化养殖场项目”，厂区内养有奶牛420头，成母牛220头，青年牛85头，育成牛25头，剩余为小牛。该建设项目2012年取得乌环生态审〔2012〕×××号环境影响报告表的批复文件，现场负责人现场未能提供相关环保工程竣工验收手续。该建设项目主体工程既已投入使用。经现场踏勘，该养牛场堆粪场采取了硬化防渗措施，建有生活污水，冲洗废水防渗化粪池，堆粪场未出现积存现象。

以下空白

被检查（勘察）人或现场负责人确认意见：确认已阅读

被检查（勘察）人或现场负责人签字：××× 2016年8月13日

检查（勘察）人签字：×××、××× 2016年8月13日

记录人签字：××× 2016年8月13日

参加人签字：×××（乌鲁木齐县环境保护局监察大队大队长） 2016年8月13日

第1页 共1页

乌鲁木齐县环境保护局
调 查 询 问 笔 录

时间：2016 年 8 月 18 日 10 时 52 分至 11 时 15 分

地点：乌鲁木齐县环境保护局监察大队办公室

被调查询问人：崔某某 性别：女 年龄：27 岁

身份证号码：×××

工作单位：新疆××饲料科技有限公司 ××奶牛场

职务：行政部经理 电话：×××

地 址：××× 邮编：×××

调查询问人及执法证编号：×××（环保×××）、×××（环保×××）

记录人：××× 工作单位：乌鲁木齐县环境保护局

执法人员表明身份、出示证件及被调查询问人确认的记录：我们是乌鲁木齐县环境保护局的行政执法人员，这是我们的执法证件（执法证编号：（环保×××）、（环保×××））。请过目确认：×××。

今天我们依法进行检查并了解有关情况，你应当配合调查，如实回答询问和提供材料，不得拒绝、阻碍、隐瞒或者提供虚假情况。如果你认为调查人与本案有利害关系，可能影响公正办案，可以申请回避，并说明理由。你有权对本次调查询问提出陈述、申辩。请确认：××× 确认不申请回避。

询问内容：

问：请介绍一下你个人的基本情况？

被询问人或现场负责人确认意见：确认已阅读

被询问人或现场负责人签字：××× 2016 年 8 月 18 日

询问人签字：×××、××× 2016 年 8 月 18 日

记录人签字：××× 2016 年 8 月 18 日

参加人签字：××× 2016 年 8 月 18 日

第 1 页共 3 页

答：我叫崔某某，身份证号码为：×××，工作单位为：新疆××饲料科技有限公司，在公司担任人事部经理，也负责××奶牛场安全管理、生产经营、环境保护等工作。

问：请介绍一下你新疆××饲料科技有限公司乌鲁木齐市××奶牛场标准化养殖场项目基本情况？

答：乌鲁木齐市××奶牛场标准化养殖场项目就是新疆××饲料科技有限公司的鲜奶生产基地，现有工人 18 人，目前该牛场养有奶牛 420 头、成母牛 220 头、青年牛 85 头、育成牛 25 头以及小牛若干，该养殖场位于乌鲁木齐县永丰乡×××，占地面积为 80 707 米^2，我是今年 6 月 25 日到该牛场工作。

问：新疆××饲料科技有限公司乌鲁木齐市××奶牛场标准化养殖场项目是否办理了相关环评手续？

答：办理了乌鲁木齐市××奶牛场标准化养殖场项目环境影响评价审批手续，审批文件为《关于新疆某某畜牧生物技术股份有限公司乌鲁木齐市××奶牛场标准化养殖场项目环境影响报告表的批复》（乌环生态审〔2012〕×××号）批复文件。

问：乌鲁木齐市××奶牛场标准化养殖场项目何时开始正式投入生产使用？就是什么时候开始从事奶牛养殖？

答：据我所知，已经养牛有在两年以上了，也就是说该项目已经投入使用运营两年以上了。

问：新疆××饲料科技有限公司乌鲁木齐市××奶牛场标准化养殖场项目是否办理了相关建设项目环保竣工验收手续？

答：通过与公司管理档案资料的负责人员对接查找确认，我公司乌鲁木齐市××奶牛场标准化养殖场项目目前还没有办理相关环保竣工验收手续。

问：新疆××饲料科技有限公司乌鲁木齐市××奶牛场标准化养殖场项目是否按环评批复要求建设了相关配套环保设施？都有哪些？是否都处于正常运行状态？

被询问人或现场负责人确认意见：确认已阅读

被询问人或现场负责人签字：×××　　2016 年 8 月 18 日

询问人签字：×××、×××　　2016 年 8 月 18 日

记录人签字：×××　　2016 年 8 月 18 日

参加人签字：×××　　2016 年 8 月 18 日

第 2 页共 3 页

答：该建设项目已经按照环评批复要求建设了生活废水、冲洗废水和牛尿液收集处理防渗化粪池，在养殖区建设了防渗牛粪堆存池，而且我们在经营管理中都及时将牛粪清理外运，低价甚至免费转运给附近的农民，用于农田施肥，现场几乎没有积存粪便的现象。

问：你还有什么需要补充说明的？

答：我们奶牛场经营环境不是很景气，现在厂内职工工资都已经拖欠了两个月，现在养殖成本比较高，饲料价格居高不下，鲜奶价格又跟不上，劳动成本也没有降低，现在企业经济十分困难，望你单位能考虑我们企业的困难。其他再没有什么需要补充说明的了。

以下空白

被询问人或现场负责人确认意见：确认已阅读

被询问人或现场负责人签字：×××　2016 年 8 月 18 日

询问人签字：×××、×××　2016 年 8 月 18 日

记录人签字：×××　2016 年 8 月 18 日

参加人签字：×××　2016 年 8 月 18 日

第 3 页共 3 页

现场照片（图片、影像资料）证据

<table>
<tr><td>证明对象：新疆××饲料科技有限公司××牧场建设项目正在圈养奶牛牛圈</td><td rowspan="7">证物袋
（存底片、光盘等）</td></tr>
<tr><td>拍摄时间：2016 年 8 月 13 日 14 时 29 分</td></tr>
<tr><td>拍摄地点：新疆乌鲁木齐市乌鲁木齐县永丰乡×××</td></tr>
<tr><td>拍 摄 人：×××</td></tr>
<tr><td>拍摄器材及型号：警翼 DSJ-JLYV7B15c80887</td></tr>
<tr><td>当事人、见证人（签名）：×××</td></tr>
<tr><td>执法人员（签名）：×××
执法证号：×××</td></tr>
</table>

现场照片（图片、影像资料）证据

<table>
<tr><td>证明对象：新疆××饲料科技有限公司××牧场建设项目堆粪场地</td><td rowspan="7">证物袋
（存底片、光盘等）</td></tr>
<tr><td>拍摄时间：2016 年 8 月 13 日 14 时 24 分</td></tr>
<tr><td>拍摄地点：新疆乌鲁木齐市乌鲁木齐县永丰乡×××</td></tr>
<tr><td>拍 摄 人：×××</td></tr>
<tr><td>拍摄器材及型号：警翼 DSJ-JLYV7B15c80887</td></tr>
<tr><td>当事人、见证人（签名）：×××</td></tr>
<tr><td>执法人员（签名）：×××
执法证号：×××</td></tr>
</table>

现场照片（图片、影像资料）证据

<table>
<tr><td>证明对象：新疆××饲料科技有限公司××牧场建设项目饲料堆存场地</td><td rowspan="7">证物袋
（存底片、光盘等）</td></tr>
<tr><td>拍摄时间：2016 年 8 月 13 日 14 时 27 分</td></tr>
<tr><td>拍摄地点：新疆乌鲁木齐市乌鲁木齐县永丰乡×××</td></tr>
<tr><td>拍 摄 人：×××</td></tr>
<tr><td>拍摄器材及型号：警翼 DSJ-JLYV7B15c80887</td></tr>
<tr><td>当事人、见证人（签名）：×××</td></tr>
<tr><td>执法人员（签名）：×××
执法证号：×××</td></tr>
</table>

此件与原件校核无异

营业执照

注册号 000000000000000

名　　称　××××××公司

类　　型　有限责任公司

住　　所　××市××区××号

法定代表人　×××

注册资本　×××万元整

成立日期　0000年00月00日

营业期限　0000年00月00日至0000年00月00日

经营范围　××

登记机关

0000年00月00日

××市××有限公司

×××　2016.8.18　执法人员 ×××（×××）　×××（×××）

中华人民共和国
组织机构代码证
（副本）

代　　码：

机构名称：新疆XX饲料科技有限公司

机构类型：企业法人

地　　址：

有 效 期：

颁发单位：

登 记 号：

说　明

1. 中华人民共和国组织机构代码是组织机构在中华人民共和国境内唯一的，始终不变的法定代码标识，《中华人民共和国组织机构代码证》是组织机构法定代码标识的凭证，分正本和副本。
2. 《中华人民共和国组织机构代码证》不得出租、出借、冒用、转让、伪造、变造、非法买卖。
3. 《中华人民共和国组织机构代码证》登记项目发生变化时，应向发证机关申请变更登记。
4. 组织机构应当按有关规定，接受发证机关的年度检验。
5. 组织机构依法注销、撤消时，应向原发证机关办理注销登记，并交回全部代码证。

中华人民共和国
国家质量监督检验检疫总局签章

年检记录

年 月 日	年 月 日	年 月 日	年 月 日

NO.2013 4503307

XX市XX有限公司

调取时间：xx年xx月xx日

提供人（签名或盖章）：XXX

执法人员姓名及证号：

xxx（xxx）

xxx（xxx）

2016.8.18

乌鲁木齐市环境保护局文件

乌环生态审〔2012〕×××号

关于对新疆××畜牧生物技术股份有限公司乌鲁木齐市××奶牛场标准化养殖场项目环境影响报告表的批复

新疆××畜牧生物技术股份有限公司：

你单位报送的《关于办理乌鲁木齐市××奶牛标准化养殖场项目环保手续的申请函》及《乌鲁木齐市××奶牛场标准化养殖场项目环境影响报告表》收悉。经研究，批复如下：

一、乌鲁木齐市××奶牛标准化养殖场项目建设地点位于乌鲁木齐县×××，占地面积为 80 707.25 m^2，东面和东南面为农田，北面隔乡村路与公盛村 5 队相望，西面和西南面为丘陵山区。场区距居民点 50 m 以上，牛舍和牛粪堆肥处距居民点均在 200 m 以外，养殖规模为年存栏优质奶牛 350 头（包括青年母牛和犊牛各 100 头），年产鲜奶 1 350 t。项目总投资 185 万元，其中环保投资 92 万元。

乌鲁木齐市××奶牛标准化养殖场项目的建设，符合国家产业政策，对加快乌鲁木齐市奶业发展，促进农业产业结构调整，培育农村新的经济增长点，增加农民收入，具有十分重要的意义。项目具有良好的经济、社会和生态效益。建设单位在严格落实环评报告表提出的各项环境保护措施后，项目建设对区域环境影响较小，我局同意项目建设。

二、建设单位在项目建设及运营中应重点做好以下工作：

1．项目施工中要严格按照设计要求规范施工，不得随意扩大占地、扰动地表。

2．生活污水、冲洗废水和牛尿液经防渗化粪池处理达标后，用于农田施肥。

3．冬季采暖使用太阳能和电，不得建设燃煤设施。

4．建设防渗牛粪贮存池，牛粪和化粪池废渣经堆肥处理后，作为有机肥回用农田；因病致死的牛，应及时上报并按有关规定统一处置；生活垃圾集中收集后运往生活垃圾填埋场处理。

5．建立风险应急预案，落实各项风险防范措施。

6．本项目不设总量控制指标。

7．做好项目区周边绿化工作。

三、项目建设必须严格执行环境保护设施与主体工程同时设计、同时施工、同时投产使用的环境保护“三同时”制度；工程竣工后，按规定程序向我局申请环保竣工验收；验收合格后，方可投入正式运营。

四、委托市环境监察支队和乌鲁木齐县环境监察大队负责项目的日常环境保护监督检查工作。

二〇一二年二月九日

XX市环境保护局

主题词：环保　建设项目　报告表　批复

抄送：市发改委、农牧局、市环境监察支队、乌鲁木齐县环保局、本局领导、本局各有关处室。

乌鲁木齐市环境保护局　　　　2012年2月9日印发

调取时间：xx年xx月xx日 提供人（签名或盖章）：XXX
执法人员姓名及证号： xxx（xxx）
xxx（xxx）

法人代表身份证明

×××同志，现任我单位总经理职务，为法定代表人，特此证明。

附：

法定代表人：×××总经理

身份证号：×××

性别：男

年龄：48 岁

民族：汉

详细地址：×××

联系电话：×××

邮政编码：×××

新疆××饲料科技有限公司

2016 年 9 月 20 日

调取时间：xx年xx月xx日 提供人（签名或盖章）：XXX
执法人员姓名及证号： xxx（xxx）
xxx（xxx）

授权委托书

我公司现授权×××，女，身份证号码：×××，全权处理我单位×××奶牛场行政处罚相关事宜，委托时间：2016 年 8 月 20 日—2016 年 10 月 15 日，委托期间出现的任何纠纷由公司内部自行处理。

委托人：（签章）

受委托人：（签章）×××

调取时间：xx年xx月xx日 提供人（签名或盖章）：XXX
执法人员姓名及证号： xxx（xxx）
xxx（xxx）

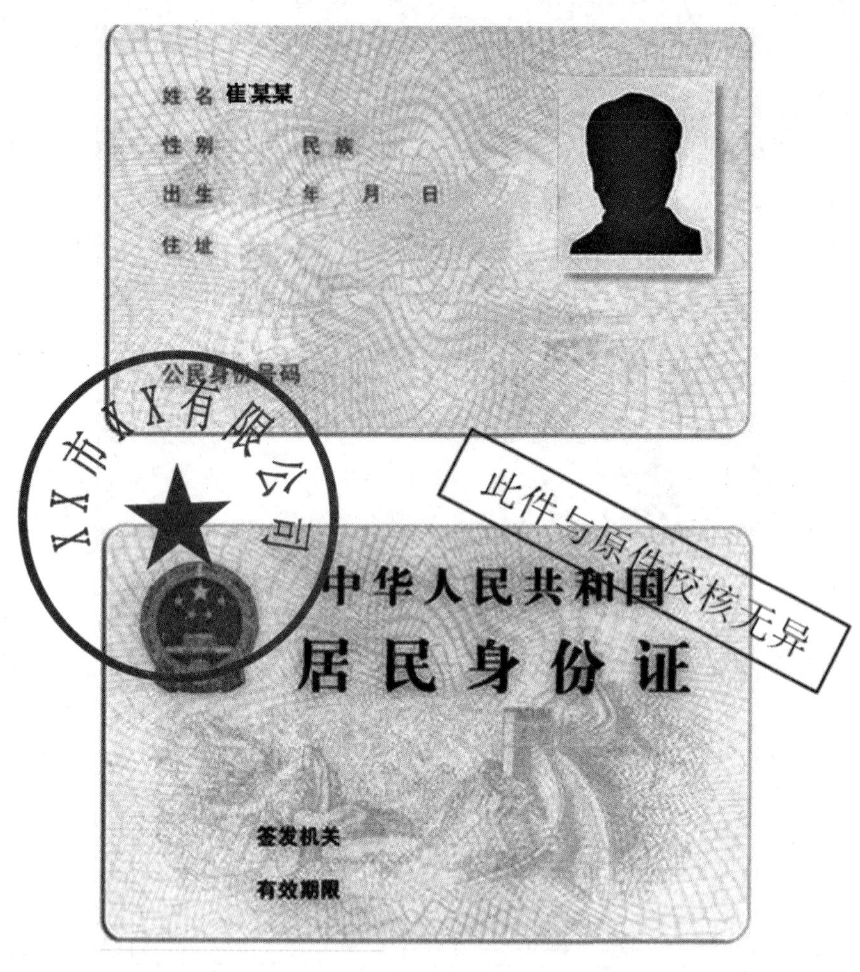

调取时间：xx年xx月xx日 提供人（签名或盖章）：XXX
执法人员姓名及证号： xxx（xxx）
xxx（xxx）

2016.8.20

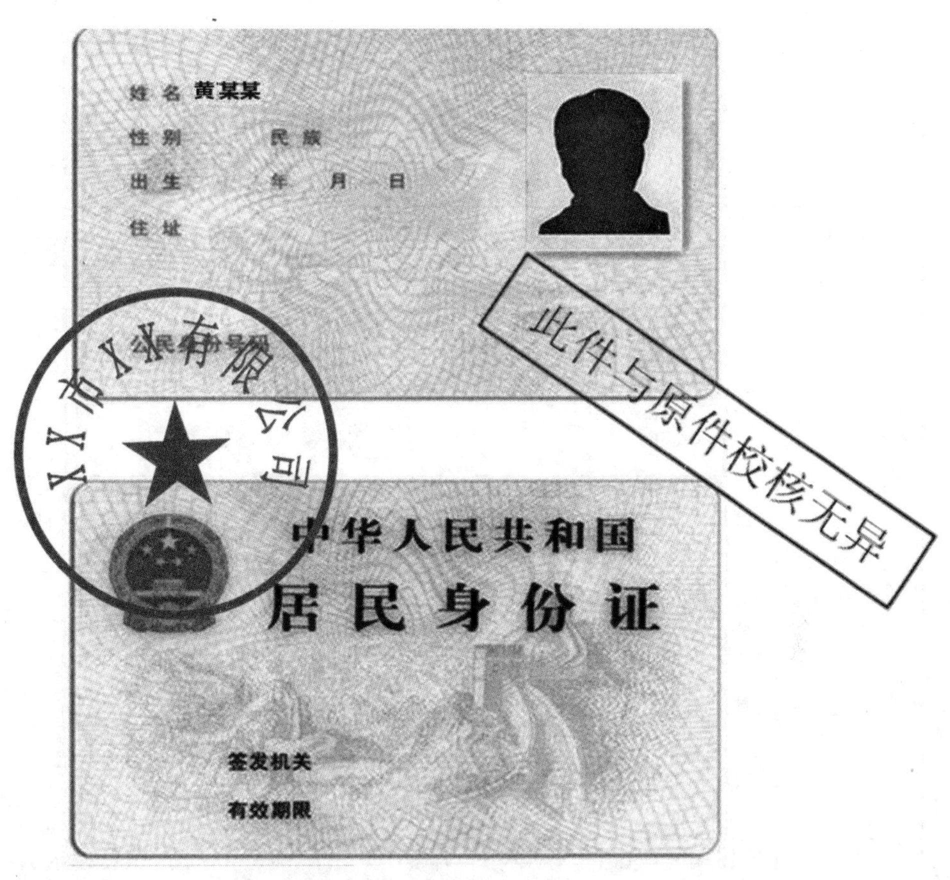

<table>
<tr><td>调取时间：xx年xx月xx日
提供人（签名或盖章）：XXX</td></tr>
<tr><td>执法人员姓名及证号：
xxx（xxx）</td></tr>
<tr><td>xxx（xxx）</td></tr>
</table>

2016.8.20

乌鲁木齐县环境保护局
案件处理内部审批表

<table>
<tr><td>申请事项</td><td colspan="4">《乌鲁木齐县环境保护局责令改正违法行为决定书》乌县环改决〔2016〕×××号</td></tr>
<tr><td>案源</td><td colspan="4">现场监察</td></tr>
<tr><td rowspan="5">当事人</td><td>名称或姓名</td><td colspan="3">新疆××饲料科技有限公司</td></tr>
<tr><td>地址（住址）</td><td>新疆乌鲁木齐×××</td><td>邮政编码</td><td>×××</td></tr>
<tr><td>营业执照注（公民身份号码）</td><td>×××</td><td>组织机构代码</td><td>×××</td></tr>
<tr><td>社会信用代码</td><td colspan="3"></td></tr>
<tr><td>法定代表人（负责人）</td><td>黄某某</td><td>职务</td><td>总经理</td></tr>
<tr><td>简要案情及申请理由依据和内容</td><td colspan="4">2016年8月13日，乌鲁木齐县环境保护局环境监察大队执法人员对新疆××饲料科技有限公司位于乌鲁木齐县永丰乡×××“乌鲁木齐市××奶牛场标准化养殖场项目”进行现场（勘察）发现，建设项目自2014年生产至今未通过项目竣工环保验收；该单位违反《建设项目环境保护管理条例》第十六条的规定。依据《中华人民共和国行政处罚法》第二十三条和《建设项目环境保护管理条例》第二十八条的规定，现责令该单位在未取得环保设施竣工验收合格手续前停止使用。</td></tr>
<tr><td>承办人意见</td><td colspan="4">同意　签名或盖章：×××
2016年　8　月　18　日</td></tr>
<tr><td>监察机构负责人意见</td><td colspan="4">同意　签名或盖章：×××
2016年　8　月　18　日</td></tr>
<tr><td>环保部门负责人审批意见</td><td colspan="4">同意　签名或盖章：×××
2016年　8　月　18　日</td></tr>
</table>

乌鲁木齐县环境保护局
责令改正违法行为决定书

乌县环改决〔2016〕×××号

新疆××饲料科技有限公司：

营业执照注册号：×××　　组织机构代码证：×××

法定代表人（负责人）：黄某某　社会信用代码：×××

地址：新疆乌鲁木齐×××

我局于2016年8月13日对你单位进行了调查，发现你单位实施了以下环境违法行为：

"乌鲁木齐市××奶牛场标准化养殖场项目"，需要配套建设的环境保护设施未经环保设施竣工验收，建设项目主体工程擅自投入运营使用。

以上事实，有《关于新疆××畜牧生物技术股份有限公司乌鲁木齐市××奶牛场标准化养殖场项目环境影响报告表的批复》（乌环生态审〔2012〕×××号）、《调查询问笔录》一份（2016年8月18日）、现场勘查笔录一份（2016年8月13日）、现场拍摄的照片、企业法人营业执照复印件、法定代表人身份证复印件、授权委托书、授权委托人身份证复印件、企业营业执照、企业组织机构代码证等证据为凭。

上述行为违反了《建设项目环境保护管理条例》第十六条的规定。

依据《中华人民共和国行政处罚法》第二十三条和《建设项目环境保护管理条例》第二十八条的规定，现责令你单位：

立即停止违法行为，在未取得环保设施竣工验收合格手续前停止使用。

我局将对你单位改正违法行为的情况进行监督。如你单位拒不改正上述环境违法行为，逾期不申请行政复议，不提起行政诉讼，又不履行本决定的，我局将依法申请法院强制执行。

你单位如对本决定不服，可在收到本决定书之日起60日内向乌鲁木齐市环境保护局或者向乌鲁木齐县人民政府申请行政复议，也可在收到本决定书之日起6个月内向乌鲁木齐县人民法院提起行政诉讼。如你单位拒不改正上述违法行为，我局将申请乌鲁木齐县人民法院强制执行。

乌鲁木齐县环境保护局

（印章）

2016年8月18日

乌鲁木齐县环境保护局
送 达 回 证

送达文书名称及文号	《责令改正违法行为决定书》（乌县环改决〔2016〕×××号）
受送达人名称或姓名	新疆××饲料科技有限公司
送 达 地 点	×××
送 达 方 式	直接送达
收件人签字（或盖章） 及收件日期	×××　（与当事人的关系：授权委托人　　　　） 2016 年 8 月 18 日
送达人（两人签字）	×××　××× 2016 年　8 月　18 日 15 时 50 分
送达机关盖章	××县环境保护局 乌鲁木齐县环境保护局 2016 年 8 月 18　日
备　　注	

乌鲁木齐县环境保护局
行政处罚案件调查报告

<table>
<tr><td>案由</td><td colspan="3">涉嫌违反建设项目环保“三同时”制度案</td></tr>
<tr><td>单位名称</td><td colspan="3">新疆××饲料科技有限公司</td></tr>
<tr><td>法定代表人或负责人</td><td>黄某某</td><td>职务</td><td>总经理</td></tr>
<tr><td>地址</td><td>新疆乌鲁木齐×××</td><td>电话</td><td>×××</td></tr>
<tr><td colspan="4">调查经过：2016 年 8 月 13 日，乌鲁木齐县环境保护局环境监察大队执法人员对新疆××饲料科技有限公司位于乌鲁木齐县永丰乡×××的“乌鲁木齐市××奶牛场标准化养殖场项目”进行了现场检查。经查，该项目环境影响报告表于 2012 年 2 月 9 日通过乌鲁木齐市环境保护局审批，于 2014 年投入生产至今，现养殖场内养殖牛场养有奶牛 420 头、成母牛 220 头、青年牛 85 头、育成牛 25 头以及小牛若干。
调查发现：新疆××饲料科技有限公司位于乌鲁木齐县永丰乡×××“乌鲁木齐市××奶牛场标准化养殖场项目”项目自 2014 年生产至今未通过项目竣工环保验收。</td></tr>
<tr><td colspan="4">查明事实和证据：
事实：
该公司“乌鲁木齐市××奶牛场标准化养殖场项目”项目至今未通过项目竣工环保验收，擅自投入生产；现场检查，该建设项目主体已经投入使用，已经开始从事养殖。现场检查相关配套环保设施基本建成使用。通过前期现场检查，告知提供相关资料，发现企业未依法通过建设项目环保竣工验收。
证据：
1.《关于新疆××畜牧生物技术股份有限公司乌鲁木齐市××奶牛场标准化养殖场项目环境影响报告表的批复》（乌环生态审〔2012〕×××号）；
2.《调查询问笔录》（2016 年 8 月 18 日）；
3. 现场勘查笔录一份（2016 年 8 月 13 日）；
4. 现场拍摄的照片；
5. 企业法人营业执照复印件；
6. 法定代表人身份证复印件；
7. 企业营业执照；
8. 企业组织机构代码证；
9. 授权委托书；
10. 授权委托人身份证复印件。</td></tr>
</table>

处理依据：

涉嫌违反《建设项目环境保护管理条例》第十六条的规定：建设项目需要配套建设的环境保护设施未建成、未经验收或者经验收不合格，主体工程正式投入生产或者使用的。

依据《新疆维吾尔自治区环境行政处罚自由裁量权细化参照标准（试行）》和《建设项目环境保护管理条例》第二十八条的规定：违反本条例规定，建设项目需要配套建设的环境保护设施未建成、未经验收或者经验收不合格，主体工程正式投入生产或者使用的，由审批该建设项目环境影响报告书、环境影响报告表或者环境影响登记表的环境保护行政主管部门责令停止生产或者使用，可以处10万元以下的罚款。

拟处理意见：

针对该公司违法行为：依据《建设项目环境保护管理条例》第二十八条的规定，责令该公司乌鲁木齐市××奶牛场标准化养殖场项目立即停止违法行为，罚款人民币叁万元整。

调查人：×××　　　2016年8月20日

调查部门意见：

同意调查结果及处理意见

负责人：×××　　　2016年8月20日

环境监察机构分管领导意见：

同意调查结果及处理意见

负责人：×××　　　2016年8月20日

乌鲁木齐县环境保护局
行政处罚案件审议记录

审议时间： 2016年8月30日 11时 05 分至 11 时 30分

地　点： 乌鲁木齐县水西沟镇环保局办公楼会议室

主持人：×××　　　　汇报人：×××　　记录人：×××

参加人员： 局党组副书记、局长×××、局党组成员、监察大队大队长×××、局综合业务室主任×××、监察大队科员×××（环保×××）、监察大队科员×××（环保×××）

主持人：先由汇报人介绍案件情况和初步的处理意见。

汇报人：

1．违法事实：新疆××饲料科技有限公司位于乌鲁木齐县永丰乡×××的“乌鲁木齐市××奶牛场标准化养殖场项目”，需要配套建设的环境保护设施未申请竣工验收，建设项目主体工程擅自投入运营使用。

2．相关证据：上述事实有《关于新疆××畜牧生物技术股份有限公司乌鲁木齐市××奶牛场标准化养殖场项目环境影响报告表的批复》（乌环生态审〔2012〕×××号）、《调查询问笔录》一份（2016年8月18日）、现场勘查笔录一份（2016年8月13日）、现场拍摄的照片、企业法人营业执照复印件、法定代表人身份证复印件、授权委托书、授权委托人身份证复印件、企业营业执照、企业组织机构代码证等证据为凭。

3．处罚依据：上述行为违反了《建设项目环境保护管理条例》第十六条。该单位“乌鲁木齐××奶牛场奶牛标准规模养殖场”项目，建设项目需要配套建设的环境保护设施未申请竣工验收，建设项目主体工程擅自投入运营使用；按照《新疆维吾尔自治区环境行政处罚自由裁量权细化参照标准（试行）》的规定，该建设项目需配套建设的环保设施已建成，未验收，此违法行为定为建设项目“环评报告表”中的一般违法行为。依据《建设项目环境保护管理条例》第二十八条的规定，建议对该单位作出行政处罚：罚款人民币叁万元整。

主持人：下面由参加审议的人发表各自意见：

×××：该公司西山奶牛场建设项目配套的污染防治设施建成未验收，建设项目即已投入生产使用，有证据为凭，该养殖场项目为国家扶持关系民生的行业，处罚依据意见适用法律及处罚额度，即已查明违法事实，就依法办理。

第1页，共2页

×××：同意处罚，现场检查、询问、证据资料中发现违法事实，处罚适用自由裁量权等规定进行处罚，同意处罚意见。

×××：按照法律规定，同意处罚意见。

×××：同意，在法律规定的处罚范围内。

×××：符合法律规定，同意处罚意见。

主持人：经充分讨论，审议会决定：按照《新疆维吾尔自治区环境行政处罚自由裁量权细化参照标准（试行）》的规定，该建设项目需配套建设的环保设施已建成，未验收，此违法行为定为建设项目“环评报告表”中的一般违法行为；依据《建设项目环境保护管理条例》第二十八条的规定，拟对该单位行政处罚罚款人民币叁万元整。

主持人签名：　　×××　　　　　　　　　　　　记录人签名：　×××

参加人签名：　　×××

第2页，共2页

乌鲁木齐县环境保护局
案件处理内部审批表

<table>
<tr><td>申 请
事 项</td><td colspan="4">《乌鲁木齐县环境保护局行政处罚事先（听证）告知书》乌县环罚先（听）告〔2016〕×××号</td></tr>
<tr><td>案 源</td><td colspan="4">现场监察</td></tr>
<tr><td rowspan="5">当
事
人</td><td>名称或姓名</td><td colspan="3">新疆××饲料科技有限公司</td></tr>
<tr><td>地址（住址）</td><td>新疆乌鲁木齐×××</td><td>邮政编码</td><td>×××</td></tr>
<tr><td>营业执照注（公民身份号码）</td><td>×××</td><td>组织机构代码</td><td>×××</td></tr>
<tr><td>社会信用代码</td><td colspan="3"></td></tr>
<tr><td>法定代表人（负责人）</td><td>黄某某</td><td>职务</td><td>总经理</td></tr>
<tr><td>简要案情及申请理由依据和内容</td><td colspan="4">2016年8月13日，乌鲁木齐县环境保护局环境监察大队执法人员现场检查发现新疆××饲料科技有限公司位于乌鲁木齐县永丰乡×××“乌鲁木齐市××奶牛场标准化养殖场项目”，自2014年生产至今未通过项目环保竣工验收；违反了《建设项目环境保护管理条例》第十六条的规定。按照《新疆维吾尔自治区环境行政处罚自由裁量权细化参照标准（试行）》的规定，该建设项目需配套建设的环保设施已建成，未验收，属于建设项目“环评报告表”中的一般违法行为。依据《建设项目环境保护管理条例》第二十八条的规定，我局拟对该单位作出如下行政处罚：罚款人民币叁万元整。</td></tr>
<tr><td>承办人
意 见</td><td colspan="4">同意 签名或盖章：×××
2016年 8 月 30 日</td></tr>
<tr><td>监察机构
负 责 人
意 见</td><td colspan="4">同意 签名或盖章：×××
2016年 8 月 30 日</td></tr>
<tr><td>环保部门
负 责 人
审批意见</td><td colspan="4">同意 签名或盖章：×××
2016年 8 月 30 日</td></tr>
</table>

乌鲁木齐县环境保护局
行政处罚事先（听证）告知书

乌县环罚先（听）告〔2016〕×××号

新疆××饲料科技有限公司：

营业执照注册号：×××　组织机构代码证：×××

法定代表人（负责人）：黄某某　社会信用代码：×××

地址：新疆乌鲁木齐×××

我局于2016年8月13日对你单位进行了调查，发现你单位实施了以下环境违法行为：

乌鲁木齐市××奶牛场标准化养殖场项目，需要配套建设的环境保护设施未经竣工验收，建设项目主体工程擅自投入运营使用。

以上事实，有《关于新疆某某畜牧生物技术股份有限公司乌鲁木齐市××奶牛场标准化养殖场项目环境影响报告表的批复》（乌环生态审〔2012〕×××号）、《调查询问笔录》一份（2016年8月18日）、现场勘查笔录一份（2016年8月13日）、现场拍摄的照片、企业法人营业执照复印件、法定代表人身份证复印件、授权委托书、授权委托人身份证复印件、企业营业执照、企业组织机构代码证等证据为凭。

上述行为违反了《建设项目环境保护管理条例》第十六条的规定。该单位“乌鲁木齐××奶牛场奶牛标准规模养殖场”项目，建设项目需要配套建设的环境保护设施未经竣工验收，建设项目主体工程擅自投入运营使用；按照《新疆维吾尔自治区环境行政处罚自由裁量权细化参照标准（试行）》的规定，该建设项目需配套建设的环保设施已建成，未验收，属于建设项目“环评报告表”中的一般违法行为。依据《建设项目环境保护管理条例》第二十八条的规定，拟对你单位作出如下行政处罚：

罚款（大写）人民币叁万元整。

根据《中华人民共和国行政处罚法》第三十二条的规定，你单位有权进行陈述和申辩。请在收到本通知书之日起七日内向我局提出，逾期未提出陈述申辩意见的，视为放弃此权利。

根据《中华人民共和国行政处罚法》第四十二条的规定，对上述拟作出的行政处罚种类，你单位有要求举行听证的权利。你单位如果要求听证，可以在收到本告知书之日起 7 日内向我局提出举行听证的要求；逾期未提出听证申请的，视为你单位放弃听证权利。

联系人：×××、×××　电　话：×××

地　址：×××　邮政编码：×××

乌鲁木齐县环境保护局

（公章）

2016 年 8 月 30 日

乌鲁木齐县环境保护局
送 达 回 证

送达文书名称及文号	《行政处罚事先（听证）告知书》[乌县环罚先（听）告〔2016〕×××号]
受送达人名称或姓名	新疆××饲料科技有限公司
送 达 地 点	×××
送 达 方 式	直接送达
收件人签字（或盖章） 及收件日期	×××　　（与当事人的关系：　授权委托人　　） 2016 年 8 月 30 日
送达人（两人签字）	×××　×××　2016 年 8 月 30 日 15 时 40 分
送达机关盖章	××县环境保护局 乌鲁木齐县环境保护局 2016 年 8 月 30 日
备　　注	

申请报告

乌鲁木齐县环境保护局：

新疆××饲料科技有限公司奶牛场位于×××，由于近几年奶牛行业一直处于低迷，企业连年亏损，于2016年8月30日接到乌鲁木齐县环境保护局文件：乌县环罚先（听）告〔2016〕×××号，由于公司奶牛标准规模养殖场建设项目的配套环保设施，虽然至今没有竣工验收，奶牛场处于试运行状态，但是，我们公司现场运营管理都非常注重环境保护工作，各项配套环境保护设施都在正常运行，每周都在及时清运厂区内粪便，加强环境保护，杜绝对周边环境造成污染，保证周边居民不受我公司该建设项目环境污染。这两年公司在管理上也是存在疏忽，你局执法人员对我公司进行了教育管理，我公司也认识到自己的错误，后期将全力配合环保局开展各项工作，完善企业环保档案，严格执行国家环保管理规定，按期缴纳排污费，对欠缴、漏缴的排污费，及时补交；我们也认识到企业管理资金上没有跟进，所以造成该建设项目后期手续完善上没有跟踪到位，我公司在此保证，在未验收项目在牛场正常投产前保证验收完毕。恳请乌鲁木齐县环境保护局领导能考虑到我公司经营的困难，根据我公司经营规模和实际情况，对处罚的叁万元罚款能从轻处理，特申请缴纳罚款壹万元整并补交试运行两年来的排污费壹万元整。

新疆××饲料科技有限公司

2016年×月6日

乌鲁木齐县环境保护局
案件集体讨论笔录

案件名称： 新疆××饲料科技有限公司涉嫌违反环保“三同时”制度案

时　间：2016年9月9日10时50分至11时30分

地　点：乌鲁木齐县环保局二楼会议室

主持人：×××职务：县环保局局长　记录人：×××职务：县环保局环境监察大队监察员

参加人员：局党组副书记、局长×××、局党组成员、监察大队大队长×××、局综合业务室主任×××、监察大队科员×××（环保×××）、监察大队科员×××（环保×××）

列席人员：

承办人汇报案件情况：2016年8月13日，乌鲁木齐县环境保护局环境监察大队执法人员对新疆××饲料科技有限公司位于乌鲁木齐县永丰乡×××的“乌鲁木齐市××奶牛场标准化养殖场项目”进行了现场检查发现，该项目需要配套建设的环境保护设施未申请竣工验收，建设项目主体工程擅自投入运营使用。以上事实，有《关于新疆××畜牧生物技术股份有限公司乌鲁木齐市××奶牛场标准化养殖场项目环境影响报告表的批复》（乌环生态审〔2012〕×××号）、《调查询问笔录》一份（2016年8月18日）、现场勘查笔录一份（2016年8月13日）、现场拍摄的照片、企业法人营业执照复印件、法定代表人身份证复印件、授权委托书、授权委托人身份证复印件、企业营业执照、企业组织机构代码证等证据为凭。上述行为违反了《建设项目环境保护管理条例》第十六条的规定。按照《新疆维吾尔自治区环境行政处罚自由裁量权细化参照标准（试行）》的规定，该建设项目需配套建设的环保设施已建成，未验收，此违法行为定为建设项目“环评报告表”中的一般违法行为。依据《建设项目环境保护管理条例》第二十八条的规定，决定该单位作出如下行政处罚：立即停止违法行为；罚款人民币叁万元整。

陈述（听证）情况：我局于2016年8月30日将《行政处罚事先（听证）告知书》[乌县环罚先（听）告〔2016〕×××号]送达新疆××化工制品有限公司授权委托人，当事人在法定期限内未要求听证，但上报了一份申请减少罚款的书面说明材料。

第 1页，共2页

参加讨论人员意见：

×××：该公司西山奶牛场建设项目配套的污染防治设施建成未验收，建设项目即已投入生产使用，有证据为凭，该养殖场项目为国家扶持关系民生的行业，企业每年的排污费也就是个叁仟元左右，前期项目还没有验收，后企业自行运营，从投入运营后，就没有缴纳，企业自身知道违反排污收费规定，主动申请补交三年排污费，申请减少罚款贰万元，缴纳壹万元排污费和壹万元罚款。法律规定该违法行为罚款拾万元以下，我县部分农牧民也在该公司西山牧场上班，该企业也为周边群众提供了就业岗位，向当地农民群众提供低价的绿色有机肥料，同意对企业罚款壹万元的处理决定。但是一定要将企业应上缴的三年排污费壹万元收缴到位。

×××：同意对该企业的处理决定，我县本来就是一个农业县，农业又是关系民生，该企业产生的粪便也是有机肥料，虽然能带动当地的经济发展，但是我们要继续积极与企业对接，督察企业尽快办理相关验收手续，做好各项环境保护工作，在法律的规定范围内，酌情考虑，我与张局长的处理意见一致。

×××：我同意张局长的意见，该企业主动提出缴纳排污费，重视支持环保工作，我们这也在合理合法的处理范围内，同意处罚意见。

×××：从案情分析、证据上的反应确定该企业存在的违法行为属实，企业也确实存在困难，同意对该企业的处罚意见。

×××：企业养殖规模不是很大，企业有环保意识，主动认错还是很积极的，同意处罚意见。

结论意见：综合案件承办人对案情的汇报和讨论情况，一致通过对该企业的环境违法行为进行处罚。综合上述讨论意见，根据企业申请及主动缴纳三年排污费的行为，按照《新疆维吾尔自治区环境行政处罚自由裁量权细化参照标准（试行）》的规定，该建设项目需配套建设的环保设施已建成，未验收，此违法行为定为建设项目“环评报告表”中的一般违法行为，根据实际情况，依据《建设项目环境保护管理条例》第二十八条的规定，决定对该单位作出如下行政处罚：罚款人民币壹万元整。

主持人（签名）：×××　　2016 年 9 月 9 日

承办人（签名）：×××、×××　　2016 年 9 月 9 日

记录人（签名）：×××　　2016 年 9 月 9 日

参加人员签名：×××　　2016 年 9 月 9 日

第 2 页，共 2 页

乌鲁木齐县环境保护局
案件处理内部审批表

<table>
<tr><td>申请事项</td><td colspan="4">《乌鲁木齐县环境保护局行政处罚决定书》（乌县环罚决〔2016〕×××号）</td></tr>
<tr><td>案源</td><td colspan="4">现场监察</td></tr>
<tr><td rowspan="5">当事人</td><td>名称或姓名</td><td colspan="3">新疆××饲料科技有限公司</td></tr>
<tr><td>地址（住址）</td><td>新疆乌鲁木齐×××</td><td>邮政编码</td><td>×××</td></tr>
<tr><td>营业执照注（公民身份号码）</td><td>×××</td><td>组织机构代码</td><td>×××</td></tr>
<tr><td>社会信用代码</td><td colspan="3"></td></tr>
<tr><td>法定代表人（负责人）</td><td>黄某某</td><td>职务</td><td>总经理</td></tr>
<tr><td>简要案情及申请理由依据和内容</td><td colspan="4">2016年8月13日，乌鲁木齐县环境保护局环境监察大队执法人员对新疆××饲料科技有限公司位于乌鲁木齐县永丰乡×××“乌鲁木齐市××奶牛场标准化养殖场项目”现场检查发现，建设项目自2014年投入生产，至今未通过环保设施竣工验收；该单位违反《建设项目环境保护管理条例》第十六条的规定。按照《新疆维吾尔自治区环境行政处罚自由裁量权细化参照标准（试行）》之规定，该建设项目需配套建设的环保设施已建成，未验收，此违法行为定为建设项目“环评报告表”中的一般违法行为。依据《建设项目环境保护管理条例》第二十八条的规定，我局决定对该单位作出如下行政处罚：罚款人民币壹万元整。</td></tr>
<tr><td>承办人意见</td><td colspan="4">同意　签名或盖章：×××
2016年9月9日</td></tr>
<tr><td>监察机构负责人意见</td><td colspan="4">同意　签名或盖章：×××
2016年9月9日</td></tr>
<tr><td>环保部门负责人审批意见</td><td colspan="4">同意　签名或盖章：×××
2016年9月9日</td></tr>
</table>

乌鲁木齐县环境保护局
行政处罚决定书

乌县环罚决〔2016〕×××号

新疆××饲料科技有限公司：

营业执照注册号：×××　　组织机构代码证：×××

法定代表人（负责人）：黄某某　社会信用代码：×××

地址：新疆乌鲁木齐×××

一、调查情况及发现的环境违法事实、证据和陈述申辩（听证）及采纳情况：

我局于2016年8月13日对你单位进行了调查，发现你单位实施了以下环境违法行为：

乌鲁木齐市××奶牛场标准化养殖场项目，需要配套建设的环境保护设施未经竣工验收，建设项目主体工程擅自投入运营使用。

以上事实，有《关于新疆某某畜牧生物技术股份有限公司乌鲁木齐市某某奶牛场标准化养殖场项目环境影响报告表的批复》（乌环生态审【2012】×××号）、《调查询问笔录》一份（2016年8月18日）、现场勘查笔录一份（2016年8月13日）、现场拍摄的照片、企业法人营业执照复印件、法定代表人身份证复印件、授权委托书、授权委托人身份证复印件、企业营业执照、企业组织机构代码证等证据为凭。

我局于2016年8月30日以《行政处罚事先（听证）告知书》（乌县环罚先（听）告〔2016〕×××号）告知你单位陈述申辩权（听证申请权），你单位在法定期限内未向我局提出书面听证申请，但有提交陈述申请报告，申请补交试运行期间排污费，希望从轻处罚。经研究，鉴于你单位在经营困难的情况下，仍然重视环保投入，环保设施已建成并保持正常运行，且愿意主动补交试运行期间的排污费，决定采纳你单位的意见，予以从轻处罚。

二、行政处罚的依据、种类及其履行方式、期限：

你单位的上述行为分别违反了《建设项目环境保护管理条例》第十六条的规定。你单位“乌鲁木齐西山奶牛场奶牛标准规模养殖场”项目需要配套建设的环境保护设施未经竣工验收，主体工程擅自投入运营使用；按照《新疆维吾尔自治区环境行政处罚自由裁量权细化参照标准（试行）》之规定，该建设项目需配套建设的环保设施已建成，未验收，属于建设项目“环评报告表”中的一般违法行为。

依据《建设项目环境保护管理条例》第二十八条的规定，我局决定对你单位作出如下行政处罚：

罚款（大写）人民币壹万元整。

限于接到本处罚决定之日起 15 日内缴纳至指定银行和账号。逾期不缴纳罚款的，我局可以根据《中华人民共和国行政处罚法》第五十一条第一项规定每日按罚款数额的 3% 加处罚款。

收款银行：乌鲁木齐银行人民路分理行 户名：乌鲁木齐市财政局

账号：00000200101100717775753

你（单位）如不服本处罚决定，可在收到本处罚决定书之日起 60 日内向乌鲁木齐县环境保护局或者乌鲁木齐县人民政府申请行政复议，也可以在 6 个月内向乌鲁木齐县人民法院提起行政诉讼。申请行政复议或者提起行政诉讼，不停止行政处罚决定的执行。

逾期不申请行政复议，不提起行政诉讼，又不履行本处罚决定的，我局将依法申请人民法院强制执行。

乌鲁木齐县环境保护局

（印章）

2016 年 月 9 日

乌鲁木齐县环境保护局
送 达 回 证

送达文书名称及文号	《行政处罚决定书》（乌县环罚决〔2016〕×××号）
受送达人名称或姓名	新疆××饲料科技有限公司
送 达 地 点	×××
送 达 方 式	直接送达
收件人签字（或盖章） 及收件日期	×××　　（与当事人的关系：　授权委托人　　） 2016 年 9 月 9 日
送达人（两人签字）	××× ×××　　2016 年 9 月 9 日 16 时 10 分
送达机关盖章	乌鲁木齐县环境保护局 2016 年 9 月 9 日
备　　注	

XX省非税收入一般缴款书

X财通字(200×)　　№000000001X

征收大厅编码:
执收单位编码:
执收单位名称:

年　月　日　集中汇缴□　减征□

付款人	全　称		收款人	全　称	
	账　号			账　号	
	开户银行			开户银行	

收入项目	编码	数量	收缴标准	金额

金额(大写)　　　　(小写)

上列款项已收妥并划转收款单位账户 代理银行(盖章) 年　月　日	科目(贷): 对方科目(借): 复核:　记账:

校验码:　　本缴款书付款期为10天(节假日顺延),过期无效。

④收款人开户银行收款后作贷方传票

此件与原件校核无异

调取时间:xx年xx月xx日 提供人(签名或盖章):XXX
执法人员姓名及证号: xxx(xxx)
xxx(xxx)

2016.9.7

环境行政执法后监督现场检查记录表

第 1 页共 2 页

<table>
<tr><td colspan="2">检查时间</td><td colspan="4">2016 年 9 月 28 日 11 时 25 分到 11 时 52 分</td></tr>
<tr><td colspan="2">受检单位</td><td colspan="4">新疆××饲料科技有限公司（××养牛场）</td></tr>
<tr><td colspan="2">受检单位地址</td><td colspan="4">×××</td></tr>
<tr><td colspan="2">法定代表</td><td colspan="2">×××</td><td>联系电话</td><td>×××</td></tr>
<tr><td>被检查人</td><td>×××</td><td>部门职务</td><td>行政部经理</td><td>联系电话</td><td>×××</td></tr>
<tr><td>检查人</td><td>×××</td><td>执法证号</td><td>×××</td><td>工作单位</td><td>乌鲁木齐县环保局</td></tr>
<tr><td>记录人</td><td>×××</td><td>执法证号</td><td>×××</td><td>工作单位</td><td>乌鲁木齐县环保局</td></tr>
<tr><td colspan="2">任务来源</td><td colspan="4">行政处罚☑　　责令改正□　　区（流）域限批□
挂牌督办□　　其他________________</td></tr>
<tr><td colspan="2" rowspan="5">基本情况</td><td colspan="4">实施行政措施机关：乌鲁木齐县环境保护局</td></tr>
<tr><td colspan="4">实施行政文号：乌县环罚决〔2016〕×××号</td></tr>
<tr><td colspan="4">主要环境问题或违法事实：“乌鲁木齐市××奶牛场标准化养殖场项目”建设项目需配套的环境保护设施未申请竣工验收，主体工程擅自投入运营使用。</td></tr>
<tr><td colspan="4">整改要求：自 2016 年 8 月 18 日起，立即停止违法行动，在未取得环保设施竣工验收手续前停止违法生产。</td></tr>
<tr><td colspan="4">整改时限：自收到责改文书起，至取得环保设施竣工验收合格手续结束。</td></tr>
</table>

环境行政执法后监督现场检查记录表

第 2 页共 2 页

<table>
<tr><td rowspan="2">整改情况</td><td colspan="3">是否完成：整改完成/未完成（是）</td></tr>
<tr><td colspan="3">整改进度及措施：
目前该单位已严格按要求及时清理养殖场粪便，采取相应污染防治措施，将验收申请上报乌鲁木齐市环境保护局排队等待项目验收，已上缴行政处罚罚款，现场各项环保措施整改到位。</td></tr>
<tr><td>后督查意见</td><td colspan="3">由于申请验收单位须排队，该企业已及时按要求整改，养殖项目属国家扶持农牧项目，关系百姓，关系民生，同意该企业整改结果，建议结案。</td></tr>
<tr><td>被检查人（签字）</td><td>×××</td><td>日期</td><td>2016 年 9 月 28 日</td></tr>
<tr><td>检查人（签字）</td><td>×××</td><td>日期</td><td>2016 年 9 月 28 日</td></tr>
</table>

备注：表中未列事宜可根据现场检查情况进行记录。

乌鲁木齐县环境保护局
行政处罚案件结案审批表

案　由	涉嫌违反“三同时”制度案	案件来源	现场监察
当事人名称/姓名	新疆××饲料科技有限公司	法定代表人（负责人）	黄某某
工作单位	新疆××饲料科技有限公司	职务或职业	总经理
地址或住址	新疆乌鲁木齐×××		
立案时间	2016年8月20日	案件承办人及执法证编号	×××（环保×××）、×××（环保×××）
行政处罚决定书文号	（乌县环罚决〔2016〕×××号）		
简要案情及查处经过	2016年8月13日，乌鲁木齐县环境保护局环境监察大队执法人员对新疆××饲料科技有限公司位于乌鲁木齐县永丰乡×××“乌鲁木齐市××奶牛场标准化养殖场项目”现场检查发现，该项目自2014年投入生产至今未通过项目竣工环保验收。		
处理依据及结果	按照《新疆维吾尔自治区环境行政处罚自由裁量权细化参照标准（试行）》之规定，该建设项目需配套建设的环保设施已建成，未验收，此违法行为属于建设项目“环评报告表”中的一般违法行为。依据《建设项目环境保护管理条例》第二十八条的规定，我局决定对该单位作出如下行政处罚：罚款人民币壹万元整。		
行政复议行政诉讼情　况	未申请复议及行政诉讼		
处罚执行情况及罚没财物的处置情况	已在规定时间内上缴罚款		
后督察情况	现场督察，该单位已按要求立即申请建设项目“三同时”竣工验收，目前已排队申请验收。现场严格按照我局环境监察大队执法人员要求，及时清理畜禽粪便，采取必要的污染防治措施。		
承办人意　见	同意结案　×××　　2016年9月29日		
承办机构负责人意　见	同意结案　×××　　2016年9月29日		
环保部门负责人审批意见	同意结案　×××　　2016年　月　日		
备　注	2016年　月　日		

行政处罚案卷

滨州××水务有限公司违法排污案

滨州××水务有限公司违法排污案

【案件提供单位】

山东省环境保护厅

【案件简介】

滨州××水务有限公司自 2015 年 3 月份以来开始进行提标改造，期间在线监测出水超标严重。依据《中华人民共和国水污染防治法》规定，山东省环保厅对其在线监测数据超标问题处以 1 075 371 元罚款。

【专家点评】

该案件案卷完整清晰、执法过程详细、证据充分，适用法律准确。执法部门能够以在线监控数据作为主要证据进行处罚，具有创新意义。该案适用地方制定的排污执行标准《小清河流域水污染物综合排放标准》具有借鉴意义。

（一）该案的优点

1．案卷材料齐全规范，办案程序恰当

该案案卷材料齐全，文书格式规范。该案从案件调查、立案审批、案件审查、事先告知、听取申辩、下达处罚决定到跟踪督察、办理结案等各个环节完备，程序合法合规。对违法事实论述清楚，证据充分翔实。对处罚引用的法律法规、标准准确有效，对引用法律的名称条款表述规范。

2．案件执法具有创新

在当前推进在线监测数据运用的大背景下，执法部门能以在线监控数据作为主要证据进行处罚，具有创新意义和指导意义。

3．事实调查清楚，法律适用准确

该公司在线监控数据 6 月 9—29 日日均值超标，执法部门处罚时只针对该时间段计算应缴纳排污费，并以此为依据进行处罚，体现“过罚相当”原则。询问笔录条理清晰，明确了在线监控设施处于正常运行状态，与自动监测设备验收合格证书、水污染源自动监测设备运营维护日常巡查表、山东省环境信息与监控中心污染源自动监测数据报告等书证形成完整的证据链，有力证明了在线监控数据的真实性和有效性。同时，山东省环保厅根据

《环境行政处罚办法》第三十六条的规定，对环境信息与监控中心出具的《污染源自动监测数据报告》予以认定后再作为处罚证据使用，保证了证据的充分和有效性。

案卷中分别引用了《水污染防治法》《行政处罚法》《罚款决定与罚款收缴分离实施办法》以及《小清河流域水污染物综合排放标准》等多部法律、法规及标准，法律适用全面、准确。

此外，案卷中针对纳污河流小清河，地方有单独制定的执行标准《小清河流域水污染物综合排放标准》，符合《国务院办公厅关于加强环境监管执法的通知》第一条中鼓励各地根据环境质量目标，制定和实施地方性法规和更严格的污染物排放标准。通过落实环保法律法规，约束产业转移行为，倒逼经济转型升级的相关要求。

（二）存在的问题和建议

该案可以进一步完善裁量说明和相关程序。

1．裁量说明不够细致

在案件调查终结报告中，仅写明了适用的法律条款，未提出应缴纳排污费基数、处罚倍数和罚款金额；处罚告知书和决定书中也未写明处罚倍数，只写总处罚金额，裁量说明不到位。

2．相关程序存在瑕疵

该案处罚款人民币 1 075 371 元，处罚金额较大，但未提供集体审议记录。

该案处罚决定书于 9 月 15 日送达，行政相对人于 10 月 28 日缴纳罚款，超过法定缴款期限，但卷宗中没有追缴滞纳金，也无缓交申请文书等材料予以说明。

卷内文件目录

序号	文号	责任者	题名	日期	页号
1	鲁环罚字〔2016〕×××号	山东省环保厅	行政处罚决定书	2016.9.5	1～3
2		山东省环保厅	行政处罚决定书送达回执	2016.9.15	4
3	鲁环立审（2016）×××号	山东省环保厅	环境违法行为立案审批表	2016.7.8	5
4		山东省环保厅	调查询问笔录	2016.6.30	6～8
5		××水务有限公司	组织机构代码证（复印件）	2016.6.30	9
6		××水务有限公司	企业法人营业执照（复印 件）	2016.6.30	10
7		山东××环保科技有限公 司	关于××污水处理厂情况 说明	2016.7.4	11
8		××水务有限公司	验收合格证书	2016.7.4	12～16
9		山东省环境监测中心站	污染源自动监测数据报告	2016.7.4	17～21
10		山东省环保厅	小时数据报表	2016.7.4	22～38
11		山东××环保科技有限公司	设备运营维护日常巡检表	2016.7.4	39～44
12		山东省环保厅	数据认定意见	2016.7.7	45
13		××市环境监察支队	排污费表	2016.7.7	46
14		山东省环保厅	调查终结报告	2016.7.11	47
15		山东省环保厅	行政处罚告知呈批表	2016.7.25	48～51
16	鲁环罚告字〔2016〕×××号	山东省环保厅	行政处罚事先告知书	2016.7.25	52～54
17		山东省环保厅	行政处罚事先告知书送达回执	2016.8.8	55
18	××水务（2016〕×××号	××水务有限公司	申辩报告	2016.8.11	56～58
19		山东省环保厅	行政处罚呈批表	2016.9.5	63～68
20	鲁环罚告字〔2016〕×××号	山东省环保厅	行政处罚决定书	2016.9.5	
21		山东省环保厅	委托送达函	2016.9.5	69
22		山东省环保厅	非税收入通用票据	2016.10.31	70
23		山东省环保厅	现场勘验笔录	2016.11.18	71
24		山东省环保厅	结案审批表	2016.11.21	72

山　东　省　环　境　保　护　厅

山东省环境保护厅
行 政 处 罚 决 定 书

鲁环罚字〔2016〕×××号

被处罚单位名称：×××水务有限公司

营业执照注册号：×××

组织机构代码：×××

详细地址：山东省××市××区××办事处

法定代表人：候某某

一、主要违法事实和证据

我厅于2016年6月30日对你公司进行监督检查，发现你公司2016年6月9日至29日外排废水自动监测数据COD日均值连续超标，最大日均值为323.1 mg/L，最大超标倍数为2.23倍；6月30日外排废水COD为251 mg/L，超标倍数为2.51倍；不符合《小清河流域水污染物综合排放标准》（DB37/656—2006）规定的要求。

你公司超标排放水污染物行为有污染源自动监测数据报告、自动监测数据报告数据的认定意见、调查询问笔录等作为证据。

1．你公司提供的企业营业执照、法人代表×××身份证复印件、法人授权委托书、现场负责人×××身份证复印件证明你公司是适格的违法主体。

2．我厅环境执法人调取你公司在线监控设施验收合格证书、我厅对自动监测数据报告数据的认定意见证明你公司在线监控数据真实有效；

3．我厅环境执法人员对×××调查询问笔录、调阅你公司在线监控历史数据证明你公司废水COD超标排放事实。你公司超标排污的行为，违反了《中华人民共和国水污染防治法》第九条“排放水污染物，不得超过国家或者地方规定的水污染物排放标准和重点水污染物排放总量控制指标”的规定。我厅已于2015年8月12日以《行政处罚事先告知书》告知你公司违法事实、处罚依据和拟作出的处罚决定，并告知你公司有权进行陈述申辩。你公司于8月12日提出《××水务有限公司关于对省厅行政处罚事先告知书的申辩报告》，称排放水污染物超标的原因系5月22日氯酸钠仓库发生爆炸导致污水处理设施受损，后期物化系统瘫痪、氧化沟活性菌种死亡、曝气系统生化系统短时间内不能恢复正常，整体工艺系统无法正常运行。目前正在努力缓解污水处理设施处理压力，恢复生化系统运行能力，二期污水处理设施也已进入调试阶段，争取尽快达标排放。鉴于公司资金严重短缺，申请免于处罚。我厅审查认为，申辩理由不成立，不予采纳。

二、行政处罚的依据、种类及其履行方式、期限

依据《中华人民共和国水污染防治法》第七十四条“违反本法规定，排放水污染物超过国家或者地方规定的水污染物排放标准，或者超过重点水污染物排放总量控制指标的，由县级以上人民政府环境保护主管部门按照权限责令限期治理，处应缴纳排污费数额二倍以上五倍以下的罚款”的规定，对你公司超标排污的行为，我厅决定责令你公司限期治理，限期在二个月内完善治污设施确保外排废水稳定达标排放，限期治理期间不得超标排放污染物；处以 1 075 371 元罚款。

根据《行政处罚法》和《罚款决定与罚款收缴分离实施办法》的规定，你公司应于接到本处罚决定书之日起 15 日内，持我厅出具的“山东省非税收入缴款书”将罚款缴至银行。

你公司缴纳罚款后，应将缴款书报送我厅备案。逾期不缴纳罚款的，我厅将每日按罚款数额的 3%依法加处罚款。

三、申请行政复议或者提起诉讼的途径和期限

如不服本处罚决定，可在接到本决定书之日起六十日内向环境保护部或者向山东省人民政府申请复议，也可在接到本决定书之日起六个月内直接向人民法院起诉。申请行政复议或者提起行政诉讼，不停止行政处罚决定的执行。

逾期不申请行政复议，不提起行政诉讼，又不履行本处罚决定的，我厅将依法申请人民法院强制执行。

山东省环境保护厅

2016 年[illegible]月 5 日

抄送：中国人民银行济南分行，××市环境保护局。

山东省环境保护厅送达回执

送达文书名称及文号	行政处罚决定书　鲁环罚字〔2016〕×××号
当事人名称或姓名	××水务有限公司
送达地点	××市××区××街道××工业园
送达方式	委托送达
收件人签名（盖章）及收件日期	××× 2016 年 9 月 15 日
不能送达理由	
送达机关盖章	××省环境保护厅
送达人	
备　　注	

请你企业在收到行政处罚文书后及时填写本《送达回执》并邮寄或传真至省环保厅。

传真：×××

山东省环境保护厅
立案审批表

<table>
<tr><td>案件来源</td><td colspan="2">自动监测</td><td>立案号</td><td>鲁环立审〔2016〕×××号</td></tr>
<tr><td>案　　由</td><td colspan="4">涉嫌超标排放水污染物案</td></tr>
<tr><td rowspan="4">当
事
人</td><td>名称或姓名</td><td colspan="3">××水务有限公司</td></tr>
<tr><td>地址</td><td>山东省××市××区××办事处</td><td>邮政编码</td><td>×××</td></tr>
<tr><td>营业执照
注册号</td><td>×××</td><td>组织机
构代码</td><td>×××</td></tr>
<tr><td>法定代表人
（负责人）</td><td>候某某</td><td>职　务</td><td>无</td></tr>
<tr><td>案情简介及
立案理由</td><td colspan="4">2016年6月9—29日，××水务有限公司外排废水自动监测数据日均值连续超标，最大超标2.23倍。按照《水污染防治法》第七十四条，该行为属于排放水污染物超过国家或者地方规定的水污染物排放标准，初步认定符合《环境行政处罚办法》第二十二条规定的立案条件，建议立案。

承办人：×××
2016年7月5日</td></tr>
<tr><td>承办机构负责人
意见</td><td colspan="4">同意

签字：×××
2016年7月6日</td></tr>
<tr><td>环保部门负责人
审批意见</td><td colspan="4">同意

签字：×××
2016年7月8日</td></tr>
<tr><td>备注</td><td colspan="4"></td></tr>
</table>

山东省环境保护厅
调查询问笔录

时间：2016 年 6 月 30 日 16 时 30 分至 18 时 00 分 地点：厂区 天气：雨转晴

询问地点：厂会议室

当事人：　　××水务有限公司　　　　法人/负责人：候某某

被询问人姓名：　×××　　　　公民身份号码：×××

工作单位及职务：××水务有限公司　　生产副厂长

联系电话：　×××

地址：山东省××市××区××办事处　　　　　　　邮编：×××

与本案关系：　企业环保负责人

询问人：×××　　　　　　　　记录人：×××

其他参加人姓名及工作单位：××　山东省环境监测中心站；××　山东省环境信息与监控中心；××　××市环境监察支队

问：您好，我们是山东省环境保护厅行政执法人员，这是我们的执法证件（姓名：×××，执法证号：×××；姓名：×××，执法证号：×××），请过目确认。

答：我已确认。

问：今天我们依法调查并了解有关情况，请配合，如实回答询问和提供材料，不得拒绝、阻碍、隐瞒或者提供虚假情况。如果你认为我们与本案有利害关系，可能影响公正办案，可以申请我们回避，并说明理由。听清楚了吗？

答：听清楚了。不申请回避。

问：请介绍一下你个人的基本情况？

答：我叫于某某，35 岁，身份证号××。我是××水务有限公司副厂长，负责环保工作。

被询问人对笔录的审阅意见：以上笔录已阅，无异议。

（签名）：×××　　　　　2016 年 6 月 30 日

询问人签名：×××

记录人签名：×××

参加人签名：×××

2016 年 6 月 30 日

（第 1 页，共 2 页）

问：你公司名称是什么？法人代表是谁？

答：××水务有限公司，法人代表是候某某。营业执照注册号：×××，组织机构代码：×××。

问：你厂2016年6月以来污水治理设施运行情况如何？

答：我厂采用A^2O工艺处理污水，今年6月以来运行基本正常。我厂是2007年4月投入运行，由于时间较长，设备、管路都有老化的情况，维修率比较高。

问：你厂自动监测设备是否按照相关技术规范定期运行维护？

答：我厂委托第三方定期进行运行维护，一般一周维护一次，运行基本正常。其中6月10日20时自动监测设备电磁阀故障，6月11日10时恢复正常。6月26日18时自动监测设备主板故障，6月27日15时恢复正常。

问：你是否清楚你厂2016年6月7日以来外排废水自动监测数据日均值情况？

答：我厂2016年6月7日以来，外排废水自动监测数据日均值除6月12日和6月27日外，日均值超标都在1倍以上。6月28日超标1.45倍，6月29日超标1.15倍。我们每天人工监测数据和自动监测数据基本一致。

问：是什么原因导致上述外排废水超标问题？

答：一是因为5月22日厂区发生爆炸事故，三沉池损坏，目前无法再添加氯酸钠做进一步处理；二是因爆炸导致生化系统受到冲击，影响处理效果；最主要的原因是我厂原设计主要处理生活污水，但目前进水80%为工业废水，处理工艺存在缺陷。

问：你厂的自动监测数据能否真实准确的反映你厂的排污情况？

答：能，数据比较准确。

问：是否还有其他情况需要补充说明？

答：我厂进水的80%是印染废水，氯离子浓度较高，可生化性较差，处理效果不理想。我厂二期新建工程计划8月初进水调试，希望解决外排废水超标问题。

以下空白。

被询问人对笔录的审阅意见：以上笔录已阅，无异议。

（签名）：××× 2016年 6月30日

询问人签名：×××

记录人签名：×××

参加人签名：×××

2016年 6月30日

（第2页，共2页）

原件存放该公司，与原件一致　提供人：×××　日期：×××

执法人员：×××（×××）　　×××（×××）

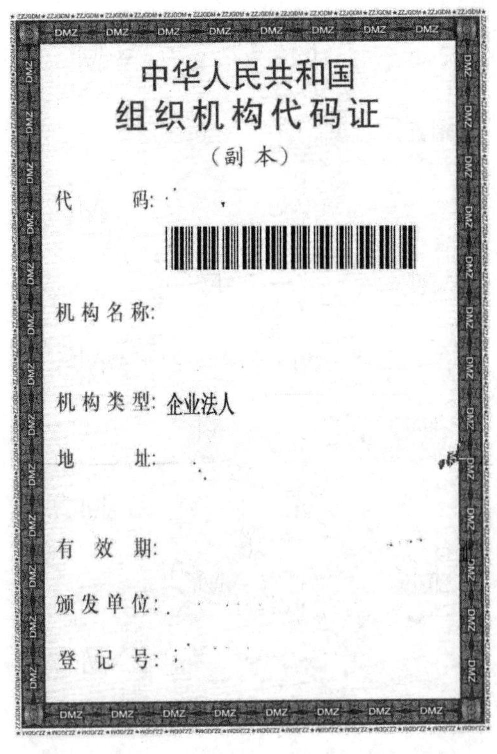

中华人民共和国
组织机构代码证
（副本）

代　　码：

机构名称：

机构类型：企业法人

地　　址：

有 效 期：

颁发单位：

登 记 号：

说　明

1. 中华人民共和国组织机构代码是组织机构在中华人民共和国境内唯一的，始终不变的法定代码标识，《中华人民共和国组织机构代码证》是组织机构法定代码标识的凭证，分正本和副本。
2. 《中华人民共和国组织机构代码证》不得出租、出借、冒用、转让、伪造、变造、非法买卖。
3. 《中华人民共和国组织机构代码证》登记项目发生变化时，应向发证机关申请变更登记。
4. 各组织机构应当按有关规定，接受发证机关的年度检验。
5. 组织机构依法注销、撤消时，应向原发证机关办理注销登记，并交回全部代码证。

中华人民共和国　国家质量监督检验检疫总局签章

年检记录

年　月　日	年　月　日	年　月　日	年　月　日

NO.2013　4503307

营业执照

注册号 000000000000000

名　　称　×××××××公司

类　　型　有限责任公司

住　　所　××市××区××号

法定代表人　×××

注册资本　×××万元整

成立日期　0000年00月00日

营业期限　0000年00月00日至0000年00月00日

经营范围　××××××××、××××××××、××××××××、×××××××××××、××××××、××××××××××××、××××××××、××××××××、××××××××、××××××××、××××××××、××××××××、××××××××、××××××××。

登记机关

0000年　月　日

原件存放该公司，与原件一致 提供人：××× 日期：×××

执法人员：×××（×××）　×××（×××）

××环保科技有限公司
关于××污水厂情况说明

山东省环保厅监控中心：

××市××污水厂水质在线监测设备由我公司进行运营维护，贵处在2016年6月29日对××市××污水厂进行监督检查时发现的问题，我公司已按照要求进行了整改，现将××市××污水厂存在问题做如下说明：

5月22日距离××污水厂在线监测站房30米左右企业的加药车间发生爆炸，导致南城污水厂在线监测站房门窗破损严重，厂区停电。5月22日至6月7日厂家未正常运行，在此期间，多次去厂家查看，排污口无污水排放，厂家已打停运报告。在此期间与厂家沟通，更换由于爆炸造成的破损的门窗。6月7日厂家正常运行，开启在线设备，发现流量计异常，经排查原因为厂家施工挖断流量计线，目前企业正在施工中。

6月份××污水厂在线设备共出现两次故障，第一次故障出现为6月11日COD加样阀坏，并及时修复，第二次出现为6 月27日COD主板坏，更换主板后，由于厂家厂区施工时，电路不稳定经常出现断电情况，造成主板重启频繁，主板内电池电量耗损，导致主板电池不存电，致使系统时间初始化，导致6月28号15点至30号10点COD在线数据存储出现异常。

现场采样头爆炸前是固定好的，由于厂区施工，破坏了采样点。现已根据相关要求对取水管路进行了固定。

6月份××污水处理厂在线监测设备运行相对稳定，除故障时间段内数据异常外，其他时间段设备的准确率都正常，特向环保厅监控中心说明此情况。

××环保科技有限公司

2016年7月4日

编号：________

山东省城市污水处理厂自动监测设备验收合格证书

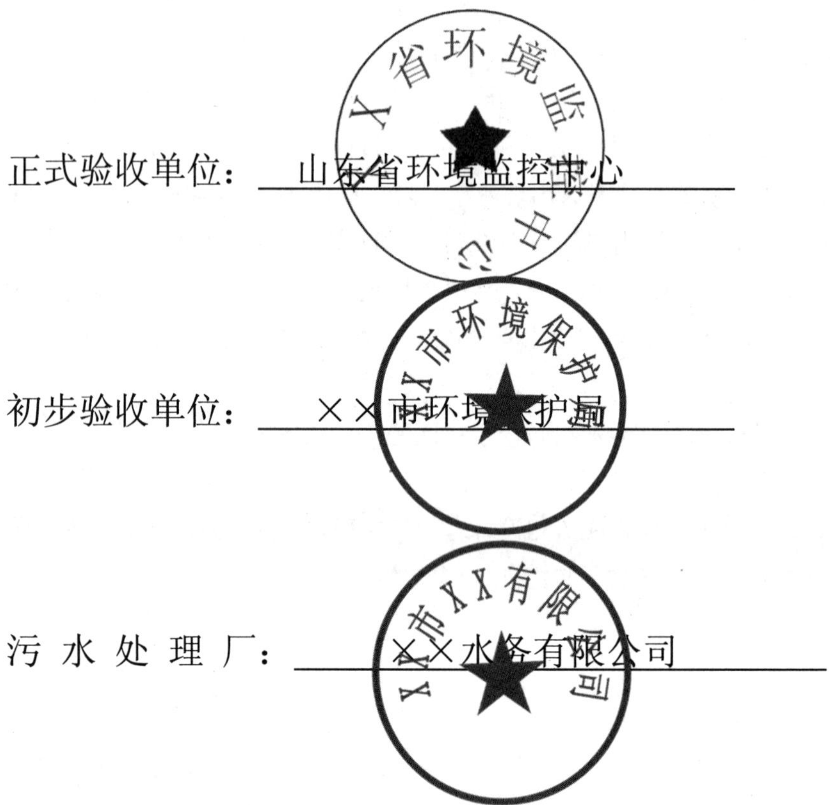

正式验收单位：山东省环境监控中心

初步验收单位：××市环境保护局

污水处理厂：××水务有限公司

填 写 说 明

1．证书“编号”由省监控中心填写；“正式验收单位”为省环境监控中心；“初步验收单位”为各市环保局。

2．“基本情况”由各市环保局组织企业填写；“自动监测情况”由各市环保局组织有关单位填写；“验收情况”由省环境监控中心和各市环保局填写。

3．“企业名称”为工商管理部门注册的全称；“排污去向”为河流、湖泊、水库、海域、污水处理厂及最终受纳水体；“平均排放浓度”为上一年度主要污染源平均浓度；“现场监测浓度”为初步验收时主要污染物平均浓度；“排污口编号”为各市排污口统一编号。

4．正式验收单位、初步验收单位和企业（污水处理厂）要在封面盖公章。

5．一律用蓝黑墨水钢笔或中性签字笔填写，不得用圆珠笔和铅笔，字迹要正规清晰、涂改的须重填。

一、基本情况

<table>
<tr><td>名称</td><td colspan="5">××水务有限公司</td></tr>
<tr><td>地址</td><td colspan="3">××市 ××区 ××镇</td><td>邮编</td><td>×××</td></tr>
<tr><td>法人代表</td><td>候某某</td><td>电话</td><td>×××</td><td>手机</td><td>×××</td></tr>
<tr><td>联系人</td><td>×××</td><td>电话</td><td>×××</td><td>手机</td><td>×××</td></tr>
<tr><td colspan="2">设计废水处理能力/（万 t/d）</td><td colspan="4">2</td></tr>
<tr><td colspan="2">实际废水处理量/（万 t/d）</td><td colspan="4">0.8</td></tr>
<tr><td colspan="2">其中：处理工业废水量/（万 t/d）</td><td colspan="4">0.72</td></tr>
<tr><td colspan="2">污水管网设计长度/km</td><td colspan="4">6</td></tr>
<tr><td colspan="2">污水管网实际建成长度/km</td><td colspan="4">6</td></tr>
<tr><td colspan="2">污水厂实际运行天数/（d/a）</td><td colspan="4">240</td></tr>
<tr><td colspan="2">污水厂未运行原因</td><td colspan="4">—</td></tr>
<tr><td colspan="2">污水厂停运是否经过环保部门批准</td><td colspan="4">是</td></tr>
<tr><td colspan="2">负荷率</td><td colspan="4">40%</td></tr>
<tr><td colspan="2">废水排入污水处理厂企业数/家</td><td colspan="4">10</td></tr>
<tr><td colspan="2">排水去向</td><td colspan="4">××</td></tr>
<tr><td colspan="2">污泥处置工艺及污泥去向</td><td colspan="4">填埋</td></tr>
<tr><td rowspan="2">设计进水浓度/（mg/L）</td><td>COD</td><td>500</td><td rowspan="2">设计出水浓度/（mg/L）</td><td>COD</td><td>100</td></tr>
<tr><td>NH_3-N</td><td>45</td><td>NH_3-N</td><td>25</td></tr>
<tr><td rowspan="2">实际平均进水浓度/（mg/L）</td><td>COD</td><td>500</td><td rowspan="2">实际平均出水浓度/（mg/L）</td><td>COD</td><td>95</td></tr>
<tr><td>NH_3-N</td><td>50</td><td>NH_3-N</td><td>15</td></tr>
<tr><td rowspan="2">现场监测进水浓度/（mg/L）</td><td>COD</td><td>472</td><td rowspan="2">现场监测出水浓度/（mg/L）</td><td>COD</td><td>63</td></tr>
<tr><td>NH_3-N</td><td>51.2</td><td>NH_3-N</td><td>2.28</td></tr>
<tr><td rowspan="2">排放标准/（mg/L）</td><td>COD</td><td colspan="4">500</td></tr>
<tr><td>NH_3-N</td><td colspan="4">35</td></tr>
<tr><td colspan="2">有无磷脱氮工艺</td><td>有</td><td colspan="2">处理成本/（元/t）</td><td>1.5</td></tr>
<tr><td colspan="2">COD 去除量/（t/d）</td><td>1.37</td><td colspan="2">COD 排放量/（t/d）</td><td>0.427 5</td></tr>
<tr><td colspan="2">NH_3-N 去除量/（t/d）</td><td>0.157 5</td><td colspan="2">NH_3-N 排放量/（t/d）</td><td>0.006 8</td></tr>
<tr><td colspan="2">污泥产生量/（t/d）</td><td>0</td><td colspan="2">污泥处置量/（t/d）</td><td>0</td></tr>
<tr><td colspan="2">用电量/（kW·h/d）</td><td>2800</td><td colspan="2">运行费用/（万元/a）</td><td>46</td></tr>
</table>

二、自动监测情况

<table>
<tr><td rowspan="5">排污口情况</td><td>排污口编号</td><td colspan="3"></td></tr>
<tr><td>位置（经度、纬度）</td><td colspan="3"></td></tr>
<tr><td>主要污染物</td><td colspan="3">COD</td></tr>
<tr><td>执行标准及代号</td><td colspan="3">山东省小清河流域水污染物综合排放标准
DB 37/656—2006</td></tr>
<tr><td>标准值</td><td colspan="3">500</td></tr>
<tr><td rowspan="10">监测设备情况</td><td></td><td>进口</td><td></td><td></td></tr>
<tr><td>设备型号</td><td colspan="3">LFH2001 型</td></tr>
<tr><td>生产厂家</td><td colspan="3">××公司</td></tr>
<tr><td>集成商</td><td colspan="3">××公司</td></tr>
<tr><td>监测项目</td><td colspan="3">COD</td></tr>
<tr><td>测定方法</td><td colspan="3">重铬酸盐分光光度法</td></tr>
<tr><td>安装时间</td><td colspan="3">2006.09.02</td></tr>
<tr><td>调试时间</td><td colspan="3">2006.09.04—19</td></tr>
<tr><td>联网时间</td><td colspan="3">2006.10.05</td></tr>
<tr><td>运营单位</td><td colspan="3">××环保技术服务有限公司</td></tr>
</table>

三、验收情况

<table>
<tr><td rowspan="5">初
步
验
收</td><td>验收时间</td><td>2006.11</td></tr>
<tr><td>污水处理厂意见</td><td>同意</td></tr>
<tr><td>验收组组长</td><td>××</td></tr>
<tr><td>验收组成员</td><td>××</td></tr>
<tr><td colspan="2">市环保局意见

同意

XX市环境保护局
2007 年 [illegible] 月 15 日
盖章</td></tr>
<tr><td rowspan="5">正
式
验
收</td><td>验收时间</td><td>2007.11.11</td></tr>
<tr><td>污水处理意见</td><td>同意</td></tr>
<tr><td>验收组组长</td><td>×××</td></tr>
<tr><td>验收组成员</td><td>×××</td></tr>
<tr><td colspan="2">省环境监控中心意见

同意

XX省环境监控中心
2007 年 11 [illegible]9 日
盖章</td></tr>
</table>

山东省环境监测中心站
（山东省环境信息与监控中心）
污染源自动监测数据报告

鲁环自监字〔2016〕第×××号

项目名称：　　　　废水监测

委托单位：　　　　省环保厅

监测类别：　　　　自动监测

报告日期　　　　16年7月4日

（加盖公章）

山东省环境监测中心站（山东省环境信息与监控中心）在省环境自动监测监控系统的监控平台上，提取了××水务有限公司外排废水自动监测数据的小时均值，并对其进行了统计和评价。

1. 监测设备

自动监测设备基本情况表

设备名称	安装点位	设备型号	分析方法	验收时间
COD 分析仪	总排口	山东龙发 LFH2001 型	重铬酸钾氧化分光光度法	2007.11.19

2. 监测数据

自动监测数据小时均值表见附件。

3. 评价标准

执行《小清河流域水污染物综合排放标准》（DB 37/656—2006）表 4 中一般保护区域标准 COD 最高允许排放浓度不高于 100 mg/L 的要求。

4. 监测结果

自动监测数据日均值报表　　单位：mg/L

企业名称	排污口名称	监测日期	COD		
			监测值	标准值	超标倍数/倍
××水务有限公司	××水务有限公司总排口	2016-06-09	219.2	100	1.19
		2016-06-10	323.1	100	2.23
		2016-06-11	227.8	100	1.28
		2016-06-12	188.3	100	0.88
		2016-06-13	232.7	100	1.33
		2016-06-14	230.5	100	1.3
		2016-06-15	239.6	100	1.4
		2016-06-16	223.6	100	1.24
		2016-06-17	209.9	100	1.1
		2016-06-18	223.5	100	1.24
		2016-06-19	236.7	100	1.37
		2016-06-20	212.7	100	1.13
		2016-06-21	229.3	100	1.29
		2016-06-22	259.8	100	1.6
		2016-06-23	248.4	100	1.48
		2016-06-24	223.8	100	1.24
		2016-06-25	203.0	100	1.03
		2016-06-26	206.8	100	1.07
		2016-06-27	260.9	100	1.61
		2016-06-28	244.6	100	1.45
		2016-06-29	215.4	100	1.15

5．评价结论

自动监测结果表明，6 月 9—29 日，××水务有限公司外排废水中 COD 浓度日均值在 188.3～323.1 mg/L，不符合《小清河流域水污染物综合排放标准》（DB 37/656—2006）表 4 中一般保护区域标准 COD 最高允许排放浓度不高于 100 mg/L 的要求。

编制：××× 审核：××× 签发：×××

日期：2016.7.4 2016.7.4 2016.7.4

山东省环境监测中心站

（山东省环境[illegible]与监控中心）

（加盖公章）

现场对××水务有限公司 COD 自动监测设备进行标准样品比对，比对结果在误差范围内，自动监测设备运行正常，数据准确稳定。

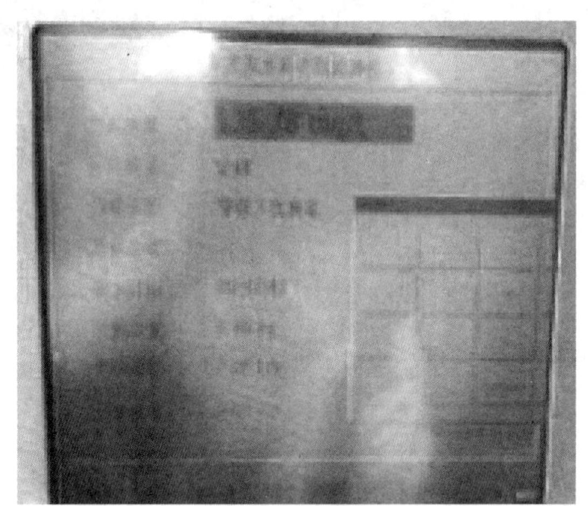

附件：

××水务有限公司小时数据报表

时间	COD	COD 状态	COD 标准
2016-06-07 00：00	—	数据缺失	100
2016-06-07 01：00	—	数据缺失	100
2016-06-07 02：00	—	数据缺失	100
2016-06-07 03：00	—	数据缺失	100
2016-06-07 04：00	—	数据缺失	100
2016-06-07 05：00	—	数据缺失	100
2016-06-07 06：00	—	数据缺失	100
2016-06-07 07：00	—	数据缺失	100
2016-06-07 08：00	—	数据缺失	100
2016-06-07 09：00	—	数据缺失	100
2016-06-07 10：00	—	数据缺失	100
2016-06-07 11：00	200	COD 故障	100
2016-06-07 12：00	233	COD 故障	100
2016-06-07 13：00	233	COD 故障	100
2016-06-07 14：00	286	COD 故障	100
2016-06-07 15：00	286	COD 故障	100
2016-06-07 16：00	273	COD 故障	100
2016-06-07 17：00	273	COD 故障	100
2016-06-07 18：00	258	COD 故障	100
2016-06-07 19：00	258	COD 故障	100
2016-06-07 20：00	263	COD 故障	100
2016-06-07 21：00	263	COD 故障	100
2016-06-07 22：00	251	正常	100
2016-06-07 23：00	—	数据缺失	100
2016-06-08 00：00	—	数据缺失	100
2016-06-08 01：00	—	数据缺失	100
2016-06-08 02：00	—	数据缺失	100
2016-06-08 03：00	—	数据缺失	100
2016-06-08 04：00	—	数据缺失	100
2016-06-08 05：00	—	数据缺失	100
2016-06-08 06：00	—	数据缺失	100
2016-06-08 07：00	—	数据缺失	100
2016-06-08 08：00	—	数据缺失	100
2016-06-08 09：00	—	数据缺失	100
2016-06-08 10：00	—	数据缺失	100
2016-06-08 11：00	—	数据缺失	100
2016-06-08 12：00	—	数据缺失	100

时间	COD	COD 状态	COD 标准
2016-06-08 13：00	—	数据缺失	100
2016-06-08 14：00	—	数据缺失	100
2016-06-08 15：00	—	数据缺失	100
2016-06-08 16：00	257	正常	100
2016-06-08 17：00	257	正常	100
2016-06-08 18：00	251	正常	100
2016-06-08 19：00	251	正常	100
2016-06-08 20：00	247	正常	100
2016-06-08 21：00	247	正常	100
2016-06-08 22：00	217	正常	100
2016-06-08 23：00	217	正常	100
2016-06-09 00：00	236	正常	100
2016-06-09 01：00	236	正常	100
2016-06-09 02：00	236	正常	100
2016-06-09 03：00	236	正常	100
2016-06-09 04：00	225	正常	100
2016-06-09 05：00	225	正常	100
2016-06-09 06：00	197	正常	100
2016-06-09 07：00	197	正常	100
2016-06-09 08：00	197	正常	100
2016-06-09 09：00	197	正常	100
2016-06-09 10：00	197	正常	100
2016-06-09 11：00	197	正常	100
2016-06-09 12：00	209	正常	100
2016-06-09 13：00	209	正常	100
2016-06-09 14：00	238	正常	100
2016-06-09 15：00	238	正常	100
2016-06-09 16：00	252	正常	100
2016-06-09 17：00	252	正常	100
2016-06-09 18：00	212	正常	100
2016-06-09 19：00	212	正常	100
2016-06-09 20：00	211	正常	100
2016-06-09 21：00	211	正常	100
2016-06-09 22：00	0.0	正常	100
2016-06-09 23：00	0.0	正常	100
2016-06-10 00：00	0.0	正常	100
2016-06-10 01：00	0.0	正常	100
2016-06-10 02：00	229	正常	100
2016-06-10 03：00	229	正常	100
2016-06-10 04：00	229	正常	100

时间	COD	COD 状态	COD 标准
2016-06-10 05：00	229	正常	100
2016-06-10 06：00	229	正常	100
2016-06-10 07：00	229	正常	100
2016-06-10 08：00	566	正常	100
2016-06-10 09：00	566	正常	100
2016-06-10 10：00	566	正常	100
2016-06-10 11：00	566	正常	100
2016-06-10 12：00	295	正常	100
2016-06-10 13：00	295	正常	100
2016-06-10 14：00	295	正常	100
2016-06-10 15：00	295	正常	100
2016-06-10 16：00	295	正常	100
2016-06-10 17：00	295	正常	100
2016-06-10 18：00	204	正常	100
2016-06-10 19：00	204	正常	100
2016-06-10 20：00	204	正常	100
2016-06-10 21：00	204	正常	100
2016-06-10 22：00	204	正常	100
2016-06-10 23：00	204	正常	100
2016-06-11 00：00	204	正常	100
2016-06-11 01：00	204	正常	100
2016-06-11 02：00	204	正常	100
2016-06-11 03：00	204	正常	100
2016-06-11 04：00	204	正常	100
2016-06-11 05：00	204	正常	100
2016-06-11 06：00	204	正常	100
2016-06-11 07：00	204	正常	100
2016-06-11 08：00	459	正常	100
2016-06-11 09：00	176	正常	100
2016-06-11 10：00	176	正常	100
2016-06-11 11：00	176	正常	100
2016-06-11 12：00	232	正常	100
2016-06-11 13：00	232	正常	100
2016-06-11 14：00	228	正常	100
2016-06-11 15：00	228	正常	100
2016-06-11 16：00	244	正常	100
2016-06-11 17：00	244	正常	100
2016-06-11 18：00	242	正常	100
2016-06-11 19：00	242	正常	100
2016-06-11 20：00	225	正常	100

时间	COD	COD 状态	COD 标准
2016-06-11 21：00	225	正常	100
2016-06-11 22：00	222	正常	100
2016-06-11 23：00	222	正常	100
2016-06-12 00：00	210	正常	100
2016-06-12 01：00	210	正常	100
2016-06-12 02：00	204	正常	100
2016-06-12 03：00	204	正常	100
2016-06-12 04：00	211	正常	100
2016-06-12 05：00	211	正常	100
2016-06-12 06：00	192	正常	100
2016-06-12 07：00	192	正常	100
2016-06-12 08：00	143	正常	100
2016-06-12 09：00	143	正常	100
2016-06-12 10：00	141	正常	100
2016-06-12 11：00	141	正常	100
2016-06-12 12：00	142	正常	100
2016-06-12 13：00	142	正常	100
2016-06-12 14：00	179	正常	100
2016-06-12 15：00	179	正常	100
2016-06-12 16：00	209	正常	100
2016-06-12 17：00	209	正常	100
2016-06-12 18：00	212	正常	100
2016-06-12 19：00	212	正常	100
2016-06-12 20：00	208	正常	100
2016-06-12 21：00	208	正常	100
2016-06-12 22：00	208	正常	100
2016-06-12 23：00	208	正常	100
2016-06-13 00：00	219	正常	100
2016-06-13 01：00	219	正常	100
2016-06-13 02：00	216	正常	100
2016-06-13 03：00	216	正常	100
2016-06-13 04：00	223	正常	100
2016-06-13 05：00	223	正常	100
2016-06-13 06：00	238	正常	100
2016-06-13 07：00	238	正常	100
2016-06-13 08：00	229	正常	100
2016-06-13 09：00	229	正常	100
2016-06-13 10：00	224	正常	100
2016-06-13 11：00	224	正常	100
2016-06-13 12：00	221	正常	100

时间	COD	COD 状态	COD 标准
2016-06-13 13：00	221	正常	100
2016-06-13 14：00	237	正常	100
2016-06-13 15：00	237	正常	100
2016-06-13 16：00	256	正常	100
2016-06-13 17：00	256	正常	100
2016-06-13 18：00	235	正常	100
2016-06-13 19：00	235	正常	100
2016-06-13 20：00	244	正常	100
2016-06-13 21：00	244	正常	100
2016-06-13 22：00	248	正常	100
2016-06-13 23：00	248	正常	100
2016-06-14 00：00	247	正常	100
2016-06-14 01：00	247	正常	100
2016-06-14 02：00	236	正常	100
2016-06-14 03：00	236	正常	100
2016-06-14 04：00	230	正常	100
2016-06-14 05：00	230	正常	100
2016-06-14 06：00	227	正常	100
2016-06-14 07：00	227	正常	100
2016-06-14 08：00	219	正常	100
2016-06-14 09：00	219	正常	100
2016-06-14 10：00	236	正常	100
2016-06-14 11：00	236	正常	100
2016-06-14 12：00	240	正常	100
2016-06-14 13：00	240	正常	100
2016-06-14 14：00	241	正常	100
2016-06-14 15：00	241	正常	100
2016-06-14 16：00	211	正常	100
2016-06-14 17：00	211	正常	100
2016-06-14 18：00	231	正常	100
2016-06-14 19：00	231	正常	100
2016-06-14 20：00	229	正常	100
2016-06-14 21：00	229	正常	100
2016-06-14 22：00	219	正常	100
2016-06-14 23：00	219	正常	100
2016-06-15 00：00	238	正常	100
2016-06-15 01：00	238	正常	100
2016-06-15 02：00	234	正常	100
2016-06-15 03：00	234	正常	100
2016-06-15 04：00	228	正常	100

时间	COD	COD 状态	COD 标准
2016-06-15 05：00	228	正常	100
2016-06-15 06：00	217	正常	100
2016-06-15 07：00	217	正常	100
2016-06-15 08：00	272	正常	100
2016-06-15 09：00	272	正常	100
2016-06-15 10：00	233	正常	100
2016-06-15 11：00	233	正常	100
2016-06-15 12：00	224	正常	100
2016-06-15 13：00	224	正常	100
2016-06-15 14：00	253	正常	100
2016-06-15 15：00	253	正常	100
2016-06-15 16：00	246	正常	100
2016-06-15 17：00	246	正常	100
2016-06-15 18：00	253	正常	100
2016-06-15 19：00	253	正常	100
2016-06-15 20：00	242	正常	100
2016-06-15 21：00	242	正常	100
2016-06-15 22：00	234	正常	100
2016-06-15 23：00	234	正常	100
2016-06-16 00：00	240	正常	100
2016-06-16 01：00	240	正常	100
2016-06-16 02：00	252	正常	100
2016-06-16 03：00	252	正常	100
2016-06-16 04：00	236	正常	100
2016-06-16 05：00	236	正常	100
2016-06-16 06：00	243	正常	100
2016-06-16 07：00	243	正常	100
2016-06-16 08：00	245	正常	100
2016-06-16 09：00	245	正常	100
2016-06-16 10：00	172	正常	100
2016-06-16 11：00	172	正常	100
2016-06-16 12：00	169	正常	100
2016-06-16 13：00	169	正常	100
2016-06-16 14：00	216	正常	100
2016-06-16 15：00	216	正常	100
2016-06-16 16：00	210	正常	100
2016-06-16 17：00	210	正常	100
2016-06-16 18：00	251	正常	100
2016-06-16 19：00	251	正常	100
2016-06-16 20：00	225	正常	100

时间	COD	COD 状态	COD 标准
2016-06-16 21：00	225	正常	100
2016-06-16 22：00	224	正常	100
2016-06-16 23：00	224	正常	100
2016-06-17 00：00	197	正常	100
2016-06-17 01：00	197	正常	100
2016-06-17 02：00	198	正常	100
2016-06-17 03：00	198	正常	100
2016-06-17 04：00	197	正常	100
2016-06-17 05：00	197	正常	100
2016-06-17 06：00	195	正常	100
2016-06-17 07：00	195	正常	100
2016-06-17 08：00	191	正常	100
2016-06-17 09：00	191	正常	100
2016-06-17 10：00	188	正常	100
2016-06-17 11：00	188	正常	100
2016-06-17 12：00	217	正常	100
2016-06-17 13：00	217	正常	100
2016-06-17 14：00	218	正常	100
2016-06-17 15：00	218	正常	100
2016-06-17 16：00	225	正常	100
2016-06-17 17：00	225	正常	100
2016-06-17 18：00	237	正常	100
2016-06-17 19：00	237	正常	100
2016-06-17 20：00	238	正常	100
2016-06-17 21：00	238	正常	100
2016-06-17 22：00	217	正常	100
2016-06-17 23：00	217	正常	100
2016-06-18 00：00	224	正常	100
2016-06-18 01：00	224	正常	100
2016-06-18 02：00	193	正常	100
2016-06-18 03：00	193	正常	100
2016-06-18 04：00	201	正常	100
2016-06-18 05：00	201	正常	100
2016-06-18 06：00	190	正常	100
2016-06-18 07：00	190	正常	100
2016-06-18 08：00	196	正常	100
2016-06-18 09：00	196	正常	100
2016-06-18 10：00	212	正常	100
2016-06-18 11：00	212	正常	100
2016-06-18 12：00	194	正常	100

时间	COD	COD 状态	COD 标准
2016-06-18 13：00	194	正常	100
2016-06-18 14：00	240	正常	100
2016-06-18 15：00	240	正常	100
2016-06-18 16：00	252	正常	100
2016-06-18 17：00	252	正常	100
2016-06-18 18：00	263	正常	100
2016-06-18 19：00	263	正常	100
2016-06-18 20：00	258	正常	100
2016-06-18 21：00	258	正常	100
2016-06-18 22：00	260	正常	100
2016-06-18 23：00	260	正常	100
2016-06-19 00：00	246	正常	100
2016-06-19 01：00	246	正常	100
2016-06-19 02：00	231	正常	100
2016-06-19 03：00	231	正常	100
2016-06-19 04：00	247	正常	100
2016-06-19 05：00	247	正常	100
2016-06-19 06：00	220	正常	100
2016-06-19 07：00	220	正常	100
2016-06-19 08：00	223	正常	100
2016-06-19 09：00	223	正常	100
2016-06-19 10：00	235	正常	100
2016-06-19 11：00	235	正常	100
2016-06-19 12：00	241	正常	100
2016-06-19 13：00	241	正常	100
2016-06-19 14：00	235	正常	100
2016-06-19 15：00	235	正常	100
2016-06-19 16：00	246	正常	100
2016-06-19 17：00	246	正常	100
2016-06-19 18：00	246	正常	100
2016-06-19 19：00	246	正常	100
2016-06-19 20：00	230	正常	100
2016-06-19 21：00	230	正常	100
2016-06-19 22：00	242	正常	100
2016-06-19 23：00	242	正常	100
2016-06-20 00：00	232	正常	100
2016-06-20 01：00	232	正常	100
2016-06-20 02：00	215	正常	100
2016-06-20 03：00	215	正常	100
2016-06-20 04：00	188	正常	100

时间	COD	COD 状态	COD 标准
2016-06-20 05：00	188	正常	100
2016-06-20 06：00	190	正常	100
2016-06-20 07：00	190	正常	100
2016-06-20 08：00	179	正常	100
2016-06-20 09：00	179	正常	100
2016-06-20 10：00	190	正常	100
2016-06-20 11：00	190	正常	100
2016-06-20 12：00	199	正常	100
2016-06-20 13：00	199	正常	100
2016-06-20 14：00	216	正常	100
2016-06-20 15：00	216	正常	100
2016-06-20 16：00	228	正常	100
2016-06-20 17：00	228	正常	100
2016-06-20 18：00	226	正常	100
2016-06-20 19：00	226	正常	100
2016-06-20 20：00	266	正常	100
2016-06-20 21：00	266	正常	100
2016-06-20 22：00	225	正常	100
2016-06-20 23：00	225	正常	100
2016-06-21 00：00	207	正常	100
2016-06-21 01：00	207	正常	100
2016-06-21 02：00	204	正常	100
2016-06-21 03：00	204	正常	100
2016-06-21 04：00	187	正常	100
2016-06-21 05：00	187	正常	100
2016-06-21 06：00	191	正常	100
2016-06-21 07：00	191	正常	100
2016-06-21 08：00	213	正常	100
2016-06-21 09：00	213	正常	100
2016-06-21 10：00	210	正常	100
2016-06-21 11：00	210	正常	100
2016-06-21 12：00	229	正常	100
2016-06-21 13：00	229	正常	100
2016-06-21 14：00	257	正常	100
2016-06-21 15：00	257	正常	100
2016-06-21 16：00	252	正常	100
2016-06-21 17：00	252	正常	100
2016-06-21 18：00	268	正常	100
2016-06-21 19：00	268	正常	100
2016-06-21 20：00	266	正常	100

时间	COD	COD 状态	COD 标准
2016-06-21 21：00	266	正常	100
2016-06-21 22：00	268	正常	100
2016-06-21 23：00	268	正常	100
2016-06-22 00：00	248	正常	100
2016-06-22 01：00	248	正常	100
2016-06-22 02：00	246	正常	100
2016-06-22 03：00	246	正常	100
2016-06-22 04：00	240	正常	100
2016-06-22 05：00	240	正常	100
2016-06-22 06：00	242	正常	100
2016-06-22 07：00	242	正常	100
2016-06-22 08：00	263	正常	100
2016-06-22 09：00	263	正常	100
2016-06-22 10：00	273	正常	100
2016-06-22 11：00	273	正常	100
2016-06-22 12：00	274	正常	100
2016-06-22 13：00	274	正常	100
2016-06-22 14：00	263	正常	100
2016-06-22 15：00	263	正常	100
2016-06-22 16：00	272	正常	100
2016-06-22 17：00	272	正常	100
2016-06-22 18：00	274	正常	100
2016-06-22 19：00	274	正常	100
2016-06-22 20：00	264	正常	100
2016-06-22 21：00	264	正常	100
2016-06-22 22：00	256	正常	100
2016-06-22 23：00	256	正常	100
2016-06-23 00：00	259	正常	100
2016-06-23 01：00	259	正常	100
2016-06-23 02：00	237	正常	100
2016-06-23 03：00	237	正常	100
2016-06-23 04：00	243	正常	100
2016-06-23 05：00	243	正常	100
2016-06-23 06：00	237	正常	100
2016-06-23 07：00	237	正常	100
2016-06-23 08：00	238	正常	100
2016-06-23 09：00	238	正常	100
2016-06-23 10：00	254	正常	100
2016-06-23 11：00	254	正常	100
2016-06-23 12：00	278	正常	100

时间	COD	COD 状态	COD 标准
2016-06-23 13：00	278	正常	100
2016-06-23 14：00	278	正常	100
2016-06-23 15：00	278	正常	100
2016-06-23 16：00	248	正常	100
2016-06-23 17：00	248	正常	100
2016-06-23 18：00	254	正常	100
2016-06-23 19：00	254	正常	100
2016-06-23 20：00	239	正常	100
2016-06-23 21：00	239	正常	100
2016-06-23 22：00	217	正常	100
2016-06-23 23：00	217	正常	100
2016-06-24 00：00	207	正常	100
2016-06-24 01：00	207	正常	100
2016-06-24 02：00	215	正常	100
2016-06-24 03：00	215	正常	100
2016-06-24 04：00	187	正常	100
2016-06-24 05：00	187	正常	100
2016-06-24 06：00	219	正常	100
2016-06-24 07：00	219	正常	100
2016-06-24 08：00	202	正常	100
2016-06-24 09：00	202	正常	100
2016-06-24 10：00	202	正常	100
2016-06-24 11：00	202	正常	100
2016-06-24 12：00	202	正常	100
2016-06-24 13：00	202	正常	100
2016-06-24 14：00	258	正常	100
2016-06-24 15：00	258	正常	100
2016-06-24 16：00	263	正常	100
2016-06-24 17：00	263	正常	100
2016-06-24 18：00	239	正常	100
2016-06-24 19：00	239	正常	100
2016-06-24 20：00	243	正常	100
2016-06-24 21：00	243	正常	100
2016-06-24 22：00	225	正常	100
2016-06-24 23：00	225	正常	100
2016-06-25 00：00	204	正常	100
2016-06-25 01：00	204	正常	100
2016-06-25 02：00	199	正常	100
2016-06-25 03：00	199	正常	100
2016-06-25 04：00	206	正常	100

时间	COD	COD 状态	COD 标准
2016-06-25 05：00	206	正常	100
2016-06-25 06：00	199	正常	100
2016-06-25 07：00	199	正常	100
2016-06-25 08：00	199	正常	100
2016-06-25 09：00	199	正常	100
2016-06-25 10：00	219	正常	100
2016-06-25 11：00	219	正常	100
2016-06-25 12：00	207	正常	100
2016-06-25 13：00	207	正常	100
2016-06-25 14：00	200	正常	100
2016-06-25 15：00	200	正常	100
2016-06-25 16：00	208	正常	100
2016-06-25 17：00	208	正常	100
2016-06-25 18：00	195	正常	100
2016-06-25 19：00	195	正常	100
2016-06-25 20：00	197	正常	100
2016-06-25 21：00	197	正常	100
2016-06-25 22：00	202	正常	100
2016-06-25 23：00	202	正常	100
2016-06-26 00：00	207	正常	100
2016-06-26 01：00	207	正常	100
2016-06-26 02：00	185	正常	100
2016-06-26 03：00	185	正常	100
2016-06-26 04：00	193	正常	100
2016-06-26 05：00	193	正常	100
2016-06-26 06：00	191	正常	100
2016-06-26 07：00	191	正常	100
2016-06-26 08：00	209	正常	100
2016-06-26 09：00	209	正常	100
2016-06-26 10：00	208	正常	100
2016-06-26 11：00	208	正常	100
2016-06-26 12：00	226	正常	100
2016-06-26 13：00	226	正常	100
2016-06-26 14：00	235	正常	100
2016-06-26 15：00	235	正常	100
2016-06-26 16：00	246	正常	100
2016-06-26 17：00	246	正常	100
2016-06-26 18：00	246	正常	100
2016-06-26 19：00	246	正常	100
2016-06-26 20：00	246	正常	100

时间	COD	COD 状态	COD 标准
2016-06-26 21：00	246	正常	100
2016-06-26 22：00	246	正常	100
2016-06-26 23：00	246	正常	100
2016-06-27 00：00	246	正常	100
2016-06-27 01：00	246	正常	100
2016-06-27 02：00	246	正常	100
2016-06-27 03：00	246	正常	100
2016-06-27 04：00	246	正常	100
2016-06-27 05：00	246	正常	100
2016-06-27 06：00	337	正常	100
2016-06-27 07：00	337	正常	100
2016-06-27 08：00	26.2	正常	100
2016-06-27 09：00	26.2	正常	100
2016-06-27 10：00	26.2	正常	100
2016-06-27 11：00	26.2	正常	100
2016-06-27 12：00	26.2	正常	100
2016-06-27 13：00	26.2	正常	100
2016-06-27 14：00	26.2	正常	100
2016-06-27 15：00	26.2	正常	100
2016-06-27 16：00	224	正常	100
2016-06-27 17：00	224	正常	100
2016-06-27 18：00	279	正常	100
2016-06-27 19：00	279	正常	100
2016-06-27 20：00	260	正常	100
2016-06-27 21：00	260	正常	100
2016-06-27 22：00	280	正常	100
2016-06-27 23：00	280	正常	100
2016-06-28 00：00	284	正常	100
2016-06-28 01：00	284	正常	100
2016-06-28 02：00	263	正常	100
2016-06-28 03：00	263	正常	100
2016-06-28 04：00	219	正常	100
2016-06-28 05：00	219	正常	100
2016-06-28 06：00	218	正常	100
2016-06-28 07：00	218	正常	100
2016-06-28 08：00	224	正常	100
2016-06-28 09：00	224	正常	100
2016-06-28 10：00	224	正常	100
2016-06-28 11：00	224	正常	100
2016-06-28 12：00	227	正常	100

时间	COD	COD 状态	COD 标准
2016-06-28 13：00	227	正常	100
2016-06-28 14：00	218	正常	100
2016-06-28 15：00	218	正常	100
2016-06-28 16：00	231	正常	100
2016-06-28 17：00	231	正常	100
2016-06-28 18：00	231	正常	100
2016-06-28 19：00	302	正常	100
2016-06-28 20：00	302	正常	100
2016-06-28 21：00	284	正常	100
2016-06-28 22：00	284	正常	100
2016-06-28 23：00	251	正常	100
2016-06-29 00：00	251	正常	100
2016-06-29 01：00	236	正常	100
2016-06-29 02：00	236	正常	100
2016-06-29 03：00	217	正常	100
2016-06-29 04：00	217	正常	100
2016-06-29 05：00	199	正常	100
2016-06-29 06：00	199	正常	100
2016-06-29 07：00	202	正常	100
2016-06-29 08：00	202	正常	100
2016-06-29 09：00	205	正常	100
2016-06-29 10：00	205	正常	100
2016-06-29 11：00	198	正常	100
2016-06-29 12：00	198	正常	100
2016-06-29 13：00	214	正常	100
2016-06-29 14：00	214	正常	100
2016-06-29 15：00	221	正常	100
2016-06-29 16：00	221	正常	100
2016-06-29 17：00	233	正常	100
2016-06-29 18：00	233	正常	100
2016-06-29 19：00	220	正常	100
2016-06-29 20：00	220	正常	100
2016-06-29 21：00	212	正常	100
2016-06-29 22：00	212	正常	100
2016-06-29 23：00	205	正常	100

一、水污染源自动监测设备运营维护日常巡检表

运营企业：×××　　　　　　　　　　　　　　　　　　　日期：2016年6月7日

<table>
<tr><td colspan="2">仪器名称：COD、NH_3-N</td><td colspan="2">规格型号：LFH2001 2080</td><td>设备编号</td></tr>
<tr><td colspan="2">维护管理单位：</td><td colspan="2">安装地点：排水口</td><td>维护保养人：</td></tr>
<tr><td rowspan="19">日常维护工作记录</td><td rowspan="2">（一）维护预备</td><td colspan="2">查询日志</td><td>已备</td></tr>
<tr><td colspan="2">试剂、耗材准备</td><td>已备</td></tr>
<tr><td rowspan="5">（二）系统检查</td><td colspan="2">供电系统（稳压、UPS等）</td><td>正常</td></tr>
<tr><td colspan="2">通信系统（本地通信、远程通信等）</td><td>正常</td></tr>
<tr><td colspan="2">控制系统（PLC、工控机）</td><td>正常</td></tr>
<tr><td colspan="2">子站设施（泵、阀等）</td><td>正常</td></tr>
<tr><td colspan="2">采水系统</td><td>正常</td></tr>
<tr><td rowspan="4">（三）仪器检查</td><td colspan="2">仪器显示</td><td>正常</td></tr>
<tr><td colspan="2">故障报警</td><td></td></tr>
<tr><td colspan="2">仪器管路</td><td>正常</td></tr>
<tr><td colspan="2">仪器校验</td><td></td></tr>
<tr><td rowspan="7">（四）周期维护</td><td colspan="2">仪器清洗</td><td>清洗</td></tr>
<tr><td colspan="2">集成管路清洗</td><td>清洗</td></tr>
<tr><td colspan="2">废液处理</td><td></td></tr>
<tr><td colspan="2">试剂更换</td><td></td></tr>
<tr><td colspan="2">耗材更换</td><td></td></tr>
<tr><td colspan="2">卫生打扫</td><td>打扫</td></tr>
<tr><td colspan="2">站房记录</td><td>已录</td></tr>
<tr><td>（五）其他情况</td><td colspan="2"></td><td></td></tr>
<tr><td>异常情况处理记录</td><td colspan="4">开机，流量计坏</td></tr>
<tr><td>更换耗材</td><td colspan="3"></td><td>备注</td></tr>
<tr><td>离站时间</td><td>12：20</td><td>服务耗时</td><td>120 min</td><td>维护人员：××</td></tr>
<tr><td>业主方代表</td><td>×××</td><td colspan="2"></td><td>日期</td></tr>
</table>

此表一式三联：第一联交运营单位（白）；第二联交环保局（红）；第三联交企业（绿）。

一、水污染源自动监测设备运营维护日常巡检表

运营企业：×××　　　　　　　　　　　　　　　　　　　　　　　　日期：2016 年 6 月 11 日

<table>
<tr><td colspan="2">仪器名称：COD、NH_3-N</td><td colspan="2">规格型号：LFH2001　LFH 2005E</td><td>设备编号</td></tr>
<tr><td colspan="2">维护管理单位：</td><td colspan="2">安装地点：排水口</td><td>维护保养人：</td></tr>
<tr><td rowspan="19">日常维护工作记录</td><td rowspan="2">（一）维护预备</td><td colspan="2">查询日志</td><td>已备</td></tr>
<tr><td colspan="2">试剂、耗材准备</td><td>已备</td></tr>
<tr><td rowspan="5">（二）系统检查</td><td colspan="2">供电系统（稳压、UPS 等）</td><td>正常</td></tr>
<tr><td colspan="2">通信系统（本地通信、远程通信等）</td><td>正常</td></tr>
<tr><td colspan="2">控制系统（PLC、工控机）</td><td>正常</td></tr>
<tr><td colspan="2">子站设施（泵、阀等）</td><td>不正常 COD 上水异常</td></tr>
<tr><td colspan="2">采水系统</td><td>正常</td></tr>
<tr><td rowspan="4">（三）仪器检查</td><td colspan="2">仪器显示</td><td>正常</td></tr>
<tr><td colspan="2">故障报警</td><td>报警</td></tr>
<tr><td colspan="2">仪器管路</td><td>正常</td></tr>
<tr><td colspan="2">仪器校验</td><td></td></tr>
<tr><td rowspan="7">（四）周期维护</td><td colspan="2">仪器清洗</td><td>清洗</td></tr>
<tr><td colspan="2">集成管路清洗</td><td>清洗</td></tr>
<tr><td colspan="2">废液处理</td><td></td></tr>
<tr><td colspan="2">试剂更换</td><td></td></tr>
<tr><td colspan="2">耗材更换</td><td></td></tr>
<tr><td colspan="2">卫生打扫</td><td>打扫</td></tr>
<tr><td colspan="2">站房记录</td><td></td></tr>
<tr><td>（五）其他情况</td><td colspan="2"></td><td></td></tr>
<tr><td>异常情况处理记录</td><td colspan="4">COD6 月 10 日至 11 日 9 点，数据异常重复原因上水异常，导致标样比色异常，维修后正常。</td></tr>
<tr><td>更换耗材</td><td colspan="3"></td><td>备注</td></tr>
<tr><td>离站时间</td><td>10：11</td><td>服务耗时</td><td>71 min</td><td>维护人员：××</td></tr>
<tr><td>业主方代表</td><td>×××</td><td colspan="2"></td><td>日期</td></tr>
</table>

此表一式三联：第一联交运营单位（白）；第二联交环保局（红）；第三联交企业（绿）。

一、水污染源自动监测设备运营维护日常巡检表

运营企业：×××　　　　　　　　　　　　　　　　　　　　　日期：2016 年 6 月 16 日

<table>
<tr><td colspan="2">仪器名称：COD、NH_3-N</td><td colspan="2">规格型号：LFH2001　LFH 2005E</td><td>设备编号</td></tr>
<tr><td colspan="2">维护管理单位：</td><td colspan="2">安装地点：排水口</td><td>维护保养人：</td></tr>
<tr><td rowspan="21">日常维护工作记录</td><td rowspan="2">（一）维护预备</td><td colspan="2">查询日志</td><td>已备</td></tr>
<tr><td colspan="2">试剂、耗材准备</td><td>已备</td></tr>
<tr><td rowspan="5">（二）系统检查</td><td colspan="2">供电系统（稳压、UPS 等）</td><td>正常</td></tr>
<tr><td colspan="2">通信系统（本地通信、远程通信等）</td><td>正常</td></tr>
<tr><td colspan="2">控制系统（PLC、工控机）</td><td>正常</td></tr>
<tr><td colspan="2">子站设施（泵、阀等）</td><td>正常</td></tr>
<tr><td colspan="2">采水系统</td><td>正常</td></tr>
<tr><td rowspan="4">（三）仪器检查</td><td colspan="2">仪器显示</td><td>正常</td></tr>
<tr><td colspan="2">故障报警</td><td></td></tr>
<tr><td colspan="2">仪器管路</td><td>正常</td></tr>
<tr><td colspan="2">仪器校验</td><td></td></tr>
<tr><td rowspan="7">（四）周期维护</td><td colspan="2">仪器清洗</td><td>清洗</td></tr>
<tr><td colspan="2">集成管路清洗</td><td>清洗</td></tr>
<tr><td colspan="2">废液处理</td><td></td></tr>
<tr><td colspan="2">试剂更换</td><td></td></tr>
<tr><td colspan="2">耗材更换</td><td></td></tr>
<tr><td colspan="2">卫生打扫</td><td>打扫</td></tr>
<tr><td colspan="2">站房记录</td><td></td></tr>
<tr><td>（五）其他情况</td><td colspan="2"></td><td></td></tr>
<tr><td>异常情况处理记录</td><td colspan="4">NH_3-N 数据传输异常和××一起调适程序.</td></tr>
<tr><td>更换耗材</td><td colspan="3"></td><td>备注</td></tr>
<tr><td>离站时间</td><td>15：41</td><td>服务耗时</td><td>71 min</td><td>维护人员：××</td></tr>
<tr><td>业主方代表</td><td>×××</td><td colspan="2"></td><td>日期</td></tr>
</table>

此表一式三联：第一联交运营单位（白）；第二联交环保局（红）；第三联交企业（绿）。

一、水污染源自动监测设备运营维护日常巡检表

运营企业：×××　　　　　　　　　　　　　　　　　　　　　　　日期：2016年6月23日

<table>
<tr><td colspan="2">仪器名称：COD、NH_3-N</td><td colspan="2">规格型号：LFH2001　LFH 2005E</td><td>设备编号</td></tr>
<tr><td colspan="2">维护管理单位：</td><td colspan="2">安装地点：排水口</td><td>维护保养人：</td></tr>
<tr><td rowspan="19">日常维护工作记录</td><td rowspan="2">（一）维护预备</td><td colspan="2">查询日志</td><td>已备</td></tr>
<tr><td colspan="2">试剂、耗材准备</td><td>已备</td></tr>
<tr><td rowspan="5">（二）系统检查</td><td colspan="2">供电系统（稳压、UPS等）</td><td>正常</td></tr>
<tr><td colspan="2">通信系统（本地通信、远程通信等）</td><td>正常</td></tr>
<tr><td colspan="2">控制系统（PLC、工控机）</td><td>正常</td></tr>
<tr><td colspan="2">子站设施（泵、阀等）</td><td>正常</td></tr>
<tr><td colspan="2">采水系统</td><td>正常</td></tr>
<tr><td rowspan="4">（三）仪器检查</td><td colspan="2">仪器显示</td><td>正常</td></tr>
<tr><td colspan="2">故障报警</td><td></td></tr>
<tr><td colspan="2">仪器管路</td><td>正常</td></tr>
<tr><td colspan="2">仪器校验</td><td></td></tr>
<tr><td rowspan="7">（四）周期维护</td><td colspan="2">仪器清洗</td><td>清洗</td></tr>
<tr><td colspan="2">集成管路清洗</td><td>清洗</td></tr>
<tr><td colspan="2">废液处理</td><td></td></tr>
<tr><td colspan="2">试剂更换</td><td></td></tr>
<tr><td colspan="2">耗材更换</td><td></td></tr>
<tr><td colspan="2">卫生打扫</td><td>打扫</td></tr>
<tr><td colspan="2">站房记录</td><td>已录</td></tr>
<tr><td>（五）其他情况</td><td colspan="2"></td><td></td></tr>
<tr><td>异常情况处理记录</td><td colspan="4"></td></tr>
<tr><td>更换耗材</td><td colspan="3"></td><td>备注</td></tr>
<tr><td>离站时间</td><td>16：15</td><td>服务耗时</td><td>45 min</td><td>维护人员：××</td></tr>
<tr><td>业主方代表</td><td>×××</td><td colspan="2"></td><td>日期</td></tr>
</table>

此表一式三联：第一联交运营单位（白）；第二联交环保局（红）；第三联交企业（绿）。

一、水污染源自动监测设备运营维护日常巡检表

运营企业：××× 日期：2016 年 6 月 27 日

<table>
<tr><td colspan="2">仪器名称：COD、NH_3-N</td><td colspan="2">规格型号：LFH2001　LFH 2005E</td><td>设备编号</td></tr>
<tr><td colspan="2">维护管理单位：</td><td colspan="2">安装地点：排水口</td><td>维护保养人：</td></tr>
<tr><td rowspan="19">日常维护工作记录</td><td rowspan="2">（一）维护预备</td><td colspan="2">查询日志</td><td>已备</td></tr>
<tr><td colspan="2">试剂、耗材准备</td><td>已备</td></tr>
<tr><td rowspan="5">（二）系统检查</td><td colspan="2">供电系统（稳压、UPS 等）</td><td>正常</td></tr>
<tr><td colspan="2">通信系统（本地通信、远程通信等）</td><td>正常</td></tr>
<tr><td colspan="2">控制系统（PLC、工控机）</td><td>正常</td></tr>
<tr><td colspan="2">子站设施（泵、阀等）</td><td>正常</td></tr>
<tr><td colspan="2">采水系统</td><td>正常</td></tr>
<tr><td rowspan="4">（三）仪器检查</td><td colspan="2">仪器显示</td><td>正常</td></tr>
<tr><td colspan="2">故障报警</td><td></td></tr>
<tr><td colspan="2">仪器管路</td><td>正常</td></tr>
<tr><td colspan="2">仪器校验</td><td></td></tr>
<tr><td rowspan="7">（四）周期维护</td><td colspan="2">仪器清洗</td><td>清洗</td></tr>
<tr><td colspan="2">集成管路清洗</td><td>清洗</td></tr>
<tr><td colspan="2">废液处理</td><td></td></tr>
<tr><td colspan="2">试剂更换</td><td></td></tr>
<tr><td colspan="2">耗材更换</td><td></td></tr>
<tr><td colspan="2">卫生打扫</td><td>打扫</td></tr>
<tr><td colspan="2">站房记录</td><td>已录</td></tr>
<tr><td>（五）其他情况</td><td colspan="2"></td><td></td></tr>
<tr><td>异常情况处理记录</td><td colspan="4">COD　6 月 26 日 16：00—6 月 27 日　16：00　硫酸阀坏，维修后正常</td></tr>
<tr><td>更换耗材</td><td colspan="3"></td><td>备注</td></tr>
<tr><td>离站时间</td><td>10：15</td><td>服务耗时</td><td>100 min</td><td>维护人员：××</td></tr>
<tr><td>业主方代表</td><td>×××</td><td colspan="2"></td><td>日期</td></tr>
</table>

此表一式三联：第一联交运营单位（白）；第二联交环保局（红）；第三联交企业（绿）。

一、水污染源自动监测设备运营维护日常巡检表

运营企业：×××　　　　日期：2016 年 6 月 30 日

<table>
<tr><td colspan="2">仪器名称：COD、NH_3-N</td><td colspan="2">规格型号：LFH2001　LFH 2005E</td><td>设备编号</td></tr>
<tr><td colspan="2">维护管理单位：</td><td colspan="2">安装地点：排水口</td><td>维护保养人：</td></tr>
<tr><td rowspan="19">日常维护工作记录</td><td rowspan="2">（一）维护预备</td><td colspan="2">查询日志</td><td>已备</td></tr>
<tr><td colspan="2">试剂、耗材准备</td><td>已备</td></tr>
<tr><td rowspan="5">（二）系统检查</td><td colspan="2">供电系统（稳压、UPS 等）</td><td>正常</td></tr>
<tr><td colspan="2">通信系统（本地通信、远程通信等）</td><td>正常</td></tr>
<tr><td colspan="2">控制系统（PLC、工控机）</td><td>正常</td></tr>
<tr><td colspan="2">子站设施（泵、阀等）</td><td>正常</td></tr>
<tr><td colspan="2">采水系统</td><td>正常</td></tr>
<tr><td rowspan="4">（三）仪器检查</td><td colspan="2">仪器显示</td><td>正常</td></tr>
<tr><td colspan="2">故障报警</td><td></td></tr>
<tr><td colspan="2">仪器管路</td><td>正常</td></tr>
<tr><td colspan="2">仪器校验</td><td></td></tr>
<tr><td rowspan="7">（四）周期维护</td><td colspan="2">仪器清洗</td><td>清洗</td></tr>
<tr><td colspan="2">集成管路清洗</td><td>清洗</td></tr>
<tr><td colspan="2">废液处理</td><td></td></tr>
<tr><td colspan="2">试剂更换</td><td></td></tr>
<tr><td colspan="2">耗材更换</td><td></td></tr>
<tr><td colspan="2">卫生打扫</td><td>打扫</td></tr>
<tr><td colspan="2">站房记录</td><td></td></tr>
<tr><td>（五）其他情况</td><td colspan="2"></td><td></td></tr>
<tr><td>异常情况处理记录</td><td colspan="4">NH_3-N 数据在线设备数据超 20。上传数据与在线数据不匹配，已通知公司技术和 3C 员工，明日现场调试。</td></tr>
<tr><td>更换耗材</td><td colspan="3"></td><td>备注</td></tr>
<tr><td>离站时间</td><td>11：30</td><td>服务耗时</td><td>1.5 h</td><td>维护人员：××</td></tr>
<tr><td>业主方代表</td><td>×××</td><td colspan="2"></td><td>日期</td></tr>
</table>

此表一式三联：第一联交运营单位（白）；第二联交环保局（红）；第三联交企业（绿）。

山 东 省 环 境 保 护 厅

鲁环函〔2016〕×××号

山东省环境保护厅关于对鲁环自监字〔2016〕第×××号自动监测数据报告数据的认定意见

山东省环境监测中心站（山东省环境信息与监控中心）：

你站鲁环自监字〔2016〕第×××号自动监测数据报告收悉。经审查，我厅认定鲁环自监字〔2016〕第×××号自动监测数据报告的自动监测数据有效。

山东省环境保护厅

2016年7月7日

山东省滨州市环境监察支队

滨州市××水务有限公司排污费

日期	浓度/（mg/L）		废水排放量/（m^3/ d ）	排污费/元
	COD	NH_3-N		
2016-06-09	219	12.4	16 526	11 626.04
2016-06-10	323	9.46	17 843	17 922.85
2016-06-11	228	9.68	16 716	12 040.53
2016-06-12	188	7.42	17 924	10 607.87
2016-06-13	233	9.9	17 452	12 846.85
2016-06-14	230	9.63	16 925	12 289.45
2016-06-15	240	12.1	18 051	13 815.78
2016-06-16	224	11.9	19 992	14 326.77
2016-06-17	210	5.63	19 314	12 575.59
2016-06-18	224	4.46	19 335	13 316.5
2016-06-19	237	7.27	17 063	125 96.97
2016-06-20	213	7.48	19 124	12 756.66
2016-06-21	229	11.5	21 222	15 494.71
2016-06-22	260	13.7	21 468	17 847.96
2016-06-23	248	17.4	23 278	18 837.72
2016-06-24	224	16	18 897	13 832.6
2016-06-25	203	9.05	21 766	13 994.18
2016-06-26	211	7.24	20 047	13 234.03
2016-06-27	261	7.89	13 722	11 150.33
2016-06-28	245	10.8	16 241	12 594.9
2016-06-29	215	9.66	19 849	13 282.53

滨州市环境监察支队

2016 年 7 月 7 日

山东省环境保护厅
环境违法行为调查终结报告

<table>
<tr><td>案　由</td><td colspan="3">涉嫌超标排放水污染物案</td><td>立案号</td><td>鲁环立审〔2016〕×××号</td></tr>
<tr><td>调查部门</td><td colspan="3">山东省环境保护厅</td><td>调查人</td><td>×××</td></tr>
<tr><td rowspan="4">当事人</td><td>名称</td><td colspan="4">××水务有限公司</td></tr>
<tr><td>地址</td><td colspan="2">山东省××市××区××办事处</td><td>邮政编码</td><td>256600</td></tr>
<tr><td colspan="2">组织机构代码</td><td colspan="3">××</td></tr>
<tr><td colspan="2">法定代表人（负责人）姓名</td><td>候某某</td><td>职务</td><td>法定代表人</td></tr>
<tr><td>调查经过</td><td colspan="5">省厅组织省监控中心、监察总队和省监测站，于2016年6月30日对××水务有限公司进行现场调查取证，发现2016年6月9—29日外排废水自动监测数据COD日均值连续超标，调查人员现场对自动监测设备运行进行了比对，设备运行正常，自动监测数据有效，现场对该公司生产副厂长进行了调查询问，制作了调查询问笔录，收集了自动监测设备运维记录、历史数据等证据，调取了营业执照复印件。于2016年7月8日立案。</td></tr>
<tr><td>查明的事实</td><td colspan="5">2016年6月9—29日，××水务有限公司外排废水自动监测数据COD日均值连续超标，最大超标2.23倍。</td></tr>
<tr><td>证据</td><td colspan="5">1.《山东省环境保护厅立案审批表》（鲁环立审〔2016〕×××号）；2.现场调查问询笔录一份；3.《关于××水务有限公司自动监测设备现场比对监测情况的报告》；4.《山东省环境监测中心站（山东省环境信息与监控中心）污染源自动监测数据报告》（鲁环自监字〔2016〕第×××号）；5.《山东省环境保护厅关于对鲁环监自〔2016〕第×××号自动监测数据报告数据的认定意见》（鲁环函〔2016〕×××号）；6.《山东××水务有限公司废水水质监测报告》[××（监）字2016年第×××号]；7.自动监测设备验收合格证书；8.第三方运营公司自动监测设备运营维护日常巡检表；9.该公司组织机构代码证及营业执照复印件各一份。</td></tr>
<tr><td>法律依据</td><td colspan="5">该公司外排废水不符合《小清河流域水污染物综合排放标准》（DB 37/656—2006）规定要求，违反了《中华人民共和国水污染防治法》第九条的规定，依据《中华人民共和国水污染防治法》第七十四条的规定进行处罚。</td></tr>
<tr><td>实施行政处罚裁量权说明</td><td colspan="5">依据《中华人民共和国水污染防治法》第七十四条规定，排放水污染物超过国家或者地方规定的水污染物排放标准，或者超过重点水污染物排放总量指标的，由县级以上人民政府环境保护主管部门按照权限责令限期治理，处应缴纳排污费数额二倍以上五倍以下的罚款。《山东省环境保护厅行政处罚裁量基准》第一类第7点违法程度“××××”，处应缴纳排污费数额×倍的罚款。</td></tr>
<tr><td>调查人员意见</td><td colspan="5">该公司违反了《中华人民共和国水污染防治法》第九条的规定，依据《中华人民共和国水污染防治法》第七十四条、《山东省环境保护厅行政处罚裁量基准》第一类第7点的规定，责令该公司限期治理，处应缴纳排污费数额（6月9—29日）×倍罚款，即按1 075 371元给予罚款。
签名：×××　　　　2016年 7 月 11 日</td></tr>
<tr><td>调查部门处理意见</td><td colspan="5">同意
签名：×××　　　　2016年 7 月 11 日</td></tr>
<tr><td>分管领导审批意见</td><td colspan="5">同意
签名：×××　　　　2016年 7 月 11 日</td></tr>
</table>

山东省环境保护厅 稿纸

<table>
<tr><td colspan="2">鲁环　〔2016〕×××号　罚告字</td><td>密级：</td><td colspan="2">紧急程度：</td><td>是否公开：</td></tr>
<tr><td colspan="3">签发：×××</td><td colspan="3">签批：</td></tr>
<tr><td colspan="6">审签：×××</td></tr>
<tr><td colspan="3">办公室核稿：　×××</td><td colspan="3">审核：×××</td></tr>
<tr><td colspan="6">处（室）负责人会签：</td></tr>
<tr><td colspan="2">拟稿单位：×××</td><td colspan="3">拟稿人、电话：×××</td><td>核稿：×××</td></tr>
<tr><td colspan="6">文件标题：行政处罚事先告知书</td></tr>
<tr><td colspan="6">主送单位：××水务有限公司</td></tr>
<tr><td colspan="6">抄送单位：××市环境保护局</td></tr>
<tr><td colspan="6">附件：</td></tr>
<tr><td>打字：×××</td><td colspan="2">校对：×××</td><td colspan="2">印刷：×××</td><td>份数：</td></tr>
</table>

山东省环境保护厅
行政处罚事先告知书

鲁环罚告字〔2016〕×××号

××水务有限公司：

营业执照注册号：×××

组织机构代码：×××

详细地址：山东省××市××区××办事处

法定代表人：候某某

我厅于2016年6月30日对你公司进行监督检查，发现你公司2016年6月9—29日外排废水自动监测数据COD日均值连续超标，最大日均值为323.1 mg/L，最大超标倍数为2.23倍；6月30日外排废水COD为251 mg/L，超标倍数为2.51倍；不符合《小清河流域水污染物综合排放标准》（DB 37/656—2006）规定的要求。

你公司超标排放水污染物行为有污染源自动监测数据报告、在线监测设备验收合格证书自动监测数据报告数据的认定意见、调查询问笔录等作为证据。

1．你公司提供的企业营业执照、法人代表×××身份证复印件、法人授权委托书、现场负责人×××身份证复印件证明你公司是适格的违法主体。

2．我厅环境执法人调取你公司在线监控设施验收合格证书、我厅对自动监测数据报告数据的认定意见证明你公司在线监控数据真实有效；

3．我厅环境执法人员对×××调查询问笔录、调阅你公司在线监控历史数据证明你公司废水COD超标排放事实。

你公司超标排污的行为，违反了《中华人民共和国水污染防治法》第九条“排放水污染物，不得超过国家或者地方规定的水污染物排放标准和重点水污染物排放总量控制指标”的规定。依据《中华人民共和国水污染防治法》第七十四条“违反本法规定，排放水污染物超过国家或者地方规定的水污染物排放标准，或者超过重点水污染物排放总量控制指标的，由县级以上人民政府环境保护主管部门按照权限责令限期治理，处应缴纳排污费数额二倍以上五倍以下的罚款”的规定，对你公司超标排污的行为，我厅责令你公司限期治理，限期二个月内完善治污设施确保外排废水稳定达标排放，限期治理期间不得超标排放污染物；拟处以1 075 371元罚款。

根据《中华人民共和国行政处罚法》第三十二条、第四十二条的规定，你公司如对该处罚意见有异议，可在收到本告知书之日起七日内向我厅提出陈述和申辩，并有权在收到本告知书之日起三日内要求听证。逾期未提出的，视为你公司放弃陈述、申辩和听证的权利。

通信地址：济南市经十路 3377 号

邮政编码：250101

联系人：×××

电　话：×××

传　真：×××

附件：1. 山东省城市污水处理厂自动监测设备验收合格证书（略）

2. 调查询问笔录（略）

3. 污染源自动监测数据报告（略）

4. 监测报告（略）

5. 自动监测数据报告数据的认定意见（略）

山东省环境保护厅

2016 年 7 月 25 日

抄送：××市环境保护局。

山东省环境保护厅送达回执

送达文书名称及文号	行政处罚事先告知书 鲁环罚告字〔2016〕×××号
当事人名称或姓名	××水务有限公司
送达地点	山东省环境保护厅
送达方式	直接送达
收件人签名（盖章）及收件日期	××× 2016 年 8 月 8 日
不能送达理由	
送达机关	山东省环保厅
送达人	×××
备　　注	

请你企业在收到行政处罚文书后及时填写本《送达回执》并邮寄或传真至省环保厅。

传真：×××

××水务有限公司

××水务〔2016〕×××号

××水务有限公司
关于对省厅行政处罚事先告知书的申辩报告

山东省环境保护厅：

贵厅于2016年7月25日作出的“鲁环罚告字〔2016〕×××号”《山东省环境保护厅行政处罚事先告知书》我公司已收悉，与我公司存在实际情况有差异，因我公司的运营存在特殊实际情况，现汇报如下：

一、导致出水超标原因

××区污水厂一期污水处理工艺设计为城镇污水处理厂，但实际进水80%为工业印染废水，废水经上游企业处理后，可生化性差、氯离子盐分高、色度大，仅靠生化系统处理，C0D处理效果不乐观。经过我公司反复试验，在后期物化系统投加聚合硫酸铁、次氯酸钙进行脱色，之后投加氯酸钠，C0D去除效果明显，但运营成本极高。5月22日由于氯酸钠仓库发生爆炸，各建筑物受到损害，其中三沉池池体损坏尤为严重，致使后期物化系统瘫痪，无法再继续添加氯酸钠做进一步处理。氧化沟生化系统受爆炸后产生的有害物质的影响，池内活性菌种均已死亡，再次培养菌种需较长时间，曝气系统生化系统在短时间内不能恢复正常，生化系统短期内不再发挥作用。污水厂一期整体工艺系统无法正常运行，与此同时，××区公安局、安监局禁止我公司继续使用氯酸钠进行水处理，造成COD指标连续超标。针对污水厂连续超标市环保局于2016年5月25日已对我公司做出451 080元的处罚。

二、采取措施

发生爆炸后，公司立即召开紧急会议，确定一期污水处理工艺系统抢修方案，修复三沉池，更换氧化沟曝气管道、更新老化设备、增加新设施、置换板结石英砂等，确保在最短的时间内恢复物化系统。公司还多方面联系全国专家进行深入探讨印染废水处理经验，聘请专家莅临现场进行调试工作，投加各种营养物质，培养菌种，努力恢复生化系统调试能力。先后投资约 370 万元。

××区管委会对辖区内排污企业进行限产甚至停产的处理。经限产后，缓解了污水厂的处理压力，生化系统也逐步恢复，出水指标略有好转。

三、二期工程建设

自 2006 年，污水厂建设运营以来，因自身存在的设计缺陷，先后经过四次转让，总投资 6 000 多万元先后进行了两次升级改造，但因运营年限较长，污水处理设施及设备老化严重，其中部分设备达到使用年限，运行效率低，污水处理效果仍达不到排放标准。经××区管委会决定，采用 BOT 模式，投资约 1.6 亿元，新建 3 万 m^3 污水处理厂二期。经过 9 个月的施工，二期工程已基本完成建设。现新系统已进入调试阶段，系统间歇式进水和污泥驯化工作同时开展，双管齐下，确保新系统早日投入试运行。在调试期间，出水水质已有明显改善（COD 浓度由原 251 mg/L 下降至约 80 mg/L），情况较为乐观，但仍需继续努力，争取尽快达到排放标准。（照片和出水在线监测数据附后）

贵厅严格依法行政，对我公司进行督查检查并对污水处理存在的问题批评指正表示接受，我公司愿意按照要求立即整改，加快二期调试，提高水质净化质量。由于技术改造投入大量资金，且每天增大投药量，经核算，污水厂每月运营亏损约 30 万元，现已累计亏损 400 万元，且二期工程建设投入资金为银行贷款，公司资金严重短缺。希望贵厅考虑我公司目前经营现状，恳请贵厅明查事实，理解我公司的申辩，请予免除处罚！感谢领导，感谢贵厅的批评教育。

××水务有限公司

2016 年 9 月 11 日

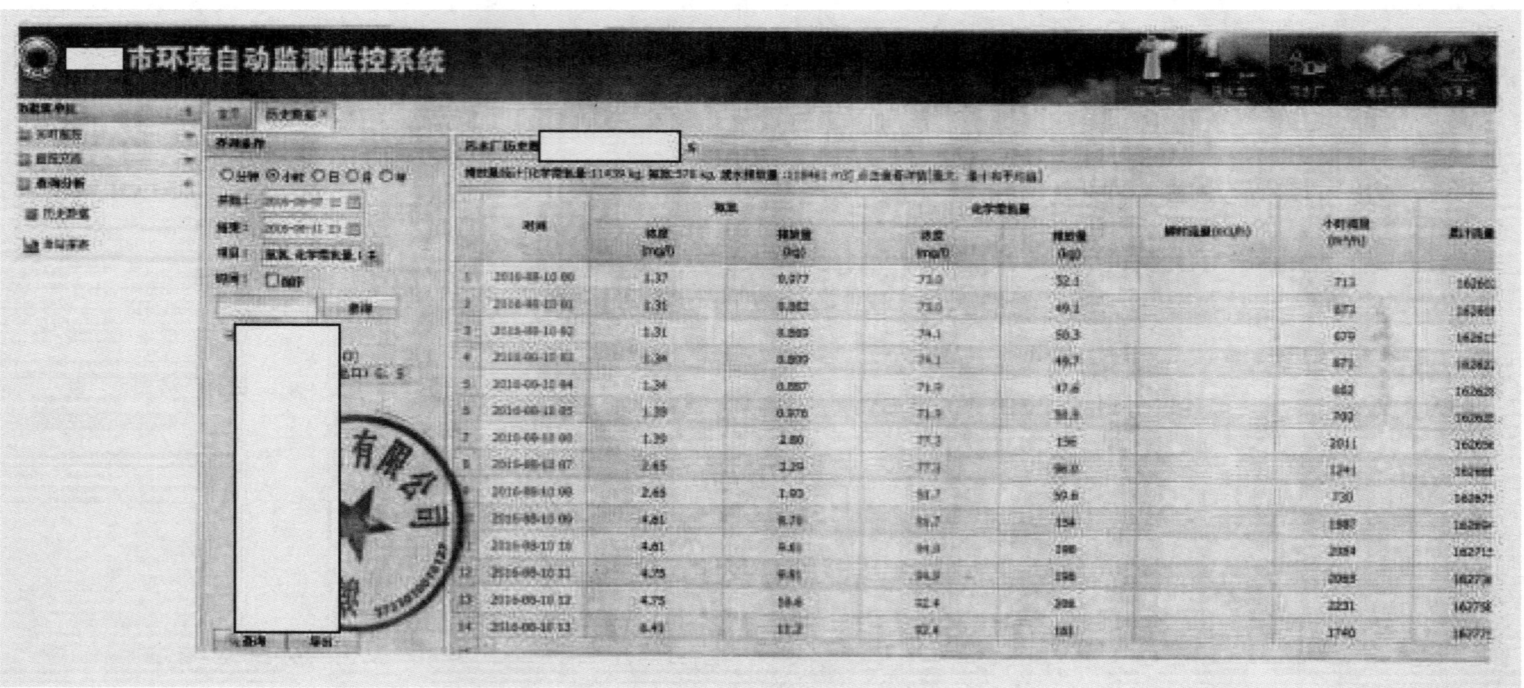

	时间	氨氮		化学需氧量		瞬时流量(m³/h)	小时流量(m³/h)	累计流量
		浓度(mg/l)	排放量(kg)	浓度(mg/l)	排放量(kg)			
1	2016-08-10 00	1.37	0.977	73.0	52.1		713	[illegible]
2	2016-08-10 01	1.31	0.862	73.0	49.1		673	[illegible]
3	2016-08-10 02	1.31	0.889	74.1	50.3		679	[illegible]
4	2016-08-10 03	1.34	0.899	74.1	49.7		671	[illegible]
5	2016-08-10 04	1.34	0.887	71.9	47.6		662	[illegible]
6	2016-08-10 05	1.39	0.976	71.9	50.5		702	[illegible]
7	2016-08-10 06	1.39	2.80	77.3	156		2011	[illegible]
8	2016-08-10 07	2.65	3.29	77.3	95.9		1241	[illegible]
9	2016-08-10 08	2.65	1.93	93.7	59.6		730	[illegible]
10	2016-08-10 09	4.61	8.70	93.7	154		1987	[illegible]
11	2016-08-10 10	4.61	9.61	94.9	190		2084	[illegible]
12	2016-08-10 11	4.75	9.91	94.9	198		2085	[illegible]
13	2016-08-10 12	4.75	10.6	92.4	206		2231	[illegible]
14	2016-08-10 13	6.41	11.2	92.4	161		1740	[illegible]

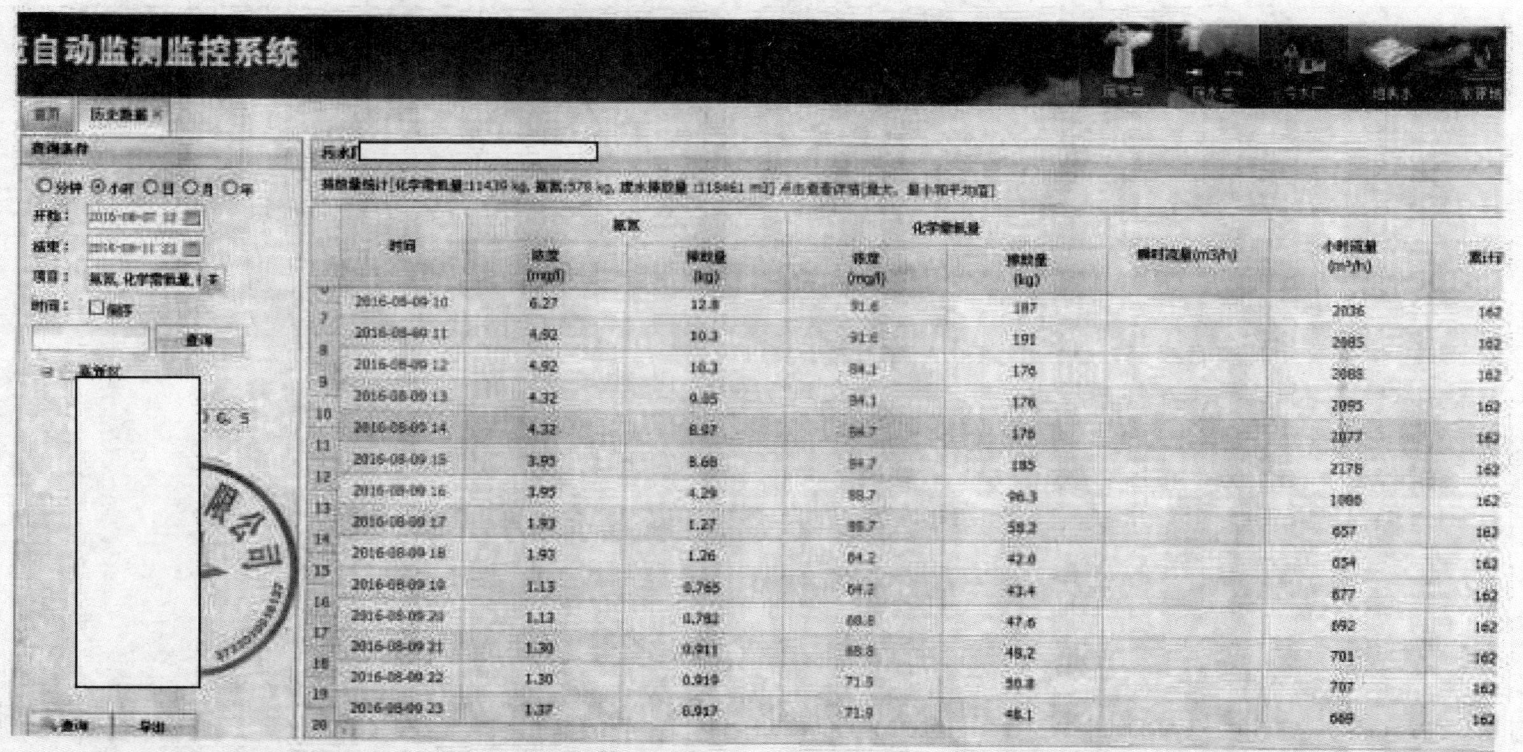

自动监测监控系统

首页 | 历史数据

查询条件

○分钟 ⊙小时 ○日 ○月 ○年

开始：2016-08-07 12

结束：2016-08-11 23

项目：氨氮, 化学需氧量

时间：☐倒序

查询 | 导出

污水厂

排放量统计[化学需氧量:11439 kg, 氨氮:578 kg, 废水排放量:118461 m3] 点击查看详情[最大、最小和平均值]

时间	氨氮		化学需氧量		瞬时流量(m3/h)	小时流量	累计
	浓度 (mg/l)	排放量 (kg)	浓度 (mg/l)	排放量 (kg)		(m^3/h)	
2016-08-09 10	6.27	12.8	91.6	187		2036	162
2016-08-09 11	4.92	10.3	91.6	191		2085	162
2016-08-09 12	4.92	10.3	84.1	176		2088	162
2016-08-09 13	4.32	9.85	84.1	176		2095	162
2016-08-09 14	4.32	8.97	84.7	176		2077	162
2016-08-09 15	3.95	8.68	84.7	185		2178	162
2016-08-09 16	3.95	4.29	88.7	98.3		1088	162
2016-08-09 17	1.93	1.27	88.7	58.2		657	162
2016-08-09 18	1.93	1.26	84.2	42.0		654	162
2016-08-09 19	1.13	0.765	84.2	43.4		677	162
2016-08-09 20	1.13	0.782	68.8	47.6		692	162
2016-08-09 21	1.30	0.911	68.8	48.2		701	162
2016-08-09 22	1.30	0.919	71.5	50.8		707	162
2016-08-09 23	1.37	0.917	71.9	48.1		669	162

MBR 膜池

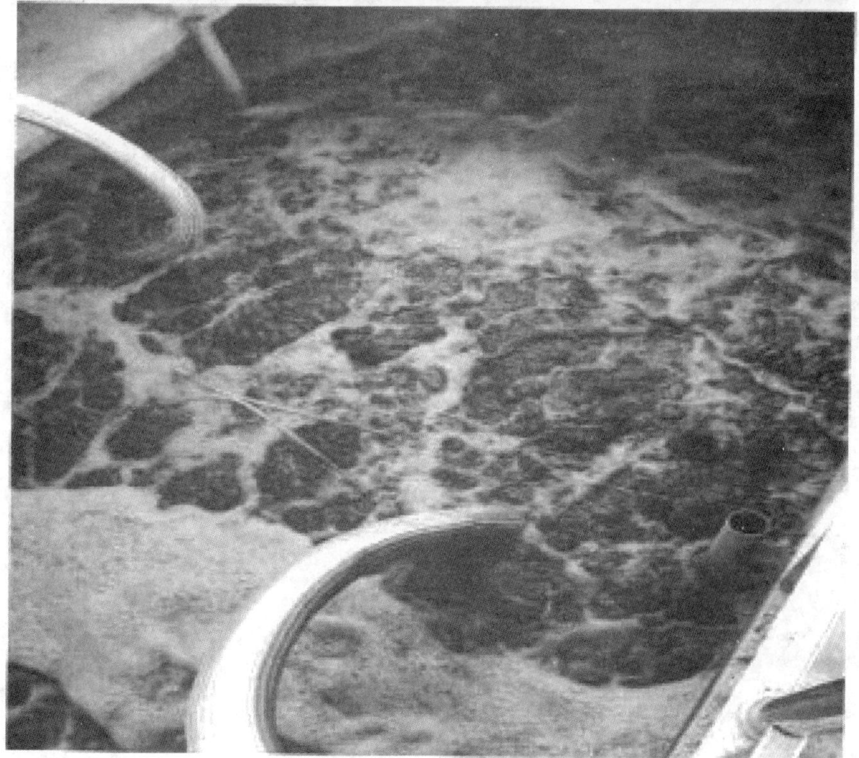

二期氧化沟

山东省环境保护厅

<table>
<tr><td>鲁环 〔2016〕×××号 罚告字</td><td>密级：</td><td>紧急程度：</td><td>是否公开：</td></tr>
<tr><td colspan="2">签发：×××</td><td colspan="2">签批：</td></tr>
<tr><td colspan="4">审签：×××</td></tr>
<tr><td colspan="2">办公室核稿： ×××</td><td colspan="2">审核：×××</td></tr>
<tr><td colspan="4">处（室）负责人会签：</td></tr>
<tr><td>拟稿单位：×××</td><td colspan="2">拟稿人、电话：×××</td><td>核稿：×××</td></tr>
<tr><td colspan="4">文件标题：行政处罚决定书</td></tr>
<tr><td colspan="4">主送单位：××水务有限公司</td></tr>
<tr><td colspan="4">抄送单位：中国人民银行济南分行，××市环境保护局</td></tr>
<tr><td colspan="4">附件：</td></tr>
<tr><td>打字：×××</td><td>校对：×××</td><td>印刷：×××</td><td>份数：×××</td></tr>
</table>

山东省环境保护厅
行 政 处 罚 决 定 书

鲁环罚字〔2016〕×××号

被处罚单位名称：××水务有限公司

营业执照注册号：×××

组织机构代码：×××

详细地址：山东省××市××区××办事处

法定代表人：候某某

一、主要违法事实和证据

我厅于 2016 年 6 月 30 日对你公司进行监督检查，发现你公司 2016 年 6 月 9—29 日外排废水自动监测数据 COD 日均值连续超标，最大日均值为 323.1 mg/L，最大超标倍数为 2.23 倍；6 月 30 日外排废水 COD 为 251 mg/L，超标倍数为 2.51 倍；不符合《小清河流域水污染物综合排放标准》（DB 37/656—2006）规定的要求。

你公司超标排放水污染物行为有污染源自动监测数据报告、自动监测数据报告数据的认定意见、调查询问笔录等作为证据。

你公司超标排污的行为，违反了《中华人民共和国水污染防治法》第九条“排放水污染物，不得超过国家或者地方规定的水污染物排放标准和重点水污染物排放总量控制指标”的规定。我厅已于 2015 年 8 月 12 日以《行政处罚事先告知书》告知你公司违法事实、处罚依据和拟作出的处罚决定，并告知你公司有权进行陈述申辩。你公司于 8 月 12 日提出《××水务有限公司关于对省厅行政处罚事先告知书的申辩报告》，称排放水污染物超标的原因系 5 月 22 日氯酸钠仓库发生爆炸导致污水处理设施受损，后期物化系统瘫痪、氧化沟活性菌种死亡、曝气系统生化系统短时间内不能恢复正常，整体工艺系统无法正常运行。目前正在努力缓解污水处理设施处理压力，恢复生化系统运行能力，二期污水处理设施也已进入调试阶段，争取尽快达标排放。鉴于公司资金严重短缺，申请免于处罚。我厅审查认为，申辩理由不成立，不予采纳。

二、行政处罚的依据、种类及其履行方式、期限

依据《中华人民共和国水污染防治法》第七十四条“违反本法规定，排放水污染物超

过国家或者地方规定的水污染物排放标准，或者超过重点水污染物排放总量控制指标的，由县级以上人民政府环境保护主管部门按照权限责令限期治理，处应缴纳排污费数额二倍以上五倍以下的罚款”的规定，对你公司超标排污的行为，我厅决定责令你公司限期治理，限期二个月内完善治污设施确保外排废水稳定达标排放，限期治理期间不得超标排放污染物；处以 1 075 371 元罚款。

根据《行政处罚法》和《罚款决定与罚款收缴分离实施办法》的规定，你公司应于接到本处罚决定书之日起 15 日内，持我厅出具的“山东省非税收入缴款书”将罚款缴至银行。

你公司缴纳罚款后，应将缴款书报送我厅备案。逾期不缴纳罚款的，我厅将每日按罚款数额的 3%依法加处罚款。

三、申请行政复议或者提起诉讼的途径和期限

如不服本处罚决定，可在接到本决定书之日起六十日内向环境保护部或者向山东省人民政府申请复议，也可在接到本决定书之日起六个月内直接向人民法院起诉。申请行政复议或者提起行政诉讼，不停止行政处罚决定的执行。

逾期不申请行政复议，不提起行政诉讼，又不履行本处罚决定的，我厅将依法申请人民法院强制执行。

山东省环境保护厅

2016 年 月 5 日

抄送：中国人民银行济南分行，××市环境保护局。

山 东 省 环 境 保 护 厅

委托送达函

××市环境保护局：

关于你市××水务有限公司环境违法行政处罚案件，我厅现委托你局送达有关行政处罚文书。随函寄去《行政处罚决定书》2 份、送达回执 1 份。请代为送达，并将送达回执及时寄回或传真至我厅。

地址：济南市经十路 3377 号　　联系人：×××

邮编：×××　　联系电话：×××

传真：×××

山东省环境保护厅

2016 年 9 月 5 日

山东省环境保护厅

现场勘验笔录

时间：2016年11月18日10时15分至11时00分

地点：厂会议室

被检查（勘察）人名称或姓名：××水务有限公司

现场负责人：×××　电话：×××　邮编：×××

工作单位：××水务有限公司　职务：生产副厂长

检查（勘查）人及执法证编号：×××、×××、×××、×××

记录人：×××　工作单位：山东省环境信息与监控中心

被检查人名称或姓名：××水务有限公司法定代表人姓名：×××

告知事项：我们是山东省环境保护厅的行政执法人员，这是我们的执法证件（执法证编号×××、×××）。请过目确认：已确认。

今天依法进行检查并了解有关情况，你应当配合调查，如实提供材料，不得拒绝、阻碍、隐瞒或者提供虚假情况。如果你认为检查人与本案有利害关系，可能影响公正办案，可以申请回避，并说明理由。请确认：已确认 现场情况：今天我厅对你单位2016年6月9—29日外排废水自动监测数据COD日均值连续超标违法行为的限期治理情况进行督察，经现场检查发现，你公司已完成治污设施的升级改造，自动监测设备运行正常，能够真实准确的反映公司的排污情况，调阅自动监测设备历史数据发现，自2016年11月5日至今你公司外排废水自动监测数据日均值均达标，达到《山东省环境保护 厅行政处罚决定书》（鲁环罚字〔2016〕×××号）对你公司的限期治理要求。

被检查（勘验）人或现场负责人确认意见：同意

被检查（勘验）人或现场负责人签名：×××　2016年11月18日

检查（勘察）人签名：×××　2016年11月18日

记录人签名：×××　2016年11月18日

参加人签名：

第1页共2页

XX省非税收入一般缴款书

X 财通字（200×）

№000000001X

征收大厅编码：
执收单位编码：
执收单位名称：　　　　年　月　日　集中汇缴□　减征□

<table>
<tr><td rowspan="3">付款人</td><td>全　称</td><td></td><td rowspan="3">收款人</td><td>全　称</td><td></td></tr>
<tr><td>账　号</td><td></td><td>账　号</td><td></td></tr>
<tr><td>开户银行</td><td></td><td>开户银行</td><td></td></tr>
</table>

收入项目	编码	数量	收缴标准	金额

金额（大写）　　　　（小写）

上列款项已收妥并划转收款单位账户 代理银行（盖章） 年　月　日	科目（贷）： 对方科目（借）： 复核：　　记账：

校验码：　　　　本缴款书付款期为10天（节假日顺延），过期无效。

④收款人开户银行收款后作贷方传票

第2页共2页

山东省环境保护厅结案审批表

<table>
<tr><td>立案日期</td><td>2016-07-08</td><td>立案号</td><td>鲁环立审〔2016〕×××号</td></tr>
<tr><td>案由</td><td>超标排放水污染物</td><td>案件来源</td><td>自动监测</td></tr>
<tr><td>当事人名称或姓名</td><td>××水务有限公司</td><td>地址</td><td>××市××区××办事处</td></tr>
<tr><td>法定代表人（负责人）姓名</td><td>候某某</td><td>职务</td><td>法定代表人</td></tr>
<tr><td>调查人员姓名
及工作单位</td><td>×××</td><td>案件审查人员姓名
及工作单位</td><td>×××</td></tr>
<tr><td>处罚文书名称及文号</td><td colspan="3">山东省环境保护厅行政处罚决定书　鲁环罚字〔2016〕×××号</td></tr>
<tr><td>案件调查处理过程</td><td colspan="3">2016 年 6 月 30 日对该公司进行监督检查，发现 2016 年 6 月 9—29 日外排废水自动监测数据 COD 日均值连续超标，最大日均值为 323.1 mg/L，最大超标倍数为 2.23 倍；6 月 30 日外排废水 COD 为 251 mg/L，超标倍数为 2.51 倍；不符合《小清河流域水污染物综合排放标准》（DB 37/656—2006）规定的要求。</td></tr>
<tr><td>处理依据及结果</td><td colspan="3">依据《中华人民共和国水污染防治法》第七十四条“违反本法规定，排放水污染物超过国家或者地方规定的水污染物排放标准，或者超过重点水污染物排放总量控制指标的，由县级以上人民政府环境保护主管部门按照权限责令限期治理，处应缴纳排污费数额二倍以上五倍以下的罚款”的规定，对该公司超标排污的行为，决定责令限期治理，限期二个月内完善治污设施确保外排废水稳定达标排放，限期治理期间不得超标排放污染物；处以 1 075 371 元罚款。</td></tr>
<tr><td>行政复议、行政诉讼情况</td><td colspan="3">当事人未申请行政复议，也未提起行政诉讼。</td></tr>
<tr><td>执行情况</td><td colspan="3">当事人已全部履行了行政处罚决定。</td></tr>
<tr><td>罚没财务处理情况</td><td colspan="3">无</td></tr>
<tr><td>承办人意见</td><td colspan="3">建议结案　签名：×××　2016 年 11 月 21 日</td></tr>
<tr><td>承办机构负责人审核意见</td><td colspan="3">同意　签名：×××　2016 年 11 月 21 日</td></tr>
<tr><td>调查人员意见</td><td colspan="3">同意　签名：×××　2016 年 11 月 21 日</td></tr>
<tr><td>环保部门负责人审批意见</td><td colspan="3">同意　签名：×××　2016 年 11 月 21 日</td></tr>
<tr><td>备注</td><td colspan="3"></td></tr>
</table>

按日计罚案卷

安徽××有限公司硝酸一车间工艺尾气氮氧化物超标排放违法案

安徽××有限公司硝酸一车间
工艺尾气氮氧化物超标排放违法案

【案件提供单位】

安徽省淮南市环境保护局

【案件简介】

2016年8月，执法人员检查发现安徽××有限公司硝酸一车间（即直硝车间）废气排放异常。8月2日监测站监测显示氮氧化物超标。9月5日，淮南市环保局对该企业罚款10万元。8月23日，监测该企业废气排放仍然超标，淮南市环保局依法实施按日计罚，罚款130万元；责令停产整治。9月后发现企业尚未停产整治，9月22日复查发现企业仍然超标，淮南市环保局第二次进行按日计罚，罚款300万元。企业于9月底停产整治，10月16日实现达标排放。

【专家点评】

本案是少有的启动两次按日计罚的典型案例，且处罚基数和处罚总额较大，处罚程序严谨，引用法律准确，案卷材料齐全规范。整个案件涉及决定、告知、审批、各类报告等文件100多页，各类资料比较翔实，比较突出的是案件的调查报告和审理报告，对立案依据、适用法律等内容进行了详细地阐述，内容表述清晰、完整。

（一）该案的优点

1. 案件程序复杂、规范，执法手段丰富

本案实施行政处罚按照立案、调查取证（含事先告知）、审查决定、送达、执行等法定步骤进行。审查决定均由局长办公会讨论作出，严格执行了《行政处罚法》关于重大行政处罚集体决策的规定。调查取证人数符合要求，且依法亮证。该案收集证据手段合法，有相应的监测报告作为处罚事实依据。在作出行政处罚决定前，告知当事人有关事实、理由、依据和当事人依法享有的陈述、申辩权利。在法定期限内（送达责令改正违法行为决定书之日起三十日内）以暗查方式对排污者违法排放污染物行为的改正情况进行复查。面向处罚对象的文书均附有送达回证。本案的3份《监测报告》均有送达回证，这是本案的亮点之一。

该案处罚程序比较复杂、执法手段丰富，涉及多种强制措施。执法部门作出的3次行政处罚均有立案审批、监测报告、集体决策、送达等程序完整。本案不仅有罚款、责令改正，还有两次按日连续计罚，并将按日计罚和责令停产整治手段相结合，达到综合执法的效果，体现了执法部门较强的执法能力。

2. 法律定性准确，引用法条严谨

本案中《责令改正违法行为决定书》中责令改正的具体内容合法、合理，明确了拒不改正可能承担按日连续处罚的法律后果，告知了申请行政复议或者提起行政诉讼的途径和期限。两份《按日计罚处罚决定书》（淮环罚〔2016〕×××号、淮环罚〔2016〕×××号）明确按日连续处罚的起止时间和依据，罚款数额、履行方式和期限，申请行政复议或者提起行政诉讼的途径和期限。

本案适用的法律依据包括：《大气污染防治法》第十八条、第九十九条；《环境保护法》第五十九条、第六十条；《安徽省大气污染防治条例》第十条、第七十八条；《环境保护主管部门实施按日连续处罚办法》第五条、第八条、第十条、第十三条、第十七条、第十九条、第二十条；《环境保护主管部门实施限制生产、停产整治办法》第六条、第十一条；《环境行政处罚办法》第二十二条等，引用法律、法规、规章有效、准确，表述规范、准确无误，执法部门法律素养较高。

（二）存在的问题和建议

该案在现场取证、自由裁量权行使和相关程序上可以进一步完善。

1. 取证程序可以进一步完善

现场照片及采样记录缺失，按监测规范，现场采样应该制作采样记录，同时，该记录应该进入案卷中；同时，对现场情况应当进行拍照或摄像取证，案卷中未发现相关证明材料。案卷虽收集有《硝酸工业污染物排放标准》，但可以提供涉案公司项目环评批复，明确该公司直硝车间氮氧化物排放标准是否直接适用《硝酸工业污染物排放标准》。

2. 自由裁量权行使不明确

该案可以合理说明自由裁量权，明确超标罚款金额10万元自由裁量数额的判断和依据。

3. 责令停产存在一定问题

《责令停产整治决定书》责令涉案公司“立即对直硝车间进行停产整治”，后面“具体改正方式以污染物实现达标排放为准”的表述，存在一定矛盾。另外，执法部门作出责令停产整治决定后，应当开展后督察，但本案材料中未见相应履行的证明材料。

环境违法案件卷内目录

序号	文书名称	页次	备注	序号	文书名称	页次	备注
1	《行政处罚决定书》（淮环罚〔2016〕×××号）及送达回证	P1-P2		18	《监测报告》（JC02-2016-×××）及送达回执	P59-P62	
2	《责令改正违法行为决定书》（淮环改〔2016〕×××号）及送达回证	P3-P4		19	《调查询问笔录》2 份	P63-P66	8 月 23 日、9 月 5 日
3	《行政处罚决定书》（淮环罚〔2016〕×××号）及送达回证	P5-P9		20	《监测报告》（JC02-2016-×××）及送达回执	P67-P70	
4	《责令停产整治决定书》（淮环责停〔2016〕×××号）及送达回证	P10-P13		21	《调查询问笔录》	P71-P72	10 月 13 日
5	《行政处罚决定书》（淮环罚〔2016〕×××号）及送达回证	P14-P18		22	《淮南市人民政府关于责令安徽××集团有限公司对环境违法问题停产整治的函》	P73-P74	
6	《环境违法行为立案审批表》	P19		23	《行政处罚事先（听证）告知书》（淮环罚告〔2016〕×××号）及送达回证	P75-P77	
7	《案件调查报告》	P20-P23	第一次处罚	24	《行政处罚事先（听证）告知书》（淮环罚告〔2016〕×××号）及送达回证	P78-P81	
8	《案件审查报告》	P24-P27		25	《行政处罚事先（听证）告知书》（淮环罚告〔2016〕×××号）及送达回证	P82-P85	
9	《案件审议记录》	P28-P29		26	《责令停产整治事先（听证）告知书》（淮环责停告〔2016〕×××号）及送达回证	P86-P87	
10	《按日计罚案件调查报告》	P30-P33	第一次按日计罚、责令停产整治	27	《安徽××集团直硝尾气脱硝整改方案》	P88	
11	《按日计罚案件审查报告》	P34-P38		28	××集团《关于恳请免予环保处罚的请示》	P89	含整改达标陈述内容
12	《按日计罚案件审议记录》	P39-P40		29	《硝酸工业污染物排放标准》（GB 26131—2010）	P90	执行标准
13	《第二次按日计罚案件调查报告》	P41-P44	第二次按日计罚	30	营业执照、组织机构代码证	P91-P92	
14	《第二次按日计罚案件审查报告》	P45-P48		31	当事人委托配合调查人员证明材料	P93-P95	
15	《第二次按日计罚案件审议记录》	P49-P51		32	罚款缴纳发票	P96	
16	《监测报告》（JC02-2016-×××）及送达回执	P53-P56		33	结案审批表	P97-P98	
17	《调查询问笔录》	P57-P58	8 月 10 日				

淮南市环境保护局
行政处罚决定书

淮环罚〔2016〕×××号

安徽××有限公司：

统一社会信用代码：×××

法定代表人：杨某某　　　　　　　　地址：××市××区××

一、调查情况及发现的环境违法事实、证据和陈述申辩（听证）及采纳情况

《淮南市环境保护监测站监测报告》（JC02-2016-033）显示你单位：

2016 年 8 月 2 日，直硝车间尾气出口氮氧化物排放浓度最高值为 887.7 mg/m^3，超过《硝酸工业污染物排放标准》（GB 26131—2010）表 5 排放限值（300 mg/m^3）1.96 倍。

以上违法行为有《淮南市环境保护监测站监测报告》（JC02-2016-033）、《淮南市环境保护局调查询问笔录》等证据为凭。

你单位的上述行为违反了《中华人民共和国大气污染防治法》第十八条的规定（企业事业单位和其他生产经营者建设对大气环境有影响的项目，应当依法进行环境影响评价、公开环境影响评价文件；向大气排放污染物的，应当符合大气污染物排放标准，遵守重点大气污染物排放总量控制要求）。

我局于 2016 年 8 月 26 日告知你单位违法事实、处罚依据和拟作出的处罚决定，并告知你单位有权进行陈述、申辩和要求听证。你单位未在规定期限内提出陈述、申辩和听证申请。

二、行政处罚的依据、种类及其履行方式、期限

依据《中华人民共和国大气污染防治法》第九十九条第二项的规定："违反本法规定，有下列行为之一的，由县级以上人民政府环境保护主管部门责令改正或者限制生产、停产整治，并处十万元以上一百万元以下的罚款；情节严重的，报经有批准权的人民政府批准，责令停业、关闭：（二）超过大气污染物排放标准或者超过重点大气污染物排放总量控制指标排放大气污染物的。"

我局决定对你单位作出如下行政处罚：

罚款人民币壹拾万元整（100 000 元）。

限你单位接到本处罚决定之日起十五日内缴至指定银行和账号。逾期不缴纳罚款的，我局将每日按罚款数额的 3%加处罚款。（收款银行：交行淮南分行营业部。户名：淮南市政府非税收入汇缴结算户。账号：×××。缴款前请先到市环境监察支队开具缴款书）

三、申请行政复议或者提起行政诉讼的途径和期限

如不服本处罚决定，可在收到本决定书之日起六十日内向安徽省环境保护厅或淮南市人民政府申请复议；也可在收到本决定书之日起六个月内直接向有管辖权的人民法院提起诉讼。

申请行政复议或者提起行政诉讼，不停止行政处罚决定的执行。逾期不申请行政复议，不提起行政诉讼，又不履行本处罚决定的，我局将依法申请人民法院强制执行。

2016 年 9 月 5 日

淮南市环境保护局
送达回证

送达文书名称及文号	淮南市环境保护局行政处罚决定书 淮环罚〔2016〕×××号
当事人名称或姓名	安徽××有限公司
送达地点	××集团办公室
送达方式	直接送达
收件人签名（盖章） 及收件日期	×× （与当事人的关系：信[illegible]办主任） 2016年 9月5日
送达人签名	×××　　×××　　　　2016 年 9 月 5 日
送达机关盖章	
备　注	

淮南市环境保护局
责令改正违法行为决定书

淮环改〔2016〕×××号

安徽××有限公司：

统一社会信用代码：×××

法定代表人：杨某某　　　　　　　　地址：××市××区××

2016 年 8 月 2 日淮南市环境保护监测站对你公司直硝车间尾气出口进行监测。监察报告数据显示，监测的 9 个样本均超标，其中氮氧化物浓度最大值为 887.7 mg/m^3，超过《硝酸工业污染物排放标准》（GB 26131—2010）表 5 排放限值（300 mg/m^3）1.96 倍。

以上事实有《淮南市环境保护监测站监测报告》（JC-02-2016-×××）、《淮南市环境保护局调查询问笔录》等证据为凭。

你单位的上述行为违反了《中华人民共和国大气污染防治法》第十八条的规定。

依据《中华人民共和国行政处罚法》第二十三条和《中华人民共和国大气污染防治法》第九十九条的规定，现责令你单位：立即改正超过大气污染物标准排放大气污染物的行为。

我局将按照《环境保护主管部门实施按日连续处罚办法》的相关规定，以暗查方式组织对你单位的改正情况实施复查。如你单位拒不改正，依据《中华人民共和国环境保护法》第五十九条第一款、《中华人民共和国大气污染防治法》第一百二十三条第二项和《环境保护主管部门实施按日连续处罚办法》第五条的规定，将承担按日连续处罚的法律后果。

你单位如对本决定不服，可在收到本决定书之日起六十日内向安徽省环境保护厅或淮南市人民政府申请行政复议，也可在收到本决定书之日起六个月内向有管辖权的人民法院提起行政诉讼。

2016 年 8 月 10 日

淮南市环境保护局
送达回证

送达文书名称及文号	淮南市环境保护局责令改正违法行为决定书 淮环改〔2016〕×××号
当事人名称或姓名	安徽××有限公司
送达地点	×××集团有限公司办公室
送达方式	直接送达
收件人签名（盖章） 及收件日期	××× （与当事人的关系：信访办主任） 2016年 8月10日
送达人签名	×××　　×××　　　2016年 8月10 日
送达机关盖章	
备　注	

淮南市环境保护局
行政处罚决定书

淮环罚〔2016〕×××号

安徽××有限公司：

统一社会信用代码：×××

法定代表人：杨某某　　　　　　　　地址：××市××区××

一、调查情况及发现的环境违法事实、证据和陈述申辩（听证）及采纳情况

2016年8月10日，我局对你单位进行了调查，发现你单位实施了以下环境违法行为：2016年8月2日，你单位直硝车间尾气出口氮氧化物排放浓度最高值为887.7 mg/m^3，超过《硝酸工业污染物排放标准》（GB 26131—2010）表5排放限值（300 mg/m^3）1.96倍。以上事实有《淮南市环境保护监测站监测报告》（JC02-2016-×××）及送达回证、2016年8月10日《淮南市环境保护局调查询问笔录》等证据为凭。

你单位上述行为违反了《中华人民共和国大气污染防治法》第十八条的规定（企业事业单位和其他生产经营者建设对大气环境有影响的项目，应当依法进行环境影响评价、公开环境影响评价文件；向大气排放污染物的，应当符合大气污染物排放标准，遵守重点大气污染物排放总量控制要求）。我局于2016年8月10日对你单位送达《淮南市环境保护局责令改正违法行为决定书》（淮环改〔2016〕×××号），责令你单位立即改正超过大气污染物标准排放大气污染物的行为，同时告知拒不改正，将承担按日连续处罚的法律责任。2016年9月5日，依据《中华人民共和国大气污染防治法》第九十九条第二项的规定，有下列行为之一的，由县级以上人民政府环境保护主管部门责令改正或者限制生产、停产整治，并处十万元以上一百万元以下的罚款；情节严重的，报经有批准权的人民政府批准，责令停业、关闭：（二）超过大气污染物排放标准或者超过重点大气污染物排放总量控制指标排放大气污染物的），我局对你单位送达《淮南市环境保护局行政处罚决定书》（淮环罚〔2016〕×××号），对你单位处十万元罚款行政处罚决定。

2016年8月23日，我局对你单位超标排放污染物改正情况进行复查时，发现你单位直硝车间（即硝酸一车间）尾气出口氮氧化物排放浓度最高值为393 mg/m^3，超过《硝酸工业污染物排放标准》（GB 26131—2010）表5排放限值（300 mg/m^3）0.31倍。以上事实

有《淮南市环境保护监测站监测报告》（JC02-2016-×××）及送达回证、2016 年 8 月 23 日《淮南市环境保护局现场检查（勘察）笔录》、2016 年 9 月 5 日《淮南市环境保护局调查询问笔录》等证据为凭。

我局于 2016 年 9 月 7 日以《淮南市环境保护局行政处罚事先（听证）告知书》（淮环罚告〔2016〕×××号）告知你单位违法事实、处罚依据和拟作出的决定，并告知你单位有权进行陈述、申辩和要求听证。你单位未在规定期限内提出陈述、申辩和听证申请。

二、行政处罚的依据、种类及其履行方式、期限

依据《中华人民共和国环境保护法》第五十九条第一款（企业事业单位和其他生产经营者违法排放污染物，受到罚款处罚，被责令改正，拒不改正的，依法作出处罚决定的行政机关可以自责令改正之日的次日起，按照原处罚数额按日连续处罚。)、《中华人民共和国大气污染防治法》第一百二十三条第二项（违反本法规定，企业事业单位和其他生产经营者有下列行为之一，受到罚款处罚，被责令改正，拒不改正的，依法作出处罚决定的行政机关可以自责令改正之日的次日起，按照原处罚数额按日连续处罚：（二）超过大气污染物排放标准或者超过重点大气污染物排放总量控制指标排放大气污染物的）和环境保护部《环境保护主管部门实施按日连续处罚办法》第五条第一项（排污者有下列行为之一，受到罚款处罚，被责令改正，拒不改正的，依法作出罚款处罚决定的环境保护主管部门可以实施按日连续处罚：（一）超过国家或者地方规定的污染物排放标准，或者超过重点污染物排放总量控制指标排放污染物的)、第十三条第一项（排污者具有下列情形之一的，认定为拒不改正：（一）责令改正违法行为决定书送达后，环境保护主管部门复查发现仍在继续违法排放污染物的)、第十七条（按日连续处罚的计罚日数为责令改正违法行为决定书送达排污者之日的次日起，至环境保护主管部门复查发现违法排放污染物行为之日止。再次复查仍拒不改正的，计罚日数累计执行）、第十九条（按日连续处罚每日的罚款数额，为原处罚决定书确定的罚款数额）的规定，我局决定对你单位作出以下处罚：

按日连续处罚。每日罚款数额为十万元，计罚日数自 2016 年 8 月 11 日起至 2016 年 8 月 23 日止共计 13 日，累计罚款数额人民币壹佰叁拾万元整（1 300 000 元）。

限你单位接到本处罚决定之日起十五日内缴至指定银行和账号。逾期不缴纳罚款的，我局将每日按罚款数额的 3%加处罚款。（收款银行：交行淮南分行营业部。户名：淮南市政府非税收入汇缴结算户。账号：×××。缴款前请先到市环境监察支队开具缴款书）

三、申请行政复议或者提起行政诉讼的途径和期限

如不服本处罚决定，可在收到本决定书之日起六十日内向安徽省环境保护厅或淮南市

人民政府申请复议；也可在收到本决定书之日起六个月内直接向有管辖权的人民法院提起诉讼。

申请行政复议或者提起行政诉讼，不停止行政处罚决定的执行。逾期不申请行政复议，不提起行政诉讼，又不履行本处罚决定的，我局将依法申请人民法院强制执行。

2016年9月14日

淮南市环境保护局
送达回证

送达文书名称及文号	淮南市环境保护局行政处罚决定书 淮环罚〔2016〕×××号
当事人名称或姓名	安徽××有限公司
送达地点	××集团办公室
送达方式	直接送达
收件人签名（盖章） 及收件日期	××× （与当事人的关系：文书）2016年 9月14日
送达人签名	×××　×××　2016年 9 月14 日
送达机关盖章	
备　注	

淮南市环境保护局
责令停产整治决定书

淮环责停〔2016〕×××号

安徽××有限公司：

统一社会信用代码：×××

法定代表人：杨某某　　　　　　　　地址：××市××区××

一、环境违法事实、证据和陈述申辩（听证）及采纳情况

2016年8月10日，我局对你单位进行了调查，发现你单位实施了以下环境违法行为：2016年8月2日，你单位直硝车间尾气出口氮氧化物排放浓度最高值为887.7 mg/m^3，超过《硝酸工业污染物排放标准》（GB 26131—2010）表5排放限值（300 mg/m^3）1.96倍。

我局于2016年8月10日对你单位送达《淮南市环境保护局责令改正违法行为决定书》（淮环改〔2016〕×××号），责令你单位立即改正超过大气污染物标准排放大气污染物的行为。8月23日，我局对你单位超标排放污染物改正情况进行复查时，发现你单位直硝车间（即硝酸一车间）尾气出口氮氧化物排放浓度最高值为393 mg/m^3，超过《硝酸工业污染物排放标准》（GB 26131—2010）表5排放限值（300 mg/m^3）0.31倍。

以上事实有《淮南市环境保护监测站监测报告》（JC02-2016-×××）及送达回证、2016年8月10日《淮南市环境保护局调查询问笔录》《淮南市环境保护局责令改正违法行为决定书》（淮环改〔2016〕×××号）、《淮南市环境保护监测站监测报告》（JC02-2016-×××）及送达回证、2016年8月23日《淮南市环境保护局现场检查（勘察）笔录》、2016年9月5日《淮南市环境保护局调查询问笔录》等证据为凭。

你单位上述行为违反了《中华人民共和国大气污染防治法》第十八条的规定（企业事业单位和其他生产经营者建设对大气环境有影响的项目，应当依法进行环境影响评价、公开环境影响评价文件；向大气排放污染物的，应当符合大气污染物排放标准，遵守重点大气污染物排放总量控制要求）。

我局于2016年9月7日告知你单位违法事实、停产整治的依据和拟作出的决定，并告知你单位有权进行陈述、申辩和要求听证。你单位在法定期限内未提出陈述、申辩和听证申请。

以上事实有我局《责令停产整治事先（听证）告知书》（淮环责停告〔2016〕×××

号）及其《送达回证》为证。

二、责令停产整治的依据、内容、改正方式和期限

依据《中华人民共和国大气污染防治法》第九十九条第二项的规定（违反本法规定，超过大气污染物排放标准或者超过重点大气污染物排放总量控制指标排放大气污染物的，由县级以上人民政府环境保护主管部门责令改正或者限制生产、停产整治，并处十万元以上一百万元以下的罚款；情节严重的，报经有批准权的人民政府批准，责令停业、关闭：（二）超过大气污染物排放标准或者超过重点大气污染物排放总量控制指标排放大气污染物的），我局决定：

责令你单位接到本决定书之日起，立即对直硝车间停产整治，具体改正方式以污染物实现达标排放为准。

停产整治的期限，自本决定书送达之日起，至停产整治决定解除之日止。

三、当事人应当履行的义务

你单位应当在收到本决定书后立即整改，并在十五个工作日内将整改方案报我局备案并向社会公开。整改方案应当确定改正措施、工程进度、资金保障和责任人员等事项。

你单位在完成整改任务后，应当在十五个工作日内将整改任务完成情况和整改信息社会公开情况报我局备案，并提交监测报告。停产整治决定自报我局备案之日起解除。

四、申请行政复议或者提起行政诉讼的途径和期限

你单位如对本决定不服，可在收到本决定书之日起六十日内向安徽省环境保护厅或淮南市人民政府申请行政复议，也可在收到本决定书之日起六个月内向田家庵区人民法院提起行政诉讼。

申请行政复议或者提起行政诉讼，不停止本决定的执行。

2016年9月14日

淮南市环境保护局
送达回证

送达文书名称及文号	淮南市环境保护局责令停产整治决定书 淮环责停〔2016〕×××号
当事人名称或姓名	安徽××有限公司
送达地点	××集团办公室
送达方式	直接送达
收件人签名（盖章） 及收件日期	XX市XX有限公司 ××× （与当事人的关系：文秘） 2016年 9月 14日
送达人签名	×××、××× 2016年 9月 14日
送达机关盖章	XX市环境监察支队
备　注	

淮南市环境保护局
行政处罚决定书

淮环罚〔2016〕×××号

安徽××有限公司：
统一社会信用代码：×××
法定代表人：杨某某　　　　　　地址：××市××区××

一、调查情况及发现的环境违法事实、证据和陈述申辩（听证）及采纳情况

2016年8月10日，我局对你单位进行了调查，发现你单位实施了以下环境违法行为：2016年8月2日，你单位直硝车间尾气出口氮氧化物排放浓度最高值为887.7 mg/m^3，超过《硝酸工业污染物排放标准》（GB 26131—2010）表5排放限值（300 mg/m^3）1.96倍。以上事实有《淮南市环境保护监测站监测报告》（JC02-2016-×××）及送达回证、2016年8月10日《淮南市环境保护局调查询问笔录》等证据为凭。

你单位上述行为违反了《中华人民共和国大气污染防治法》第十八条的规定（企业事业单位和其他生产经营者建设对大气环境有影响的项目，应当依法进行环境影响评价、公开环境影响评价文件；向大气排放污染物的，应当符合大气污染物排放标准，遵守重点大气污染物排放总量控制要求）。我局于2016年8月10日对你单位送达《淮南市环境保护局责令改正违法行为决定书》（淮环改〔2016〕×××号），责令你单位立即停止超过大气污染物标准排放行为，同时告知拒不改正，将承担按日连续处罚的法律责任。2016年9月5日，依据《中华人民共和国大气污染防治法》第九十九条第二项的规定（违反本法规定，超过大气污染物排放标准或者超过重点大气污染物排放总量控制指标排放大气污染物的，由县级以上人民政府环境保护主管部门责令改正或者限制生产、停产整治，并处十万元以上一百万元以下的罚款；情节严重的，报经有批准权的人民政府批准，责令停业、关闭：（二）超过大气污染物排放标准或者超过重点大气污染物排放总量控制指标排放大气污染物的），我局对你单位送达《淮南市环境保护局行政处罚决定书》（淮环罚〔2016〕×××号），对你单位处十万元罚款行政处罚决定。2016年8月23日，我局对你单位超标排放污染物改正情况进行复查时，发现你单位直硝车间（即硝酸一车间）尾气出口氮氧化物排放浓度为393 mg/m^3，超过《硝酸工业污染物排放标准》（GB 26131—2010）表5排放限值

（300 mg/m^3）0.31 倍。我局对你单位实施了按日连续处罚，罚款 130 万元；责令停产整治。

2016 年 9 月 22 日，我局对你单位超标排放污染物改正情况进行第二次复查，发现你单位直硝车间（即硝酸一车间）尾气出口氮氧化物排放浓度为 817 mg/m^3，超过《硝酸工业污染物排放标准》（GB 26131—2010）表 5 排放限值（300 mg/m^3）1.72 倍。以上事实有《淮南市环境保护监测站监测报告》（JC02-2016-×××）及送达回证、2016 年 10 月 13 日《淮南市环境保护局调查询问笔录》等证据为凭。

我局于 2016 年 10 月 24 日以《淮南市环境保护局行政处罚事先（听证）告知书》（淮环罚告〔2016〕×××号）告知你单位违法事实、处罚依据和拟作出的决定，并告知你单位有权进行陈述、申辩和要求听证。你单位未在规定期限内提出陈述、申辩和听证申请。

二、行政处罚的依据、种类及其履行方式、期限

依据《中华人民共和国环境保护法》第五十九条第一款（企业事业单位和其他生产经营者违法排放污染物，受到罚款处罚，被责令改正，拒不改正的，依法作出处罚决定的行政机关可以自责令改正之日的次日起，按照原处罚数额按日连续处罚。）、《中华人民共和国大气污染防治法》第一百二十三条第二项（违反本法规定，企业事业单位和其他生产经营者有下列行为之一，受到罚款处罚，被责令改正，拒不改正的，依法作出处罚决定的行政机关可以自责令改正之日的次日起，按照原处罚数额按日连续处罚：（二）超过大气污染物排放标准或者超过重点大气污染物排放总量控制指标排放大气污染物的）和《环境保护主管部门实施按日连续处罚办法》第五条第一项（排污者有下列行为之一，受到罚款处罚，被责令改正，拒不改正的，依法作出罚款处罚决定的环境保护主管部门可以实施按日连续处罚：（一）超过国家或者地方规定的污染物排放标准，或者超过重点污染物排放总量控制指标排放污染物的；）、第十三条第一项（排污者具有下列情形之一的，认定为拒不改正：（一）责令改正违法行为决定书送达后，环境保护主管部门复查发现仍在继续违法排放污染物的）、第十七条（按日连续处罚的计罚日数为责令改正违法行为决定书送达排污者之日的次日起，至环境保护主管部门复查发现违法排放污染物行为之日止。再次复查仍拒不改正的，计罚日数累计执行）、第十九条（按日连续处罚每日的罚款数额，为原处罚决定书确定的罚款数额）的规定，我局决定对你单位作出以下处罚：

按日连续处罚。每日罚款数额为十万元，计罚日数自 2016 年 8 月 24 日起至 2016 年 9 月 22 日止共计 30 日，累计罚款数额人民币叁佰万元整（3 000 000 元）。

限你单位接到本处罚决定之日起十五日内缴至指定银行和账号。逾期不缴纳罚款的，我局将每日按罚款数额的 3%加处罚款。（收款银行：交行淮南分行营业部。户名：淮南市政府非税收入汇缴结算户。账号：×××。缴款前请先到市环境监察支队开具缴款书）

三、申请行政复议或者提起行政诉讼的途径和期限

如不服本处罚决定，可在收到本决定书之日起六十日内向安徽省环境保护厅或淮南市人民政府申请复议；也可在收到本决定书之日起六个月内直接向有管辖权的人民法院提起诉讼。

申请行政复议或者提起行政诉讼，不停止行政处罚决定的执行。逾期不申请行政复议，不提起行政诉讼，又不履行本处罚决定的，我局将依法申请人民法院强制执行。

2016年11月21日

淮南市环境保护局
送达回证

送达文书名称及文号	淮南市环境保护局行政处罚决定书 淮环罚〔2016〕×××号
当事人名称或姓名	安徽××有限公司
送达地点	×××集团办公室
送达方式	直接送达
收件人签名（盖章） 及收件日期	××市××有限公司 （与当事人的关系：×××） 2016年 11月21日
送达人签名	×××、××× 2016年 11月21日
送达机关盖章	××市环境监察支队
备　注	

淮南市环境保护局
环境违法行为立案审批表

<table>
<tr><td>案件来源</td><td colspan="2">监测发现</td><td>立案号</td><td></td></tr>
<tr><td>案由</td><td colspan="4">涉嫌违反《中华人民共和国大气污染防治法》案</td></tr>
<tr><td rowspan="4">当事人</td><td>名称或姓名</td><td colspan="3">安徽××有限公司</td></tr>
<tr><td>住址（地址）</td><td>××市××区××</td><td>邮政编码</td><td>×××</td></tr>
<tr><td colspan="2">营业执照（统一社会信用代码）</td><td colspan="2">×××</td></tr>
<tr><td>法定代表人（负责人）</td><td>杨某某</td><td>职务</td><td>董事长</td></tr>
<tr><td>案情简介及立案理由</td><td colspan="4">2016 年 8 月 2 日淮南市环境保护监测站对××集团直硝车间尾气出口进行监测。监测数据显示，监测的 9 个样本均超标，其中氮氧化物浓度最大值为 887.7 mg/m^3，超标 1.96 倍。经初步审查，该行为违反了《中华人民共和国大气污染防治法》第十八条的规定，符合《环境行政处罚办法》第二十二条规定的立案条件。</td></tr>
<tr><td>承办人意见</td><td colspan="4">建议对该公司立案查处。
签名：××× 2016 年 8 月 9 日</td></tr>
<tr><td>承办机构负责人审核意见</td><td colspan="4">同意
签名： ××× 2016 年 8 月 9 日</td></tr>
<tr><td>环保部门负责人审批意见</td><td colspan="4">同意
签名： ××× 2016 年 8 月 10 日</td></tr>
<tr><td>备 注</td><td colspan="4"></td></tr>
</table>

关于安徽××有限公司涉嫌违反《中华人民共和国大气污染防治法》案件的调查报告

市环保局：

我支队对安徽××有限公司涉嫌违反《中华人民共和国大气污染防治法》案进行调查，具体情况报告如下：

一、调查对象

安徽××有限公司。法定代表人：杨某某。统一社会信用代码：×××。

二、调查取证情况

2016 年 8 月 4 日淮南市环境保护监测站监测报告显示，安徽××有限公司直硝车间尾气出口氮氧化物超标排放。

2016 年 8 月 10 日现场调查，参加人员：淮南市环境监察支队××、×××、×××。

三、案由及案情简介

淮南市环境保护监测站《安徽××有限公司废气监测报告》（JC02-2016-×××）显示安徽××有限公司：2016 年 8 月 2 日，直硝车间尾气出口氮氧化物排放浓度最高值为 887.7 mg/m^3，超过《硝酸工业污染物排放标准》（GB 26131—2010）表 5 排放限值（300 mg/m^3）1.96 倍。

以上行为涉嫌违反了《中华人民共和国大气污染防治法》第十八条的规定。符合《环境行政处罚办法》第二十二条规定的立案条件。

四、证据

《淮南市环境保护监测站监测报告》（JC02-2016-×××）、《调查询问笔录》等。

五、判定行为违法的依据

该单位的以上行为涉嫌违反了：

（一）《中华人民共和国大气污染防治法》第十八条的规定（企业事业单位和其他生产经营者建设对大气环境有影响的项目，应当依法进行环境影响评价、公开环境影响评价文件；向大气排放污染物的，应当符合大气污染物排放标准，遵守重点大气污染物排放总量的控制要求）。

（二）《安徽省大气污染防治条例》第十条第三款的规定（向大气排放污染物的单位，其污染物排放浓度不得超出国家和本省规定的排放标准）。

六、行政处罚的依据与建议

（一）启动按日计罚程序，责令改正违法行为

1.《中华人民共和国行政处罚法》第二十三条（行政机关实施行政处罚时，应当责令当事人改正或者限期改正违法行为）。

2.《环境保护主管部门实施按日连续处罚办法》第八条第二款（需要通过环境监测认定违法排放污染物的，环境监测机构应当按照监测技术规范要求进行监测。环境保护主管部门应当在取得环境监测报告后三个工作日内向排污者送达责令改正违法行为决定书，责令立即停止违法排放污染物行为）。

3.《环境保护主管部门实施按日连续处罚办法》第十条（环境保护主管部门应当在送达责令改正违法行为决定书之日起三十日内，以暗查方式组织对排污者违法排放污染物行为的改正情况实施复查）。

4.《环境保护主管部门实施按日连续处罚办法》第十七条（按日连续处罚的计罚日数为责令改正违法行为决定书送达排污者之日的次日起，至环境保护主管部门复查发现违法排放污染物行为之日止。再次复查仍拒不改正的，计罚日数累计执行）。

（二）罚款

1.《中华人民共和国大气污染防治法》第九十九条第二项的规定（违反本法规定，超过大气污染物排放标准或者超过重点大气污染物排放总量控制指标排放大气污染物的，由县级以上人民政府环境保护主管部门责令改正或者限制生产、停产整治，并处十万元以上一百万元以下的罚款；情节严重的，报经有批准权的人民政府批准，责令停业、关闭：（二）超过大气污染物排放标准或者超过重点大气污染物排放总量控制指标排放大气污染物的）。

2.《中华人民共和国环境保护法》第五十九条第一款的规定（企业事业单位和其他生产经营者违法排放污染物，受到罚款处罚，被责令改正，拒不改正的，依法作出处罚决定的行政机关可以自责令改正之日的次日起，按照原处罚数额按日连续处罚）。

3.《环境保护主管部门实施按日连续处罚办法》第五条第一项（排污者有下列行为之一，受到罚款处罚，被责令改正，拒不改正的，依法作出罚款处罚决定的环境保护主管部门可以实施按日连续处罚：（一）超过国家或者地方规定的污染物排放标准，或者超过重

点污染物排放总量控制指标排放污染物的）。

4.《安徽省大气污染防治条例》第七十八条的规定（违反本条例第十条第三款规定的，由县级以上人民政府环境保护行政主管部门责令停止排污或者限制生产、停业整治，处以二十万元以上一百万元以下罚款；情节严重的，报经有批准权的人民政府批准，责令停业、关闭）。

（三）责令停产整治

1.《中华人民共和国大气污染防治法》第九十九条第二项（违反本法规定，超过大气污染物排放标准或者超过重点大气污染物排放总量控制指标排放大气污染物的，由县级以上人民政府环境保护主管部门责令改正或者限制生产、停产整治，并处十万元以上一百万元以下的罚款；情节严重的，报经有批准权的人民政府批准，责令停业、关闭：（二）超过大气污染物排放标准或者超过重点大气污染物排放总量控制指标排放大气污染物的）。

2.《中华人民共和国环境保护法》第六十条（企业事业单位和其他生产经营者超过污染物排放标准或者超过重点污染物排放总量控制指标排放污染物的，县级以上人民政府环境保护主管部门可以责令其采取限制生产、停产整治等措施；情节严重的，报经有批准权的人民政府批准，责令停业、关闭）。

综上，建议对安徽××有限公司做出如下处理决定：

1. 按日计罚。依据《中华人民共和国环境保护法》《中华人民共和国大气污染防治法》或《安徽省大气污染防治条例》，《环境保护主管部门实施按日连续处罚办法》启动按日计罚程序。

2. 责令停产整治。若该公司拒不改正，或短期内无法通过改正实现达标排放，建议直接责令停产整治。

2016年8月12日

淮南市环境保护局
行政处罚案件审查报告

案 件 来 源：监测发现

案　　　　由：涉嫌违反《大气污染防治法》案

行政相对人名称：安徽××有限公司

收 案 时 间：2016 年 8 月 15 日

案 件 承 办 人：×××、×××

行政相对人安徽××有限公司涉嫌违反《中华人民共和国大气污染防治法》一案，由淮南市环境监察支队调查终结，于 2016 年 8 月 15 日移送宣教法规科审查。现将审查情况报告如下：

一、行政相对人基本情况

行政相对人安徽××有限公司，法定代表人：杨某某，统一社会信用代码：×××，地址：××市××区××。

二、案件调查简要过程

2016 年 8 月 2 日，淮南市环境保护监测站对××集团直硝车间尾气出口进行监测，监测数据显示，监测的九个样本均超标，其中氮氧化物浓度最大值为 887.7 mg/m^3，超过《硝酸工业污染物排放标准》（GB 26131—2010）表 5 排放限值（300 mg/m^3）1.96 倍。

三、审查认定的事实和证据

经审查表明：2016 年 8 月 2 日，淮南市环境保护监测站对××集团直硝车间尾气出口进行监测，监测数据显示，监测的 9 个样本均超标，其中氮氧化物浓度最大值为 887.7 mg/m^3，超过《硝酸工业污染物排放标准》（GB 26131—2010）表 5 排放限值（300 mg/m^3）1.96 倍。

该公司行为涉嫌违反《中华人民共和国大气污染防治法》第十八条的规定，符合《环境行政处罚办法》第二十二条规定的立案条件。

认定上述事实的证据有：

（一）企业营业执照

证实企业名称：安徽××有限公司，法定代表人：杨某某，统一社会信用代码：×××，地址：××市××区××。

（二）调查询问笔录

时间：2016 年 8 月 10 日；被询问人：××；所在单位：安徽××有限公司；询问人：×××、×××。

问：淮南市环境保护监测站于 2016 年 8 月 2 日对你公司直硝车间尾气出口进行监测，监测数据显示你公司直硝车间尾气出口氮氧化物浓度最大值为 887.7 mg/m^3，超标 1.96 倍。现将监测报告（JC02-2016-×××）送达你公司，情况是否属实？

答：确认属实，已阅，已签收。

问：造成你公司直硝车间排放尾气氮氧化物超标的原因是什么？

答：直硝车间催化剂老化。

问：针对上述超标情况你公司将如何整改？

答：我公司现已购买新的催化剂，将加快对老催化剂的更换。

问：以上情况是否属实？

答：属实。

（三）×××集团证明及相关人员身份证复印件

证实谌某某为××集团安全环保部环保科副科长，受该公司委托协助调查询问。

谌某某身份证复印件一份。

（四）淮南市环境保护监测站监测报告及送达回证

《淮南市环境保护监测站监测报告》（JC02-2016-×××）证实，2016 年 8 月 2 日××集团直硝车间尾气出口氮氧化物浓度最大值为 887.7 mg/m^3，超过《硝酸工业污染物排放标准》（GB 26131—2010）表 5 排放限值（300 mg/m^3）1.96 倍。

（五）市环保局责令改正违法行为决定书一份及送达回证

《淮南市环境保护局责令改正违法行为决定书》（淮环改〔2016〕×××号）证实，市环保局针对安徽××有限公司直硝车间氮氧化物超标排放的违法行为，责令：立即改正超过大气污染物排放标准排放大气污染物的违法行为。

四、审查结论和处理意见

综上所述，2016 年 8 月 2 日，淮南市环境保护监测站对××集团直硝车间尾气出口进行监测，监测数据显示，监测的九个样本均超标，其中氮氧化物浓度最大值为 887.7 mg/m^3，超过《硝酸工业污染物排放标准》（GB 26131—2010）表 5 排放限值（300 mg/m^3）1.96 倍。

该公司行为涉嫌违反《中华人民共和国大气污染防治法》第十八条的规定。

建议依据《中华人民共和国大气污染防治法》第九十九条的规定，责令立即改正超过大气污染物排放标准排放大气污染物的违法行为，并处 10 万元罚款。同时，依据现场复查情况，启动按日计罚程序。

以上意见妥否，提请会议研究！

宣教法规科

2016 年 8 月 15 日

《中华人民共和国大气污染防治法》

第十八条 企业事业单位和其他生产经营者建设对大气环境有影响的项目，应当依法进行环境影响评价、公开环境影响评价文件；向大气排放污染物的，应当符合大气污染物排放标准，遵守重点大气污染物排放总量控制要求。

第九十九条 违反本法规定，有下列行为之一的，由县级以上人民政府环境保护主管部门责令改正或者限制生产、停产整治，并处十万元以上一百万元以下的罚款；情节严重的，报经有批准权的人民政府批准，责令停业、关闭：

（一）未依法取得排污许可证排放大气污染物的。

（二）超过大气污染物排放标准或者超过重点大气污染物排放总量控制指标排放大气污染物的。

（三）通过逃避监管的方式排放大气污染物的。

淮南市环境保护行政处罚审议记录

案　　由：安徽××有限公司涉嫌违反《大气污染防治法》案

时　　间：2016 年 8 月 25 日　地　点：市环保局六楼会议室

主 持 人：×××局长　记录人：×××

参加人员：×××副局长、×××副局长、××书记、×××总工程师、××

一、主要案情

2016 年 8 月 2 日，淮南市环境保护监测站对安徽××有限公司直硝车间尾气出口进行监测，监测数据显示，监测的九个样本均超标，其中氮氧化物浓度最大值为 887.7 mg/m^3，超过《硝酸工业污染物排放标准》（GB 26131—2010）表 5 排放限值（300 mg/m^3）1.96 倍。

（以下无内容）

二、参加人员意见和理由

×××：汇报该案主要案情和证据材料，建议依据《中华人民共和国大气污染防治法》第九十九条规定，责令改正，并处 10 万元罚款。同时，依据现场复查情况，决定是否实施按日连续处罚。

××：补充汇报，该企业长期超标，没有整改行为，同意处罚意见。

××书记：同意处罚意见。

×××副局长：同意处罚意见。

×××副局长：同意处罚意见。

×××总工程师：同意处罚意见。

×××局长：同意处罚意见。

（以下无内容）

三、结论性意见

一致同意：责令改正，并处 10 万元罚款。同时，依据现场复查情况，决定是否实施按日连续处罚。

（以下无内容）

共 2 页　第 1 页

四、出席人员签名

×××、×××、×××、×××、×××

五、主持人签名

×××

共2页　第2页

关于安徽××有限公司违反《中华人民共和国大气污染防治法》案件按日计罚复查情况的调查报告

市环保局：

我支队对安徽××有限公司涉嫌违反《中华人民共和国大气污染防治法》案的按日计罚复查超标情况进行调查，具体情况报告如下：

一、调查对象

安徽××有限公司。法定代表人：杨某某。统一社会信用代码：×××。

二、调查取证情况

《淮南市环境保护监测站监测报告》（JC02-2016-×××）显示：2016 年 8 月 23 日，我支队联合市环保监测站对安徽××有限公司直硝车间 2016 年 8 月 2 日尾气出口氮氧化物超标排放违法行为的整改情况进行复查时，直硝车间尾气出口氮氧化物仍然超标排放。2016 年 9 月 5 日我支队对以上情况进行调查询问。

2016 年 9 月 5 日现场调查，参加人员：淮南市环境监察支队××、×××、×××。

三、案情简介

2016 年 8 月 10 日，我局对调查对象进行了调查，发现其实施了以下环境违法行为：2016 年 8 月 2 日，调查对象直硝车间尾气出口氮氧化物排放浓度最高值为 887.7 mg/m^3，超过《硝酸工业污染物排放标准》（GB 26131—2010）表 5 排放限值（300 mg/m^3）1.96 倍。2016 年 8 月 10 日，市环保局对其送达《淮南市环境保护局责令改正违法行为决定书》（淮环改〔2016〕×××号），责令其立即改正超过大气污染物标准排放行为，同时告知拒不改正，将承担按日连续处罚的法律责任。

2016 年 8 月 23 日，我局对该单位超标排放污染物改正情况进行复查时，发现该单位直硝车间（即硝酸一车间）尾气出口氮氧化物排放浓度最高值为 393 mg/m^3，超过《硝酸工业污染物排放标准》（GB 26131—2010）表 5 排放限值（300 mg/m^3）0.31 倍。

以上行为涉嫌违反了《中华人民共和国大气污染防治法》第十八条的规定，同时，符合《中华人民共和国环境保护法》第五十九条第一款和《中华人民共和国大气污染防治法》第一百二十三条第二项规定的按日计罚的条件。

四、证据

《淮南市环境保护监测站监测报告》（JC02-2016-×××）、2016 年 9 月 5 日《调查询问笔录》等。

五、判定行为违法的依据

该单位的以上行为涉嫌违反了：

《中华人民共和国大气污染防治法》第十八条的规定（企业事业单位和其他生产经营者建设对大气环境有影响的项目，应当依法进行环境影响评价、公开环境影响评价文件；向大气排放污染物的，应当符合大气污染物排放标准，遵守重点大气污染物排放总量控制要求）。

六、行政处罚的依据与建议

（一）启动按日计罚程序，责令改正违法行为

1.《环境保护主管部门实施按日连续处罚办法》第八条第二款（需要通过环境监测认定违法排放污染物的，环境监测机构应当按照监测技术规范要求进行监测。环境保护主管部门应当在取得环境监测报告后 3 个工作日内向排污者送达责令改正违法行为决定书，责令立即停止违法排放污染物行为）。

2.《环境保护主管部门实施按日连续处罚办法》第十条（环境保护主管部门应当在送达责令改正违法行为决定书之日起 30 日内，以暗查方式组织对排污者违法排放污染物行为的改正情况实施复查）。

3.《环境保护主管部门实施按日连续处罚办法》第十七条（按日连续处罚的计罚日数为责令改正违法行为决定书送达排污者之日的次日起，至环境保护主管部门复查发现违法排放污染物行为之日止。再次复查仍拒不改正的，计罚日数累计执行）。

（二）罚款

1.《中华人民共和国大气污染防治法》第九十九条第二项的规定（违反本法规定，超过大气污染物排放标准或者超过重点大气污染物排放总量控制指标排放大气污染物的，由县级以上人民政府环境保护主管部门责令改正或者限制生产、停产整治，并处十万元以上一百万元以下的罚款；情节严重的，报经有批准权的人民政府批准，责令停业、关闭：（二）超过大气污染物：排放标准或者超过重点大气污染物排放总量控制指标排放大气污染物的）。

2.《中华人民共和国环境保护法》第五十九条第一款的规定（企业事业单位和其他生产经营者违法排放污染物，受到罚款处罚，被责令改正，拒不改正的，依法作出处罚决定的行政机关可以自责令改正之日的次日起，按照原处罚数额按日连续处罚）。

3.《环境保护主管部门实施按日连续处罚办法》第五条第一项（排污者有下列行为之一，受到罚款处罚，被责令改正，拒不改正的，依法作出罚款处罚决定的环境保护主管部门可以实施按日连续处罚：（一）超过国家或者地方规定的污染物排放标准，或者超过重点污染物排放总量控制指标排放污染物的）。

（三）责令停产整治

1.《中华人民共和国大气污染防治法》第九十九条第二项（违反本法规定，超过大气污染物排放标准或者超过重点大气污染物排放总量控制指标排放大气污染物的，由县级以上人民政府环境保护主管部门责令改正或者限制生产、停产整治，并处十万元以上一百万元以下的罚款；情节严重的，报经有批准权的人民政府批准，责令停业、关闭：（二）超过大气污染物排放标准或者超过重点大气污染物排放总量控制指标排放大气污染物的）。

2.《中华人民共和国环境保护法》第六十条（企业事业单位和其他生产经营者超过污染物排放标准或者超过重点污染物排放总量控制指标排放污染物的，县级以上人民政府环境保护主管部门可以责令其采取限制生产、停产整治等措施；情节严重的，报经有批准权的人民政府批准，责令停业、关闭）。

综上，建议对安徽××有限公司处以下行政处罚：

1. 按日计罚。依据《中华人民共和国环境保护法》《中华人民共和国大气污染防治法》或《安徽省大气污染防治条例》，《环境保护主管部门实施按日连续处罚办法》启动按日计罚程序。

2. 责令停产整治。若该公司拒不改正，或短期内无法通过改正实现达标排放，建议直接责令停产整治。

2016年9月5日

淮南市环境保护局
行政处罚案件审查报告

案 件 来 源：监测发现

案　　　　由：违反《大气污染防治法》、实施按日连续处罚案

行政相对人名称：安徽××有限公司

收 案 时 间：2016年9月5日

案 件 承 办 人：×××、×××

行政相对人安徽××有限公司涉嫌违反《中华人民共和国大气污染防治法》一案，由淮南市环境监察支队调查终结，于2016年8月15日移送宣教法规科审查。现将审查情况报告如下：

一、行政相对人基本情况

行政相对人安徽××有限公司，法定代表人：杨某某，统一社会信用代码：×××，地址：××市××区××。

二、案件调查简要过程

2016年8月2日，淮南市环境保护监测站对×××集团直硝车间尾气出口进行监测，监测数据显示，监测的九个样本均超标，其中氮氧化物浓度最大值为 887.7 mg/m^3，超过《硝酸工业污染物排放标准》（GB 26131—2010）表5排放限值（300 mg/m^3）1.96倍。

三、审查认定的事实和证据

经审查表明：2016年8月2日，淮南市环境保护监测站对×××集团直硝车间尾气出口进行监测，监测数据显示，监测的九个样本均超标，其中氮氧化物浓度最大值为887.7 mg/m^3，超过《硝酸工业污染物排放标准》（GB 26131—2010）表 5 排放限值（300 mg/m^3）1.96倍。

该公司行为涉嫌违反《中华人民共和国大气污染防治法》第十八条的规定，符合《环境行政处罚办法》第二十二条规定的立案条件。

认定上述事实的证据有：

（一）企业营业执照

证实企业名称：安徽××有限公司，法定代表人：杨某某，统一社会信用代码：×××，地址：××市××区××。

（二）调查询问笔录

时间：2016 年 8 月 10 日；被询问人：××；所在单位：安徽××有限公司；询问人：×××、×××。

问：淮南市环境保护监测站于 2016 年 8 月 2 日对你公司直硝车间尾气出口进行监测，监测数据显示你公司直硝车间尾气出口氮氧化物浓度最大值为 887.7 mg/m^3，超标 1.96 倍。现将监测报告（JC02-2016-×××）送达你公司，情况是否属实？

答：确认属实，已阅，已签收。

问：造成你公司直硝车间排放尾气氮氧化物超标的原因是什么？

答：直硝车间催化剂老化。

问：针对上述超标情况你公司将如何整改？

答：我公司现已购买新的催化剂，将加快对老催化剂的更换。

问：以上情况是否属实？

答：属实。

（三）××集团证明及相关人员身份证复印件

证实谌某某为××集团安全环保部环保科副科长，受该公司委托协助调查询问。

谌某某身份证复印件一份。

（四）淮南市环境保护监测站监测报告及送达回证

《淮南市环境保护监测站监测报告》（JC02-2016-×××）证实，2016 年 8 月 2 日××集团直硝车间尾气出口氮氧化物浓度最大值为 887.7 mg/m^3，超过《硝酸工业污染物排放标准》（GB 26131—2010）表 5 排放限值（300 mg/m^3）1.96 倍。

（五）市环保局责令改正违法行为决定书一份及送达回证

2016 年 8 月 10 日下达的《淮南市环境保护局责令改正违法行为决定书》（淮环改〔2016〕×××号）证实，市环保局针对×××安徽××有限公司直硝车间氮氧化物超标排放的违法行为，责令：立即改正超过大气污染物排放标准的违法行为。

（六）淮南市环境保护监测站监测报告

《淮南市环境保护监测站监测报告》（JC02-2016-×××）证实，2016 年 8 月 23 日××集团直硝车间尾气出口氮氧化物浓度最大值为 393 mg/m^3，超过《硝酸工业污染物排放标准》（GB 26131—2010）表 5 排放限值（300 mg/m^3）0.93 倍。

四、原处罚审查结论和处理意见

综上所述，2016 年 8 月 2 日，淮南市环境保护监测站对×××集团直硝车间尾气出口进行监测，监测数据显示，监测的 9 个样本均超标，其中氮氧化物浓度最大值为 887.7 mg/m^3，超标 1.96 倍。该公司行为违反了《中华人民共和国大气污染防治法》第十八条的规定。

依据《中华人民共和国大气污染防治法》第九十九条的规定，责令改正，并处 10 万元罚款。同时，依据现场复查情况，实施按日计罚程序。

五、按日连续处罚审查结论和处理意见

8 月 23 日，市环境监察支队现场复查，对主要污染物进行取样，并送交市环境监测站监测。9 月 1 日，收到市环境监测站监测《淮南市环境保护监测站监测报告》（JC02-2016-×××）证实，8 月 23 日现场复查时仍继续违法排污。以上情况符合《环境保护主管部门实施按日连续处罚办法》规定：

1. 2016 年 8 月 10 日，《淮南市环境保护局责令改正违法行为决定书》（淮环改〔2016〕×××号）证实，市环保局针对 2016 年 8 月 2 日现场检查发现的超标排放的违法行为下达责令改正违法行为决定书。

2. 2016 年 9 月 1 日市环境监测站监测《淮南市环境保护监测站监测报告》（JC02-2016-×××）证实，2016 年 8 月 23 日现场复查时氮氧化物仍超标排放，符合《环境保护主管部门实施按日连续处罚办法》第十三条第一项规定，认定为拒不改正。

建议：

1. 实施按日连续处罚，处罚款 130 万元（8 月 11 日到 8 月 23 日，13 天×10 万元/天=130 万元）。

2. 依据《实施按日连续处罚办法》第二十条的规定，责令安徽××有限公司对直硝车间实施停产整治。

以上情况提请会议研究。

宣教法规科

2016 年 9 月 5 日

《中华人民共和国大气污染防治法》

第十八条　企业事业单位和其他生产经营者建设对大气环境有影响的项目，应当依法进行环境影响评价、公开环境影响评价文件；向大气排放污染物的，应当符合大气污染物排放标准，遵守重点大气污染物排放总量控制要求。

第九十九条　违反本法规定，有下列行为之一的，由县级以上人民政府环境保护主管部门责令改正或者限制生产、停产整治，并处十万元以上一百万元以下的罚款；情节严重的，报经有批准权的人民政府批准，责令停业、关闭：

（一）未依法取得排污许可证排放大气污染物的；

（二）超过大气污染物排放标准或者超过重点大气污染物排放总量控制指标排放大气污染物的；

（三）通过逃避监管的方式排放大气污染物的。

《环境保护主管部门实施按日连续处罚办法》

第十三条　排污者具有下列情形之一的，认定为拒不改正：

（一）责令改正违法行为决定书送达后，环境保护主管部门复查发现仍在继续违法排放污染物的；

（二）拒绝、阻挠环境保护主管部门实施复查的。

第二十条　环境保护主管部门针对违法排放污染物行为实施按日连续处罚的，可以同时适用责令排污者限制生产、停产整治或者查封、扣押等措施；因采取上述措施使排污者停止违法排污行为的，不再实施按日连续处罚。

淮南市环境保护行政处罚审议记录

案　　由：安徽××有限公司违反《大气污染防治法》、实施按日连续处罚案

时　　间：2016年9月5日　　地　点：市环保局六楼会议室

主 持 人：×××局长　　记录人：×××

参加人员：×××副局长、×××副局长、××书记、×××总工程师、××副调研员、××、××

一、主要案情

2016年8月2日，淮南市环境保护监测站对×××集团直硝车间尾气出口进行监测，监测数据显示，监测的九个样本均超标，其中氮氧化物浓度最大值为 887.7 mg/m^3，超过《硝酸工业污染物排放标准》（GB 26131—2010）表5排放限值（300 mg/m^3）1.96倍。

8月23日，市环境监察支队现场复查，对主要污染物进行取样，并送交市环境监测站监测。9月1日，收到市环境监测站监测《淮南市环境保护监测站监测报告》（JC02-2016-×××）证实，8月23日现场复查时仍继续违法排污。

（以下无内容）

二、参加人员意见和理由

×××：汇报该案主要案情和证据材料，建议依据《环境保护主管部门实施按日连续处罚办法》第十三条的规定：

1. 实施按日连续处罚，处罚款130万元（8月11日到8月23日，13天×10万元=130万元）。

2. 依据《实施按日连续处罚办法》第二十条规定，责令×××集团有限公司对直硝车间实施停产整治。

××：补充汇报，同意处罚意见。

××：同意处罚意见。

××书记：同意处罚意见。

×××、副局长：同意处罚意见。

××副调研员：同意处罚意见。

共2页 第1页

×××副局长：同意处罚意见。

×××总工程师：同意处罚意见。

×××局长：同意处罚意见。

（以下无内容）

三、结论性意见

一致同意：责令停产整治。同时实施按日连续处罚，处罚款130万元。

（以下无内容）

四、出席人员签名

×××、×××、×××、×××、×××、×××

五、主持人签名

×××

共2页 第2页

关于安徽××有限公司违反《中华人民共和国大气污染防治法》案件第二次按日计罚复查情况的调查报告

市环保局：

我支队对安徽××有限公司涉嫌违反《中华人民共和国大气污染防治法》案件的第二次按日计罚复查超标情况进行调查，具体情况报告如下：

一、调查对象

安徽××有限公司。法定代表人：杨某某。统一社会信用代码：×××。

二、调查取证情况

《淮南市环境保护监测站监测报告》（JC02-2016-×××）显示：2016 年 9 月 22 日，我支队联合市环保监测站对安徽××有限公司直硝车间 2016 年 8 月 2 日、8 月 23 日尾气出口氮氧化物超标排放违法行为的整改情况进行复查时，直硝车间尾气出口氮氧化物仍然超标排放。

三、案情简介

2016 年 8 月 10 日，我局对调查对象进行了调查，发现其实施了以下环境违法行为：2016 年 8 月 2 日，调查对象直硝车间尾气出口氮氧化物排放浓度最高值为 887.7 mg/m^3，超过《硝酸工业污染物排放标准》（GB 26131—2010）表 5 排放限值（300 mg/m^3）1.96 倍。2016 年 8 月 10 日，市环保局对其送达《淮南市环境保护局责令改正违法行为决定书》（淮环改〔2016〕×××号），责令其立即改正超过大气污染物标准的排放行为，同时告知拒不改正，将承担按日连续处罚的法律责任。

2016 年 8 月 23 日，我局对该单位超标排放污染物改正情况进行复查时，发现该单位直硝车间（即硝酸一车间）尾气出口氮氧化物排放浓度最高值为 393 mg/m^3，超过《硝酸工业污染物排放标准》（GB 26131—2010）表 5 排放限值（300 mg/m^3）0.31 倍。我局对其实施了按日记罚，记罚日数累计 13 日，罚款 130 万元；责令停产整治。

2016 年 9 月 22 日，我局对该单位超标排放改正情况进行第二次复查，监测结果显示该单位直硝车间（即硝酸一车间）尾气出口氮氧化物排放浓度最高值为 817 mg/m^3，超过

《硝酸工业污染物排放标准》（GB 26131—2010）表 5 排放限值（300 mg/m^3）1.72 倍。

以上 2016 年 9 月 22 日超标行为涉嫌违反了《中华人民共和国大气污染防治法》第十八条的规定，同时，符合《中华人民共和国环境保护法》第五十九条第一款和《中华人民共和国大气污染防治法》第一百二十三条第二项规定的按日计罚的条件。

四、证据

《淮南市环境保护监测站监测报告》（JC02-2016-×××）、《调查询问笔录》等。

五、判定行为违法的依据

该单位的以上行为涉嫌违反了：

《中华人民共和国大气污染防治法》第十八条的规定（企业事业单位和其他生产经营者建设对大气环境有影响的项目，应当依法进行环境影响评价、公开环境影响评价文件；向大气排放污染物的，应当符合大气污染物排放标准，遵守重点大气污染物排放总量控制要求）。

六、行政处罚的依据与建议

（一）启动按日计罚程序，责令改正违法行为。

1.《环境保护主管部门实施按日连续处罚办法》第八条第二款（需要通过环境监测认定违法排放污染物的，环境监测机构应当按照监测技术规范要求进行监测。环境保护主管部门应当在取得环境监测报告后 3 个工作日内向排污者送达责令改正违法行为决定书，责令立即停止违法排放污染物行为）。

2.《环境保护主管部门实施按日连续处罚办法》第十条（环境保护主管部门应当在送达责令改正违法行为决定书之日起 30 内，以暗查方式组织对排污者违法排放污染物行为的改正情况实施复查）。

3.《环境保护主管部门实施按日连续处罚办法》第十七条（按日连续处罚的计罚日数为责令改正违法行为决定书送达排污者之日的次日起，至环境保护主管部门复查发现违法排放污染物行为之日止。再次复查仍拒不改正的，计罚日数累计执行）。

（二）罚款

1.《中华人民共和国大气污染防治法》第九十九条第二项的规定（违反本法规定，超过大气污染物排放标准或者超过重点大气污染物排放总量控制指标排放大气污染物的，由县级以上人民政府环境保护主管部门责令改正或者限制生产、停产整治，并处十万元以上一百万元以下的罚款；情节严重的，报经有批准权的人民政府批准，责令停业、关闭：（二）超过大气污染物排放标准或者超过重点大气污染物排放总量控制指标排放大气污染物的）。

2.《中华人民共和国环境保护法》第五十九条第一款的规定（企业事业单位和其他生产经营者违法排放污染物，受到罚款处罚，被责令改正，拒不改正的，依法作出处罚决定的行政机关可以自责令改正之日的次日起，按照原处罚数额按日连续处罚）。

3.《环境保护主管部门实施按日连续处罚办法》第五条第一项（排污者有下列行为之一，受到罚款处罚，被责令改正，拒不改正的，依法作出罚款处罚决定的环境保护主管部门可以实施按日连续处罚：（一）超过国家或者地方规定的污染物排放标准，或者超过重点污染物排放总量控制指标排放污染物的）。

（三）责令停产整治

1.《中华人民共和国大气污染防治法》第九十九条第二项（违反本法规定，超过大气污染物排放标准或者超过重点大气污染物排放总量控制指标排放大气污染物的，由县级以上人民政府环境保护主管部门责令改正或者限制生产、停产整治，并处十万元以上一百万元以下的罚款；情节严重的，报经有批准权的人民政府批准，责令停业、关闭）。

2.《中华人民共和国环境保护法》第六十条（企业事业单位和其他生产经营者超过污染物排放标准或者超过重点污染物排放总量控制指标排放污染物的，县级以上人民政府环境保护主管部门可以责令其采取限制生产、停产整治等措施；情节严重的，报经有批准权的人民政府批准，责令停业、关闭）。

综上，建议对×××安徽××有限公司处以下行政处罚：

1. 按日计罚。依据《中华人民共和国环境保护法》《中华人民共和国大气污染防治法》或《安徽省大气污染防治条例》，《环境保护主管部门实施按日连续处罚办法》启动按日计罚程序。

2. 责令停产整治。若该公司拒不改正，或短期内无法通过改正实现达标排放，建议直接责令停产整治。

2016年10月13日

淮南市环境保护局
行政处罚案件审查报告

案件来源：检查发现

案由：违反《大气污染防治法》、实施第二次按日连续处罚案

行政相对人名称：安徽××有限公司

收案时间：2016 年 10 月 17 日

案件承办人：×××、×××、××、×××

行政相对人安徽××有限公司涉嫌违反《中华人民共和国大气污染防治法》、实施第二次按日连续处罚案一案，由淮南市环境监察支队调查终结，于 2016 年 10 月 17 日移送宣教法规科审查。现将审查情况报告如下：

一、行政相对人基本情况

行政相对人安徽××有限公司，法定代表人：杨某某，统一社会信用代码：×××，地址：××市××区××。

二、案件调查简要过程

2016 年 8 月 2 日，淮南市环境保护监测站对×××集团直硝车间尾气出口进行监测，监测数据显示，监测的九个样本均超标，其中氮氧化物浓度最大值为 887.7 mg/m^3，超过《硝酸工业污染物排放标准》（GB 26131—2010）表 5 排放限值（300 mg/m^3）1.96 倍。8 月 10 日，市环保局对其送达《责令改正违法行为决定书》（淮环改〔2016〕×××号），责令其立即停止超过大气污染物标准排放行为，同时告知拒不改正，将承担按日连续处罚的法律责任。

2016 年 8 月 23 日，我局对该企业超标排放污染物改正情况进行复查时，发现其直硝车间尾气出口氮氧化物排放浓度最高值为 393 mg/m^3，超标 0.31 倍。我局对其实施了按日连续处罚，计罚日数累计 13 日，罚款 130 万元；同时责令停产整治。

2016 年 9 月 22 日，我局对该企业超标排放改正情况进行第二次复查，监测结果显示该企业直硝车间尾气出口氮氧化物排放浓度最高值为 817 mg/m^3，超标 1.72 倍。

三、审查认定的事实和证据

经审查表明：2016 年 9 月 22 日，我局对安徽××有限公司超标排放改正情况进行第二次复查，监测结果显示该企业直硝车间尾气出口氮氧化物排放浓度最高值为 817 mg/m^3，超标 1.72 倍。

该公司行为涉嫌违反《中华人民共和国大气污染防治法》第十八条的规定，符合《环境行政处罚办法》第二十二条规定的立案条件。

认定上述事实的证据有：

（一）企业营业执照

证实企业名称：安徽××有限公司，法定代表人：杨某某，统一社会信用代码：×××，地址：××市××区××。

（二）淮南市环境保护监测站监测报告

《淮南市环境保护监测站监测报告》（JC02-2016-×××）证实，2016 年 9 月 22 日××集团直硝车间尾气出口氮氧化物浓度最大值为 817 mg/m^3，超标 1.72 倍。

四、原处罚审查结论和处理意见

综上所述，2016 年 8 月 2 日，淮南市环境保护监测站对×××集团直硝车间尾气出口进行监测，监测数据显示，监测的 9 个样本均超标，其中氮氧化物浓度最大值为 887.7 mg/m^3，超标 1.96 倍。该公司行为违反《中华人民共和国大气污染防治法》第十八条的规定。

依据《中华人民共和国大气污染防治法》第九十九条的规定，责令改正，并处 10 万元罚款。同时，依据现场复查情况，实施按日计罚程序。

2016 年 8 月 23 日，我局对该企业超标排放污染物改正情况进行复查时，发现其直硝车间尾气出口氮氧化物排放浓度最高值为 393 mg/m^3，超标 0.31 倍。我局对其实施了按日连续处罚，计罚日数累计 13 日，罚款 130 万元；同时责令停产整治。

五、第二次按日连续处罚审查结论和处理意见

2016 年 9 月 22 日，我局对该企业超标排放改正情况进行第二次复查。10 月 11 日，收到市环境监测站监测《淮南市环境保护监测站监测报告》（JC02-2016-×××）证实，9 月 22 日现场复查时仍继续违法排污。以上情况符合《环境保护主管部门实施按日连续处罚办法》规定：

建议：

1．实施按日连续处罚，处罚款 300 万元（8 月 24 日到 9 月 22 日，30 天×10 万元=300 万元）。

2．依据《实施按日连续处罚办法》第二十条的规定，责令安徽××有限公司对直硝车间实施停产整治。

以上情况提请会议研究。

宣教法规科

2016 年 10 月 17 日

淮南市环境保护行政处罚审议记录

案　　由：安徽××有限公司违反《大气污染防治法》、实施第二次按日连续处罚案

时　　间：2016年10月24日　地　点：市环保局六楼会议室

主 持 人：×××局长　记录人：×××

参加人员：×××副局长、×××副局长、××书记、××总工程师、××副调研员

一、主要案情

2016年8月2日，淮南市环境保护监测站对×××集团直硝车间尾气出口进行监测，监测数据显示，监测的九个样本均超标，其中氮氧化物浓度最大值为 887.7 mg/m^3，超过《硝酸工业污染物排放标准》（GB 26131—2010）表 5 排放限值（300 mg/m^3）1.96 倍。8月10日，市环保局对其送达《责令改正违法行为决定书》（淮环改〔2016〕×××号），责令其立即停止超过大气污染物标准排放行为，同时告知拒不改正，将承担按日连续处罚的法律责任。

2016年8月23日，我局对该企业超标排放污染物改正情况进行复查时，发现其直硝车间尾气出口氮氧化物排放浓度最高值为 393 mg/m^3，超标 0.31 倍。我局对其实施了按日连续处罚，计罚日数累计13日，罚款130万元；同时责令停产整治。

2016年9月22日，我局对该企业超标排放改正情况进行第二次复查，监测结果显示该企业直硝车间尾气出口氮氧化物排放浓度最高值为 817 mg/m^3，超标 1.72 倍。

（以下无内容）

二、参加人员意见和理由

×××：汇报该案主要案情和证据材料，建议：1. 依据《环境保护主管部门实施按日连续处罚办法》第十三条的规定：实施按日连续处罚，处罚款300万元（8月24日到9月22日，30天×10万元/天=300万元）。

2. 依据《实施按日连续处罚办法》第二十条的规定，责令安徽××集团有限公司对直硝车间实施停产整治。

××：补充汇报，同意处罚意见。

××：同意处罚意见。

××书记：同意处罚意见。

共2页第1页

×××副局长：同意处罚意见。

××副调研员：同意处罚意见。

×××副局长：同意处罚意见。

×××总工程师：同意处罚意见。

×××局长：同意处罚意见。

（以下无内容）

三、结论性意见

一致同意：责令停产整治。同时实施按日连续处罚，处罚款300万元。

（以下无内容）

四、出席人员签名

×××、×××、×××、×××、×××、×××

五、主持人签名

×××

共2页第2页

淮南市环境监察支队文件处理笺

<table>
<tr><td>来文机关</td><td>市环境监测站</td><td>收文时间</td><td>2016年8月8日</td></tr>
<tr><td>来文名称</td><td colspan="3">×××集团有限公司废气检测报告 JC02-2016-×××</td></tr>
<tr><td>收文登记</td><td>编其字 29 号</td><td>办理时限</td><td>月　日</td></tr>
<tr><td>拟办意见</td><td colspan="3">请张书记批示
×××
8.8</td></tr>
<tr><td>领导批示</td><td colspan="3">请×××办
×××
8.8</td></tr>
<tr><td>处理结果</td><td colspan="3">按程序对企业下达按日计罚相关《责令改正决定书》并准备复查复测
×××
8.8</td></tr>
</table>

JC02-2017-×××

淮南市环境保护监测站监测报告

报告名称：安徽××有限公司监测报告

委托单位：淮南市环境监察支队

监测单位：淮南市环境保护监测站（盖章）

报告发送日期　2016年8月4日

说　明

一、监测报告共分九类

JC01 —— 环境质量监测　　JC02 —— 污染源监督监测

JC03 —— 环评、“三同时”监测　　JC04 —— 考核验证监测

JC05 —— 排污申报监测　　JC06 —— 污染事故监测

JC07 —— 纠纷仲裁监测　　JC08 —— 其他监测

JC09 —— 辐射监测

二、本报告加盖监测专用章、CMA 章和骑缝章有效。

三、复制本报告未重新加盖监测专用章无效。

四、监测报告缺乏制表、审核和签发三级审核为无效报告。

五、对本报告若有异议时，应于收到报告之日起一周内，书面向我站提出，逾期不予受理。

六、监测结果仅对本次样品有效。由委托方自行采集的样品，仅对送检样品的测试数据负责，不对样品来源负责。

七、本报告不得自行涂改、增删，否则一律无效。

八、本报告不得作商品广告使用。

九、各类报告中监测结果及结论不得交叉利用或转移利用。

十、报告的最终解释权归淮南市环境保护监测站。

地址：淮南市洞山朝阳中路 42 号　　邮编：232001

电话：（0554）2673624

报告编号：JC02-2016-×××　　样品类型：废气

采样日期：2016-8-2　　样品来源：本站监测

分析日期：2016-8-2　　样品状态：符合要求

安徽××集团有限公司废气监测结果表

填报单位：×××　　共 1 页 第 1 页

监测名称	监测日期	检测时间	含氧量/%	烟温/℃	流速/（m/s）	氮氧化物浓度/（mg/m³）
直硝尾气出口	2016-8-2	9：02	4.27	130.4	8.9	777.8
		9：07	4.22	131.8	8.9	781.1
		9：13	4.18	132.3	9.0	799.5
		9：25	4.32	132.3	8.9	824.1
		9：30	4.33	132.5	8.8	836.4
		9：35	4.28	—	—	863.1
		9：40	4.35	—	—	873.3
		9：45	4.35	—	—	887.7
		9：50	4.33	—	—	871.3
分析方法名称及编号			《固定污染源排气中颗粒物测定与气态污染物采样分析法》（GB/T 16157—1996）	—	《固定污染源排气中颗粒物测定与气态污染物采样分析法》（GB/T 16157—1996）	《固定污染源废气氮氧化物的测定 定电位电解法》（HJ/T 693—2014）

制表：×××　　审核：×××　　签发：×××　　签发日期：2016.8.4

淮南市环境保护局
送达回证

送达文书名称及文号	淮南市环境监测站监测报告 JC02-2016-×××
当事人名称或姓名	安徽××有限公司
送达地点	该公司安环部办公室
送达方式	直接送达
收件人签名（盖章） 及收件日期	××× （与当事人的关系：×××） 2016 年 8 月 10 日
送达人签名	×××、××× 2016 年 8 月 10 日
送达机关盖章	
备　注	

淮南市环境保护局
调查询问笔录

时间：2016年8月10日 15时08分至15时38分

地点：安徽××有限公司环保办公室 天气：晴

被询问人姓名：××× 公民身份号码：×××

工作单位及职务：安徽××有限公司 联系电话：×××

地址：××省××市×××区×××镇×××路 邮编：×××

与本案关系：企业委托配合调查人员

询问人：×××、×××、××× 记录人：×××

其他参加人姓名及工作单位：

问：您好，我们是淮南市环境保护局行政执法人员，这是我们的执法证件（姓名：×××，执法证号：×××；姓名：×××，执法证号：×××；姓名：×××，执法证号：×××），请过目确认。

答：确认无误。

问：今天我们依法调查并了解有关情况，请配合，如实回答询问和提供材料，不得拒绝、阻碍、隐瞒或者提供虚假情况。如果你认为我们与本案有利害关系，可能影响公正办案，可以申请我们回避，并说明理由。听清楚了吗？

答：听清楚了。不申请回避。

问：淮南市环境保护监测站于2016年8月2日对你公司直硝车间尾气出口进行监测，监测报告显示你公司直硝车间尾气出口氮氧化物排放浓度最大值为887.7 mg/m^3，超标1.96倍。现将监测报告（JC02-2016×××）送达你公司，情况是否属实？

答：情况属实，已阅，已签收。

问：造成你公司直硝车间排放尾气氮氧化物超标的原因是什么？

答：直硝车间催化剂老化。

问：针对上述超标情况你公司将如何整改？

答：我公司现已购买新的催化剂，将加快对老催化剂的更换。

问：以上情况是否属实？

答：情况属实。

（以下空白）

共2页第1页

被询问人对笔录的审阅意见：情况属实

签名：×××　　2016 年 8 月 10 日

询问人签名：×××、×××、×××

记录人签名：×××

参加人签名：

2016 年 8 月 10 日

共 2 页第 2 页

JC02-2017-×××

淮南市环境保护监测站监测报告

报告名称：安徽××有限公司监测报告

委托单位：淮南市环境监察支队

监测单位：淮南市环境保护监测站（盖章）

报告发送日期　2016年9月6日

说　明

一、监测报告共分九类

JC01 —— 环境质量监测　　JC02 —— 污染源监督监测

JC03 —— 环评、“三同时”监测　　JC04 —— 考核验证监测

JC05 —— 排污申报监测　　JC06 —— 污染事故监测

JC07 —— 纠纷仲裁监测　　JC08 —— 其他监测

JC09 —— 辐射监测

二、本报告加盖监测专用章、CMA 章和骑缝章有效。

三、复制本报告未重新加盖监测专用章无效。

四、监测报告缺乏制表、审核和签发三级审核为无效报告。

五、对本报告若有异议时，应于收到报告之日起一周内，书面向我站提出，逾期不予受理。

六、监测结果仅对本次样品有效。由委托方自行采集的样品，仅对送检样品的测试数据负责，不对样品来源负责。

七、本报告不得自行涂改、增删，否则一律无效。

八、本报告不得作商品广告使用。

九、各类报告中监测结果及结论不得交叉利用或转移利用。

十、报告的最终解释权归淮南市环境保护监测站。

地址：淮南市洞山朝阳中路 42 号　　邮编：232001

电话：（0554）2673624

报告编号：JC02-2016-×××　　　　样品类型：废气

采样日期：2016-8-23　　　　样品来源：本站监测

分析日期：2016-8-23　　　　样品状态：符合要求

安徽××集团有限公司废气监测结果表

填报单位：×××　　　　共 1 页 第 1 页

监测名称	监测位置	监测日期	烟尘实测浓度/（mg/m^3）	烟尘折算浓度/（mg/m^3）	SO_2实测浓度/（mg/m^3）	SO_2折算浓度/（mg/m^3）	NO_x实测浓度/（mg/m^3）	NO_x折算浓度/（mg/m^3）
8#炉	除尘器出口	2016-8-23	1 701.2	924.4	779	672	703	607
12#炉	除尘器出口	2016-8-23	16.1	12.8	896	711	29	23
硝酸一车间	排气筒出口	2016-8-23	—	—	—	—	393	—
分析方法名称及编号			《固定污染源排气中颗粒物测定与气态污染物采样分析法》（GB/T 16157—1996）	—	《固定污染源排气中二氧化硫的测定　定电位电解法》（HJ/T 57—2000）	—	《固定污染源废气氮氧化物的测定　定电位电解法》（HJ/T 693—2014）	—

制表：×××　　审核：×××　　签发：×××　　签发日期：2016.9.1

淮南市环境保护局
送达回证

送达文书名称及文号	淮南市环境监测站监测报告 JC02-2016-×××
当事人名称或姓名	安徽××有限公司
送达地点	该公司安环部办公室
送达方式	直接送达
收件人签名（盖章） 及收件日期	××× （与当事人的关系：×××） 2016 年 9 月 5 日
送达人签名	×××、××× 2016 年 9 月 5 日
送达机关盖章	XX市环境保护局
备　注	

淮南市环境保护局
现场检查（勘察）笔录

时间：2016 年 8 月 23 日 10 时 31 分至 11 时 01 分

地点：厂区 天气：晴

被检查单位法定名称：安徽××有限公司

地址：×××省××市××区××镇×××路 邮编：×××

法定代表人：杨某某 联系电话：×××

现场负责人：×× 公民身份号码：×××

工作单位及职务：安徽××有限公司安环部部长

联系电话：×××

检查（勘察）人：×××、××× 记录人：×××

问：您好，我们是淮南市环境保护局行政执法人员，这是我们的执法证件（姓名：×××，执法证号：×××；姓名：×××，执法证号：×××）请过目确认。

答：确认无误。

今天我们依法对你单位进行调查并了解有关情况，请配合，如实回答询问和提供材料，不得拒绝、阻碍、隐瞒或者提供虚假情况。如果你认为我们与本案有利害关系，可能影响公正办案，可以申请我们回避，并说明理由。听清楚了吗？

答：听清楚了。不申请回避。

现场检查（勘察）情况：现场监察，该公司正在生产。

现场监察，淮南市环境监测站对该公司硝酸一车间工艺尾气氮氧化物浓度，8 号锅炉及 12 锅炉出口废气进行现场监测。

以下空白。

现场负责人对笔录的审阅意见：情况属实

（签名）：××× 2016 年 8 月 23 日

检查（勘察）人签名：××× ×××

记录人签名：×××

参加人签名：

2016 年 8 月 23 日

共 1 页第 1 页

淮南市环境保护局
调查询问笔录

时间：2016年9月5日 15时19分至15时49分

地点：安徽××有限公司环保办公室 天气：雨

被询问人姓名：××公民身份号码：×××

工作单位及职务：安徽××有限公司安环部部长 联系电话：×××

地址：×××省××市××区××镇×××路

邮编：×××

与本案关系：企业委托配合调查人员

询问人：×××、××× 记录人：×××

其他参加人姓名及工作单位：

问：您好，我们是淮南市环境保护局行政执法人员，这是我们的执法证件（姓名：×××，执法证号：×××；姓名：×××，执法证号：×××），请过目确认。

答：确认无误。

问：今天我们依法调查并了解有关情况，请配合，如实回答询问和提供材料，不得拒绝、阻碍、隐瞒或者提供虚假情况。如果你认为我们与本案有利害关系，可能影响公正办案，可以申请我们回避，并说明理由。听清楚了吗？

答：听清楚了。不申请回避。

问：《淮南市环境保护监测站监测报告》（JC02-2016-×××）显示，2016年8月23日对你公司硝酸一车间氮氧化物排放浓度393 mg/m^3，超标0.31倍。现将《淮南市环境保护监测站监测报告》（JC02-2016-×××）（复印件一份）送达你公司，你公司是否确认？

答：已阅，签收，情况属实。

问：你公司硝酸一车间目前是否生产运行？

答：正在运行

问：以上情况是否属实？

答：情况属实。

（以下空白）

共2页第1页

被询问人对笔录的审阅意见：　　　　属实

（签名）：×××　2016年9月5日

询问人签名：×××、×××

记录人签名：×××

参加人签名：

2016年9月5日

共2页第2页

JC02-2017-×××

淮南市环境保护监测站监测报告

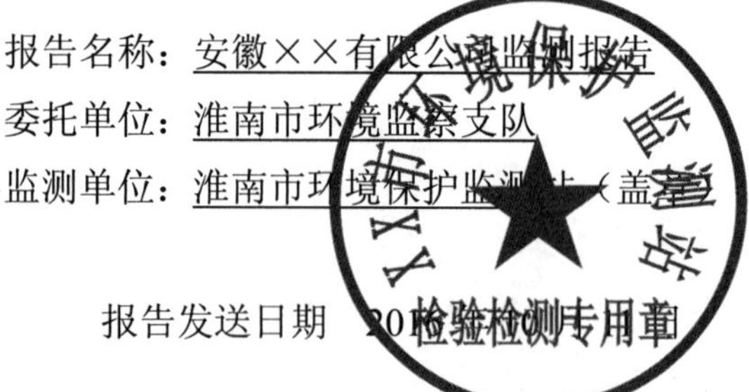

报告名称：安徽××有限公司监测报告

委托单位：淮南市环境监察支队

监测单位：淮南市环境保护监测站（盖章）

报告发送日期 20[illegible]

说　明

一、监测报告共分九类

JC01 —— 环境质量监测　　JC02 —— 污染源监督监测

JC03 —— 环评、“三同时”监测　　JC04 —— 考核验证监测

JC05 —— 排污申报监测　　JC06 —— 污染事故监测

JC07 —— 纠纷仲裁监测　　JC08 —— 其他监测

JC09 —— 辐射监测

二、本报告加盖监测专用章、CMA 章和骑缝章有效。

三、复制本报告未重新加盖监测专用章无效。

四、监测报告缺乏制表、审核和签发三级审核为无效报告。

五、对本报告若有异议时，应于收到报告之日起一周内，书面向我站提出，逾期不予受理。

六、监测结果仅对本次样品有效。由委托方自行采集的样品，仅对送检样品的测试数据负责，不对样品来源负责。

七、本报告不得自行涂改、增删，否则一律无效。

八、本报告不得作商品广告使用。

九、各类报告中监测结果及结论不得交叉利用或转移利用。

十、报告的最终解释权归淮南市环境保护监测站。

地址：淮南市洞山朝阳中路 42 号　　邮编：232001

电话：（0554）2673624

报告编号：JC02-2016-×××　　　　样品类型：废气

采样日期：2016-9-22　　　　样品来源：本站监测

分析日期：2016-9-22　　　　样品状态：符合要求

安徽××集团有限公司废气监测结果表

填报单位：×××　　　　共 1 页 第 1 页

监测名称	监测位置	监测日期	烟尘实测浓度/（mg/m^3）	烟尘折算浓度/（mg/m^3）	SO_2 实测浓度/（mg/m^3）	SO_2 折算浓度/（mg/m^3）	NO_x 实测浓度/（mg/m^3）	NO_x 折算浓度/（mg/m^3）
12#炉	除尘器出口	2016-9-22	16.6	12.9	783	606	39	30
硝酸一车间	排气筒出口	2016-9-22	—	—	—	—	817	—
分析方法名称及编号			《固定污染源排气中颗粒物测定与气态污染物采样分析法》（GB/T16157—1996）	—	《固定污染源排气中二氧化硫的测定 定电位电解法》（HJ/T57—2000）	—	《固定污染源废气氮氧化物的测定 定电位电解法》（HJ/T693—2014）	—

制表：×××　　审核：×××　　签发：×××　　签发日期：2016.10.11

淮南市环境保护局
送达回证

送达文书名称及文号	淮南市环境监测站监测报告 JC02-2016-×××
当事人名称或姓名	安徽××有限公司
送达地点	×××集团有限公司环保办公室
送达方式	直接送达
收件人签名（盖章） 及收件日期	××× （与当事人的关系：） 2016 年 10 月 13 日
送达人签名	×××、××× 2016 年 10 月 13 日
送达机关盖章	XX市环境保护局
备 注	

淮南市环境保护局
调查询问笔录

时间：2016 年 10 月 13 日 15 时 24 分至 15 时 54 分

地点：安徽××有限公司环保办公室

天气：雨

被询问人姓名：××　公民身份号码：×××

工作单位及职务：安徽××有限公司　联系电话：×××

地址：×××省××市××区××镇××路　邮编：××××

与本案关系：企业委托配合调查人员

询问人：×××、×××　记录人：×××

其他参加人姓名及工作单位：

问：您好，我们是淮南市环境保护局行政执法人员，这是我们的执法证件（姓名：×××，执法证号：×××；姓名：×××，执法证号：×××），请过目确认。

答：确认无误。

问：今天我们依法调查并了解有关情况，请配合，如实回答询问和提供材料，不得拒绝、阻碍、隐瞒或者提供虚假情况。如果你认为我们与本案有利害关系，可能影响公正办案，可以申请我们回避，并说明理由。听清楚了吗？

答：听清楚了。不申请回避。

问：淮南市环境保护监测站于 2016 年 9 月 22 日对你公司硝酸一车间工艺废气氮氧化物出口浓度进行现场监测，监测结果显示你公司直硝车间工艺废气氮氧化物出口浓度为 817 mg/m^3，淮南市环境监察支队将淮南市环境监测站监测报告（JC02-2016-×××）送达你公司，是否收悉？

答：我已收到该监测报告，对监测结果已了解，情况属实。

问：你公司硝酸一车间目前是否生产？技改项目目前进展如何？

答：我公司于 2016 年 9 月 27 对硝酸一车间经行停产改造，目前尚未生产，目前已经对该车间两条生产线完成改造。

问：以上情况是否属实？

答：情况属实。

（以下空白）

共 2 页第 1 页

被询问人对笔录的审阅意见：情况属实

（签名）：×××　2016 年 10 月 13 日

询问人签名：×××、×××

记录人签名：×××

参加人签名：

2016 年 10 月 13 日

共 2 页第 2 页

淮 南 市 人 民 政 府

淮府秘〔2016〕×××号

淮南市人民政府关于责令安徽××集团有限公司对环境违法问题停产整治的函

××集团有限公司：

近年来，安徽××集团有限公司（以下简称“××集团”）锅炉废气、硝酸尾气长期连续超标排放，企业周边群众、全国范围内多个环保公益组织频繁举报投诉，社会各类新闻媒体不断关注报道，各类矛盾不断激化。省人大、省环保厅、G20峰会期间省督查组以明察暗访的形式多次发现企业违法排污问题，并提出停产整治要求；市环保局也已多次对企业违法行为实施处罚，责令改正，仅2016年已处8次罚款（锅炉废气4次、硝酸尾气4次），累积罚金410万元。但××集团没有按照承诺的期限完成锅炉烟气改造，始终未彻底停止违法排污行为。

针对××集团锅炉烟气、硝酸尾气长期连续超标排放及多个建设项目未履行环保竣工验收手续违法生产等系列环境违法问题，安徽省环保厅于2016年9月2日下发了《关于赴淮南开展现场督察有关情况的函》，要求市政府责令××集团停止超标排放行为，市环保局依法予以处罚。2016年9月9日，市委常委、市政府副市长×××代表市委、市政府约谈××集团，明确要求××集团所有违法排污的生产装置必须立即停产整治。按照约谈会议要求，市环保局多次对××集团落实情况进行检查，发现该企业废气污染物超标排放的锅炉、硝酸车间等被责令停产的生产装置并未停止生产，锅炉烟气和工艺废气继续排放，严重污染周边环境。

依据《中华人民共和国环境保护法》第六十条、《中华人民共和国大气污染防治法》

第九十九条第二项之规定，经市政府研究，决定责令××集团针对环境违法问题停产整治。鉴于××集团为你公司控股下属企业，请贵公司责令××集团立即对违法排污的生产装置停产整治，集中力量将环境污染问题彻底解决。

此函。

2016年×月18日

淮南市环境保护局
行政处罚事先（听证）告知书

淮环罚告〔2016〕×××号

安徽××有限公司：

淮南市环境保护监测站《安徽××有限公司废气监测报告》（JC02-2016-×××）显示你公司：

2016年8月2日，直硝车间尾气出口氮氧化物排放浓度最高值为887.7 mg/m^3，超过《硝酸工业污染物排放标准》（GB 26131—2010）表5排放限值（300 mg/m^3）1.96倍。

以上违法行为有《淮南市环境保护监测站监测报告》（JC02-2016-×××）、《调查询问笔录》等证据为凭。

你单位的上述行为违反了《中华人民共和国大气污染防治法》第十八条的规定（企业事业单位和其他生产经营者建设对大气环境有影响的项目，应当依法进行环境影响评价、公开环境影响评价文件；向大气排放污染物的，应当符合大气污染物排放标准，遵守重点大气污染物排放总量控制要求）。

依据《中华人民共和国大气污染防治法》第九十九条第二项的规定（违反本法规定，超过大气污染物排放标准或者超过重点大气污染物排放总量控制指标排放大气污染物的，由县级以上人民政府环境保护主管部门责令改正或者限制生产、停产整治，并处十万元以上一百万元以下的罚款；情节严重的，报经有批准权的人民政府批准，责令停业、关闭：（二）超过大气污染物排放标准或者超过重点大气污染物排放总量控制指标排放大气污染物的）。

我局拟对你单位作出行政处罚：

罚款人民币拾万元整（100 000元）。

根据《中华人民共和国行政处罚法》第三十二条的规定，你单位如有异议，可以向我局提出书面陈述申辩意见；未提出陈述申辩意见的，视为你单位放弃陈述和申辩权利。

其中对你单位拟作出的行政处罚符合听证条件。根据《中华人民共和国行政处罚法》

第四十二条的规定，你单位有要求举行听证的权利。你单位如果要求听证，可以在收到本告知书起三日内向我局提出听证申请；逾期未提出听证申请的，视为你单位放弃听证权利。

联系人：××　　　　　　　　　　　　电话：×××

地址：××市朝阳中路42号　　　　　　邮政编码：×××

2016年8月26日

淮南市环境保护局
送达回证

送达文书名称及文号	淮南市环保局行政处罚事先（听证）告知书 淮环罚告〔2016〕×××号
当事人名称或姓名	安徽××有限公司
送达地点	×××集团办公室
送达方式	直接送达
收件人签名（盖章） 及收件日期	××市××有限公司 （与当事人的关系：副主任） 2106年 8月29日
送达人签名	×××　　　　2016年8月29 日
送达机关盖章	××市环境监察支队
备　注	

淮南市环境保护局
行政处罚事先（听证）告知书

淮环罚告〔2016〕×××号

安徽××有限公司：

2016 年 8 月 10 日，我局对你单位进行了调查，发现你单位实施了以下环境违法行为：2016 年 8 月 2 日，你单位直硝车间尾气出口氮氧化物排放浓度最高值为 887.7 mg/m^3，超过《硝酸工业污染物排放标准》（GB 26131—2010）表 5 排放限值（300 mg/m^3）1.96 倍。以上事实有《淮南市环境保护监测站监测报告》（JC02-2016-×××）及送达回证、2016 年 8 月 10 日《淮南市环境保护局调查询问笔录》等证据为凭。

你单位上述行为违反了《中华人民共和国大气污染防治法》第十八条的规定（企业事业单位和其他生产经营者建设对大气环境有影响的项目，应当依法进行环境影响评价、公开环境影响评价文件；向大气排放污染物的，应当符合大气污染物排放标准，遵守重点大气污染物排放总量控制要求）。我局于 2016 年 8 月 10 日对你单位送达《淮南市环境保护局责令改正违法行为决定书》（淮环改〔2016〕×××号），责令你单位立即停止超过大气污染物标准排放行为，同时告知拒不改正，将承担按日连续处罚的法律责任。2016 年 9 月 5 日，依据《中华人民共和国大气污染防治法》第九十九条第二项的规定（违反本法规定，超过大气污染物排放标准或者超过重点大气污染物排放总量控制指标排放大气污染物的，由县级以上人民政府环境保护主管部门责令改正或者限制生产、停产整治，并处十万元以上一百万元以下的罚款；情节严重的，报经有批准权的人民政府批准，责令停业、关闭），我局对你单位送达《淮南市环境保护局行政处罚决定书》（淮环罚〔2016〕×××号），对你单位处十万元罚款行政处罚决定。

2016 年 8 月 23 日，我局对你单位超标排放污染物改正情况进行复查时，发现你单位直硝车间（即硝酸一车间）尾气出口氮氧化物排放浓度最高值为 393 mg/m^3，超标 0.31 倍。以上事实有《淮南市环境保护监测站监测报告》（JC02-2016-×××）及送达回证、2016 年 8 月 23 日《淮南市环境保护局现场检查（勘察）笔录》、2016 年 9 月 5 日《淮南市环境保护局调查询问笔录》等证据为凭。

依据《中华人民共和国环境保护法》第五十九条第一款（企业事业单位和其他生产经营者违法排放污染物，受到罚款处罚，被责令改正，拒不改正的，依法作出处罚决定的行政机关可以自责令改正之日的次日起，按照原处罚数额按日连续处罚）和环境保护部《环境保护主管部门实施按日连续处罚办法》第五条第一项（排污者有下列行为之一，受到罚款处罚，被责令改正，拒不改正的，依法作出罚款处罚决定的环境保护主管部门可以实施按日连续处罚：（一）超过国家或者地方规定的污染物排放标准，或者超过重点污染物排放总量控制指标排放污染物的）、第十三条第一项（排污者具有下列情形之一的，认定为拒不改正：（一）责令改正违法行为决定书送达后，环境保护主管部门复查发现仍在继续违法排放污染物的）、第十七条（按日连续处罚的计罚日数为责令改正违法行为决定书送达排污者之日的次日起，至环境保护主管部门复查发现违法排放污染物行为之日止。再次复查仍拒不改正的，计罚日数累计执行）、第十九条（按日连续处罚每日的罚款数额，为原处罚决定书确定的罚款数额）的规定，我局拟对你单位作出以下处罚：

按日连续处罚。每日罚款数额为十万元，计罚日数自 2016 年 8 月 11 日起至 2016 年 8 月 23 日止共计 13 日，累计罚款数额壹佰叁拾万元整（1 300 000 元）。

根据《中华人民共和国行政处罚法》第三十二条的规定，你单位如有异议，可以在收到本告知书起七日内向我局提出书面陈述申辩意见；未提出陈述申辩意见的，视为你单位放弃陈述和申辩权利。

其中对你单位拟作出的行政处罚符合听证条件。根据《中华人民共和国行政处罚法》第四十二条的规定，你单位有要求举行听证的权利。你单位如果要求听证，可以在收到本告知书起三日内向我局提出听证申请；逾期未提出听证申请的，视为你单位放弃听证权利。

联系人：××　　　　　　　　　　电话：×××

地址：×××市×××路 42 号　　　　邮政编码：×××

2016 年 9 月 7 日

淮南市环境保护局
送达回证

送达文书名称及文号	淮南市环保局行政处罚事先（听证）告知书 淮环罚告〔2016〕×××号
当事人名称或姓名	安徽××有限公司
送达地点	×××集团办公室
送达方式	直接送达
收件人签名（盖章） 及收件日期	XX市XX有限公司 ××× （与当事人的关系：信访办主任） 2016年 9月7日
送达人签名	××× 、 ××× 2016年 9月7 日
送达机关盖章	XX市环境监察支队
备 注	

淮南市环境保护局
行政处罚事先（听证）告知书

淮环罚告〔2016〕×××号

安徽××有限公司：

2016年8月10日，我局对你单位进行了调查，发现你单位实施了以下环境违法行为：2016年8月2日，你单位直硝车间尾气出口氮氧化物排放浓度最高值为887.7 mg/m^3，超过《硝酸工业污染物排放标准》（GB 26131—2010）表5排放限值（300 mg/m^3）1.96倍。以上事实有《淮南市环境保护监测站监测报告》（JC02-2016-×××）及送达回证、2016年8月10日《淮南市环境保护局调查询问笔录》等证据为凭。

你单位上述行为违反了《中华人民共和国大气污染防治法》第十八条的规定（企业事业单位和其他生产经营者建设对大气环境有影响的项目，应当依法进行环境影响评价、公开环境影响评价文件；向大气排放污染物的，应当符合大气污染物排放标准，遵守重点大气污染物排放总量控制要求）。我局于2016年8月10日对你单位送达《淮南市环境保护局责令改正违法行为决定书》（淮环改〔2016〕×××号），责令你单位立即停止超过大气污染物标准排放行为，同时告知拒不改正，将承担按日连续处罚的法律责任。2016年9月5日，依据《中华人民共和国大气污染防治法》第九十九条第二项的规定（违反本法规定，超过大气污染物排放标准或者超过重点大气污染物排放总量控制指标排放大气污染物的，由县级以上人民政府环境保护主管部门责令改正或者限制生产、停产整治，并处十万元以上一百万元以下的罚款；情节严重的，报经有批准权的人民政府批准，责令停业、关闭。）我局对你单位送达《淮南市环境保护局行政处罚决定书》（淮环罚〔2016〕×××号），对你单位处10万元罚款行政处罚决定。2016年8月23日，我局对你单位超标排放污染物改正情况进行复查时，发现你单位直硝车间（即硝酸一车间）尾气出口氮氧化物排放浓度为393 mg/m^3，超标0.31倍。我局对你单位实施了按日连续处罚，罚款130万元；责令停产整治。

2016年9月22日，我局对你单位超标排放污染物改正情况进行第二次复查，发现你单位直硝车间（即硝酸一车间）尾气出口氮氧化物排放浓度为817 mg/m^3，超标1.72倍。以上事实有《淮南市环境保护监测站监测报告》（JC02-2016-×××）及送达回证、2016年10月13日《淮南市环境保护局调查询问笔录》等证据为凭。

依据《中华人民共和国环境保护法》第五十九条第一款（企业事业单位和其他生产经

营者违法排放污染物，受到罚款处罚，被责令改正，拒不改正的，依法作出处罚决定的行政机关可以自责令改正之日的次日起，按照原处罚数额按日连续处罚。）和环境保护部《环境保护主管部门实施按日连续处罚办法》第五条第一项（排污者有下列行为之一，受到罚款处罚，被责令改正，拒不改正的，依法作出罚款处罚决定的环境保护主管部门可以实施按日连续处罚：（一）超过国家或者地方规定的污染物排放标准，或者超过重点污染物排放总量控制指标排放污染物的）、第十三条第一项（排污者具有下列情形之一的，认定为拒不改正：（一）责令改正违法行为决定书送达后，环境保护主管部门复查发现仍在继续违法排放污染物的）、第十七条（按日连续处罚的计罚日数为责令改正违法行为决定书送达排污者之日的次日起，至环境保护主管部门复查发现违法排放污染物行为之日止。再次复查仍拒不改正的，计罚日数累计执行）、第十九条（按日连续处罚每日的罚款数额，为原处罚决定书确定的罚款数额）的规定，我局拟对你单位作出以下处罚：

按日连续处罚。每日罚款数额为十万元，计罚日数自 2016 年 8 月 24 日起至 2016 年 9 月 22 日止共计 30 日，累计罚款数额叁佰万元整（3 000 000 元）。

根据《中华人民共和国行政处罚法》第三十二条的规定，你单位如有异议，可以在收到本告知书起七日内向我局提出书面陈述申辩意见；未提出陈述申辩意见的，视为你单位放弃陈述和申辩权利。

对你单位拟作出的行政处罚符合听证条件。根据《中华人民共和国行政处罚法》第四十二条的规定，你单位有要求举行听证的权利。你单位如果要求听证，可以在收到本告知书起三日内向我局提出听证申请；逾期未提出听证申请的，视为你单位放弃听证权利。

联系人：××　　　　电话：×××

地址：×××市×××路 42 号　　　　邮政编码：×××

2016 年 10 月 24 日

淮南市环境保护局
送达回证

送达文书名称及文号	淮南市环保局行政处罚事先（听证）告知书 淮环罚告〔2016〕×××号
当事人名称或姓名	安徽××有限公司
送达地点	×××集团有限公司办公室
送达方式	直接送达
收件人签名（盖章） 及收件日期	××× XX市XX有限公司 （与当事人的关系：信访主任） 2016年10月26日
送达人签名	×××　、　×××　　　　2016年　10　月26日
送达机关盖章	XX市环境监察支队
备　注	

淮南市环境保护局
责令停产整治事先（听证）告知书

淮环责停告〔2016〕×××号

安徽××有限公司：

2016年8月10日，我局对你单位进行了调查，发现你单位实施了以下环境违法行为：2016年8月2日，你单位直硝车间尾气出口氮氧化物排放浓度最高值为887.7 mg/m^3，超过《硝酸工业污染物排放标准》（GB 26131—2010）表5排放限值（300 mg/m^3）1.96倍。

2016年8月23日，我局对你单位超标排放污染物改正情况进行复查时，发现你单位直硝车间（即硝酸一车间）尾气出口氮氧化物排放浓度最高值为393 mg/m^3，超标0.31倍。

以上事实有《淮南市环境保护监测站监测报告》（JC02-2016-×××）及送达回证、2016年8月10日《淮南市环境保护局调查询问笔录》《淮南市环境保护监测站监测报告》（JC02-2016-×××）及送达回证、2016年8月23日《淮南市环境保护局现场检查（勘察）笔录》、2016年9月5日《淮南市环境保护局调查询问笔录》等证据为凭。

你单位上述行为违反了《中华人民共和国大气污染防治法》第十八条的规定（企业事业单位和其他生产经营者建设对大气环境有影响的项目，应当依法进行环境影响评价、公开环境影响评价文件；向大气排放污染物的，应当符合大气污染物排放标准，遵守重点大气污染物排放总量控制要求）。

依据《中华人民共和国大气污染防治法》第九十九条第二项的规定（违反本法规定，超过大气污染物排放标准或者超过重点大气污染物排放总量控制指标排放大气污染物的，由县级以上人民政府环境保护主管部门责令改正或者限制生产、停产整治，并处十万元以上一百万元以下的罚款；情节严重的，报经有批准权的人民政府批准，责令停业、关闭。）我局拟对你单位作出以下决定：

责令你单位对直硝车间停产整治，具体改正方式以污染物实现达标排放为准。

根据环境保护部《环境保护主管部门实施限制生产、停产整治办法》第十一条的规定，你单位享有的陈述、申辩或者要求举行听证的权利。如对我局告知事项有异议，可以在收到本告知书起七日内向我局提出书面陈述、申辩意见，或者在收到本告知书起三日内向我局提出听证申请；未提出陈述申辩意见的，或者逾期未提出听证申请的，视为你单位放弃陈述和申辩权利或者要求听证的权利。

联系人：×××　　　　　　　　　　　电话：×××

地址：×××市×××路 42 号　　　　　邮政编码：×××

2016 年 9 月 7 日

安徽××集团直硝尾气脱硝整改方案

一、项目简介

安徽××集团有限公司的直接法硝酸装置尾气中氮氧化物排放浓度较高，原有尾气脱硝装置的工艺设计有一定缺陷，自动控制和分析检测滞后、偏差较大。该装置 2009 年投入使用，使用年限较长，催化剂活性下降，仪表控制系统灵敏度下降，按国家新的硝酸尾气排放标准（GB 26131—2010），允许排放的硝酸尾气中 NO_x 含量≤300 mg/m^3。由于生产装置经常出现一定波动，尾气容易出现超标排放现象，难以适应新标准的排放要求。

鉴于以上原因，在硝酸 802 项目改造中，将尾气脱硝装置作为重点项目加以更新改造。新的脱硝装置氮氧化物脱除方法采用氨选择性催化还原（SCR）法。将原有脱硝装置拆除，新建三台脱硝反应器，增加六台氮氧化物在线分析装置，新增氨喷射系统、分离系统等，每台机组脱硝前、后的实时在线分析，做到行动控制和调节，确保尾气达标排放。

二、方案基础

……

三、项目建设情况及进度

……

安徽××集团有限公司文件

××集团安环〔2016〕×××号　　　　签发人×××

关于恳请免于环保处罚的请示

淮南市环保局：

贵局10月24日下发淮环罚告〔2016〕×××号文件，由于直硝车间尾气出口氮氧化物超标，对我公司按日连续处罚，计罚日数自2016年8月24日起至2016年9月22日止共计30日，罚款300万元。

直硝车间尾气超标主要原因是生产核心设备吸收小塔、冷却大塔因设备腐蚀形成大量漏点以及脱硝催化剂脱硝效率降低造成的。公司已启动“802”技改项目，反应器、分离器、分析仪表和安装材料等设施设备已进入施工现场，脱硝SCR催化剂更换已经于2016年10月14日完成，直硝车间尾气出口氮氧化物已于2016年10月15日实现达标排放。

恳请贵局从企业生存和加快项目建设的角度考虑，免予对此次直硝车间超标排放给予的环保处罚。

2016年10月28日

联系人×××　　　　联系电话×××××××××××

送：淮南市环保局

××集团有限公司办公室　　　　2016年11月1日印发

共印3份

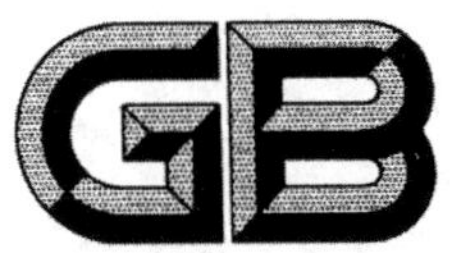

中华人民共和国国家标准

GB 26131—2010

硝酸工业污染物排放标准

Emission standard of pollutants for nitric acid industry

2010-12-30 发布　　　　2011-03-01 实施

环境保护部
国家质量监督检验检疫总局　发布

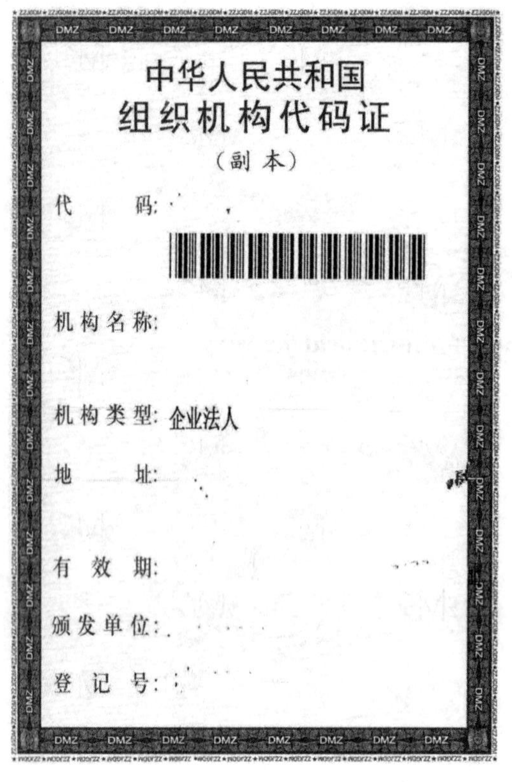

中华人民共和国
组织机构代码证
（副本）

代　　码：

机构名称：

机构类型：企业法人

地　　址：

有 效 期：

颁发单位：

登 记 号：

说　明

1. 中华人民共和国组织机构代码是组织机构在中华人民共和国境内唯一的，始终不变的法定代码标识，《中华人民共和国组织机构代码证》是组织机构法定代码标识的凭证，分正本和副本。
2. 《中华人民共和国组织机构代码证》不得出租、出借、冒用、转让、伪造、变造、非法买卖。
3. 《中华人民共和国组织机构代码证》登记项目发生变化时，应向发证机关申请变更登记。
4. 各组织机构应当按有关规定，接受发证机关的年度检验。
5. 组织机构依法注销、撤消时，应向原发证机关办理注销登记，并交回全部代码证。

中华人民共和国　国家质量监督检验检疫总局签章

年检记录

年 月 日	年 月 日	年 月 日	年 月 日

NO.2013 4503307

营业执照

注册号 000000000000000

名　　称	××××××公司
类　　型	有限责任公司
住　　所	××市××区××号
法定代表人	×××
注册资本	×××万元整
成立日期	0000年00月00日
营业期限	0000年00月00日至0000年00月00日
经营范围	××××××××，××××××××，××××××××，×××××××××××××，××××××，××××××××××××，××××××××，××××××××，××××××××，××××××××，××××××××，××××××××，××××××××，××××××××

登记机关

0000年　月　日

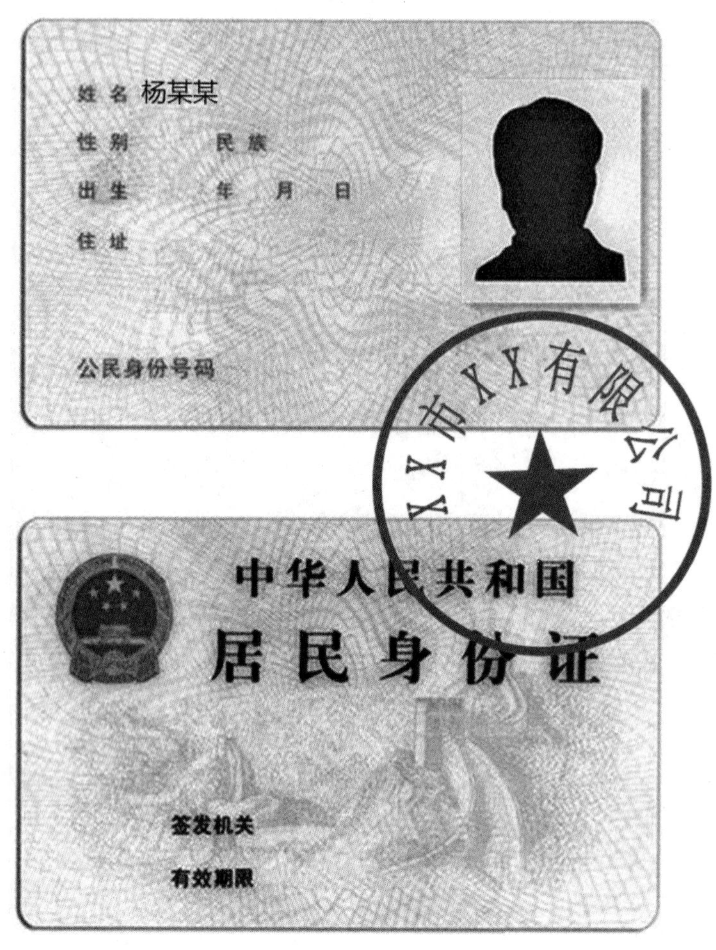
姓名 杨某某
性别
民族
出生
年
月
日
住址
公民身份号码
XX市XX有限公司
中华人民共和国
居民身份证
签发机关
有效期限

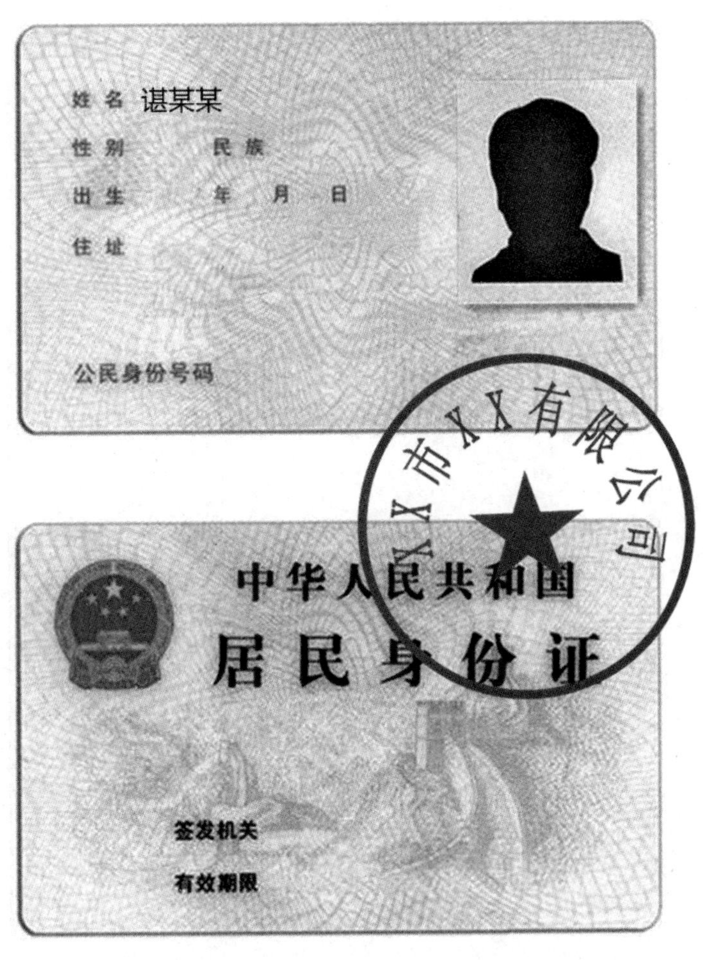
姓名 谌某某
性别 民族
出生 年 月 日
住址
公民身份号码
XX市XX有限公司
中华人民共和国
居民身份证
签发机关
有效期限

证　明

兹证明×××同志为我公司安全环保部环境保护科副科长，公司委托其接受此次调查问询。

特此证明！

安徽××集团有限公司

2016年8月10日

XX省非税收入一般缴款书

X 财通字（200×）　　№000000001X

征收大厅编码：
执收单位编码：
执收单位名称：　　　　　　年　月　日　集中汇缴□　减征□

<table>
<tr><td rowspan="3">付款人</td><td>全　称</td><td colspan="2"></td><td rowspan="3">收款人</td><td>全　称</td><td colspan="2"></td></tr>
<tr><td>账　号</td><td colspan="2"></td><td>账　号</td><td colspan="2"></td></tr>
<tr><td>开户银行</td><td colspan="2"></td><td>开户银行</td><td colspan="2"></td></tr>
<tr><td colspan="3">收入项目</td><td colspan="2">编码</td><td>数量</td><td>收缴标准</td><td>金额</td></tr>
<tr><td colspan="3"></td><td colspan="2"></td><td></td><td></td><td></td></tr>
<tr><td colspan="3"></td><td colspan="2"></td><td></td><td></td><td></td></tr>
<tr><td colspan="3"></td><td colspan="2"></td><td></td><td></td><td></td></tr>
<tr><td colspan="5">金额（大写）</td><td colspan="3">（小写）</td></tr>
<tr><td colspan="5">上列款项已收妥并划转收款单位账户
代理银行（盖章）
年　月　日</td><td colspan="3">科目（贷）：
对方科目（借）：
复核：　记账：</td></tr>
</table>

校验码：　　本缴款书付款期为10天（节假日顺延），过期无效。

④收款人开户银行收款后作贷方传票

淮南市环保局
环境违法案件结案审批表

<table>
<tr><td>立案日期</td><td>2016 年 8 月 9 日</td><td>立案号</td><td></td></tr>
<tr><td>案由</td><td>违反《中华人民共和国大气污染防治法》</td><td>案件来源</td><td>检查发现</td></tr>
<tr><td>当事人名称或姓名</td><td>安徽××有限公司</td><td>地址</td><td>××市××区××</td></tr>
<tr><td>法定代表人</td><td>杨某某</td><td>职务</td><td>董事长</td></tr>
<tr><td>调查人员姓名及工作单位</td><td>×××　×××
淮南市环境监察支队</td><td>案件审查人员姓名及工作单位</td><td>淮南市环保局宣教法规科×××</td></tr>
<tr><td>行政文书名称及文号</td><td colspan="3">《淮南市环境保护局行政处罚决定书》（淮环罚〔2016〕×××号）。《淮南市环境保护局责令改正违法行为决定书》（淮环改〔2016〕×××号），《淮南市环境保护局行政处罚决定书》（淮环罚〔2016〕×××号），《淮南市环境保护局责令停产整治决定书》（淮环责停〔2016〕×××号）《淮南市环境保护局行政处罚决定书》（淮环罚〔2016〕×××号）。</td></tr>
<tr><td>案件调查处理过程</td><td colspan="3">2016 年 8 月 2 日，淮南市环境保护监测站监测数据显示该公司直硝车间尾气出口氮氧化物排放浓度最高值为 887.7 mg/m^3 超标 1.96 倍。违反了《中华人民共和国大气污染防治法》第十八条（企业事业公司和其他生产经营者建设对大气环境有影响的项目，应当依法进行环境影响评价、公开环境影响评价文件；向大气排放污染物的，应当符合大气污染物排放标准，遵守重点大气污染物排放总量控制要求。）的规定。经局行政处罚审议会议研究：停止违法排放行为，并处罚款 10 万元。2016 年 8 月 23 日，我局对该公司超标排放污染物改正情况进行复查时，发现该公司直硝车间（即硝酸一车间）尾气出口氮氧化物排放浓度最高值为 393 mg/m^3，超标 0.31 倍。经第二次局行政处罚审议会议研究：停止违法排放行为，启动按日计罚，处罚款 130 万元。2016 年 9 月 22 日，我局对该公司超标排放污染物改正情况进行第二次复查，发现该公司直硝车间（即硝酸一车间）尾气出口氮氧化物排放浓度为 817 mg/m^3，超标 1.72 倍，经第三次局行政处罚审议会议研究：停止违法排放行为，处罚款 300 万元。</td></tr>
<tr><td>处理依据及结果</td><td colspan="3">该公司的行为违反了《中华人民共和国大气污染防治法》第十八条的规定（企业事业单位和其他生产经营者建设对大气环境有影响的项目，应当依法进行环境影响评价、公开环境影响评价文件；向大气排放污染物的，应当符合大气污染物排放标准，遵守重点大气污染物排放总量控制要求）。依据《中华人民共和国大气污染防治法》第九十九条第二项（违反本法规定，超过大气污染物排放标准或者超过重点大气污染物排放总量控制指标排放大气污染物的，由县级以上人民政府环境保护主管部门责令改正或者限制生产、停产整治，并处十万元以上一百万元以下的罚款；情节严重的，报经有批准权的人民政府批准，责令停业、关闭。）和《中华人民共和国环境保护法》第五十九条第一款（企业事业单位和其他生产经营者违法排放污染物，受到罚款处罚，被责令改正，拒不改正的，依法作出处罚决定的行政机关可以自责令改正之日的次日起，按照原处罚数额按日连续处罚。）该公司已按照我局要求进行整改，2016 年 10 月 16 日实现达标排放，并已自觉缴纳 440 万元罚款。</td></tr>
</table>

行政复议、行政诉讼情况	无
执行情况	当事人整改已完成，罚款已缴纳。
罚没财物处理情况	无
承办人意见	签名：×× 年 月 日
承办机构负责人审核意见	签名：××× 年 月 日
环保部门负责人审批意见	签名：××× 年 月 日

按日计罚案卷

苏州市××污水处理有限公司设施不正常运行、废水超标案

苏州市××污水处理有限公司设施不正常运行、废水超标案

【案件提供单位】

江苏省环保厅

【案件简介】

2016年5月9日，执法人员对苏州市××污水处理有限公司排放废水采样监测，发现其废水超标；5月22日进行复查，监测发现仍超标。江苏省环保厅对其实施按日计罚，罚款已全部缴纳到位。

【专家点评】

该案案卷规范、完整、清晰，对按日计罚的法律和部门规章把握准确到位。案件办理程序规范，现场采样记录、监测报告等证据充分，适用法律准确，处罚决定书完整、规范，表述清晰。

（一）该案的优点

1．案卷材料齐全规范。该案卷内容包括现场勘查笔录、询问笔录、采样登记单、监测报告及各文书送达回证。格式符合《环境行政执法文书制作指南》要求，签名盖章完整规范。相关文书送达回证齐全，符合《环境行政处罚办法》的要求。

2．事实调查清楚，程序规范。从案件处罚依据的事实来看，本案对于污染事实的认定程序合法、事实调查全面、客观，违法证据充分。各项检查报告和询问笔录能够证明污染事实的客观存在。在事实认定方面程序合法、认定过程公开，依法给予了当事人申辩的机会，确保了当事人应有的申辩权利。该案中当事人有关排放废水超标情况的陈述意见不足以证明其污染行为具备免除或减轻法律责任的情节。该案处罚的事实依据客观、全面，依据较为充分。

3．执法程序严谨、准确。从案件调查处理程序看，该案案件调查有力，执法程序严格。5月9日，监管部门通过执法监督检查发现了污染单位的污染行为，继而展开调查，包括现场调查取证和取样监测。在掌握排污单位违法事实后，5月17日责令排污单位改正违法行为。5月22日又对排污单位依法进行复查，发现其未能停止排污，且从监测数据看，

排污存在加剧的情况。在排污单位未能采取应有措施停止排污时，果断做出按日计罚的决定，并且于 5 月 26 日再次做出责令改正决定。在做出行政处罚决定前依法给予排污单位申辩的机会。执法程序环环相扣，严谨、恰当，从执法角度看按日计罚、依法处罚的原则得到了落实。同时，在处罚的过程中，行政处理决定的形成过程体现了合议、记录完整等细节，确保了程序合法。

4．法律适用准确。从案件处罚的法律依据看，该案属于水污染案件，涉及《环境保护法》《水污染防治法》《环境保护主管部门实施按日连续处罚办法》的具体操作规定。处罚决定书对于按日计罚的依据、种类、履行方式明确表述，具体计罚日数（5 月 18—5 月 22 日共 5 日）、罚款数额（每日罚款额和罚款总额）的计算准确明了，对履行期限和逾期不履行加处罚款额 3%罚款规定清晰，且规定加处罚款限额。因此该案法律适用具有综合性、准确性的特点，决定书规范、清晰，正确把握了环境行政处罚的立法精神，确保了法律适用的正确性。

（二）存在的问题和建议

1．该案现场勘查笔录比较简单，仅有“二沉池跑泥明显，现场采水样一份”的简单表述，勘察稍显单薄。建议增加现场检查的内容和现场勘察示意图，并配相关现场检查照片，形成比较强的证据链。

2．该案对当事人处罚款 91.196 5 万元，属于较大数额处罚，但没有体现集体审议情况，不符合《中华人民共和国行政处罚法》第三十八条第二款规定。建议将该案的集体审议记录放到卷宗里。

3．卷宗里没有第一次行政处罚决定书证明第一次处罚数额，没有第一次责令改正决定书及其送达回证证明已责令改正，体现“拒不改正”的情形，也没有处罚决定书送达回证。建议将第一次行政处罚决定书和第一次责令改正决定书及其送达回证、按日处罚决定书送达回证放到卷宗当中，形成完整证据链。

4．被处罚对象法定代表人为吴某某，而接受调查并在笔录上签字的为该公司厂长蔡某某，但是卷宗里未体现蔡某某的授权委托书，程序不够完善。建议补充蔡某某的授权委托书。

5．卷宗里没有体现证明该公司排放标准的限期治理验收材料，也没有监测单位的资质材料，证据材料不够完善。建议补充限期治理验收材料和监测单位的资质材料。

目录

处罚单位代码：120002

江苏省环境保护厅
行政处罚决定书

苏环罚决〔2016〕第×××号

当事人：苏州市××污水处理有限公司。住所地：××市××区××街道××工业园，营业执照注册号：××××××××。

法定代表人：吴某某。

一、环境违法事实、证据和陈述申辩及采纳情况

2016年5月9日，我厅现场调查，发现苏州市××污水处理有限公司污水处理设施出泥不及时，二沉池跑泥严重。排水口出水COD监测结果为86 mg/L，超过规定的排放标准。我厅责令苏州市××污水处理有限公司立即改正违法行为(5月17日送达，对该违法行为，我厅于7月12日对苏州市××污水处理有限公司作出罚款182 393元的行政处罚)。5月22日，我厅对苏州市××污水处理有限公司上述违法行为的改正情况实施复查，发现上述水污染处理设施未恢复正常使用，排放口出水COD监测结果为97 mg/L，超过规定的排放标准。5月26日，我厅再次责令苏州市××污水处理有限公司立即改正违法行为。上述行为符合《环境保护主管部门实施按日连续处罚办法》第十三条第（一）项规定的“拒不改正”情形。

以上事实有现场检查（勘察）笔录、调查（询问）笔录、采样取证登记单、监测报告、责令改正违法行为决定书（苏环责改字〔2016〕×××号、苏环责改字〔2016〕×××号)、行政处罚决定书（苏环罚决〔2016〕第×××号）及送达回证等证据为凭。

1．你公司提供的企业营业执照、法人代表×××身份证复印件、现场负责人×××身份证复印件证明你公司是适格的违法主体。

2．我厅责令改正违法行为决定书（苏环责改字〔2016〕×××号）及送达回证证明我厅已经责令你公司停止COD超标排污行为。

3．我厅行政处罚决定书（苏环罚决〔2016〕第×××号）及送达回证证明原处罚金额为182 393元。

4．我厅环境执法人员制作的现场检查（勘察）笔录、调查（询问）笔录、采样取证登记单、监测报告证明你公司排放废水COD仍然超标。我厅于2016年7月14日以《行

政处罚事先（听证）告知书》（苏环罚告〔2016〕×××号）（7 月 16 日送达）告知陈述申辩权、听证申请权。在规定的期限内，当事人未要求举行听证，但于 7 月 16 日提出书面陈述意见，辩称公司污水处理现有工艺流程不合理，污泥干化装置不配套，出水水质不稳定。今年 4 月，公司通过招标方式实施彻底改造，改造及调试时限是 5、6、7 三个月。5 月 9 日苏南中心来检查当日，正是扩建污泥池施工期间，因施工单位在施工过程中将部分地下排泥管线堵塞，致使沉淀池排泥不畅，导致出水超标。5 月 22 日，苏南中心来公司复查时，由于前日突降大雨，调节池水位即将溢出，为避免废水溢出，公司拉起瞬间负荷，又一次造成出水超标排放。公司废水二次超标排放，存在一些不可控因素，请省厅酌情予以减轻处罚。我厅认为，确保污染物达标排放是你公司应尽的责任，你公司污水厂水处理设施不正常运行，造成出水超标排放时间较长，且 2014 年曾因处理设施不正常运转被我厅立案处罚过，属于再犯。你公司陈述申辩理由不能作为减轻处罚的依据，我厅决定不予采纳。

二、行政处罚的依据、种类及其履行方式、期限

依据《中华人民共和国环境保护法》第五十九条，《环境保护主管部门实施按日连续处罚办法》第十七条、第十九条的规定，我厅决定对苏州市××污水处理有限公司实施按日连续处罚（计罚日数为 5 月 18—5 月 22 日共 5 日，每日罚款数额为 182 393 元）：共计罚款 911 965 元。

限于接到本处罚决定之日起十五日内持本处罚决定至省内任何一家农业银行缴纳罚没款，农行当场开具罚没收据。逾期不缴纳罚款的，每日按罚款数额的百分之三加处罚款，最高不超过 911 965 元。

三、申请行政复议或者提起行政诉讼的途径和期限

如不服本处罚决定，可在收到本处罚决定书之日起六十日内向环境保护部或者向江苏省人民政府申请复议，也可在 6 个月内直接向南京市中级人民法院起诉。

申请行政复议或者提起行政诉讼，不停止本处罚决定的执行。

逾期不申请行政复议，不提起行政诉讼，又不履行本处罚决定的，我厅将依法申请人民法院强制执行。

××省环境保护厅

2016 年 9 月 2 日

江苏省环境保护厅（）

<table>
<tr><td>编 号</td><td>苏环罚决〔2016〕第×××号</td><td>密级</td><td></td><td>紧急程度</td><td></td></tr>
<tr><td>标 题</td><td colspan="5">行政处罚决定书</td></tr>
<tr><td>主 送</td><td colspan="5">苏州市××污水处理有限公司</td></tr>
<tr><td>抄 送</td><td colspan="5">苏南中心、机关党委，苏州市环保局、相城区环保局</td></tr>
<tr><td>拟稿单位</td><td>法规处</td><td>打印份数</td><td colspan="3"></td></tr>
<tr><td>拟稿人</td><td>×××</td><td>校对人</td><td colspan="3"></td></tr>
<tr><td rowspan="2">政务公开专栏</td><td>网上公开</td><td colspan="4">□外网 □内网 □不公开</td></tr>
<tr><td>规范性文件</td><td colspan="4">□属于 □不属于</td></tr>
<tr><td>处室
核稿</td><td>×××</td><td>处室
会办</td><td colspan="3"></td></tr>
<tr><td>厅 办
核 稿</td><td colspan="5">请×××审核，×××签发。
×××</td></tr>
<tr><td>分 管
厅 长
审 核</td><td>×××</td><td>签
发</td><td colspan="3">×××</td></tr>
<tr><td>主题词</td><td colspan="5"></td></tr>
</table>

行政处罚案件办理情况简要说明

当事人：苏州市××污水处理有限公司

案情简介：5 月 22 日我厅对该单位复查，发现水污染处理设施未恢复正常使用，排放口出水 COD 监测结果为 97 mg/L，超过规定的排放标准。上述行为符合《环境保护主管部门实施按日连续处罚办法》第十三条第（一）项规定的“拒不改正”情形。

立案单位：苏南中心

处罚建议：实施按日连续处罚（计罚日数为 5 月 18—5 月 22 日共 5 日，每日罚款数额为 182 393 元）：共计罚款 911 965 元。

拟处罚意见：实施按日连续处罚（计罚日数为 5 月 18—5 月 22 日共 5 日，每日罚款数额为 182 393 元）：共计罚款 911 965 元。

邮件号码：[redacted]

当前状态： 邮件妥投

南京市收寄 邮件运输中 邮件妥投

日期	邮件号码	邮件类型	当前状态	收寄地	寄达地	签收人
2016-09-03 12:10:52	[redacted] 展开	标准快递	投递并签收，签收人：他人收 保安	南京市	苏州市	他人收 保安
服务评价	收寄服务：○满意 ○不满意 投递服务：○满意 ○不满意					

江苏省环境保护厅
立案审批表

<table>
<tr><td>案件来源</td><td colspan="2">例行督查</td><td>立案号</td><td colspan="2">苏环罚立〔2016〕×号</td></tr>
<tr><td>案由</td><td colspan="5">水处理设施运行不正常、废水超标排放</td></tr>
<tr><td rowspan="5">当事人</td><td>名称或姓名</td><td colspan="4">苏州市××污水处理有限公司</td></tr>
<tr><td>地址（住址）</td><td>××市××区××街道</td><td>邮政编码</td><td colspan="2">215144</td></tr>
<tr><td>营业执照注册号
（公民身份号码）</td><td>×××</td><td>组织机构代码</td><td colspan="2">×××</td></tr>
<tr><td>社会信用代码</td><td colspan="4">×××</td></tr>
<tr><td>法定代表人（负责人）</td><td>吴某某</td><td>职务</td><td colspan="2">法定代表人</td></tr>
<tr><td>案情简介及立案理由</td><td colspan="5">2016 年 5 月 22 日，现场检查发现该污水厂污水处理设施出泥不及时，二沉池跑泥严重，废水处理设施运行不正常，在排水口采样监测，COD 超过《太湖地区城镇污水处理厂及重点工业行业主要水污染物排放限值》（DB32/T 1072—2007）表 1 城镇污水处理厂Ⅱ级标准的限值，以上行为已违反《中华人民共和国水污染防治法》第二十一条规定。
符合《环境行政处罚办法》第二十二条的立案条件规定，建议按《中华人民共和国水污染防治法》第七十三条规定立案处罚。
承办人：×××
2016 年 5 月 26 日</td></tr>
<tr><td>承办机构负责人意见</td><td colspan="5">同意上报
签 名：×××
2016 年 5 月 26 日</td></tr>
<tr><td>环保部门负责人审批意见</td><td colspan="5">同意
签 名：×××
2016 年 5 月 26 日</td></tr>
<tr><td>备注</td><td colspan="5"></td></tr>
</table>

江苏省环境保护厅
现场检查（勘察）笔录

时间：2016 年 5 月 22 日 16 时 30 分至 17 时 00 分

地点：××市××区××街道××工业园

被检查（勘察人）名称或姓名：苏州市××污水处理有限公司

现场负责人：蔡某某 电话：××× 邮编：×××

工作单位：苏州市××污水处理有限公司 职务：厂长

检查（勘察）人及执法证编号：×××、×××。

记录人：××× 工作单位：江苏省环境保护厅苏南环境保护督查中心

告知事项：我们是江苏省环境保护厅的行政执法人员，这是我们的执法证件（执法证编号：×××、×××）。

请过目确认：已确认，无异议

今天我们依法进行检查并了解相关情况，你应当配合调查，如实提供材料，不得拒绝、阻碍、隐瞒或者提供虚假情况。如果你认为检查人与本案有厉害关系，可能影响公正办案，可以申请回避，并说明理由。

请确认：已确认，不需要回避

现场情况：现场检查发现二沉池跑泥明显，现场采水样一份（编号 AW160522001）。

被检查（勘察）人或现场负责人确认意见：已阅，无异议

被检查（勘察）人或现场负责人签字：××× 2016 年 5 月 22 日

检查人（勘察）人签字：×××、××× 2016 年 5 月 22 日

记录人签字：××× 2016 年 5 月 22 日 参加人签字： 年 月 日

江苏省环境保护厅
采样取证登记单

依照《中华人民共和国行政处罚法》第三十七条第二款的规定，我厅对 苏州市××污水处理有限公司排放废水 予以采样取证。

附：采样取证清单

采样地点（场所）： 排放口 采样时间： 2016.05.22 16：30

名称	数量	容量	编号	形态	备注
废水	1	500 ml	AW160522001	橙红色	
以下空白					

被采样取证人：××× 2016 年 5 月 22 日

采样取证人：×××、××× 2016 年 5 月 22 日

封样人：××× 2016 年 5 月 22 日

161012050082

SNDE-04-162-01

苏州××区（××区）环境监测站

监 测 报 告

（2016）环监（送）字第（×××）号

监测类别 送样监测

项目名称 工业废水

委托单位 苏南环保督查中心

地址：苏州市××路××号 邮编：××× 电话：×××

二〇一六年五月二十六日

（2016）环监（送）字第（×××）号

苏州××区（××区）环境监测站

监　测　报　告

共2页 第1页

委托单位	苏南环保督查中心				
联系人	王某某	联系电话	×××	地址	—
样品类别	工业废水				
监测单位	苏州××区（××区）环境监测站			采（送）样人	×××
监测目的	送样监测				
监测内容	化学需氧量、氨氮、总磷、总氮、阴离子表面活性剂。				
监测依据	GB/T 11914—1989 水质 化学需氧量的测定 重铬酸盐法 HJ 535—2009 水质 氨氮的测定 纳氏试剂分光光度法 GB/T 11893—1989 水质 总磷的测定 钼酸铵分光光度法 HJ 636—2012 水质 总氮的测定 碱性过硫酸钾消解紫外分光光度法 GB/T 7494—1987 水质 阴离子表面活性剂的测定 亚甲蓝分光光度法				
评价标准	—				
结　论	监测结果见第2页。				

编 制：×××

审 核：×××

签 发：×××

监测单位盖章

签发日期：2016年3月26日

（2016）环监（送）字第（×××）号

苏州××区（××区）环境监测站

水 质 监 测 结 果

送样日期：2016 年 05 月 23 日　　　　分析日期：2016 年 05 月 23、24 日

共 2 页 第 2 页

采样地点或样品号码	监 测 项 目				单 位：mg/L	
	化学需氧量	氨氮	总磷	总氮	阴离子表面活性剂	—
AW160522001	97	0.490	0.054	6.00	0.326	—
以下空白						
备注	本次样品为苏南环保督查中心自行采集并送样，本次监测仅对来样负责					

江苏省环境保护厅调查询问笔录

时间：2016 年 5 月 28 日 13 时 30 分至 14 时 30 分

地点：××市××区××街道××工业园

被调查询问人：莫某某 性别：男 年龄：52

身份证号码：×××

工作单位：苏州市××污水处理有限公司

职务：厂长 电话：×××

地址：××市××区××街道××工业园 邮编：×××

调查询问人及执法证编号：×××、×××、×××

记录人：××× 工作单位：江苏省环境保护厅苏南环境保护督查中心

执法人员表明身份、出示证件及被调查询问人确认的记录：我们是江苏省环境保护厅的行政执法人员，这是我们的执法证件（执法证编号：×××、×××、×××）。

请过目确认：已确认，无异议。

今天我们依法进行检查并了解相关情况，你应当配合调查，如实提供材料，不得拒绝、阻碍、隐瞒或者提供虚假情况。如果你认为调查人与本案有厉害关系，可能影响公正办案，可以申请回避，并说明理由。你有权对本次调查询问提出陈述、申辩。

请确认：我看过了，不需要申请回避。

询问内容：问：请你介绍一下苏州市××污水处理有限公司的有关情况。

答：苏州市××污水处理有限公司是一家处理污水的单位，位于××市××区××街×工业园，统一社会信用代码为×××。

被询问人确认意见：以上内容已阅无异议。

被调查询问人签字：××× 2016 年 5 月 28 日

调查询问人签字：×××、××× 2016 年 5 月 28 日

记录人签字：××× 2016 年 5 月 28 日 参加人签字：____ ___年 __月___日

共 3 页第 1 页

问：请你介绍一下你个人基本情况？你与被调查单位是什么关系？

答：我叫莫某某，身份证号码×××，住址：江苏省××市××区××镇×××。我是该公司厂长，在厂里负责污水处理设施日常运行的管理工作。

问：请介绍一下你们公司处理废水的情况？污水厂建设运行情况？

答：我们污水厂分三期建设，一期 3 000 t/天，二期 5 000 t/天，三期 4 000 t/天，2002 年通过苏州市环保局环评审批。一期、二期于 2006 年 6 月通过××区环保局验收（苏相环建〔2006〕×××号），2009 年 10 月××环保局对该污水厂 12000 t/天污水处理设施（一、二、三期）进行了限期治理验收（苏相环〔2009〕×××号）。主要采用物化+生化处理工艺。近期日处理水量 4500 t 左右，主要为印染废水。

问：你公司废水排放标准是什么？

答：环评审批时要求该污水厂排水执行《污水综合排放标准》（GB8978—1996）表 4 一级标准，限期治理验收（苏相环〔2009〕×××号）要求排水执行《太湖地区城镇污水处理厂及重点工业主要水污染物排放限值》（DB 32/1072—2007）表 1 城镇污水处理厂Ⅱ级标准。

问：省环保厅针对你公司 2016 年 5 月 9 日废水处理设施运行不正常、废水超标排放的环境违法行为下达了《江苏省环境保护厅责令改正违法行为决定书》（苏环责改字〔2016〕×××号），你可收到？

答：《江苏省环境保护厅责令改正违法行为决定书》（苏环责改字〔2016〕×××号）我公司已于 2016 年 5 月 17 日收悉。

问：我们 2016 年 5 月 22 日在你公司的排水口取水样一份，编号为 AW160522001。经过监测，排水口废水 COD97 mg/L，氨氮 0.49 mg/L，总磷 0.054 mg/L，总氮 6.00 mg/L，阴离子表面活性剂 0.326 mg/L，特向你们告知。

答：我知道了。

问：你们厂出现超标排放的原因？

答：因为我厂污水处理设施出泥不及时，二沉池跑泥严重，导致废水超标排放。

被询问人确认意见：以上内容已阅无异议。

被调查询问人签字：×××　　2016 年 5 月 28 日

调查询问人签字：×××、×××　　2016 年 5 月 28 日

记录人签字：×××　　2016 年 5 月 28 日　参加人签字：＿＿　＿年＿月＿日

共 3 页第 2 页

问：地方环保部门有没有对你单位 2016 年 5 月 22 日废水治理设施运行不正常、废水超标排放做过询问笔录？

答：没有。

问：以上笔录请过目，如无异议请签字。

答： 以上内容已阅无异议

被调查询问人确认意见：以上内容已阅无异议 ×××

被调查询问人签字： ××× 2016 年 5 月 28 日

调查询问人签字： ×××、××× 2016 年 5 月 28 日

记录人签字： ××× 2016 年 5 月 28 日 参加人签字：____ ___年 __月___日

共 3 页第 3 页

江苏省行政执法证
姓 名：殷某某
工作单位：江苏省环境保护厅（苏南环境保护督查中心）
执法种类：环保行政执法
执法区域：江苏省
编 号：*****
发证机关：江苏省人民政府
发证日期：
持证须知
一、本证为江苏省人民政府统一样式，表明持证人具有合法的行政执法资格。
二、持证人执行公务时应出示本证，依法履行职责，秉公执法，不得滥用职权。
三、本证有效期为三年，每年须经发证机关注册，未经注册无效。
四、持证人应妥善保管本证，不得转借、涂改或毁损，调离执法工作岗位时，应及时将本证交回发证机关。
五、遗失本证，应及时登报声明作废，并向发证机关报告。
第一年度年检注册
第二年度年检注册
第三年度年检注册

江苏省行政执法证
姓 名：钱某某
工作单位：江苏省环境保护厅（苏南环境保护督查中心）
执法种类：环保行政执法
执法区域：江苏省
编 号：******
发证机关：江苏省人民政府
发证日期：
持证须知
一、本证为江苏省人民政府统一样式，表明持证人具有合法的行政执法资格。
二、持证人执行公务时应出示本证，依法履行职责，秉公执法，不得滥用职权。
三、本证有效期为三年，每年须经发证机关注册，未经注册无效。
四、持证人应妥善保管本证，不得转借、涂改或毁损，调离执法工作岗位时，应及时将本证交回发证机关。
五、遗失本证，应及时登报声明作废，并向发证机关报告。
第一年度年检注册
第二年度年检注册
第三年度年检注册

江苏省行政执法证
姓　　名：李某某
工作单位：江苏省环境保护厅（苏南环境保护督查中心）
执法种类：环保行政执法
执法区域：江苏省
编　　号：*****
发证机关：江苏省人民政府
发证日期：
持证须知
一、本证为江苏省人民政府统一样式，表明持证人具有合法的行政执法资格。
二、持证人执行公务时应出示本证，依法履行职责，秉公执法，不得滥用职权。
三、本证有效期为三年，每年须经发证机关注册，未经注册无效。
四、持证人应妥善保管本证，不得转借、涂改或毁损，调离执法工作岗位时，应及时将本证交回发证机关。
五、遗失本证，应及时登报声明作废，并向发证机关报告。

江苏省行政执法证
姓　　名：唐某某
工作单位：江苏省环境保护厅（苏南环境保护督查中心）
执法种类：环保行政执法
执法区域：江苏省
编　　号：*****
发证机关：江苏省人民政府
发证日期：
持证须知
一、本证为江苏省人民政府统一样式，表明持证人具有合法的行政执法资格。
二、持证人执行公务时应出示本证，依法履行职责，秉公执法，不得滥用职权。
三、本证有效期为三年，每年须经发证机关注册，未经注册无效。
四、持证人应妥善保管本证，不得转借、涂改或毁损，调离执法工作岗位时，应及时将本证交回发证机关。
五、遗失本证，应及时登报声明作废，并向发证机关报告。

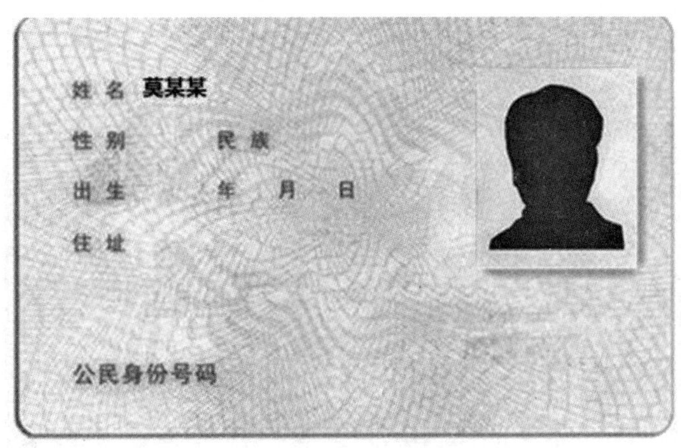

原件本人存放，与原件一致

莫×× 2016.5.28

执法人员：<u>×××</u>、<u>×××</u>

营业执照

注册号 000000000000000

名　　称　××××××公司

类　　型　有限责任公司

住　　所　××市××区××号

法定代表人　×××

注册资本　×××万元整

成立日期　0000年00月00日

营业期限　0000年00月00日至0000年00月00日

经营范围

登记机关

0000年　月　日

原件存放该公司，与原件一致

莫××　2016.5.28

执法人员：<u>×××</u>、<u>×××</u>

江苏省环境保护厅
责令改正违法行为决定书

苏环责改字〔2016〕×××号

当事人名称或姓名：苏州市××污水处理有限公司

统一社会信用代码：×××

地址：××市××区××街道××工业园

法定代表人（负责人）：吴××

2016 年 5 月 22 日，我厅现场检查发现：你单位污水处理设施运行不正常，二沉池跑泥现象明显，排污口外排水 COD 浓度为 97 mg/L，超过《太湖地区城镇污水处理厂及重点工业行业主要水污染物排放限值》（DB32/T 1072—2007）表 1 中城镇污水处理厂二级标准规定的排放限值。

以上事实，有当事人苏州市××污水处理有限公司蔡某某签字确认的环境监察现场笔录 1 份、当事人苏州市××污水处理有限公司设备维护人员蔡某某签字确认的废水现场采样记录 1 份、废水委托监测报告 1 份等证据为凭。

上述行为违反了《中华人民共和国水污染防治法》第二十一条的规定。

根据《中华人民共和国行政处罚法》第二十三条、《中华人民共和国水污染防治法》第七十三条、《环境保护主管部门实施按日连续处罚办法》第十四条规定，责令你单位收到本决定书之日起立即改正上述违法行为，正常运行污染治理设施，做到达标排放。

如你单位拒不改正上述环境违法行为，我厅将按照《中华人民共和国环境保护法》第五十九条的规定，对你单位实施按日连续处罚。

如对本决定不服，可在收到本决定书之日起六十日内向中华人民共和国环境保护部或者江苏省人民政府申请行政复议，或在 6 个月内向人民法院提起行政诉讼。

江苏省环境保护厅

2016 年 5 月 26 日

江苏省环境保护厅
送达回证

送达文书名称	江苏省环境保护厅责令改正违法行为决定书 苏环责改字〔2016〕×××号
受送达人名称	苏州市××污水处理有限公司
受送达人地址	××市××区××街道××工业园
受送达人 （签名或盖章）	××× 2016 年 5 月 28 日
代收人（签名或盖章）	年 月 日
代收理由	
受送达人拒收事由	
送达方式	
见证人（签名或盖章）	
备　　注	请收到后签字或盖章、写明日期，并速将此回证寄回 地址：无锡市环境监控中心（苏南环保督查中心） 邮编：214000　　　　年 月 日

签发人：×××　　　　送达人：×××、×××、×××

江苏省环境保护厅苏南环境保护督查中心行政处罚案件调查报告及处罚建议

苏环南罚建字〔2016〕×××号

法规处：

案由：水处理设施运行不正常、废水超标排放

当事人：苏州市××污水处理有限公司

住所地：××市××区××街道××工业园

法定代表人：吴某某

一、案件调查过程

2016年5月9日，省环保厅苏南督查中心现场检查中发现，苏州市××污水处理有限公司污水处理设施出泥不及时，二沉池跑泥严重，废水处理设施运行不正常，出水经采样监测，COD超过《太湖地区城镇污水处理厂及重点工业行业主要水污染物排放限值》（DB32/T 1072—2007）表1城镇污水处理厂Ⅱ级标准。5月17日，中心对该公司送达了《责令改正违法行为决定书》（苏环责改字〔2016〕×××号），要求该公司恢复污水处理设施正常运行，确保废水达标排放。5月22日，中心对该公司进行复查，发现该公司并未按照苏环责改字〔2016〕×××号的要求整治到位，现场二沉池跑泥严重，执法人员在排污口采样，经监测，COD为97 mg/L，氨氮为0.49 mg/L，总磷为0.054 mg/L，总氮为6.00 mg/L，阴离子表面活性剂为0.326 mg/L，COD超过《太湖地区城镇污水处理厂及重点工业行业主要水污染物排放限值》（DB32/T 1072—2007）表1城镇污水处理厂Ⅱ级标准。5月22日现场制作现场检查（勘察）笔录，5月28日取得采样监测报告后制作调查询问笔录。

二、主要违法事实

苏州市××污水处理有限公司因污水处理设施出泥不及时，二沉池跑泥严重，导致5月22日复查时出水COD超过《太湖地区城镇污水处理厂及重点工业行业主要水污染物排放限值》（DB32/T 1072—2007）表1城镇污水处理厂Ⅱ级标准中的限值。以上行为已构成违法。

三、主要证据

1. 2016年5月22日当事人苏州市××污水处理有限公司设备维护人员蔡某某签字确认的环境监察现场笔录1份；

2. 2016年5月28日当事人苏州市××污水处理有限公司厂长莫某某签字确认的调查询问笔录1份；

3. ×××、×××、×××、×××江苏省行政执法复印件1份；

4. 莫某某（被询问人）居民身份证复印件1份；

5. 当事人企业法人营业执照复印件1份；

6. 2016年5月22日当事人苏州市××污水处理有限公司设备维护人员蔡某某签字确认的废水采样记录1份；

7. 采样监测报告（2016）环监（送）字第（×××）号1份；

8.《责令改正违法行为决定书》（苏环责改字〔2016〕×××号）1份及2016年5月17日厂长莫某某签字确认的送达回执1份；

9.《×××厂整改报告》；

10.《×××厂改造工程进度计划表》。

四、处罚建议

根据上述情况，我们认为该公司违反了《中华人民共和国环境保护法》第四十二条第四款“严禁通过暗管、渗井、渗坑、灌注或者篡改、伪造监测数据，或者不正常运行防治污染设施等逃避监管的方式违法排放污染物”的规定，建议根据《中华人民共和国环境保护法》第五十九条第一款“企业事业单位和其他生产经营者违法排放污染物，受到罚款处罚，被责令改正，拒不改正的，依法作出处罚决定的行政机关可以自责令改正之日的次日起，按照原处罚数额按日连续处罚”的规定，对该公司实施按日计罚，计罚日从5月18—5月22日。

（案件调查人：×××、×××、×××、×××）

江苏省环保厅苏南环保督查中心

2016年5月30日

江苏省环境保护厅
行政处罚事先（听证）告知书

苏环罚告〔2016〕第×××号

苏州市××污水处理有限公司：

2016年5月9日，我厅对你单位进行了现场检查，发现你单位污水处理设施出泥不及时，二沉池跑泥严重。排水口出水COD监测结果为86 mg/L，超过规定的排放标准。我厅责令你单位立即改正违法行为（5月17日送达）。5月22日，我厅对你单位上述违法行为的改正情况实施复查，发现你单位上述水污染处理设施未恢复正常使用，排放口出水COD监测结果为97 mg/L，超过规定的排放标准。5月26日，我厅再次责令你单位立即改正违法行为。2016年7月12日，我厅对你单位作出罚款182 393元的行政处罚。

以上事实有现场检查（勘察）笔录、调查（询问）笔录、采样取证登记单、监测报告、责令改正违法行为决定书（苏环责改字〔2016〕×××号、苏环责改字〔2016〕×××号）、行政处罚决定书（苏环罚决〔2016〕第×××号）及送达回证等证据为凭。

1．你公司提供的企业营业执照、法人代表×××身份证复印件、现场负责人×××身份证复印件证明你公司是适格的违法主体。

2．我厅责令改正违法行为决定书（苏环责改字〔2016〕×××号）及送达回证证明我厅已经责令你公司停止COD超标排污行为。

3．我厅行政处罚决定书（苏环罚决〔2016〕第×××号）及送达回证证明原处罚金额为182 393元。

4．我厅环境执法人员制作的现场检查（勘察）笔录、调查（询问）笔录、采样取证登记单、监测报告证明你公司排放废水COD仍然超标。

你单位上述行为符合《环境保护主管部门实施按日连续处罚办法》第十三条第（一）项规定的“拒不改正”情形。依据《环境保护主管部门实施按日连续处罚办法》第十七条、第十九条的规定，我厅拟对你单位实施按日连续处罚（计罚日数为5月18—5月22日共5日，每日罚款数额为182 393元），共计罚款911 965元。

根据《中华人民共和国行政处罚法》第三十二条的规定，你单位如有异议，可以在收到本告知书之日起七日内向我厅提出书面陈述申辩意见；未提出陈述申辩意见的，视为你单位放弃陈述和申辩权利。

对你单位拟作出的罚款911 965元，符合听证条件。根据《中华人民共和国行政处罚法》第四十二条的规定，你单位有要求举行听证的权利。你单位如果要求听证，可以在收到本告知书之日起三日内向我厅提出听证申请；逾期未提出听证申请的，视为你单位放弃听证权利。

联系人：×××，电话：×××

地　址：江苏省苏州市××路××号，邮政编码：×××××

2016年7月14日

江苏省环境保护厅
送达回证

<table>
<tr><td>送达文书名称</td><td>江苏省环境保护厅行政处罚事先（听证）告知书
苏环罚告〔2016〕×××号</td></tr>
<tr><td>受送达人名称</td><td>苏州市××污水处理有限公司</td></tr>
<tr><td>受送达人地址</td><td>××市××区××街道××工业园</td></tr>
<tr><td>受送达人
（签名或盖章）</td><td>×××
2016 年 7 月 16 日</td></tr>
<tr><td>代收人（签名或盖章）</td><td>年　月　日</td></tr>
<tr><td>代收理由</td><td></td></tr>
<tr><td>受送达人拒收事由</td><td></td></tr>
<tr><td>送达方式</td><td>邮寄送达</td></tr>
<tr><td>见证人（签名或盖章）</td><td>×××</td></tr>
<tr><td>备　　注</td><td>请收到后签字或盖章、写明日期，并速将此回证寄回
地址：×××
邮编：×××　　2016 年 7 月 14 日</td></tr>
</table>

签发人：×××　　　　送达人：×××、×××

邮件号码：[已打码]

当前状态： 邮件妥投

南京市收寄　　邮件运输中　　邮件妥投

日期	邮件号码	邮件类型	当前状态	收寄地	寄达地	签收人
2016-07-15 11:00:58	[已打码] 展开	标准快递	投递并签收，签收人：他人收 仓管	南京市	苏州市	他人收仓管
服务评价	收寄服务：○满意 ○不满意　投递服务：○满意 ○不满意					

关于苏州市××污水处理有限公司
排放废水超标情况的陈述意见

江苏省环境保护厅：

贵厅苏环罚告〔2016〕第×××号告知书收悉，现将我公司排放废水COD超标情况，向贵厅作如下陈述说明。

我公司污水处理原始工艺流程极不合理，污泥干化装置又不配套，虽经多次整改，仍未从根本上解决问题。为此2016年4月，公司通过招标方式实施彻底改造，改造及调试时限是5、6、7三个月。

5月9日贵厅来我公司检查当天，正好是扩建污泥池施工期间，由于施工单位（即改造中标单位）对我公司原有地下污泥管线不太清楚，施工造成地下排泥管线局部堵塞，致使沉淀池排泥不畅，导致排放水因漂泥而超标。发现问题后，施工单位及时疏通了排泥管。

5月22日贵厅再次来我公司复查时，由于前日突降大雨，调节池水位即将溢出池口，为避免废水溢出，造成更大的污染影响，当天我公司采取二害趋小的选择原则，决定拉起瞬时负荷，又一次造成COD排放超标。

综上因素，我公司排放废水二次COD超标，或多或少存在一些不可控因素，绝对不是故意所为。为此恳请贵厅对我公司酌情予以减轻处罚。

谢谢

××市×××有限公司

日期：2016年7月16日

关于苏州市××污水处理有限公司对行政处罚告知陈述意见的答复

厅法规处：

在收到你处转交的苏州市××污水处理有限公司排放废水超标情况的陈述意见回执后，我中心答复如下：

苏州市××污水处理有限公司陈述意见为：我公司污水处理现有工艺流程不合理，污泥干化装置不配套，出水水质不稳定。2016 年 4 月，公司通过招标方式实施彻底改造，改造及调试时限是 5、6、7 三个月。5 月 9 日苏南中心来检查当日，正是扩建污泥池施工期间，因施工单位在施工过程中将部分地下排泥管线堵塞，致使沉淀池排泥不畅，导致出水超标。5 月 22 日，苏南中心来我公司复查时，由于前日突降大雨，调节池水位即将溢出，为避免废水溢出，我公司拉起瞬间负荷，又一次造成出水超标排放。综上所述，我公司废水二次超标排放，存在一些不可控因素，请省厅酌情予以减轻处罚。

我中心现场检查的事实为：2016 年 5 月 9 日，我中心对苏州市××污水处理有限公司现场检查时发现该污水厂废水处理设施不正常运转（污水处理设施出泥不及时，二沉池跑泥严重），外排废水经采样监测，COD 为 86 mg/L，超过《太湖地区城镇污水处理厂及重点工业行业主要水污染物排放限值》（DB32/T 1072—2007）表 1 城镇污水处理厂Ⅱ级标准中的限值，超标 0.72 倍，我中心在取得采样监测报告后制作调查询问笔录，并制作立案登记表和处罚建议书。该污水厂水处理设施不正常运行，造成出水超标排放，且超标时间较长，2014 年也被我中心因处理设施不正常运转立案处罚过，属于再犯，因此依据《中华人民共和国水污染防治法》第七十三条规定，及省厅自由裁量规定“治污设施不正常运行，排放水污染物超标的处应缴纳排污费数额二倍至三倍的罚款”，处应缴纳排污费数额三倍的罚款。

5 月 17 日，中心对该公司送达了《责令改正违法行为决定书》（苏环责改字〔2016〕×××号），要求该公司恢复污水处理设施正常运行，确保废水达标排放。

5 月 22 日，中心对该公司进行复查，发现该公司并未按照苏环责改字〔2016〕×××号的要求整治到位，现场二沉池跑泥严重，执法人员在排污口采样，经监测，COD 为 97 mg/L，超过《太湖地区城镇污水处理厂及重点工业行业主要水污染物排放限值》（DB32/T 1072—2007）表 1 城镇污水处理厂Ⅱ级标准，超标 0.94 倍。我中心在取得采样监测报告后制作调查询问笔录。根据上述情况，我们认为该公司违反了《中华人民共和国环境保护法》第四十二条第四款“严禁通过暗管、渗井、渗坑、灌注或者篡改、伪造监测数据，或者不正常运行防治污染设施等逃避监管的方式违法排放污染物”的规定，建议根据《中华人民共和国环境保护法》第五十九条第一款“企业事业单位和其他生产经营者违法排放污染物，受到罚款处罚，被责令改正，拒不改正的，依法作出处罚决定的行政机关可以自责令改正之日的次日起，按照原处罚数额按日连续处罚”的规定，对该公司实施按日计罚，计罚日从5月18—5月22日。

2016年8月5日

江苏省代收罚没款收款明细

江苏省代收罚没款票（00A）0038479826

缴款日期：2016-09-18

当事人：

执法机关代码：120002

处罚决定书号：苏环罚决〔2016〕第×××号

处罚日期：2016-09-02

罚款金额：911 965.00

没收款金额：0.00

加收罚款金额：0.00

金额合计（小写）：911 965.00

金额合计（大写）：玖拾壹万壹仟玖佰陆拾伍元整

（备注：此信息来源为江苏省非税收入管理系统）

打印日期：2016-10-11 09：04：08

江 苏 省 环 境 保 护 厅
行政处罚案件审核记录

<table>
<tr><td>当事人</td><td colspan="5">苏州市××污水处理有限公司</td></tr>
<tr><td>法定代表人</td><td>吴某某</td><td>职务</td><td>×××</td><td>电话</td><td>莫某某
×××</td></tr>
<tr><td>地址</td><td colspan="3">××市××区××街道××工业园</td><td>邮编</td><td>215144</td></tr>
<tr><td>立案单位</td><td colspan="5">苏南中心</td></tr>
<tr><td>案情
简介</td><td colspan="5">2016 年 5 月 9 日，我厅对该单位进行了现场检查，发现该单位污水处理设施出泥不及时，二沉池跑泥严重。排水口出水 COD 监测结果为 86 mg/L，超过规定的排放标准。我厅责令该单位立即改正违法行为（5 月 17 日送达）。5 月 22 日，对该单位上述违法行为的改正情况实施复查，发现该单位上述水污染处理设施未恢复正常使用，排放口出水 COD 监测结果为 97 mg/L，超过规定的排放标准。5 月 26 日，再次责令该单位立即改正违法行为。7 月 12 日，对该单位作出罚款 182 393 元的行政处罚。
上述行为符合《环境保护主管部门实施按日连续处罚办法》第十三条第（一）项的规定的“拒不改正”情形。</td></tr>
<tr><td>证据、依据
及处罚建议</td><td colspan="5">环境监察现场笔录、环境违法案件调查（询问）笔录、废水现场采样记录、监测报告、责令改正违法行为决定书（苏环责改字〔2016〕×××号、苏环责改字〔2016〕×××号）、行政处罚决定书（苏环罚决〔2016〕第×××号）及送达回证等。
建议依据《环境保护主管部门实施按日连续处罚办法》第十七条、第十九条的规定，实施按日连续处罚（计罚日数为 5 月 18—5 月 22 日共 5 日，每日罚款数额为 182 393 元）：罚款 911 965 元。</td></tr>
<tr><td>承办人
意　见</td><td colspan="5">经初步审核：符合处罚条件
建议：发事先（听证）告知书
承办人：×××、×××　　2016 年 7 月 14 日</td></tr>
<tr><td>处 室
审 议
意 见</td><td colspan="5">出席人员：×××、×××、×××、×××、×××、×××
审核意见：同意。
负责人：×××　　　2016 年 7 月 14 日</td></tr>
</table>

移送公安机关行政拘留材料

××煤业有限公司采取规避监管方式排放水污染物案

××煤业有限公司采取规避监管方式排放水污染物案

【案件提供单位】

河南省×××环境保护局

【案件简介】

××煤业有限公司在污水处理站总排口附近放置一个清水桶，自动监控设施采样管直接从该清水桶中采样，依据《水污染防治法》第七十条和《环境保护法》第六十三条第三项规定，对该公司进行罚款 7 万元，并已移送当地公安机关处理。

【专家点评】

××煤业公司采取规避监管的方式排放水污染物案卷材料充分、逻辑清晰，案件办理规范。案件执法手段丰富，执法部门根据环保与公安联动执法机制，及时启动移送程序；对涉案证物（黄色水桶）进行了证据保全，下达了“先行登记保存证据通知书”；为确定处罚的合法性，还积极引入律师意见，协助案件的定性和量罚。

（一）该案的优点

1. 案卷材料清晰

该移送拘留案件的原行政处罚案卷材料完整，从立案审批表、现场检查（勘察）笔录、调查询问笔录、责令改正违法行为决定书、案件审查意见表、案件集体讨论意见、行政处罚听证告知书、行政处罚听证通知书、行政处罚决定书以及相关文书送达回证等材料齐全、清晰。

2. 事实调查清楚

该案违法事实比较清晰，涉案煤业公司生产过程中，将自动监控设施采样管置入污水处理站总排口附近的一个装有清水的黄色桶内，直接从该清水桶中采取水样，逃避外排污水监测。执法部门对涉案企业环保科长进行询问，并制作询问笔录；结合之前现场勘察笔录、现场检查照片和物证（黄色水桶），互相印证，共同证明了涉案企业通过擅自改变自动监控设施采样管位置，使用清水桶变更正常监测的方式，规避自动监测。

3．法律适用准确，自由裁量权行使细化有据

该案适用《水污染防治法》第七十条对涉案企业在接受监督检查时弄虚作假违法行为进行处罚的定性准确，法律适用正确。同时，依据《河南省环境行政处罚裁量标准》规定，细化了罚款处罚。同时，环保局也对企业违法行为进行了责令改正。

在进行行政处罚后，依据《环境保护法》六十三条和《行政主管部门移送适用行政拘留环境违法案件暂行办法》《×××环境保护局×××公安局关于切实加强环境行政执法和刑事司法衔接工作的通知》将案件移送公安机关。

（二）存在的问题和建议

该案的证据收集和法律适用上可以进一步完善。

1．取证过程可以进一步完善

案卷可以增加该公司的环评报告，印证询问笔录中有关企业生产工艺和污染产生的情况，全面反映其污染物产生的状况；

有必要对污水处理站外排口污水取样检测，查明是否存在超标排放污染物情况；

另外，现场勘验笔录所附示意图可以增加标注污水从产生到进入外环境的走向示意图。

2．法律适用时应当考虑法条修改情况

该案的处罚决定书中援引了《污染源自动监控设施现场监督检查办法》第二十条第一、第五项“排污单位或者运营单位有下列行为之一的，依照《中华人民共和国水污染防治法》第七十条或者《中华人民共和国大气污染防治法》第四十六条第（二）项的规定处罚的表述，机械照搬了办法的规定，没有考虑《大气污染防治法》修改后，第四十六条已经发生变化的情况。

环境保护行政处罚案卷卷宗

编　　号	×环罚决字〔2016〕第（×××）号			
被处罚单位	××煤业有限公司			
案　　由	采取规避监管的方式排放水污染物			
归档时间	2016 年 11 月 29 日	保管期限	暂 存	
序号	卷内文书材料			页码
1	执法人员执法证复印件			1
2	查处环境保护违法行为立案审批表			2
3	环境保护现场检查（勘查）记录			3-4
4	现场勘查示意图			5
5	执法照片			6-9
6	×××环境监察支队约见通知单			10
7	授权书			11
8	环境保护调查询问笔录			12-14
9	责令改正环境违法行为决定书及送达回证			15-17
10	营业执照			18
11	先行登记保存证据通知书			19
12	环保调查终结报告			20
13	行政处罚一事的律师备忘录			21-22
14	行政处罚案件审查意见表			23
15	行政处罚事先（听证）告知书及送达回证			24-26
16	行政处罚案件集体讨论笔录及签名表			27-29
17	行政处罚审批表			30
18	行政处罚决定书及送达回证			31-33
19	×××环境保护局移送案件的函			34-35
20	×××环境保护局与×××公安局文件			36-37
21	行政拘留处罚案件审批表			38
22	行政拘留处罚案件移送书			39
23	行政拘留处罚案件移送材料清单			40-41

XX市环境保护局

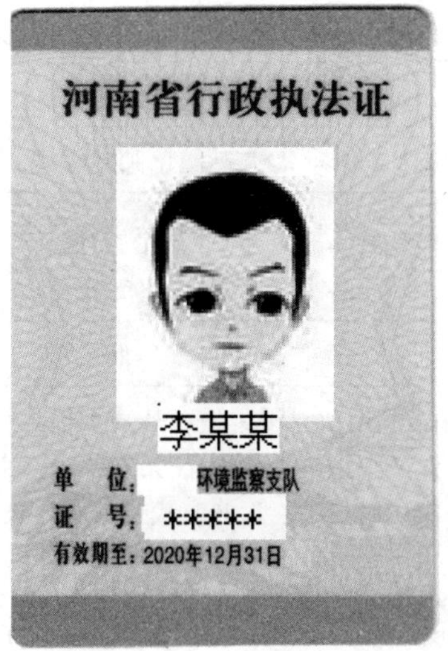
河南省行政执法证
李某某
单 位： 环境监察支队
证 号： *****
有效期至：2020年12月31日

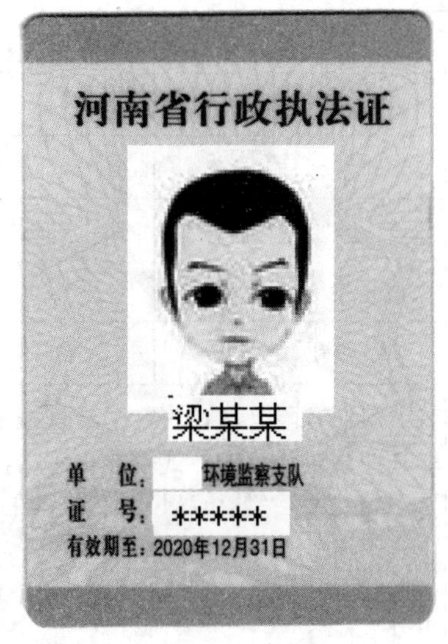
河南省行政执法证
梁某某
单 位： 环境监察支队
证 号： *****
有效期至：2020年12月31日

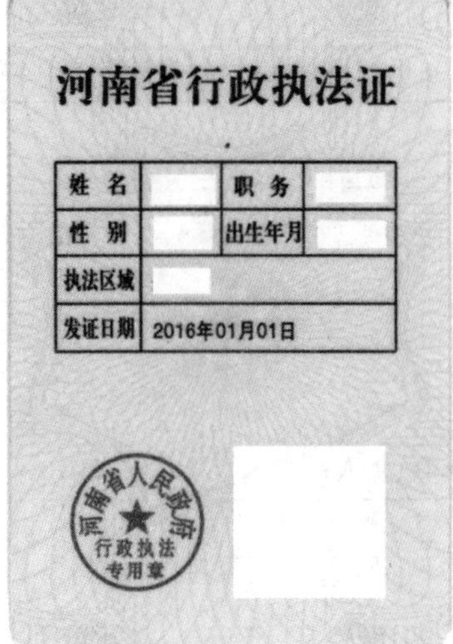
河南省行政执法证
姓 名
职 务
性 别
出生年月
执法区域
发证日期 2016年01月01日
河南省人民政府
行政执法
专用章

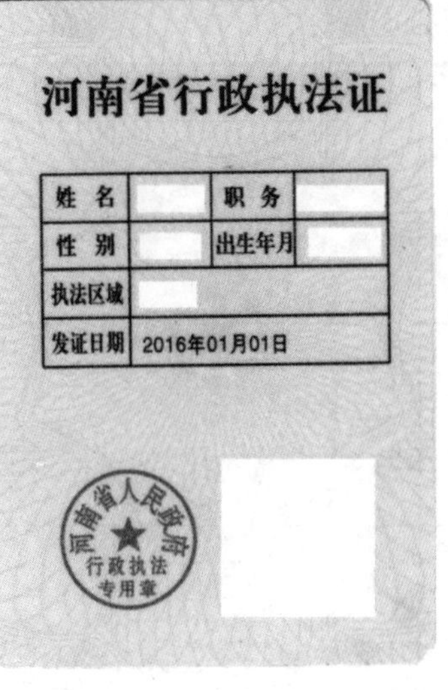
河南省行政执法证
姓 名
职 务
性 别
出生年月
执法区域
发证日期 2016年01月01日
河南省人民政府
行政执法
专用章

×××环境保护局
环境违法行为立案审批表

<table>
<tr><td>案件来源</td><td colspan="2">现场执法检查</td><td>立案号</td><td></td></tr>
<tr><td>案　　由</td><td colspan="4">××煤业有限公司采取其他规避监管的方式排放污染物</td></tr>
<tr><td rowspan="4">当事人</td><td>名称或姓名</td><td colspan="3">××煤业有限公司</td></tr>
<tr><td>地址（住址）</td><td>×××</td><td>邮政编码</td><td>×××</td></tr>
<tr><td>营业执照注册号
（居民身份证号码）</td><td>社会统一信用代码：
××××××</td><td>法定代表人
（负责人）</td><td>×××</td></tr>
<tr><td>组织机构代码</td><td></td><td>职　务</td><td></td></tr>
<tr><td>违法事实
立案依据</td><td colspan="4">××煤业有限公司在正常生产过程中，利用信息采集设备从清水桶中直接采取水样，采取其他规避监管的方式排放水污染物。违反了《中华人民共和国水污染防治法》第二十二条第二款：“禁止私设暗管或者采取其他规避监管的方式排放水污染物。”的规定。

主办人：×××　　协办人：×××　　2016 年 11 月 11 日</td></tr>
<tr><td>承办部门
意　　见</td><td colspan="4">同意

承办部门负责人：×××　　监察机构负责人：×××　　2016 年 11 月 14 日</td></tr>
<tr><td>监察机构
主管领导
意　见</td><td colspan="4">同意
签　名：×××　　2016 年 11 月 14 日</td></tr>
<tr><td>法制机构
审查意见</td><td colspan="4">同意

承办人：×××　　法制机构负责人：×××　　2016 年 11 月 15 日</td></tr>
<tr><td>法制机构
主管领导
审批意见</td><td colspan="4">同意
签　名：×××　　2016 年 11 月 15 日</td></tr>
<tr><td>备　注</td><td colspan="4"></td></tr>
</table>

×××环境保护局现场检查（勘察）笔录

检查（勘察）时间：2016年11月7日15时50分至17时10分

检查（勘验）地点：××煤业有限公司

被检查（勘验）单位名称：××煤业有限公司

法定代表人（负责人）：××× 电话：×××

被检查（勘验）人姓名：××× 性别：男 职业：环保科长

身份证号码：××× 工作单位：××煤业有限公司

电话：×××住址：××× 邮编：×××

检查（勘验）人姓名：××× 执法证件号：×××

检查（勘验）人姓名：××× 执法证件号：×××

记录人姓名：×××执法证件号：×××

见证人姓名：身份证号码：

检查（勘验）记录：

2016年11月7日15时50分×××环境监察支队执法人员×××、×××对××煤业有限公司进行现场检查，已出示执法证，并说明来意，且被检查单位未提出回避申请。

1．生产情况

现场检查时，该单位正在生产，出煤口有煤外运，今日下井工人有350多人。

2．在线监控设施运行情况

现场检查时，发现该公司污水处理站总排口附近放置有一个黄色清水桶，自动监控设施采样管直接从该清水桶中采取水样。已采集总排口水样送检。

3．周围敏感点情况：

被检查（勘验）人：××× 检查（勘验）人×××、×××

2016年11月7日 2016年11月7日

共2页第1页

该单位东、西侧为荒地，南侧为山地，北侧为道路。

4．记录执法人员现场取证情况和被检查单位的配合情况。

现场执法过程中该单位环保主管及相关工作人员能积极配合环保执法工作。现场拍照取证。

被检查（勘验）人（阅示后签注）：

情况属实。　　×××　　　　　　　　　　2016 年 11 月 7 日

被检查（勘验）人：×××　　　　　　　　日期：2016 年 11 月 7 日

检查（勘验）人：×××、×××　　　　　　日期：2016 年 11 月 7 日

见证人：×××　　　　　　　　　　　　　日期：　　年　　月　　日

记录人：×××　　　　　　　　　　　　　日期：2016 年 11 月 7 日

共 2 页第 2 页

现场勘查示意图

（企业名称：×× 煤业有限公司）

根据现场勘查实际情况，合理布图、详略得当，突出建设项目违法建设、生产部分，如被调查单位建设地址（是否与环评批复一致）及周边敏感点的位置，被调查单位主要生产车间、设备分布情况、环境保护设施位置（是否与环评批复一致）等。

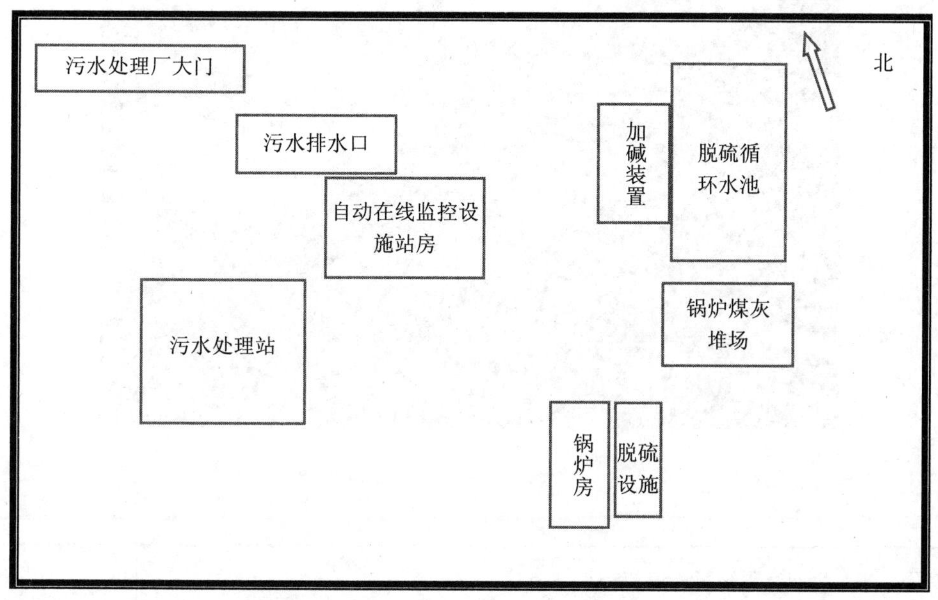

勘查人：×××（执法证号：×××）

×××（执法证号：×××）

绘图人：×××（执法证号：×××）

绘图时间：2016 年 11 月 7 日

当事人签字：×××

拒签理由：

见证人：

现场照片（图片、影像资料）证据

<table>
<tr><td>证明对象：××煤业有限公司逃避监控设施监管</td><td rowspan="6">证物袋
（存底片、光盘等）</td></tr>
<tr><td>拍摄时间：2016 年 11 月 7 日 15 时 50 分</td></tr>
<tr><td>拍摄地点：××煤业有限公司污水总排口</td></tr>
<tr><td>拍摄人：×××</td></tr>
<tr><td>当事人、见证人签名：×××</td></tr>
<tr><td>执法人员（签名）：××× 、 ×××
执法证号：××××××</td></tr>
</table>

现场照片（图片、影像资料）证据

<table>
<tr><td>证明对象：××煤业有限公司逃避监控设施监管</td><td rowspan="6">证物袋
（存底片、光盘等）</td></tr>
<tr><td>拍摄时间：2016 年 11 月 7 日 15 时 51 分</td></tr>
<tr><td>拍摄地点：××煤业有限公司污水总排口</td></tr>
<tr><td>拍摄人：×××</td></tr>
<tr><td>当事人、见证人签名：×××</td></tr>
<tr><td>执法人员（签名）：×××、×××
执法证号：××××××</td></tr>
</table>

现场照片（图片、影像资料）证据

<table>
<tr><td>证明对象：××煤业有限公司逃避监控设施监管</td><td rowspan="6">证物袋
（存底片、光盘等）</td></tr>
<tr><td>拍摄时间：2016 年 11 月 7 日 15 时 53 分</td></tr>
<tr><td>拍摄地点：××煤业有限公司污水总排口</td></tr>
<tr><td>拍摄人：×××</td></tr>
<tr><td>当事人、见证人签名：×××</td></tr>
<tr><td>执法人员（签名）：×××、×××
执法证号：××××××</td></tr>
</table>

现场照片（图片、影像资料）证据

<table>
<tr><td>证明对象：××煤业有限公司逃避监控设施监管</td><td rowspan="6">证物袋
（存底片、光盘等）</td></tr>
<tr><td>拍摄时间：2016 年 11 月 7 日 15 时 54 分</td></tr>
<tr><td>拍摄地点：××煤业有限公司污水总排口</td></tr>
<tr><td>拍摄人：×××</td></tr>
<tr><td>当事人、见证人签名：×××</td></tr>
<tr><td>执法人员（签名）：×××、×××
执法证号：××××××</td></tr>
</table>

×××环境监察支队

约见通知单

××煤业有限公司：

根据《中华人民共和国环境保护法》和《中华人民共和国环境影响评价法》等法律法规依法对你单位进行检查，因你单位不能现场提供有关手续，请你单位负责人于 2016 年 11 月 11 日前，带齐下列材料到我支队说明情况，逾期不到，我们将依照有关环境保护法律法规进行严肃处理。

1．建设项目环境影响审批（验收）手续；

2．工商营业执照复印件（盖章）；

3．企业授权书。

执法人员：　×××　执法证编号：×××

执法人员：　×××　执法证编号：×××

地址：××市×× 区××路×号×楼×房间

电话：×××

2016 年 11 月 7 日

授 权 书

袁某某任我公司环保科长，性别：男，年龄：×××，身份证号：×××，全权代表我公司（××煤业有限公司）配合×××环境保护局对我单位的现场检查工作，并接受询问，代收法律文书等。

特此委托。

××煤业有限公司

2016年11月11日

×××环境保护局调查询问笔录

询问时间：2016 年 11 月 11 日 16 时 45 分至 17 时 20 分

询问地点：×××

询问人：×××执法证件号：×××

记录人：×××执法证件号：×××

被询问单位：××煤业有限公司

法定代表人（负责人）：陈某某　电话：×××邮编：×××

被询问人姓名：袁某某性别：男 年龄 ××民族：×

身份证号码：××××××电话：××××××

工作单位：××煤业有限公司

职务或职业：×××煤业有限公司环保科长

与本案关系：

询问内容：

我们是×××环境监察支队 的执法人员：×××、×××，这是我们的执法证件，请你确认。现依法向你询问，请如实回答所问问题，执法人员与你又利害关系的，你可以申请回避。

答：你们的证件我已经看过，清楚明白，不申请回避。

问：请问你的姓名、工作单位及职务、具体负责哪些工作、联系方式？你与被调查单位是什么关系？

答：我叫袁某某，身份证号：×××，在××煤业有限公司工作，在我单位负责环保工作，联系方式：×××，我是××煤业有限公司的正式职工。

问：你单位全称？法定代表人？

答：我单位全称：××煤业有限公司，法定代表人：陈某某。

被询问人：×××　2016 年 11 月 11 日

询问人：×××　2016 年 11 月 11 日

记录人：×××　2016 年 11 月 11 日

参加人（见证人）：　年　月　日

共 2 页第 1 页

问：你单位通信地址？邮编？联系方式？

答：我单位通信地址：×××，邮编：×××，联系方式：×××。

问：你公司主要产品？生产设备？是否办理了环评？是否经过环保主管部门审批？是否验收？审批及验收文号？

答：主要产品：煤炭；主要生产设备：年产 180 万 t 煤矿 1 座；主要生产工艺：工作面—工作面运输顺槽—运输大巷—主井煤仓—立井—地面筛选—装仓。我单位已办理相关环保审批手续，2003 年 5 月 13 日，经过河南省环境保护局审批【关于《××煤业有限责任公司×××矿井（1.80Mt/a）环境影响报书》的批复豫环然〔2003〕×××号】；2008 年 11 月 11 日，通过河南省环境保护局验收【《关于××煤业有限责任公司×××矿井（1.80Mt/a）工程竣工环境保护验收意见》豫环然验〔2008〕×××号】。

问：2016 年 11 月 7 日，你单位生产情况？

答：2016 年 11 月 7 日我单位正在生产，下井工人有 350 多人。

问：2016 年 11 月 7 日对你公司污水处理站进行现场检查，发现你公司污水处理站总排口中放置有黄色清水桶，自动监控设施采样管直接从该清水桶中采取水样。为什么要放置该清水桶？

答：因 2016 年 11 月 7 日对污水处理站污水外排口池壁进行清洗，加上连续下雨，厂区雨水流入污水处理站，造成污水处理站运行负荷过大，害怕外排水不达标，就临时将取样管道放到清水中。下步我们将加大对环保相关法律学习，提高环保管理水平。

问：你公司自动监控设施采样管直接从清水桶中采取水样的情况从什么时间开始？你公司污水处理站由谁负责？

答：我公司自动监控设施采样管直接从清水桶中采取水样的情况从 2016 年 11 月 7 日 8 时开始；污水处理站由我负责。

问：有无其他要反映的情况？有无其他资料要提供？

答：无，无。

问：以上记录与你所述是否一致？

答：一致。

以下空白。

被询问人签字：×××　　2016 年 11 月 11 日

拒绝签字的理由：

询问人签字：×××　　2016 年 11 月 11 日

记录人签字：×××　　2016 年 11 月 11 日

共 2 页第 2 页

×××环境保护局
责令改正环境违法行为决定书

××环违改字〔2016〕×××号

单 位 名 称：××煤业有限公司

营业执照注册号：××××××

组织机构代码：××××××

法定代表人：陈某某

地 址：××省××市×××

一、环境违法事实和证据

2016 年 11 月 7 日，我局执法人员对你单位进行现场检查时发现，你单位实施了以下违法行为：你单位位于××省××市×××设计年产 180 万吨煤矿正在生产中，配套建设污水处理站正在运行，总排水口有水外排，总排口附近放置有黄色清水桶，水在线监控设施采样管从该清水桶提取水样，外排污水规避了污染源自动监控设施监控。

以上事实有：1. 调查询问笔录（3 张 3 页）；2. 现场勘察笔录（2 张 2 页）；3. 现场影像或照片（4 张 4 页）等证据为凭。

你单位的上述行为违反了《中华人民共和国水污染防治法》第二十二条第二款：“禁止私设暗管或者采取其他规避监管的方式排放水污染物。”

二、责令改正的依据、内容及其履行方式和期限

依据《中华人民共和国行政处罚法》第二十三条：“行政机关实施行政处罚时，应当责令当事人改正或者限期改正违法行为”和《中华人民共和国水污染防治法》第七十条：“拒绝环境保护主管部门或者其他依照本法规定行使监督管理权的部门的监督检查，或者在接受监督检查时弄虚作假的，由县级以上人民政府环境保护主管部门或者其他依照本法规定行使监督管理权的部门责令改正，处一万元以上十万元以下的罚款。”规定，我局责令你单位：

1．立即停止违法行为。

2．并于 20××年××月××日前将改正情况书面报告我局。

3．我局将对你单位违法行为改正情况进行监督和复查。依照《中华人民共和国环境

保护法》第六十三条第（三）项“企业事业单位和其他生产经营者有下列行为之一，尚不构成犯罪的，除依照有关法律法规规定予以处罚外，由县级以上人民政府环境保护主管部门或者其他有关部门将案件移送公安机关，对其直接负责的主管人员和其他直接责任人员，处十日以十五日以下拘留；情节较轻的，处五日以上十日以下拘留：（三）通过暗管、渗井、渗坑、灌注或者篡改、伪造监测数据，或者不正常运行防治污染设施等逃避监管的方式违法排放污染物的”的规定，将该案件移送公安机关，对其直接主管人员和其他责任人员处十日以十五日以下拘留；情节较轻的，处五日以上十日以下拘留。

三、申请行政复议或者提起行政诉讼的途径和期限

如不服本决定，可在收到本决定书之日起六十日内向河南省环境保护厅或者向×××人民政府申请行政复议；也可以在接到本决定书之日起六个月内向人民法院提起行政诉讼。

逾期不申请行政复议，不提起行政诉讼，又不履行本决定的，我局将依法申请人民法院强制执行。

XXX环境保护局

2016年 月11日

行政处罚文书送达回证

送达文书名称、文号	《×××环境保护局责令改正环境违法行为决定书》 ×环监违改字〔2016〕第×××号
受送达人	××煤业有限公司
送 达 地 点	×××
受送达人（签字或盖章）	×××
代收人（签字）	
代收人与受送达人关系	
送 达 日 期	2016 年 11 月 11 日
送 达 方 式	直接送达
拒收原因	
见证人（签字）	年 月 日
送达人（签字）	×××、××× 2016 年 11 月 11 日
备 注	

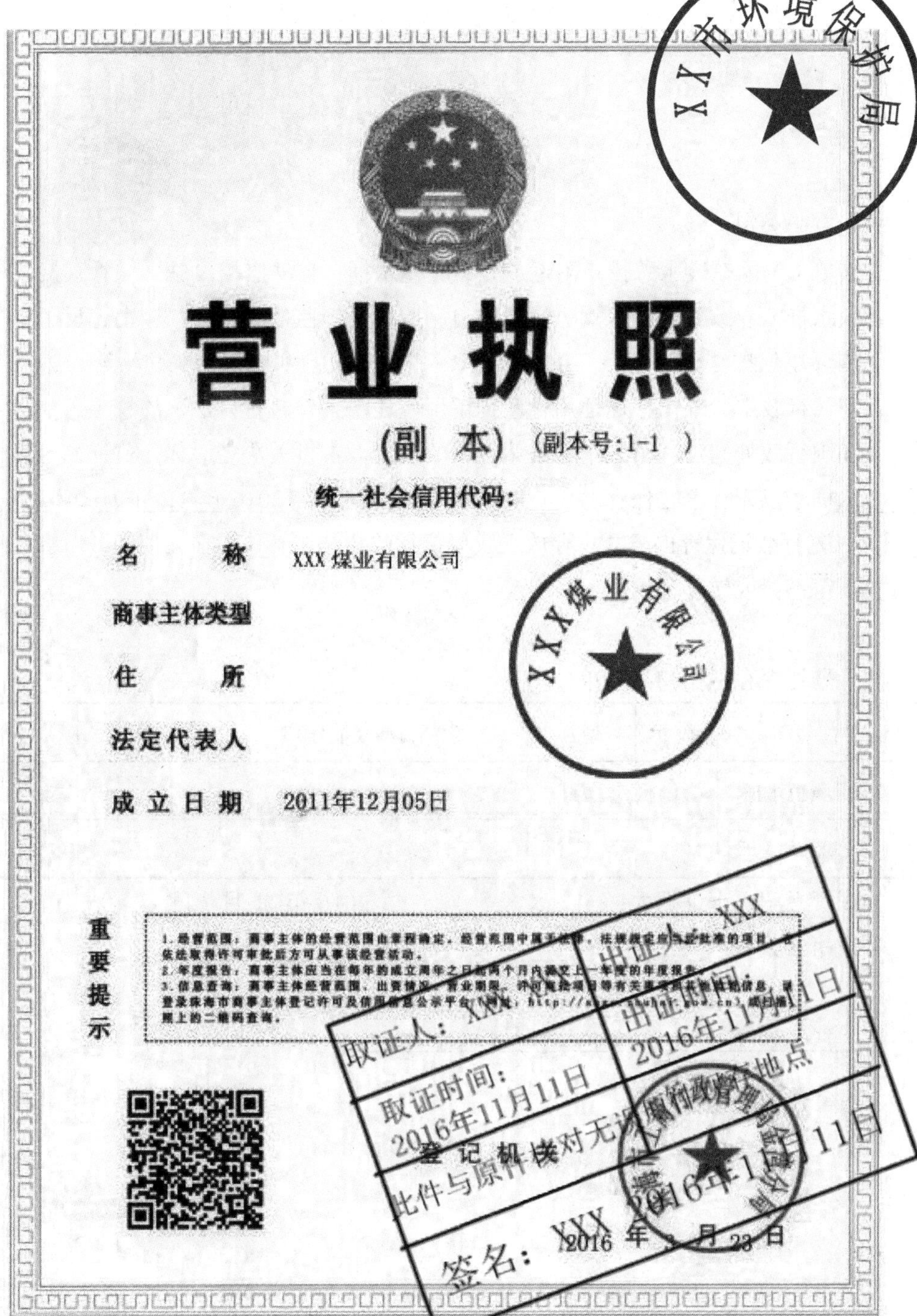

营业执照

(副　本)　(副本号:1-1　)

统一社会信用代码:

名　　称　XXX煤业有限公司

商事主体类型

住　　所

法定代表人

成 立 日 期　2011年12月05日

重要提示

1.经营范围：商事主体的经营范围由章程确定。经营范围中属于法律、法规规定应当经批准的项目，依法取得许可审批后方可从事该经营活动。
2.年度报告：商事主体应当在每年的成立周年之日起两个月内报送上一年度的年度报告。
3.信息查询：商事主体经营范围、出资情况、营业期限、许可审批项目等有关事项及其他信息，请登录珠海市商事主体登记许可及信用信息公示平台(网址：http://　　.gov.cn)或扫描执照上的二维码查询。

登 记 机 关

2016 年 3 月 23 日

先行登记保存证据通知书

（×）罚登存通字〔2016〕第×××号

××煤业有限公司：

你（单位）因在废水总排口附近放置一黄色水桶，自动监控设施采样管直接从该清水桶中提取水样，导致外排废水规避污染源自动监控设施监控的行为，分别违反了《中华人民共和国环境保护法》第六十三条第三项、《中华人民共和国水污染防治法》第二十二条第二款和《行政主管部门移送适用行政拘留环境违法案件暂行办法》的规定。依照《中华人民共和国行政处罚法》第三十七条第二款的规定，本机关决定对你（单位）的违法使用的黄色水桶予以先行登记保存。先行登记保存证据物品自2016年11月7—2016年11月13日，以先行登记保存的方式，存放于我单位行政执法车辆中。在此期间，当事人或者有关人员不得销毁或转移证据。

附：先行登记保存证据物品清单

序号	名称	数量	型号	生产日期（批号）	生产单位	备注
1	黄色水桶	1	塑料			
—	—	—	—			

被先行登记保存证据人：×××　　2016年11月7日

行政执法人员：×××　　执法证号：×××

×××　　执法证号：×××

2016年11月7日

注：本文书一式两份。一份送达被先行登记保存证据人，一份行政机关存档。

案件调查终结报告

当事人：××煤业有限公司

案件调查终结时间：2016 年 11 月 11 日

检查（勘察）人员签名：×××　　×××

当事人的基本情况和违法事实：××煤业有限公司位于×××市×××号，法定代表人：×××，联系电话：×××。经查，该单位在正常生产过程中，在污水处理站总排口附近放置有一个黄色清水桶，自动监控设施采样管直接从该清水桶中采取水样，违反了《中华人民共和国水污染防治法》第二十二条第二款："禁止私设暗管或者采取其他规避监管的方式排放水污染物。"的规定。

当事人违法的证据：1.《×××环境保护局调查询问笔录》1 份共 3 页；2.《×××环境保护局现场检查（勘察）笔录》1 份共 2 页；3.现场检查照片 4 张；4.调查终结报告表（1 份共 1 页）；5.现场勘查示意图（1 份 1 页）；6.组织机构代码证（1 份共 1 页）；7.营业执照（1 份共 1 页）；8.企业授权书（1 份共 1 页）。

违法行为等次：较重违法行为

应当受到处罚的依据和种类：依据《中华人民共和国水污染防治法》第七十条"拒绝环境保护主管部门或者其他依照本法规定行使监督管理权的部门的监督检查，或者在接受监督检查时弄虚作假的，由县级以上人民政府环境保护主管部门或者其他依照本法规定行使监督管理权的部门责令改正，处一万元以上十万元以下的罚款。"规定。

参照《河南省环境行政处罚裁量标准》二、水污染防治类；1. 情节与后果：拒绝检查，弄虚作假，经教育不改正的；行政处罚标准：责令改正，处 1 万元以上 5 万以下罚款；情节严重的，处 5 万元以上 8 万元以下罚款。

行政处罚建议：建议给予柒万元罚款。建议对其直接负责的主管人员和其他直接责任人员，处十日以上十五日以下拘留。

办案人员（签名）：×××　　×××

办案单位（盖章）

2016 年 [illegible] 月 14 日

关于××煤业有限公司行政处罚一事的律师备忘录

一、基本情况

1．拟处罚的违法事实

2016 年 11 月 7 日，×××环境监察支队对该单位现场检查时发现，该单位污水处理站正常运行，总排口有水外排。总排口附近放置有一黄色水桶，自动监控设施采样管直接从该清水桶中取水样，外排污水规避了污染源自动监控设施监控，自动监控数据不能反映真实排污状况。

2．拟处罚的法律依据

根据《污染源自动监控设施现场监督检查办法》第二十条第一、第五项“排污单位或者运营单位有下列行为之一的，依照《中华人民共和国水污染防治法》第七十条或者《中华人民共和国大气污染防治法》第四十六条第（二）项的规定处罚：（一）将部分或者全部污染物不经规范的排放口排放，规避污染源自动监控设施监控的；（五）其他欺骗现场监督检查人员，掩盖真实排污状况行为。”和《中华人民共和国水污染防治法》第七十条“拒绝环境保护主管部门或者其他依照本法规定行使监督管理权的部门的监督检查，或者在接受监督检查时弄虚作假的，由县级以上人民政府环境保护主管部门或者其他依照本法规定行使监督管理权的部门责令改正，处一万元以上十万元以下的罚款”的规定。

参照《河南省环境行政处罚裁量标准（修订）》的规定，该单位的违法行为属于较重违法行为，拒绝检查、弄虚作假使检查难以进行或者造成人身财产损失的责令改正，处 5 万元以上 8 万元以下罚款。

拟给予七万元罚款的行政处罚，并根据《环境保护法》第六十三条第三款的规定，将案件移送公安机关。

以上基本情况有向本律师提供的：案卷材料确定。

二、建议

本案事实清楚，适法正确，建议可以给予行政处罚。

备忘律师：×××

2016 年 11 月 14 日

行政处罚案件审查意见表

当事人	××煤业有限公司
基本案情	2016年11月7日，×××环境监察支队对该单位现场检查时发现，该单位污水处理站正在运行，总排口有水外排。总排口附近放置有一个黄色清水桶，自动监控设施采样管直接从该清水桶中采取水样，外排污水规避了污染源自动监控设施监控，自动监控数据不能反映真实排污状况。根据《污染源自动监控设施现场监督检查办法》第二十八条第一、第五项“排污单位或者运营单位有下列行为之一的，依照《中华人民共和国水污染防治法》第七十条规定，调查部门提出了罚款七万元的处罚建议。
法制部门案件审查人意见	该案件符合程序规定，证据基本符合要求，建议按调查部门意见给该单位下达罚款七万元的行政处罚事先（听证）告知书。 签字：××× 2016年11月15日
法制部门负责人意见	同意 签字：××× 2016年11月15日
主管领导意见	同意 签字：××× 2016年11月15日

××× 环 境 保 护 局
行 政 处 罚 事 先（听证）告 知 书

×环罚先告字〔2016〕×××号

××煤业有限公司：
统一社会信用代码：×××
法定代表人：×××
地址：×××

一、环境违法事实和证据

2016年11月7日，×××环境监察支队对你单位现场检查时发现，你单位污水处理站正常运行，总排口有水外排。总排口附近放置有一黄色水桶，自动监控设施采样管直接从该清水桶中取水样，外排污水规避了污染源自动监控设施监控，自动监控数据不能反映真实排污状况。执法人员11月11日送达了《责令改正环境违法行为决定书》（×环监违改字〔2016〕第×××号），责令你单位立即停止环境违法行为。

以上事实，有《现场检查（勘察）笔录》《询问笔录》、现场照片和《责令改正环境违法行为决定书》等证据为凭。

根据你单位违法行为的事实、性质、情节、社会危害程度，参照《河南省环境行政处罚裁量标准（修订）》的规定，你单位的违法行为属于较重违法行为。

二、拟给予的行政处罚

根据《污染源自动监控设施现场监督检查办法》第二十条第一、第五项“排污单位或者运营单位有下列行为之一的，依照《中华人民共和国水污染防治法》第七十条或者《中华人民共和国大气污染防治法》第四十六条第二项的规定处罚：（一）将部分或者全部污染物不经规范的排放口排放，规避污染源自动监控设施监控的；（五）其他欺骗现场监督检查人员，掩盖真实排污状况行为”和《中华人民共和国水污染防治法》第七十条“拒绝环境保护主管部门或者其他依照本法规定行使监督管理权的部门的监督检查，或者在接受监督检查时弄虚作假的，由县级以上人民政府环境保护主管部门或者其他依照本法规定行使监督管理权的部门责令改正，处一万元以上十万元以下的罚款”的规定，我局拟对你单位作出以下处理：

罚款人民币七万元整。

三、陈述申辩听证权利

根据《中华人民共和国行政处罚法》第三十一条“行政机关在作出行政处罚决定之前，应当告知当事人作出行政处罚决定的事实、理由及依据，并告知当事人依法享有的权利”、第三十二条“当事人有权进行陈述和申辩。行政机关必须充分听取当事人的意见，对当事人提出的事实、理由和证据，应当进行复核；当事人提出的事实、理由或者证据成立的，行政机关应当采纳。行政机关不得因当事人申辩而加重处罚”的规定，你单位如有异议，可以在收到本告知书之日起三日内向我局提出陈述和申辩意见；未提出陈诉申辩意见的，视为放弃陈述和申辩权利。

根据《中华人民共和国行政处罚法》第四十二条“行政机关作出责令停产停业、吊销许可证或者执照、较大数额罚款等行政处罚决定之前，应当告知当事人有要求举行听证的权利；当事人要求听证的，行政机关应当组织听证。当事人不承担行政机关组织听证的费用。听证依照以下程序组织：（一）当事人要求听证的，应当在行政机关告知后三日内提出……”的规定，你单位有要求举行听证的权利。如果要求听证，可以在收到本告知书之日起三日内向我局提出听证申请；逾期未提出听证申请的，视为放弃要求听证的权利。

联 系 人：××××××

通信地址：×××、×××、×××

邮政编码：×××

电　　话：×××

×××环境保护局

2016年11月[illegible]日

送达回证

送达文书名称、文号	《×××环境保护局行政处罚事先（听证）告知书》 ×环罚先告字〔2016〕第×××号
受送达人	××煤业有限公司
送 达 地 点	×××
受送达人（签字或盖章）	×××
代收人（签字）	
代收人与受送达人关系	
送 达 日 期	2016 年 11 月 17 日
送 达 方 式	直接送达
拒收原因	
见证人（签字）	年　月　日
送达人（签字）	×××、×××　　2016 年 11 月 17 日
备　　注	

行政处罚案件集体讨论笔录

案件名称：××煤业有限公司采取规避监管的方式排放水污染物案。

时　间：2016年11 月23日10时00分至10时40分

地　点：×××局九楼北会议室

主持人：×××职务：副局长 记录人：×××职务：副处长

参加人员姓名及职务：×××、×××、×××、×××、×××、×××

×××：下面政法处×××介绍案情。

×××：2016年11月7日，×××环境监察支队×××、×××对该单位现场检查时发现，该单位污水处理站正常运行，总排口有水外排。总排口附近放置有一黄色水桶，自动监控设施采样管直接从该清水桶中取水样，外排污水规避了污染源自动监控设施监控，自动监控数据不能反映真实排污状况。11月17日，我局根据《污染源自动监控设施现场监督检查办法》第二十条第一、第五项“排污单位或者运营单位有下列行为之一的，依照《中华人民共和国水污染防治法》第七十条或者《中华人民共和国大气污染防治法》第四十六条第（二）项的规定处罚：（一）将部分或者全部污染物不经规范的排放口排放，规避污染源自动监控设施监控的；（五）其他欺骗现场监督检查人员，掩盖真实排污状况行为”和《中华人民共和国水污染防治法》第七十条“拒绝环境保护主管部门或者其他依照本法规定行使监督管理权的部门的监督检查，或者在接受监督检查时弄虚作假的，由县级以上人民政府环境保护主管部门或者其他依照本法规定行使监督管理权的部门责令改正，处一万元以上十万元以下的罚款”的规定，参照《河南省环境行政处罚裁量标准》，向该单位送达了拟罚款七万元的《行政处罚事先（听证）告知书》（×环罚先告字〔2016〕×××号），告知该单位陈述申辩和听证权利。该单位逾期未向我局陈述、申辩，也未要求听证。我们认为该单位放弃了以上权利。

经与环境监察支队讨论研究后，建议按告知金额给该单位下达罚款七万元的处罚决定书。

同时，该单位的违法行为符合移送公安机关实施行政拘留情形，建议根据《环保法》和《行政主管部门移送适用行政拘留环境违法案件暂行办法》的规定，将该案件下达决定后移送公安机关对当事人实施行政拘留。

×××：请与会人员发表各自意见。

×××：这个案件是经我处与支队研究后，提出的这个建议，我本人的同意，按七万元处罚，并移送公安机关。

×××：这个案件是我调查的，该企业明显规避在线监控设施，用清水桶代替污水。应当罚款并移送公安机关。

×××：这是环境执法大练兵期间发现性质最有特点的案件，事实清楚，应当处罚并移交，我同意政法处提出的意见。

×××：我同意。

×××：我参加了意见讨论，我同意这个意见。

×××：同意。

×××：我参加了意见讨论，我同意。

×××：同意。

×××：同意。

×××：同意。

×××：同意。

×××：同意。

×××：刚才大家都表述了自己意见，一致同意政法处意见，我也同意。经讨论大家一致决定对×××煤业有限公司采取规避监管的方式排放水污染物的行为作出罚款7万元的处罚决定书，并移送公安机关。

附：行政处罚案件讨论与会人员签到表

行政处罚案卷讨论与会人员签到表

时间：2016 年 11 月 23 日上午 10 时 地点：局九楼北会议室

姓名	职务	单位	备注
×××	副局长		
×××	处长	××处	
×××	副处长	××处	
×××	副主任科员	××处	
×××	主任科员	××处	
×××	大队长	××队	
×××	主任科员	××区支队	
×××	科员	××区支队	
×××	副大队长	××区支队	
×××	中队长	××队	
×××	副科长	××科	
×××	副科长	支队××科	
×××	科长	支队××科	

行政处罚决定审批表

NO.106

<table>
<tr><td rowspan="6">当事人
基本情况</td><td>名称（姓名）</td><td colspan="3">××煤业有限公司</td></tr>
<tr><td>住址（地址）</td><td>×××</td><td>邮政编码</td><td>×××</td></tr>
<tr><td>营业执照注册号
（公民身份证号）</td><td>×××</td><td>组织机构代码
（行业）</td><td>×××</td></tr>
<tr><td>社会信用代码</td><td colspan="3">×××</td></tr>
<tr><td>法定代表人（负责人）</td><td>陈某某</td><td>职务</td><td></td></tr>
<tr><td colspan="4"></td></tr>
<tr><td>当事人违法事实和处罚依据</td><td colspan="4">2016 年 11 月 7 日×××环境监察支队对该单位现场检查时发现，该单位污水处理站正常运行，总排口有水外排。总排口附近放置有一黄色水桶，自动监控设施采样管直接从该清水桶中取水样，外排污水规避了污染源自动监控设施监控，自动监控数据不能反映真实排污状况。根据《污染源自动监控设施现场监督检查办法》第二十条第一、第五项和《中华人民共和国水污染防治法》第七十条的规定，给该单位下达了罚款七万元的行政处事先告知书。</td></tr>
<tr><td>陈　述
申辩及
听证情况</td><td colspan="4">该单位在规定时间未提出陈述申辩，也未申请听证。</td></tr>
<tr><td>当事人陈述申辩或听证意见复核及采纳情况</td><td colspan="4">建议按告知金额对该单位罚款七万元。

承办人签名：×××　　2016 年 11 月 23 日</td></tr>
<tr><td>法制机构
意见</td><td colspan="4">同意

签名：×××　　2016 年 11 月 23 日</td></tr>
<tr><td>主管局
领导意见</td><td colspan="4">同意

签名：×××　　2016 年 11 月 23 日</td></tr>
</table>

×××环境保护局
行政处罚决定书

×环罚决字〔2016〕×××号

××煤业有限公司：

统一社会信用代码：×××

法定代表人：陈某某

地址：×××、×××

一、环境违法事实和证据

2016年11月7日，×××环境监察支队对你单位现场检查时发现，你单位污水处理站正常运行，总排口有水外排。总排口附近放置有一黄色水桶，自动监控设施采样管直接从该清水桶中取水样，外排污水规避了污染源自动监控设施监控，自动监控数据不能反映真实排污状况。执法人员11月11日送达了《责令改正环境违法行为决定书》（×环监违改字〔2016〕第×××号），责令你单位立即停止环境违法行为。

以上事实，有《现场检查（勘察）笔录》《询问笔录》、现场照片和《责令改正环境违法行为决定书》等证据为凭。

2016年11月17日，我局向你单位送达了《行政处罚事先（听证）告知书》（×环罚先告字〔2016〕×××号），告知你单位陈述申辩和听证权利。你单位逾期未向我局陈述、申辩，也未要求听证。我局认为，你单位放弃前述权利。

以上事实，有《行政处罚事先（听证）告知书》和送达回证等证据为证。

根据你单位违法行为的事实、性质、情节、社会危害程度，参照《河南省环境行政处罚裁量标准（修订）》的规定，你单位的违法行为属于较重违法行为。

二、行政处罚的依据、种类及其履行方式和期限

根据《污染源自动监控设施现场监督检查办法》第二十条第一、第五项“排污单位或者运营单位有下列行为之一的，依照《中华人民共和国水污染防治法》第七十条或者《中华人民共和国大气污染防治法》第四十六条第（二）项的规定处罚：（一）将部分或者全部污染物不经规范的排放口排放，规避污染源自动监控设施监控的；（五）其他欺骗现场监督检查人员，掩盖真实排污状况行为”和《中华人民共和国水污染防治法》第七十条“拒

绝环境保护主管部门或者其他依照本法规定行使监督管理权的部门的监督检查，或者在接受监督检查时弄虚作假的，由县级以上人民政府环境保护主管部门或者其他依照本法规定行使监督管理权的部门责令改正，处一万元以上十万元以下的罚款”的规定，经研究，我局决定对你单位的违法行为处罚款人民币七万元整。

限于接到本决定之日起十五日内将罚款缴至指定银行和账号。1. ××银行营业部，账号：×××；2. ××交行，账号：×××；3. 工行××支行，账号：×××。你单位缴纳罚款后，应将缴款凭据报送我局换取正式收据。

三、申请行政复议或者提起行政诉讼的途径和期限

如不服本处罚决定，可在收到本处罚决定书之日起六十日内向河南省环境保护厅或者×××人民政府申请行政复议，也可以在接到处罚决定书之日起六个月内依法向人民法院提起行政诉讼。

逾期不申请行政复议，不提起行政诉讼，又不履行本处罚决定的，我局将依法申请人民法院强制执行。

×××环境保护局

2016 年 11 月 23 日

送达回证

送达文书名称、文号	《×××环境保护局行政处罚决定书》 ×环罚决字〔2016〕第×××号 《河南省政府非税收入专用缴款通知书》 No：0061997
受送达人	××煤业有限公司
送 达 地 点	××煤业有限公司办公室
受送达人（签字或盖章）	×××
代收人（签字）	
代收人与受送达人关系	
送 达 日 期	2016年11月24日
送 达 方 式	直接送达
拒收原因	
见证人（签字）	年 月 日
送达人（签字）	×××、××× 2016年11月24日
备 注	

××市环境保护局

×××环境保护局

×环函〔2016〕×××号

×××环境保护
关于联合查办×××煤业有限公司
环境监测数据弄虚作假违法案件的函

×××县（市）公安局：

我局执法人员在对企业例行检查时，发现××煤业有限公司涉嫌弄虚作假逃避监管的方式排放水污染物，依据《×××环境保护局×××公安局关于切实加强环境行政执法和刑事司法衔接工作的通知》（×环办〔2015〕×××号）文件要求，建议启动联动执法办案工作机制，请贵局给予支持。

联系人：××× 电话：×××

附件：××煤业有限公司违法情况

2016年×月28日

附 件

××煤业有限公司
环境监察数据弄虚作假违法情况

一、企业基本情况

违法企业名称：××煤业有限公司，地址：×××，法定代表人：陈某某，统一社会信用代码：×××。

二、违法事实

该单位污水处理站正常运行，总排口有水外排。总排口附近放置一黄色水桶，自动监控设施采样管直接从该清水桶取水样，外排污水规避污染源自动监控设施监控，自动监控数据不能真实反映排污状况。

三、该单位的违法行为实施处罚后应承担的法律责任

该单位弄虚作假逃避监管的方式排放污染物行为，违反了《中华人民共和国环境保护法》第六十三条：企业事业单位和其他生产经营者有下列行为之一，尚不构成犯罪的，除依照有关法律法规规定予以处罚外，由县级以上人民政府环境保护主管部门或者其他有关部门将案件移送公安机关，对其直接负责的主管人员和其他直接责任人员，处十日以十五日以下拘留；情节较轻的，处五日以上十日以下拘留：（三）通过暗管、渗井、渗坑、灌注或者篡改、伪造监测数据，或者不正常运行防治污染设施等逃避监管的方式违法排放污染物的。

×××环境保护局
×××公　安　局 **文件**

×环办〔2015〕×××号

×××环境保护局　×××公安局
关于切实加强环境行政执法和刑事司法衔接工作的通知

各县（市、区）环境保护局、公安局：

为认真贯彻《中华人民共和国刑法》《最高人民法院　最高人民检察院关于办理环境污染刑事案件适用法律若干问题的解释》、国务院《行政执法机关移送涉嫌犯罪案件的规定》和《河南省高级人民法院　河南省人民检察院 河南省公安厅 河南省环境保护厅关于依法办理环境污染刑事案件若干意见（试行）》（豫高法〔2014〕×××号）和《河南省环境保护厅 公安厅关于切实加强环境行政执法和刑事司法衔接工作的通知》（豫环文〔2014〕×××号），切实加强环境保护部门行政执法和公安机关刑事司法的协同配合，共同严厉打击环境污染犯罪行为，有效保护生态环境，维护人民群众生命财产安全，现通知如下：

……

×××环境保护局
移送涉嫌环境违法适用行政拘留处罚案件审批表

单位公章：　　　　　　　　　　　　　　　　　　审批号：×环拘移〔2016〕×××号

案　由	采取规避监管的方式排放水污染物				
企业名称或其他经营者	××煤业有限公司		组织机构代码（或者社会信用代码）	×××	
地　址	×××			邮政编码	×××
法定代表人或负责人	陈某某	有效证件及号码	×××	联系电话	×××
企业主要负责人	袁某某	有效证件及号码	×××	联系电话	×××
调查人员	×××、×××		承办部门	×××环境监察支队	
案情简介	2016年11月7日，×××环境监察支队对××煤业有限公司现场检查时发现，该单位污水处理站正常运行，总排口有水外排。总排口附近放置有一黄色水桶，自动监控设施采样管直接从该清水桶中取水样，外排污水规避了污染源自动监控设施监控，自动监控数据不能反映真实排污状况。				
行政拘留处罚移送依据和处理意见	依据《中华人民共和国环境保护法》第六十三条和《行政主管部门移送适用行政拘留环境违法案件暂行办法》。建议移送公安部门实施行政拘留。 经 办 人：×××　　　　2016年11月25日				
调查部门意见	同意 签　　名：×××　　　　2016年11月25日				
部门法制机构意见	同意 签　　名：×××　　　　2016年11月25日				
局分管领导意见	同意 签　　名：×××　　　　2016年11月25日				
局主要领导意见	同意 签　　名：×××　　　　2016年11月25日				
备注					

×××环境保护局
涉嫌环境违法适用行政拘留处罚案件移送书

<table>
<tr><td>案　由</td><td colspan="5">采取规避监管的方式排放水污染物</td></tr>
<tr><td>企业名称或
其他经营者</td><td colspan="3">××煤业有限公司</td><td>组织机构代码（或者社会信用代码）</td><td>×××</td></tr>
<tr><td>地　址</td><td colspan="3">×××</td><td>邮政编码</td><td>×××</td></tr>
<tr><td>法定代表人或负责人</td><td>×××</td><td>有效证件及号码</td><td>×××</td><td>联系电话</td><td>×××</td></tr>
<tr><td>企业主要负责人</td><td>×××</td><td>有效证件及号码</td><td>×××</td><td>联系电话</td><td>×××</td></tr>
<tr><td>调查人员</td><td colspan="3">×××、×××</td><td>承办部门</td><td>×××环境监察支队</td></tr>
<tr><td>简要案情</td><td colspan="5">2016年11月7日，×××环境监察支队对你单位现场检查时发现，你单位污水处理站正常运行，总排口有水外排。总排口附近放置有一黄色水桶，自动监控设施采样管直接从该清水桶中取水样，外排污水规避了污染源自动监控设施监控，自动监控数据不能反映真实排污状况。×××环保局已对该单位的行为下达处罚7万元的行政处罚决定书。</td></tr>
<tr><td>移送依据</td><td colspan="5">《中华人民共和国环境保护法》第六十三条；
《行政主管部门移送适用行政拘留环境违法案件暂行办法》。</td></tr>
<tr><td>移送建议</td><td colspan="5">移送公安机关对该单位有关责任人实施行政扣留</td></tr>
<tr><td colspan="6">经办人（执法证号）：×××　执法证号：×××
×××　执法证号：×××

2016年11月28日
（行政机关公章）</td></tr>
</table>

×××环境保护局
涉嫌环境违法适用行政拘留处罚案件移送材料清单

案由：不正常运行水污染防治设施

材料名称	数 量	提供部门	备 注
执法人员执法证复印件	1页	×××环保局	
移送涉嫌环境违法适用行政拘留处罚案件审批表	1页	×××环保局	
涉嫌环境违法适用行政拘留处罚案件移送书	1页	×××环保局	
立案审批表	1页	×××环保局	
现场检查（勘察）笔录	2页	×××环保局	
现场勘查示意图	1页	×××环保局	
现场照片（图片）证据	8页	×××环保局	
×××环境监察支队约见通知单	1页	×××环保局	
授权委托书	1页	××煤业有限公司	
调查询问录	3页	×××环保局	
责令改正违法行为决定书及送达回证	3页	×××环保局	
营业执照	1页	××煤业有限公司	
调查终结报告	1页	×××环保局	
行政处罚一事的律师备忘录	2页	×××环保局	
法制小组审查意见	1页	×××环保局	
行政处罚案件审查意见表	1页	×××环保局	
行政处罚事先告知书及送达加证	3页	×××环保局	
情况说明	1页	××煤业有限公司	
行政处罚案件集体讨论笔录	4页	×××环保局	
行政处罚决定书及送达加证	3页	×××环保局	

移送部门人员签名（执法证号）

×××　执法证号：×××

×××　执法证号：×××

××市环境保护局

2016年11月29日

（移送机关盖章）

公安机关签收人签名（警官证号）

×××　警官证号：×××

××市公安局

2016年11月29日

（受理机关盖章）

注：本清单一式两份，移送部门和公安机关各存一份。

移送公安机关行政拘留材料

泸州纳溪××酒业有限公司涉嫌不正常运行防治污染设施和通过暗管违法排放污染物案

泸州纳溪××酒业有限公司涉嫌不正常运行防治污染设施和通过暗管违法排放污染物案

【案件提供单位】

四川省泸州市环境保护局

【案件简介】

2016年7月28日，泸州市环境监察执法支队执法人员联合市环境监测中心站对泸州纳溪××酒业有限公司开展“双随机”现场检查时，发现该公司1号车间生产废水通过管道直接排放至外环境，2号车间的生产废水输送管道被损坏后，未及时修复，导致生产废水直接排入外环境。市环保局对该公司立案查处，并将该案移送至公安机关依法处理。

【专家点评】

整体来看，泸州该涉嫌不正常运行防治污染设施和通过暗管排污案的案卷各种相关证据扎实、环环相扣，违法行为论述详细、严谨，处罚依据明确、细致，法律定性准确。案件办理效率较高，处理措施得当，及时制止了违法行为。案件的内部集体审议具体、详细，不走过场；执行后督察落实到位；移送公安机关后，对相关材料也有收集；处罚信息公开全面等优点突出。

（一）该案的优点

1．案卷材料完整、清晰

该案案卷目录清晰，材料正卷和副卷的资料完整。该移送公安机关行政拘留材料严谨，从移送行政拘留处罚案件审批表、案件移送书、移送材料清单，到公安机关出具的受案回执、受案登记表环环相扣，清晰严密。移送材料中附有现场采样监测视频，清晰完整的记录了污染物提取的完整过程。另外，环保部门与公安机关材料交接清楚，均有明确清晰的签名（执法证号）、盖章、移送和接收时间。

该移送拘留案件的原行政处罚案卷材料完整，包含立案审批书、现场检查（勘察）笔录、调查询问笔录，环评报告、监测报告、车间生产记录表、单位和个人身份证明等证据材料，案件调查报告、责令改正违法行为决定书、行政处罚听证告知书、行政处罚听证通知书、行政处罚决定书以及相关文书送达回证等。

2．事实调查清楚，证据详细充分

该案执法部门2016年7月28日开展“双随机”现场检查发现开始，于8月3日立案，同时发出责令改正通知，8月31日完成案件调查，行动迅速，处理得当。该案涉及2项违法行为，一是通过暗管排放污染物；二是不正常运行防治污染设施。违法行为有现场勘察笔录、勘验图，3名当事人（企业经理、厂长和废水处理站负责人）的询问笔录指向性强，围绕暗管排污等行为开展询问，明确了该企业白酒生产规模、生产工艺、污染治理设施、污染废水产生量、不正常处理等情况，完整地反映出违法事实和过程。现场勘验笔录、现场照片和现场采样记录等证据比较清晰地记录了现场检查情况，发现1号车间废水通过3根水管排入暗管的情形，同时也发现2号生产车间底锅水和冷却水未进入污水处理站，而是进入洪水沟直排外环境的情况。监测报告清晰证明外排污水超标情况。现场勘察、询问笔录、现场照片和企业环评报告、污水排口说明、废水排放量说明、监测报告等证据互相印证，企业违法行为证据链完整，能够准确、全面地反映企业违法行为。

3．法律适用准确，自由裁量权行使细化有据

该案援引《环境保护法》第六十三条和《水污染防治法》第七十三条和第七十五条对违法行为进行处罚，定性准确，法律适用正确。处罚中全面考虑了企业排污超标的从重情节和积极配合调查、及时拆除暗管等从轻情节。针对不正常使用水污染物处理设施行为，依据《四川省环境保护行政处罚自由裁量权细化标准》（修订稿）要求，处以应缴排污费2.5倍罚款，并根据《四川省工业污染源考核验收登记表》，结合企业环评报告、提供的水量说明材料，计算出该企业违法排放废水量，进行应缴纳排污费计算，以此确定罚款数额明确、详细。同时，环保局也对企业违法行为进行了责令改正。

在进行行政处罚后，依据《环境保护法》第六十三条和《行政主管部门移送适用行政拘留环境违法案件暂行办法》，将案件移送公安机关。

（二）存在的问题和建议

该案的处罚和执行相关程序可以进一步完善。

1．处罚程序可以更完善

整个案件由于处罚权限，处罚金额较轻，在法律适用的裁量上未能用足，建议对处罚金额超权限的案件可以提请上级环保部门授权或者移送进行查处。

2．执行情况可以补充

本案还可以补充对该公司的排污费收缴和追缴情况的执行情况材料。

卷内文书目录

序号	名　　称	页码
	正　卷	
1	泸州市环境保护局涉嫌环境违法适用行政拘留处罚案件移送材料清单	1
2	泸州市环境保护局涉嫌环境违法适用行政拘留处罚案件移送书	2～3
3	泸州市环境保护局移送涉嫌环境违法适用行政拘留处罚案件审批表	4～5
4	受案回执、受案登记表	6～7
5	泸州市环境保护局环境行政处罚决定书、处罚决定审批书及送达回证（川环法泸环罚字〔2016〕×××号）	8～17
6	立案登记审批书	18
7	执法人员对总经理彭某某、厂长罗某某、废水处理站操作人员张某某的调查笔录	19～34
8	现场检查（勘验）笔录	35～37
9	营业执照	38
10	法定代表人身份证复印件	39
11	企业情况说明	40
12	企业排污口说明	41
13	建设项目环境影响报告表	42
14	外排废水应缴纳排污费核算清单	43～46
15	证明	47～49
16	公司职责	50～52
17	停产报告	53
18	整改计划	54
19	废水排放量的说明	55
20	监测报告（泸环监字〔2016〕污染源第×××号）	56～59
21	行政执法抽样记录	61
22	现场照片	62～73
23	调查终结报告	74～86
24	泸州市环境保护局行政处罚调查终结审批表	87～89
25	责令改正违法行为决定书、听证告知书、听证告知书审批表及送达回证	90～99
26	泸州市环境监察执法支队关于××酒业有限公司环境问题整改情况的报告（泸市环监〔2016〕×××号）	100～103
27	整改计划书	104
28	整改说明	105
29	证明	106
30	四川省环境监察巡查记录表	107
31	结案审批书、一般缴款书	108～110

副　卷		
1	《环境行政案件法制审查审批表》	1～4
2	审查报告	5～10
3	行政处罚案件审议记录	11～14
4	行政处罚案件案审委员会审议记录	15～17
5	公安机关移交资料（行政案件权利义务告知书及询问笔录）	18～29
6	《环境行政处罚决定书》《责令改正违法行为决定书》信息公开材料	30～40
7	公安局行政处罚决定书	41

泸州市环境保护局
涉嫌环境违法适用行政拘留处罚案件移送材料清单

案由：涉嫌不正常运行防治污染设施和通过暗管违法排放污染物案

材料名称	数 量	提供部门	备 注
案件移送书	1 份 2 页	泸州市环境保护局	原件
环境行政案件调查终结报告	1 份 12 页	泸州市环境保护局	原件
泸州纳溪××酒业有限公司营业执照、法人身份证	各 1 份共 2 页	泸州纳溪××酒业有限公司	复印件
泸州纳溪××酒业有限公司情况说明原件、建设项目环境影响报告表部分复印件	各 1 份共 9 页	泸州纳溪××酒业有限公司	
环境行政案件询问笔录原件及身份证复印件	3 份 16 页	泸州市环境保护局	
现场检查（勘验）笔录	1 份 4 页	泸州市环境保护局	原件
泸州纳溪××酒业有限公司证明原件、岗位职责	6 份 6 页	泸州纳溪××酒业有限公司	原件
监测报告（泸环监字〔2016〕污染源第×××号）	1 份 4 页	泸州市环境监测中心站	原件
现场执法检查相片	1 份 12 页	泸州市环境保护局	打印件
现场采样监测视频光盘	1 份 1 张	泸州市环境保护局	
环境行政案件处罚决定书	1 份 5 页	泸州市环境保护局	原件

移送部门人员签名（执法证号）

×××、×××

2016 年 月 13 日

（移送机关盖章）

公安机关签收人签名（警官证号）

×××、×××

2016 年 10 月 13 日

（受理机关盖章）

注：本清单一式两份，移送部门和公安机关各存一份。

泸州市环境保护局
涉嫌环境违法适用行政拘留处罚案件移送书

<table>
<tr><td>案　由</td><td colspan="5">涉嫌不正常运行防治污染设施和通过暗管违法排放污染物案</td></tr>
<tr><td>企业名称或其他经营者</td><td colspan="3">××酒业有限公司</td><td>组织机构代码</td><td>×××</td></tr>
<tr><td>地　址</td><td colspan="3">××市××区××镇××</td><td>邮政编码</td><td>×××</td></tr>
<tr><td>法　定
代表人或
负责人</td><td>肖某某</td><td>有效证件
及号码</td><td>×××</td><td>联系
电话</td><td>×××</td></tr>
<tr><td>企业主要
负责人</td><td>彭某某</td><td>有效证件
及号码</td><td>×××</td><td>联系
电话</td><td>×××</td></tr>
<tr><td>调查人员</td><td colspan="3">×××、×××、×××</td><td>承办部门</td><td>泸州市环境监察执法支队</td></tr>
<tr><td>简要案情</td><td colspan="5">2016 年 7 月 28 日，市支队执法人员开展现场检查时发现：（1）泸州纳溪××酒业有限公司 1 号车间废水收集池南面围墙外墙角处安装有三根直径约 100 mm 的管道，这三根管道中有生产废水排出，汇合进入一根直径约为 200 mm 的水泥管道直接排入白节河；（2）2 号车间生产废水输送管道被洪水冲毁后，未能及时修复，生产废水不能进入废水处理站处理而直接排入外环境；（3）市监测站现场采样结果，1 号车间外暗管外排废水中有 7 项污染物超标，其中化学需氧量超标倍数最高达 40.8 倍；2 号车间外排废水中有 5 项污染物超标，其中总氮超标倍数最高达 13 倍。</td></tr>
<tr><td>移送依据</td><td colspan="5">《中华人民共和国环境保护法》第六十三条；
《行政主管部门移送适用行政拘留环境违法案件暂行办法》。</td></tr>
<tr><td>移送建议</td><td colspan="5">建议将案件移送泸州市公安局。</td></tr>
<tr><td colspan="6">经办人（执法证号）：×××　×××、　×××　×××、
×××　×××

泸州市环境保护局（公章）
2016 年 10 月 13 日</td></tr>
</table>

泸州市环境保护局
移送涉嫌环境违法适用行政拘留处罚案件审批表

单位公章：　　　　　　　　　　　　　　　　　　　　　　　　　审批号：泸环拘移〔2016〕×××号

<table>
<tr><td>案　由</td><td colspan="6">涉嫌不正常运行防治污染设施和通过暗管违法排放污染物案</td></tr>
<tr><td>企业名称或其他经营者</td><td colspan="3">××酒业有限公司</td><td>组织机构代码</td><td colspan="2">×××</td></tr>
<tr><td>地　址</td><td colspan="4">×××市×××区×××镇×××</td><td>邮政编码</td><td>×××</td></tr>
<tr><td>法定代表人或负责人</td><td>肖某某</td><td>有效证件及号码</td><td colspan="2">×××</td><td>联系电话</td><td>×××</td></tr>
<tr><td>企业主要负责人</td><td>彭某某</td><td>有效证件及号码</td><td colspan="2">×××</td><td>联系电话</td><td>×××</td></tr>
<tr><td>调查人员</td><td colspan="3">×××、×××、×××</td><td>承办部门</td><td colspan="2">泸州市环境监察执法支队</td></tr>
<tr><td>案情简介</td><td colspan="6">2016年7月28日，市支队执法人员开展现场检查时发现：（1）泸州纳溪××酒业有限公司1号车间废水收集池南面围墙外墙角处安装有三根直径约100 mm的管道，这三根管道中有生产废水排出，汇合进入一根直径约为200 mm的水泥管道直接排入白节河；（2）2号车间生产废水输送管道被洪水冲毁后，未能及时修复，生产废水不能进入废水处理站处理而直接排入外环境；（3）市监测站现场采样结果，1号车间外暗管外排废水中有7项污染物超标，其中化学需氧量超标倍数最高达40.8倍；2号车间外排废水中有5项污染物超标，其中总氮超标倍数最高达13倍。</td></tr>
<tr><td>行政拘留处罚移送依据和处理意见</td><td colspan="6">依据《中华人民共和国环境保护法》第六十三条：企业事业单位和其他生产经营者有下列行为之一，尚不构成犯罪的，除依照有关法律法规规定予以处罚外，由县级以上人民政府环境保护主管部门或者其他有关部门将案件移送公安机关，对其直接负责的主管人员和其他直接责任人员，处十日以上十五日以下拘留；情节较轻的，处五日以上十日以下拘留：……（三）通过暗管、渗井、渗坑、灌注或者篡改、伪造监测数据，或者不正常运行防治污染设施等逃避监管的方式排放污染物的。《行政主管部门移送适用行政拘留环境违法案件暂行办法》第五条和第七条。将案件移送泸州市公安局。

经办人：×××、×××、×××　　　　　　2016年 10月 12日</td></tr>
</table>

承办机构意见	XX市环境监察支队 （单位印章） 负责人：×××　　2016 年 10 月 12 日
法规部门意见	经审查符合移送要求 负责人：×××　　2016 年 10 月 12 日
分管领导意见	同支队意见 分管领导：×××　　2016 年 10 月 12 日
审批意见	同意支队意见 XX市环境保护局 审批人：×××　　（机关印章）　　2016 年 10 月 12 日

受案回执

泸州市环境保护局：

你（单位）于 2016 年 10 月 13 日报称的 泸州纳溪××酒业有限责任公司涉嫌通过暗管的方式违法排放污染物案 一案我单位已受理（受案登记表文号为泸公纳分（治）受案字〔2016〕×××号）。

你（单位）可通过 电话 查询案件进展情况。

联系人、联系方式： ×××。

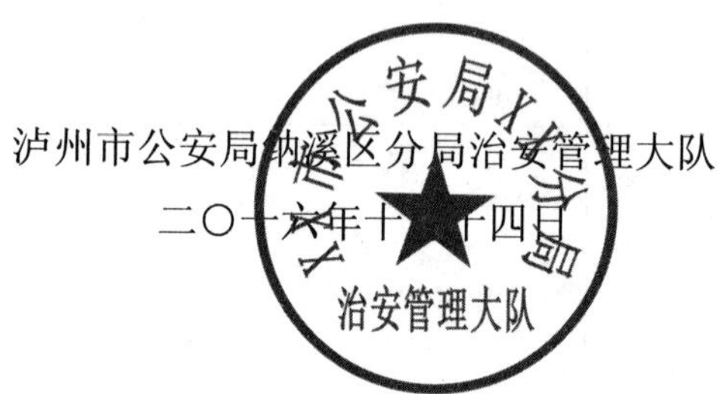

泸州市公安局纳溪区分局治安管理大队

二〇一六年十月十四日

报案人、控告人：×××

举报人、扭送人

2016 年 10 月 14 日

一式两份，一份交报案人、控告人、举报人、扭送人，一份附卷。

受 案 登 记 表

泸州市公安局纳溪区分局治安管理大队　　　　　　　　泸公纳分（治）受案字〔2016〕×××号

案件来源	□110 指令 □工作中发现□报案□投案 √移送□扭送□其他					
报案人	姓名	/	性别	/	出生日期	/
	身份证件种类		居民身份证	证件号码	/	
	工作单位			联系方式		
	现住址					
移送单位	泸州市环境保护局		移送人	×××	联系方式	×××
接报民警	×××、×××		接报时间	2016 年 10 月 13 日	接报地点	泸州市公安局纳溪区分局治安管理大队

简要案情或者报案记录（发案时间、地点、简要过程、涉案人基本情况、受害情况等）以及是否接受证据：

2016 年 10 月 13 日，泸州市公安局纳溪区分局接泸州市环境保护局移送：泸州纳溪××酒业有限公司涉嫌通过暗管的方式违法排放污染物案。泸州市环境保护局于 2016 年 7 月 28 日检查发现，泸州纳溪××酒业有限公司 1 号车间生产废水因收集池废水管道堵塞、2 号车间生产废水输送管道被洪水冲毁后，未及时进行清理、修复，导致该公司生产废水直接排放进白节河。

受案意见	√属本单位管辖的行政案件，建议及时调查处理 □属本单位管辖的刑事案件，建议及时立案侦查 □不属于本单位管辖，建议移送＿＿/＿＿处理 □不属于公安机关职责范围，不予调查处理并当场书面告知当事人 □其他＿＿/＿＿ 受案民警×××　　　　2016 年 10 月 14 日
受案审批	同意 受案部门负责人：×××　　　　2016 年 10 月 14 日

一式两份，一份留存，一份附卷。

泸州市环境保护局

环境行政处罚决定书

川〇 38　　　　川环法泸环罚字〔2016〕×××号

被处罚单位：泸州纳溪××酒业有限公司

营业执照统一社会信用代码：×××

法定代表人：肖某某　身份证号：×××

地址：×××市×××区×××镇×××

一、违法事实及证据

2016 年 7 月 28 日，市环境监察执法支队执法人员开展现场检查时发现，××酒业有限公司（以下简称“××酒业”）1 号车间废水收集池南面围墙外墙角处安装有三根直径约 100 mm 的管道，这三根管道均有生产废水排出，汇合进入一根违法设立的直径约为 200 mm 的水泥暗管直接外排进入白节河；该公司明知 2 号车间生产废水输送管道被洪水冲毁后，未及时修复，放任生产废水不能进入废水处理站处理而直接外排进入外环境。

经现场采样监测，表明 1 号车间收集池南面围墙外水泥管道外排废水和 2 号车间外排废水浓度均不符合《发酵酒精和白酒工业水污染物排放标准》（GB 27631—2011）。具体情况为，1 号车间外水泥管道外排废水 pH 值低于标准下限 2.11，色度超标 1.0 倍，化学需氧量超标 40.8 倍，氨氮超标 2.8 倍，总氮超标 30.8 倍，总磷超标 30.6 倍；2 号车间外排废水色度超标 3.0 倍，悬浮物超标 1.3 倍，化学需氧量超标 4.8 倍，总氮超标 13 倍，总磷超标 4.3 倍。

1．××酒业营业执照统一社会信用代码和企业法人身份证复印件。

2．关于泸州纳溪××酒业有限公司与泸州纳溪××酒业有限公司的情况说明。

3．××酒业污水排口说明、建设项目环境影响报告表（复印件）。

4．执法人员对××酒业总经理彭某某的调查笔录及身份证复印件。

5．执法人员对××酒业厂长罗某某的调查笔录及身份证复印件。

6．执法人员对××酒业废水处理站操作人员张某某的调查笔录及身份证复印件。

7．环境行政案件现场检查（勘验）笔录及现场勘验图。

8．《应缴排污费核算清单》。

9.《泸州纳溪××酒业有限公司曲酒车间生产记录表》和《泸州纳溪××酒业有限公司废水处理站运行记录》（复印件）。

10．××酒业《证明》和《公司职责分工》。

11．××酒业《停产报告》和《整改计划书》。

12．××酒业《关于废水排放量的说明》。

13．市环境监测中心站监督性监测报告（泸环监字〔2016〕污染源第×××号）和行政执法抽样记录。

14．泸州市环境保护局《责令改正违法行为决定书》（川环法泸环停字〔2016〕×××号）及送达回证。

15．市环境监察执法支队执法人员现场调查照片（打印件）和视频。

二、违反的法律

《中华人民共和国环境保护法》第四十二条第四款：严禁通过暗管、渗井、渗坑、灌注或者篡改、伪造监测数据或者不正常运行防治污染设施等逃避监管的方式违反法律法规规定排放污染物的。

《中华人民共和国水污染防治法》第二十一条第二款：企业事业单位和个体工商户排放水污染物的种类、数量和浓度有重大改变的，应当及时申报登记；其水污染物处理设施应当保持正常使用；拆除或者闲置水污染物处理设施的，应当事先报县级以上地方人民政府环境保护主管部门批准。

《中华人民共和国水污染防治法》第二十二条第二款：禁止私设暗管或者采取其他规避监管的方式排放水污染物。

三、处罚依据

《中华人民共和国环境保护法》第六十三条：企业事业单位和其他生产经营者有下列行为之一，尚不构成犯罪的，除依照有关法律法规规定予以处罚外，由县级以上人民政府环境保护主管部门或者其他有关部门将案件移送公安机关，对其直接负责的主管人员和其他直接责任人员，处十日以上十五日以下拘留；情节较轻的，处五日以上十日以下拘留：……（三）通过暗管、渗井、渗坑、灌注或者篡改、伪造监测数据，或者不正常运行防治污染设施等逃避监管的方式排放污染物的。

《中华人民共和国水污染防治法》第七十三条：违反本法规定，不正常使用水污染物处理设施，或者未经环境保护主管部门批准拆除、闲置水污染物处理设施的，由县级以上人民政府环境保护主管部门责令限期改正，处应缴纳排污费数额一倍以上三倍以下的罚款。

《中华人民共和国水污染防治法》第七十五条第二款：除前款规定外，违反法律、行政法规和国务院环境保护主管部门的规定设置排污口或者私设暗管的，由县级以上地方人民政府环境保护主管部门责令限期拆除，处二万元以上十万元以下的罚款；逾期不拆除的，强制拆除，所需费用由违法者承担，处十万元以上五十万元以下的罚款；私设暗管或者有其他严重情节的，县级以上地方人民政府环境保护主管部门可以提请县级以上地方人民政府责令停产整顿。

四、行政处罚事前告知

我局已于 2016 年 9 月 27 日送达行政处罚听证告知书（泸环听告字〔2016〕×××号），就行政处罚进行事前告知，你公司未在法定期限内提出听证申请或陈述、申辩，视为放弃听证和陈述、申辩权利。

五、处罚决定

1．对于××公司不正常使用水污染物治理设施的违法行为，处以人民币壹万贰仟叁佰陆拾贰元壹角（小写：12 362.10 元）的罚款。

2．对于××公司私设暗管的违法行为，处以人民币伍万元（小写：50 000.00 元）的罚款。

对×××公司两项违法行为合并处以人民币陆万贰仟叁佰陆拾贰元壹角（小写：62 362.10 元）的罚款。

六、处罚决定履行方式和期限

根据《罚款决定与罚款收缴分离实施办法》的规定，你公司在接到行政处罚决定书之日起 15 日内，到泸州市环境保护局开具《四川省政府非税收入一般缴款书》，并到指定银行和账号缴纳罚款。

收款银行：泸州市商业银行营业部

户名：泸州市财政局

账号：×××

代码：×××

你公司如逾期不缴纳罚款，我局将每日按罚款数额的 3%加处罚款。

七、申请复议或者提起诉讼的途径和期限

如果不服本处罚决定，你公司可以在接到本处罚决定书之日起 60 日内向四川省环境保护厅或泸州市人民政府申请行政复议，也可以在接到本处罚决定书之日起六个月内直接

向江阳区人民法院提起行政诉讼。

如果你公司逾期不申请行政复议，也不提起行政诉讼，又不履行本处罚决定，我局将依法申请人民法院强制执行。

泸州市环境保护局

2016年10月8日

泸州市环境保护局环境行政案件
处罚决定审批书

川〇 38　　　　　　　　　　　　川环法 泸环 罚审字〔　　〕 号

<table>
<tr><td>案 由</td><td colspan="4">涉嫌不正常运行防治污染设施和通过暗管违法排放污染物案</td></tr>
<tr><td rowspan="4">当
事
人</td><td>名称或姓名</td><td colspan="3">泸州纳溪××酒业有限公司</td></tr>
<tr><td>地　址</td><td>×××市×××区×××镇×××</td><td>邮政编码</td><td>×××</td></tr>
<tr><td>统一社会信用代码</td><td colspan="3">×××</td></tr>
<tr><td>法人代表（负责人）</td><td>肖某某</td><td>联系电话</td><td>×××</td></tr>
<tr><td>事实及
证据</td><td colspan="4">2016 年 7 月 28 日，市环境监察执法支队执法人员开展现场检查时发现，泸州纳溪××酒业有限公司（以下简称“××酒业”）1 号车间废水收集池南面围墙外墙角处安装有三根直径约 100 mm 的管道，这三根管道均有生产废水排出，汇合进入一根违法设立的直径约为 200 mm 的水泥暗管直接外排进入白节河；该公司明知 2 号车间生产废水输送管道被洪水冲毁后，未及时修复，放任生产废水不能进入废水处理站处理而直接外排进入外环境。
经现场采样监测，表明 1 号车间收集池南面围墙外水泥管道外排废水和 2 号车间外排废水浓度均不符合《发酵酒精和白酒工业水污染物排放标准》（GB 27631—2011）。具体情况为，1 号车间外水泥管道外排废水 pH 值低于标准下限 2.11，色度超标 1.0 倍，化学需氧量超标 40.8 倍，氨氮超标 2.8 倍，总氮超标 30.8 倍，总磷超标 30.6 倍；2 号车间外排废水色度超标 3.0 倍，悬浮物超标 1.3 倍，化学需氧量超标 4.8 倍，总氮超标 13 倍，总磷超标 4.3 倍。
1. ××酒业营业执照统一社会信用代码和企业法人身份证复印件。
2. 关于泸州纳溪××酒业有限公司与泸州纳溪××酒业有限公司的情况说明。
3. ××酒业污水排口说明、建设项目环境影响报告表（复印件）。
4. 执法人员对××酒业总经理彭某某的调查笔录及身份证复印件。
5. 执法人员对××酒业厂长罗某某的调查笔录及身份证复印件。
6. 执法人员对××酒业废水处理站操作人员张某某的调查笔录及身份证复印件。
7. 环境行政案件现场检查（勘验）笔录及现场勘验图。
8.《应缴排污费核算清单》。
9.《泸州纳溪××酒业有限公司曲酒车间生产记录表》和《泸州纳溪××酒业有限公司废水处理站运行记录》（复印件）。
10. ××酒业《证明》和《公司职责分工》。
11. ××酒业《停产报告》和《整改计划书》。
12. ××酒业《关于废水排放量的说明》。
13. 市环境监测中心站监督性监测报告（泸环监字〔2016〕污染源第×××号）和行政执法抽样记录。
14. 泸州市环境保护局《责令改正违法行为决定书》（川环法泸环停字〔2016〕×××号）及送达回证。
15. 市环境监察执法支队执法人员现场调查照片（打印件）和视频。</td></tr>
</table>

<table>
<tr><td>处理依据</td><td>《中华人民共和国环境保护法》第四十二条第四款：严禁通过暗管、渗井、渗坑、灌注或者篡改、伪造监测数据或者不正常运行防治污染设施等逃避监管的方式违反法律法规规定排放污染物的。
《中华人民共和国水污染防治法》第二十一条第二款：企业事业单位和个体工商户排放水污染物的种类、数量和浓度有重大改变的，应当及时申报登记；其水污染物处理设施应当保持正常使用；拆除或者闲置水污染物处理设施的，应当事先报县级以上地方人民政府环境保护主管部门批准。
《中华人民共和国水污染防治法》第二十二条第二款：禁止私设暗管或者采取其他规避监管的方式排放水污染物。
《中华人民共和国环境保护法》第六十三条：企业事业单位和其他生产经营者有下列行为之一，尚不构成犯罪的，除依照有关法律法规规定予以处罚外，由县级以上人民政府环境保护主管部门或者其他有关部门将案件移送公安机关，对其直接负责的主管人员和其他直接责任人员，处十日以上十五日以下拘留；情节较轻的，处五日以上十日以下拘留：……（三）通过暗管、渗井、渗坑、灌注或者篡改、伪造监测数据，或者不正常运行防治污染设施等逃避监管的方式排放污染物的。
《中华人民共和国水污染防治法》第七十三条：违反本法规定，不正常使用水污染物处理设施，或者未经环境保护主管部门批准拆除、闲置水污染物处理设施的，由县级以上人民政府环境保护主管部门责令限期改正，处应缴纳排污费数额一倍以上三倍以下的罚款。
《中华人民共和国水污染防治法》第七十五条第二款：除前款规定外，违反法律、行政法规和国务院环境保护主管部门的规定设置排污口或者私设暗管的，由县级以上地方人民政府环境保护主管部门责令限期拆除，处二万元以上十万元以下的罚款；逾期不拆除的，强制拆除，所需费用由违法者承担，处十万元以上五十万元以下的罚款；私设暗管或者有其他严重情节的，县级以上地方人民政府环境保护主管部门可以提请县级以上地方人民政府责令停产整顿。</td></tr>
<tr><td>承办人意见</td><td>因已于2016年9月27日将行政处罚听证告知书（泸环听告字〔2016〕×××号）送达泸州纳溪××酒业有限公司，就行政处罚进行了事前告知，现公司未在法定期限内提出听证申请或陈述、申辩，提请下达行政处罚决定书。

承办人：××× 2016年 10月8日</td></tr>
<tr><td>承办机构意见</td><td>同意报市局审批

负责人：××× 2016年 10月8日
（印章：×市环境监察支队）</td></tr>
<tr><td>法制机构意见</td><td>已审查
负责人：××× 2016年 10月8日</td></tr>
<tr><td>分管领导意见</td><td>拟同意承办部门意见
分管领导：××× 2016年 10月8日</td></tr>
<tr><td>审批机关意见</td><td>同意

审批人：××× 2016年 10月8日
（印章：×市环境保护局）</td></tr>
<tr><td>备 注</td><td></td></tr>
</table>

环境行政法律文书
送　达　回　证

受 送 达 者	泸州纳溪××酒业有限公司		
送 达 地 点	泸州纳溪××酒业有限公司		
文书制作机关	泸州市环境保护局		
送达文书名称	字　号	收 到 时 间	受送达单位（人）签名或盖章
环境行政处罚决定书	川环法泸环罚字〔2016〕×××号	2016 年 10 月 11 日 11 时	×××
		年　月　日　时	
		年　月　日　时	
不 能 送 达 事 由			
证 明 人			
备　注			
送　达 机关盖章	XX市环境保护局	签发人	×××
		送达人	×××　×××

注：1. 受送达人不在时可由其成年家属或委托代表人代收。

2. 发生拒收情况时，记明情况，由证人签字后留下送达法律文书即可。

环境行政案件
立案登记审批书

川〇 38　　　　川环法泸环立字〔2016〕×××号

<table>
<tr><td>案由</td><td colspan="5">涉嫌不正常运行防治污染设施和通过暗管违法排放污染物</td></tr>
<tr><td rowspan="4">涉
案
者</td><td>名　称</td><td colspan="4">泸州纳溪××酒业有限公司</td></tr>
<tr><td>地　　址</td><td colspan="2">×××市××区××镇××</td><td>邮政编码</td><td>×××</td></tr>
<tr><td>法人代表负责人</td><td colspan="2">肖某某</td><td>职务</td><td></td></tr>
<tr><td colspan="2">营业执照统一社会信用代码</td><td colspan="3">×××</td></tr>
<tr><td>案情简介</td><td colspan="5">2016年7月28日，市支队执法人员开展“双随机”现场检查时发现：（1）泸州纳溪××酒业有限公司1号车间废水收集池旁围墙外墙角处安装有三根直径约100 mm的管道，这三根管道中有含酒糟废水排出，并由一直径约为200 mm的暗管直接排入白节河；（2）2号车间生产废水输送管道被洪水冲毁后，生产废水不能进入废水处理站处理而直接排入外环境，未能及时修复；（3）市监测站现场采样结果，1号车间外暗管外排废水和2号车间外排废水浓度均不符合《发酵酒精和白酒工业水污染物排放标准》。</td></tr>
<tr><td>承办意见</td><td colspan="5">经初步审查，当事人的行为涉嫌违反了《中华人民共和国环境保护法》《中华人民共和国水污染防治法》的相关规定，建议依法立案查处。
承办人：×××　×××　　　　2016年 8月 3日</td></tr>
<tr><td>承办机构意见</td><td colspan="2">建议立案
（印章：××市环境监察支队）</td><td>分管领导意见</td><td colspan="2">同意立案　×××　2016.8.3</td></tr>
<tr><td>法制机构意见</td><td colspan="2">经审查，符合立案要求
×××　2016.8.3</td><td>分管领导意见</td><td colspan="2">同意立案　×××　2016.8.3</td></tr>
<tr><td>审批意见</td><td colspan="5">同意立案
（印章：××市环境保护局）
审批人：×××　　　　2016年 8月 3日</td></tr>
</table>

四川省环境保护厅制

环境行政案件
询 问 笔 录

川〇 38　　　　川环法 泸环 行询字〔2016 〕×××号

<table>
<tr><td>案　由</td><td colspan="6">涉嫌不正常使用污染治理设施、私设暗管</td></tr>
<tr><td rowspan="2">调查人</td><td>姓名</td><td>×××</td><td>工作单位</td><td>泸州市环境监察执法支队</td><td>执法证号</td><td>×××</td></tr>
<tr><td>姓名</td><td>×××</td><td>工作单位</td><td>泸州市环境监察执法支队</td><td>执法证号</td><td>×××</td></tr>
<tr><td>记录人</td><td>姓名</td><td>×××</td><td>工作单位</td><td>泸州市环境监察执法支队</td><td>执法证号</td><td>×××</td></tr>
<tr><td rowspan="3">被调查人</td><td>姓名</td><td>彭某某</td><td>工作单位</td><td>××酒业有限公司</td><td>职　务</td><td>总经理</td></tr>
<tr><td>性别</td><td>男</td><td>年龄</td><td>47</td><td>身份证号</td><td>×××</td></tr>
<tr><td>居住地</td><td colspan="5">××× 省 ××× 市 ××× 区 ××× 号</td></tr>
<tr><td>调查时间</td><td colspan="3">2016 年 8 月 4 日 13：00 至 14：18</td><td>调查地点</td><td colspan="2">××酒业有限公司总经理办公室</td></tr>
</table>

告知：我们是泸州市环境保护局环境监察执法支队的行政执法人员 ×××，执法证号：×××；×××，×××。这是我们的执法证件（向当事人出示证件），请过目。

答：我已看清。

今天我们依法进行调查并了解有关情况，你应当配合，如实回答询问和提供材料，不得拒绝、阻碍、隐瞒或者提供虚假情况。如果你认为我们调查人员与本案有利害关系，可能影响公正办案，可以申请回避，并说明理由。

答：我听清楚了，不申请回避。

问：请问你的姓名？

答：我叫彭某某。

问：请问你的年龄及身份证编号？

答：今年 47 岁，身份证编号：×××。

问：请问你的民族及文化程度？

答：汉族，文化程度：高中学历。

问：请问你的住址？

答：现住地址为 ××× 省 ××× 市 ××× 区 ××× 号。

问：请问你的工作单位和职务？

答：所在单位是泸州纳溪××酒业有限公司，现任该公司总经理，主要负责公司的销售、采购工作。

问：请问你公司的生产地址？

答：我们公司的生产地址为 ××× 市 ××× 区白节 ×××镇街 ×××。

四川省环境保护厅制　　　　共 3 页　　第 1 页

环境行政案件
询 问 笔 录（续）

问：请问你公司的法人代表是谁？

答：我公司的法人代表是肖某某，是公司的股东之一。

问：请问你公司是从事什么生产？

答：我们公司目前主要是从事白酒的生产和销售。

问：请问你是什么时候到公司任现职？

答：我们公司是2012年11月成立的，成立了我就任现职。

问：你们公司的生产规模？

答：我们公司共有两个生产车间，共3台锅炉，设计年产量为500 t，实际年产量约300 t。

问：你们公司的生产线是否办理了相关环评手续？

答：办理了环评手续，有批复，并且进行了验收。

问：请介绍一下你们公司的主要原料？生产工艺？

答：我们公司的主要原材料为高粱、大米、玉米、糯米、小麦、药曲。生产工艺为粮食—粉碎—拌和—上甑—蒸粮—打量水—摊凉—发酵—蒸酒。

问：在生产过程中，都有些什么污染物产生？

答：主要是蒸酒的底锅废水和冷却废水。

问：你们对生产过程中产生的废水是否建有污染治理设施？

答：我们建有废水处理站。

问：你们的废水处理站是什么时候建的？处理工艺是什么？

答：废水处理站是2013年10月建成并投运的，设计处理能力是55 t/d，废水处理工艺为生产废水—水解酸化池—厌氧池—中沉池—接触氧化池—消化池—斜管沉淀池—外排。

问：2016年7月28日，我们的执法人员对你公司进行了现场执法检查，你知道当时的检查情况吗？

答：当时我没有在现场，但是你们检查后，我们公司的罗某某厂长对当时的情况进行了汇报。

问：请你介绍一下当时的检查情况？

答：你们执法人员在厂长罗某某的陪同检查时，发现我们公司的1号车间收集池南面围墙外墙角处有三根直径约100 mm的管道与生产车间相连接，车间的生产废水少部分进入废水收集池，大部分经安装废水收集管的管沟流向收集池南面围墙外墙角处的墙洞，进入水泥，直接排向外环境。2号生产车间底锅水和冷却水混合排放。由于废水输送管道被洪水冲毁，混合废水直接进入洪水沟，直接排入白节河。

问：你们公司的生产废水按要求应该如何处理？

答：我们两条生产车间的生产废水应该都进入废水处理站进行处理，处理达标后外排。

问：你们公司现有几个废水排口？

答：我们公司只有1个废水排口，就是废水处理站的废水总排口。

四川省环境保护厅制　　　　共3页　　第2页

环境行政案件

询 问 笔 录（续）

问：连接1号车间废水收集池南面围墙外的三根水管是什么时候安装的？排放的废水是哪个工段产生的？

答：我们是2009年12月租用泸州市纳溪区××酒业有限责任公司的厂址进行白酒的生产，2010年购买该公司，2012年更名为泸州纳溪××酒业有限公司。我们购买的时候，就发现有这三根水管，修建污水处理站投运之前，我们都通过这三根水管直接排放生产废水。排放的废水是来自1号车间的生产废水。

问：2号生产车间底锅水和冷却水的收集管道是什么时候被洪水冲毁的？

答：我不晓得，公司的工人没有向我报告。你们这次现场检查时罗某某厂长向我汇报了这个情况，我才知道的。

问：你们对1号生产车间存在的水泥管和2号车间被冲毁的废水收集管道采取了什么措施？

答：我们立即采取了停产的措施，确保无废水产生、外排。并按照执法人员的现场要求立即对1号车间存在的水泥管进行了拆除，对2号车间被冲毁的废水收集管进行了修复，确保生产废水全面收集进入废水处理站进行处理。

问：你还有什么要补充的没有？

答：没有。

告知：以上笔录请仔细阅读，若无异议，请签字确认。

（以下空白）

以上情况属实无异议

××× 2016.8.4

××× 2016.8.4

询问人：×××、××× 2016.8.4

四川省环境保护厅制 共3页 第3页

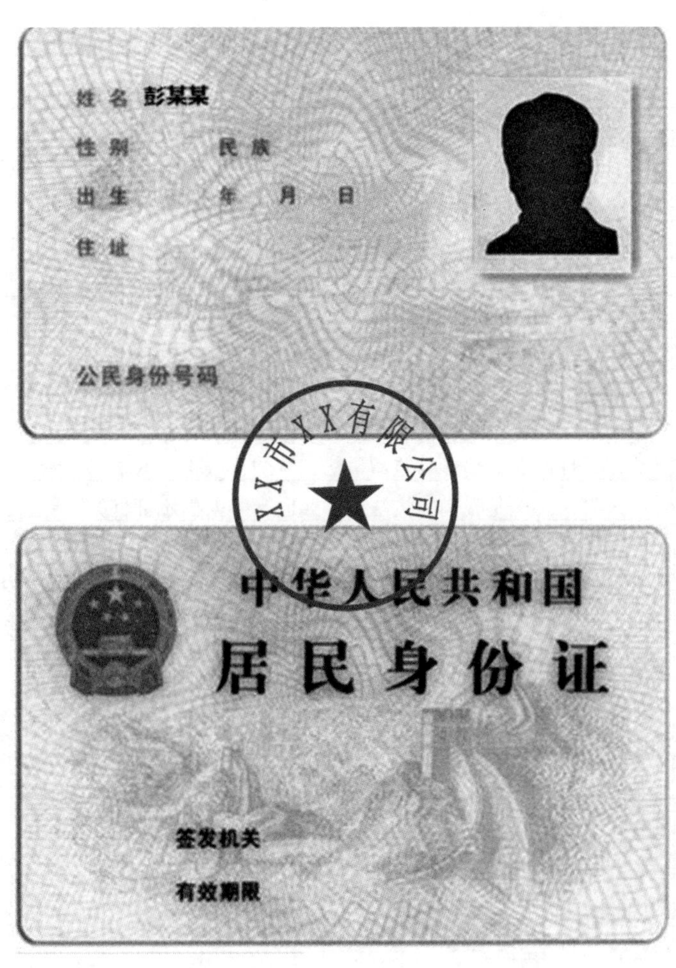

与原件一致 ××× 2016.8.4

环境行政案件
询 问 笔 录

川〇 38　　　　　　　　　　　　　　　　　　川环法泸环行询字〔2016〕×××号

<table>
<tr><td>案　由</td><td colspan="6">涉嫌不正常使用污染治理设施、私设暗管</td></tr>
<tr><td rowspan="2">调查人</td><td>姓名</td><td>×××</td><td>工作单位</td><td>泸州市环境监察执法支队</td><td>执法证号</td><td>×××</td></tr>
<tr><td>姓名</td><td>×××</td><td>工作单位</td><td>泸州市环境监察执法支队</td><td>执法证号</td><td>×××</td></tr>
<tr><td>记录人</td><td>姓名</td><td>×××</td><td>工作单位</td><td>泸州市环境监察执法支队</td><td>执法证号</td><td>×××</td></tr>
<tr><td rowspan="3">被调查人</td><td>姓名</td><td>罗某某</td><td>工作单位</td><td>××酒业有限公司</td><td>职　务</td><td>厂长</td></tr>
<tr><td>性别</td><td>男</td><td>年龄</td><td>48</td><td>身份证号</td><td>×××</td></tr>
<tr><td>居住地</td><td colspan="5">××× 省 ××× 市 ××× 县 ××× 镇 ××× 组</td></tr>
<tr><td>调查时间</td><td colspan="3">2016 年 8 月 4 日 15：00 至 15：58</td><td>调查地点</td><td colspan="2">××酒业有限公司总经理办公室</td></tr>
</table>

告知：我们是泸州市环境保护局环境监察执法支队的行政执法人员 ×××，执法证号：×××；×××，执法证号：×××。这是我们的执法证件（向当事人出示证件），请过目。

答：我已看清。

今天我们依法进行调查并了解有关情况，你应当配合，如实回答询问和提供材料，不得拒绝、阻碍、隐瞒或者提供虚假情况。如果你认为我们调查人员与本案有利害关系，可能影响公正办案，可以申请回避，并说明理由。

答：我听清楚了，不申请回避。

问：请问你的姓名？

答：我叫罗某某。

问：请问你的年龄及身份证编号？

答：今年 48 岁，身份证编号：×××。

问：请问你的民族及文化程度？

答：汉族，小学文化程度。

问：请问你的住址？

答：现住在泸州纳溪××酒业有限公司内。

问：请问你的工作单位和职务？

答：所在单位是泸州纳溪××酒业有限公司，现任该公司厂长，主要负责公司的全面工作，包括生产、环保、劳动纪律工作等。

问：请问你公司的生产地址？

答：我们公司的生产地址为泸州市纳溪区××镇街村×××村×社。

问：请问你公司的法人代表是谁？

答：我公司的法人代表是肖某某，是公司的股东之一。

四川省环境保护厅制　　　　　　　　　　　　　　　　　　　　共 3 页　　第 1 页

环境行政案件
询 问 笔 录（续）

问：请问你公司是从事什么生产？

答：我们公司目前主要是从事白酒的生产和销售。

问：请问你是什么时候到公司任现职？

答：我于 2008 年就在该处工作，于 2015 年任现职。

问：你们公司的生产规模？

答：我们公司共有两个生产车间，共 3 台锅炉，设计年产量为 500t，实际年产量约 300 t。

问：你们公司的生产线是否办理了相关环评手续？

答：办理了环评手续，有批复，并且进行了验收。

问：请介绍一下你们公司的主要原料？生产工艺？

答：我们公司的主要原材料为高粱、大米、玉米、糯米、小麦、药曲。生产工艺为粮食—粉碎—拌和—上甑—蒸粮—打量水—摊凉—发酵—蒸酒。

问：在生产过程中，都有些什么污染物产生？

答：主要是蒸酒的底锅废水和冷却废水。

问：你们对生产过程中产生的废水是否建有污染治理设施？

答：我们建有废水处理站

问：你们的废水处理站是什么时候建的？

答：废水处理站是 2013 年 10 月份建成并投运的，设计处理能力是 55t/d。

问：2016 年 7 月 28 日，我们的执法人员和市环境监测中心站的工作人员对你公司进行了现场执法检查和采样，你知道吗？

答：我知道，当时是我全程陪同检查和采样。

问：请你介绍一下当时的检查和采样情况？

答：你们执法人员在现场检查时，发现我们公司的 1 号车间收集池南面围墙外墙角处有三根直径约 100 mm 的管道与生产车间相连接，车间的少部分底锅水和冷却水进入废水收集池，大部分经安装废水收集管的管沟流向收集池南面围墙墙洞，进入围墙外的水泥管，直接排向白节河。2 号生产车间底锅水和冷却水混合排放。由于废水输送管道被洪水冲毁，混合废水直接进入洪水沟，最后排入白节河。按照市环境监测中心站工作人员的要求，分别在 1 号车间连接的水泥管排口、2 号车间的生产原水和洪水沟入白节河前端进行了采样。

问：你们公司的生产废水按要求应该如何处理？

答：我们两条生产车间的生产废水应该都进入废水处理站进行处理，处理达标后外排。

问：你们公司现有几个废水排口？

答：我们公司按照环评要求只有 1 个废水排口，就是废水处理站的废水总排口。

环境行政案件
询 问 笔 录（续）

问：现场检查时，发现你公司连接1号车间废水收集池南面围墙外的水泥管，用途是什么？

答：这个水泥暗管是公司修建污水处理站前的废水排口，排放的废水是来自1号车间的生产废水。废水处理站修建完成后，我们就停止使用了该排口，最近由于废水输送管道堵塞，导致生产废水通过该水泥管流入白节河，在你们现场检查前10多天我就发现了这个情况，由于我们没有引起重视，也没有采取相应的措施，任由生产废水进入管直排至白节河。

问：你公司通过此水泥管的废水排放量是多少？

答：由于该排口没有安装流量计，无法确定具体排放量，大约通过该排口排放的废水为8t/d。

问：2号生产车间底锅水和冷却水的收集管道是什么时候被洪水冲毁的？

答：大概是今年7月10多号下暴雨时被洪水冲毁的，具体时间我记不清了。

问：2号生产车间的外排废水量是多少？

答：每天的外排废水量约20t。

问：你们公司发现了该两处存在环境问题，你们采取了什么措施没有？

答：本想在季节性停产时进行整理，由于生产任务重，没有对冲毁的管道进行修复处理，也没有对1号车间的水泥管采取任何措施，每天的生产废水直接排放至白节河。

问：2016年7月28日，我们执法人员现场检查时，你们公司是否在生产？

答：当天在生产。

问：你们公司是否建立有相关的环保制度？

答：没有。

问：彭某某和张某某是你们公司的员工吗？

答：彭某某是我们公司的总经理，张某某是公司废水处理站的负责人。

问：你还有什么要补充的没有？

答：没有。

告知：以上笔录请仔细阅读，若无异议，请签字确认。

（以下空白）

以上情况属实无异议

××× 2016.8.4

询问人：×××、××× 2016.8.4

四川省环境保护厅制　　　　共3页　第3页

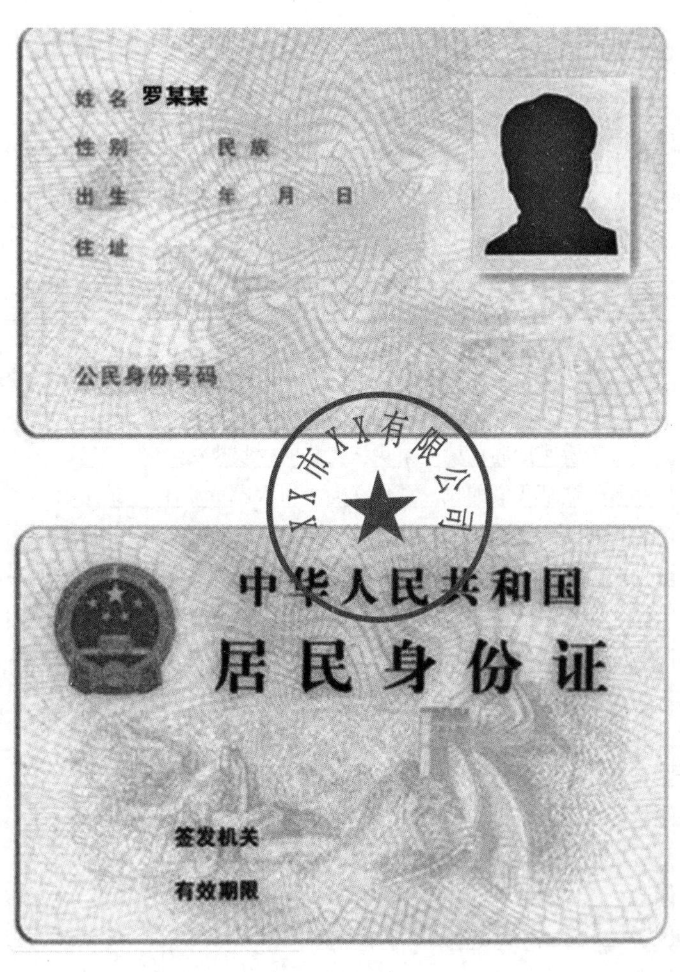

与原件一致　×××　2016.8.4

环境行政案件
询 问 笔 录

川〇 38　　川环法泸环行询字〔2016〕×××号

<table>
<tr><td>案　由</td><td colspan="7">涉嫌不正常使用污染治理设施、私设暗管</td></tr>
<tr><td rowspan="2">调查人</td><td>姓名</td><td>×××</td><td>工作单位</td><td colspan="2">泸州市环境监察执法支队</td><td>执法证号</td><td>×××</td></tr>
<tr><td>姓名</td><td>×××</td><td>工作单位</td><td colspan="2">泸州市环境监察执法支队</td><td>执法证号</td><td>×××</td></tr>
<tr><td>记录人</td><td>姓名</td><td>×××</td><td>工作单位</td><td colspan="2">泸州市环境监察执法支队</td><td>执法证号</td><td>×××</td></tr>
<tr><td rowspan="3">被调查人</td><td>姓名</td><td>张某某</td><td>工作单位</td><td colspan="2">××酒业有限公司</td><td>职　务</td><td>废水处理站负责人</td></tr>
<tr><td>性别</td><td>男</td><td>年龄</td><td>57</td><td>身份证号</td><td colspan="2">×××</td></tr>
<tr><td>居住地</td><td colspan="6">××× 省 ××× 市 ××× 县 ××× 室</td></tr>
<tr><td>调查时间</td><td colspan="3">2016 年 8 月 4 日 16：10 至 17：18</td><td>调查地点</td><td colspan="3">××酒业有限公司总经理办公室</td></tr>
</table>

告知：我们是泸州市环境保护局环境监察执法支队的行政执法人员×××，执法证号：×××；×××，执法证号：×××。这是我们的执法证件（向当事人出示证件），请过目。

答：我已看清。

今天我们依法进行调查并了解有关情况，你应当配合，如实回答询问和提供材料，不得拒绝、阻碍、隐瞒或者提供虚假情况。如果你认为我们调查人员与本案有利害关系，可能影响公正办案，可以申请回避，并说明理由。

答：我听清楚了，不申请回避。

问：请问你的姓名？

答：我叫张某某。

问：请问你的年龄及身份证编号？

答：今年 57 岁，身份证编号：×××。

问：请问你的民族及文化程度？

答：汉族，初中文化程度。

问：请问你的住址？

答：现住在泸州纳溪××酒业有限公司内。

问：请问你的工作单位和职务？

答：所在单位是泸州纳溪××酒业有限公司，现任该公司废水处理站负责人，主要负责废水处理站的处理和操作。

问：请问你是什么时候到公司任现职？

答：我是 2014 年 2 月到公司任现职。

问：请问你公司的生产地址？

答：我们公司的生产地址为泸州市纳溪区×××镇街村×××村×社。

四川省环境保护厅制　　共 3 页　　第 1 页

环境行政案件
询 问 笔 录（续）

问：请问你公司的法人代表是谁？

答：我公司的法人代表是肖某某，是公司的股东之一。

问：请问你公司是从事什么生产？

答：我们公司目前主要是从事白酒的生产和销售。

问：你们公司的生产规模？

答：我们公司共有两个生产车间，共 3 台锅炉，设计年产量为 500t，实际年产量约 300t。

问：在生产过程中，都有些什么污染物产生？

答：主要是蒸酒的底锅废水和冷却废水。

问：你们对生产过程中产生的废水是否建有污染治理设施？

答：我们建有废水处理站。

问：你们的废水处理站是什么时候建的？处理工艺是什么？

答：废水处理站是 2013 年 10 月建成并投运的，设计处理能力是 55t/d，废水处理工艺为生产废水—水解酸化池—厌氧池—中沉池—接触氧化池—消化池—斜管沉淀池—外排。

问：2016 年 7 月 28 日，我们的执法人员对你公司进行了现场执法检查，你知道当时的检查情况吗？

答：我知道，但是我没有陪同，是我们公司的罗某某厂长全程陪同的。

问：请你介绍一下检查时，你们废水处理站的进水情况和运行情况？

答：当时你们执法检查时，我们公司正在生产，有生产废水进入废水处理站，但是废水量较少，废水处理站正在运行。

问：你是否对当天废水处理站的废水量较少的情况进行排查？

答：没有，我以为是生产负荷降低造成的进入废水处理站的废水量的减少。

问：最近每天进入废水处理站的废水量大约是多少？

答：最近平均每天进入废水处理站的废水量约 10t。

问：正常生产的情况下，进入废水处理站的废水量大约是多少？

答：正常生产的情况下，每天进入废水处理站的废水量约 30t。

问：你发现废水处理站的进水量是否有异常？

答：由于最近在下雨，厂区的地势较低，有雨水进入到废水处理站，没有发现进水量有异常的情况。

问：你知道 2 号车间废水收集管被冲毁的情况吗？

答：你们执法人员走了后，我才听说了这个情况。

问：你们对 2 号车间被冲毁的废水收集管道采取了什么措施？

答：我们立即采取了停产的措施，确保无废水产生、外排。并按照要求对 2 号车间被冲毁的废水收集管进行了修复，确保 2 号生产车间的生产废水全面收集进入废水处理站进行处理。

环境行政案件
询 问 笔 录（续）

问：你知道1号车间的生产废水经水泥管排放至白节河的情况吗？

答：我不晓得。

问：你们公司是否建立相关的巡检等环保制度？

答：没有。

问：你还有什么要补充的没有？

答：没有。

告知：以上笔录请仔细阅读，若无异议，请签字确认。

（以下空白）

以上情况属实无异议

××× 2016.8.4

询问人：×××、××× 2016.8.4

四川省环境保护厅制 共3页 第3页

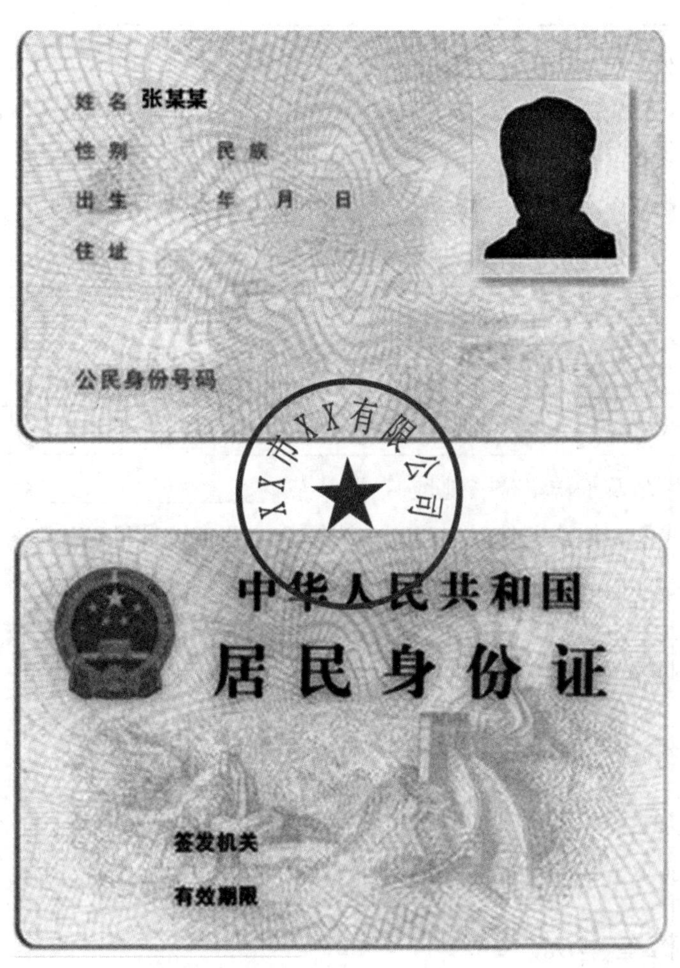

与原件一致　×××　2016.8.4

环境行政案件
现场检查（勘验）笔录

川〇 38　　　　　　　　　　　　　　川环法__泸环__检勘字〔2016〕×××号

案由：涉嫌不正常使用污染治理设施、私设暗管

检查（勘验）时间：2016年7月28日10时28分至28日12时12分

检查（勘验）地点：××市××区白节××镇××　天气状况　晴

检查（勘验）单位：泸州市环境监察执法支队　泸州市纳溪区环境监察大队

检查（勘验）人及执法证号：×××、×××　记录人：×××、×××

被检查人名称/姓名：　泸州纳溪××酒业有限公司　负责人：彭某某

工作单位：泸州纳溪××酒业有限公司　电话：×××

地址：　×××市×××区×××镇　邮编：

其他参加人姓名及工作单位（地址）：罗某某

告知：这是我们的执法证件（向当事人出示执法证）请过目确认。

答：我已看过你们的执法证件。

告知：当事人有申请回避的权利和配合调查的义务，你听清楚了没有？

答：我听清楚了，不申请回避。

一、泸州纳溪××酒业有限公司基本情况

该公司全称为泸州纳溪××酒业有限公司，法定代表人是肖某某，统一社会信用代码：×××　。公司成立于2012年11月29日，经营范围：生产、销售白酒。

二、现场检查情况

1．现场检查时，企业正在生产，3台燃煤锅炉（0.3蒸吨），2个酿酒车间，1个粮库，共3个酒甑，共 181口窖池。

2．现场查看人员考勤及车间生产记录，2016年1—7月均有记录。

1．被检查单位现场负责人对笔录的审阅确认意见：以上情况属实无异议

2．被检查单位现场负责人签名：×××　　2016年7月28日　　执法人员签名：×××、×××

四川省环境保护厅制　　　　　　　　　　共2页 第1页

环境行政案件
现场检查（勘验）笔录

川〇 38　　　　　　　　　　　　　　　　　　川环法__泸环__检勘字〔2016〕×××号

3．现场检查发现丢糟露天堆放，浸出液未经收集进入厂区雨水管道。

4．污水处理设施检查时正在运行，但处理池上有绿色青苔。现场企业未提供 6—7 月设施运行记录、加药记录。

5．污水处理站机房存有高效聚合氯化铝 2 袋，氢氧化钠 13 袋，聚丙烯酰胺 1.5 袋。每袋 25kg。据提供的发票显示，2016 年购买氢氧化钠 20 袋，聚丙烯酰胺 2 袋，高效聚合氯化铝 20 袋。

6. 1 号车间废水收集池围墙外墙角处有三根管道在排高温废水，高温废水中含有酒糟，此三根水管旁有大量酒糟。三根水管连接一个直径约 200 mm 的水泥管直排入白节河。白节河排口处有少许酒糟。

7．2 号生产车间底锅水和冷却水混合排放。由于输送管道被洪水冲毁，导致该废水未进入污水处理站处理，排入洪水沟，进入白节河。

三、公司建设项目情况

2012 年建厂，属于 2012 年纳溪区限期治理项目。

四、项目环评及批复情况

2013 年 11 月编制环境综合治理技改项目环评，2013 年 11 月 24 日由泸州市纳溪区环境保护局予以批复（泸纳环函〔2013〕×××号）。

（以下空白）

1．被检查单位现场负责人对笔录的审阅确认意见：以上情况属实无异议

2．被检查单位现场负责人签名：×××　　　2016 年 7 月 28 日　　　执法人员签名：×××、×××

四川省环境保护厅制　　　　　　　　　　　　　　　　共 2 页 第 2 页

2016000039

环境行政案件

现场检查（勘验）笔录

川〇 38　　　　川环法 检勘字〔2016〕××号

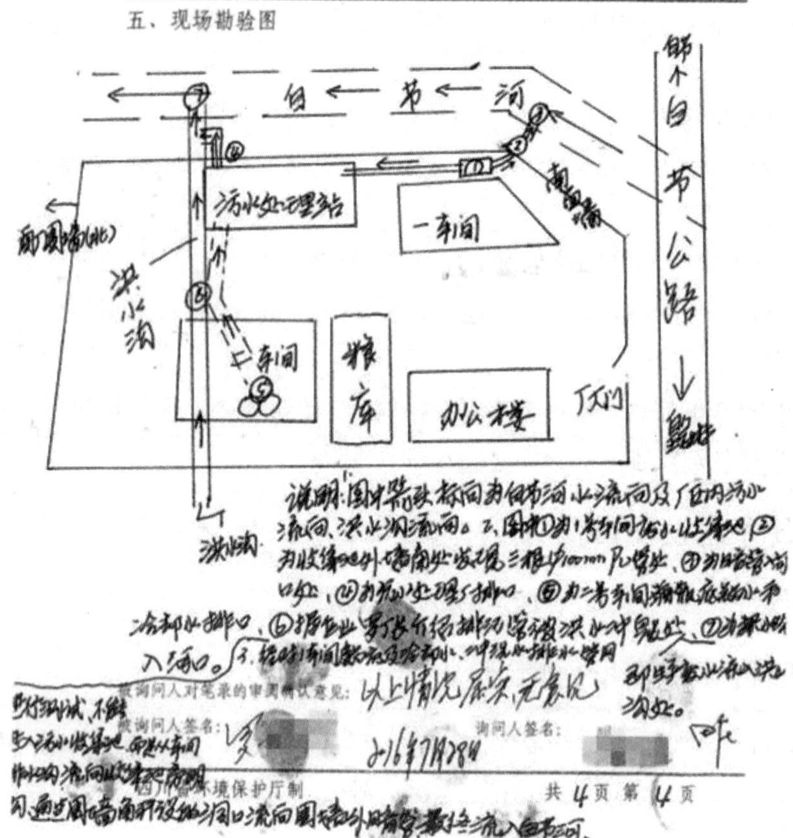

五、现场勘验图

说明：图中箭头标向为白节河水流向及厂区内污水流向、洪水沟流向。

被询问人对笔录的审阅确认意见：以上情况属实，无意见

被询问人签名：　　　　2016年7月28日　　　　询问人签名：

四川省环境保护厅制　　　　共 4 页 第 4 页

营业执照

注册号 000000000000000

名　　称　××××××公司

类　　型　有限责任公司

住　　所　××市××区××号

法定代表人　×××

注册资本　×××万元整

成立日期　0000年00月00日

营业期限　0000年00月00日至0000年00月00日

经营范围　××××××××、××××××××、××××××××、×××××××××××、××××××、××××××××××××、××××××××、××××××××、×××××××××、××××××××、××××××××、××××××××、××××××××

登记机关

0000年00月00日

调取时间：2016 年 7 月 28 日　　调取执法人员：×××、×××　提供人：×××

企业确认：此件与原件一致，原件存于公司内

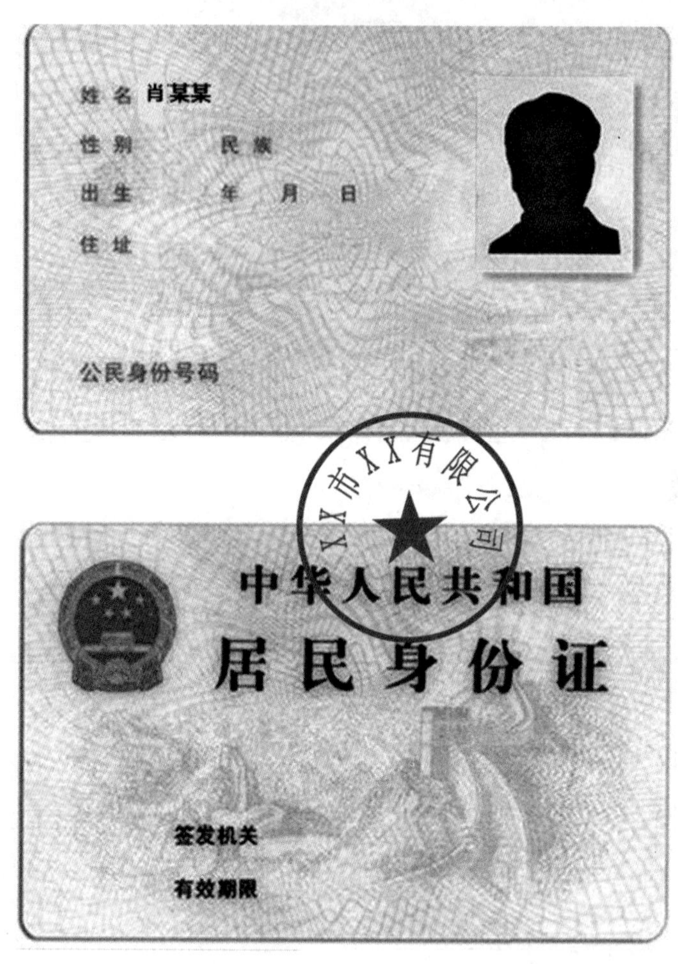

此复印件与原件一致××× 2016.8.4

关于泸州纳溪××酒业有限公司与泸州纳溪××酒业有限公司的情况说明

泸州市环保局：

泸州纳溪××酒业有限公司是泸州纳溪××酒业有限公司全体股东出资成立的一家新生产型公司（注册资料已遗失），法定代表人不一样，所有生产设备、环保资料都沿用泸州纳溪××酒业有限公司的资料。而泸州纳溪××酒业有限公司由原来的生产型企业变更为销售型企业。

泸州纳溪××酒业有限公司

2016 年 8 月 4 日

泸州纳溪××酒业有限公司污水排口说明

泸州市环保局：

我公司 1 号车间和 2 号车间的生产废水经过污水管网收集至污水处理站，处理达标后外排，排入白节河。公司法定污水排口仅有一个，位于厂区围墙北侧。

特此说明

泸州纳溪××酒业有限公司

2016 年 8 月 4 号

国环评证

乙字第×××号

建设项目环境影响报告

项　目　名　称：环境综合整治技改项目

建设单位（盖章）：泸州纳溪××酒业有限公司

（报 批 本）

编制日期：2013 年 11 月

环境保护部制

四川省环境保护厅印

时的恶臭，曲药生产粉碎过程中产生的粉尘及燃煤锅炉烟气；

● 废水主要来源于：酿酒时的锅底废水，清洗酒罐、晾堂的清洗废水，锅炉除尘排污及生活废水，此外还有部分酿酒时冰缸排放的冷却水；

● 噪声主要来源于：高噪声设备，如锅炉风机、粉碎机、泵等；

● 固废主要来源于：酿酒产生的酒糟，锅炉产生的炉渣，曲药发酵后的废曲草以及生活垃圾。

（1）技改项目工程流程及产污位置见图 5-2。

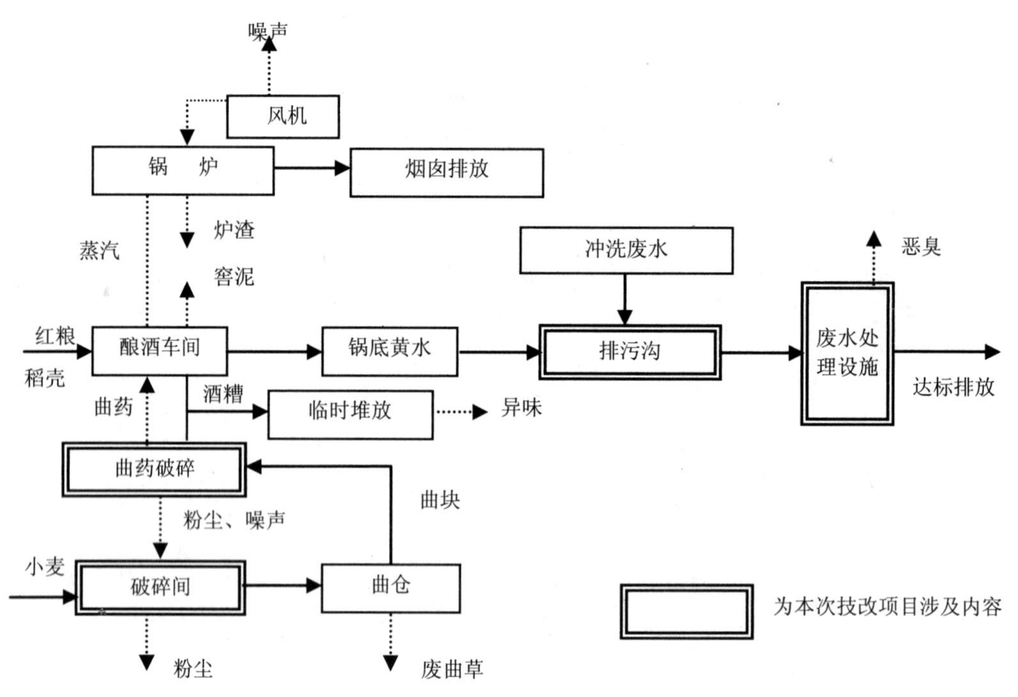

图 5-2 工艺流程及产污位置框图

（2）包装生产线。

①生产工艺流程简述

本项目以粮食基酒为原料，根据不同产品要求采用软化水将基酒勾兑成各种档次的酒，并滤除其中的微量杂质后经管道输送至灌装机内，并注入软化洗净的酒瓶内，经人工目测法检查无沉淀和其他杂质后

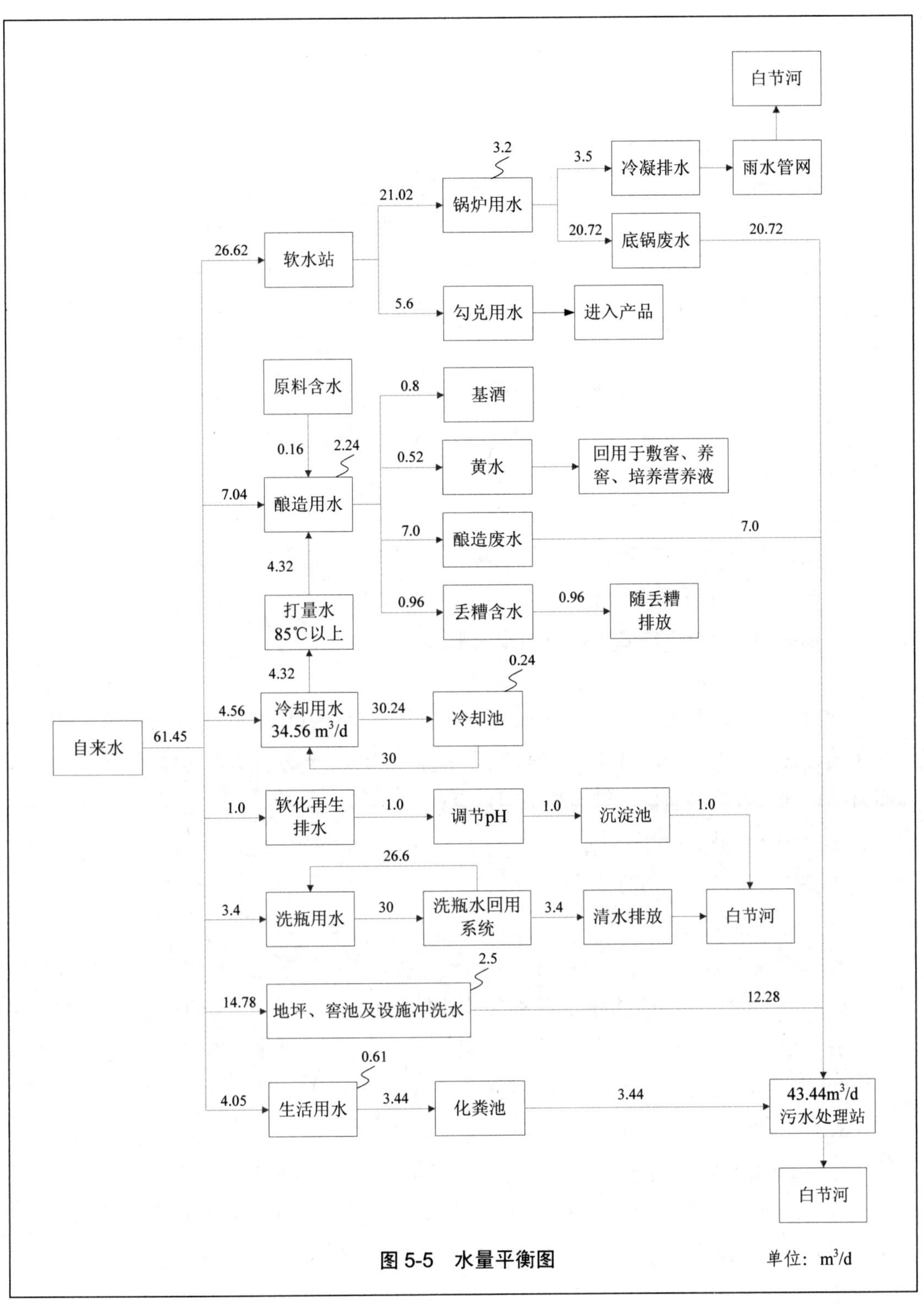

图 5-5　水量平衡图　　单位：m^3/d

主要污染工序

（一）施工期污染源分析

1．施工期污染因素分析

施工期间，基础工程、主体工程、设备安装、工程验收等工序将产生噪声、扬尘、固体废物、污水和废气等污染物，其排放量随工期和施工强度不同而有所变化。

本项目总施工期约 12 个月，施工人数约为 30 人，施工期，建筑施工作业将产生废水、垃圾、粉尘和噪声，对局部区域会产生影响。施工产生的生产废水、施工设备冲洗水、施工人员产生的生活污水和生活垃圾将影响当地的地表水水质。施工废水中主要污染物为 SS、石油类，施工人员的生活污水中主要污染物为 COD_{Cr}、BOD_5、氨氮。建筑施工、施工原材料运输产生噪声将影响周围环境。施工活动会造成局部区域 TSP 浓度增大。

2．施工工艺流程分析

本项目为一般工业生产建设项目，其施工期间的工作流程及阶段划分如下：

（1）划线、办理相关手续

对拟建项目进行红线划定，办理相关手续。

（2）工程设计阶段

通过第一阶段的工作成果，即可进行基础钻勘、总图设计、初步设计，进而进行施工图设计、结构设计，同时完善给排水、电路、通风、污水处理、垃圾转运、绿化、景观、厂房及办公楼装修、道路等子项目设计。

（3）场地平整阶段

平整施工场地，挖填方工作。

（4）基础施工阶段

施工期预计需各类工程机械、设备 15 台（套），平均施工人数约 30 人，总施工期 12 个月，其中运输车辆往来、打桩等基础建设以及人员流动将会产生强度达 75～115 dB（A）噪声，会对周围产生一定影响，因此施工期应严格控制施工时间，禁止午间和夜间施工，且高噪声设备运行应避开中午休息时间。

3．施工期固体废物分析

施工期的固体废物主要为弃土、弃渣、废弃建筑垃圾及施工人员生活垃圾。本项目土方（沙夹石）开挖量约 1 000 m^3，全部回填，无弃土产生，施工人员生活垃圾，按每人 0.5 kg/d 计算，施工期为 12 个月，平均施工人员为 30 人，施工期生活垃圾产生量为 3.6 t。

（二）营运期工程污染源分析

改扩项目生产过程中产生的“三废”和噪声，其中废气主要燃煤锅炉废气；生产中高噪声源与其他行业比较影响较小；固废有丢糟、碎玻璃、干化污泥等，全部综合利用。以底锅水为主的生产废水水质浓度高，需要加以重视。

因此，生产废水是本项目主要的影响要素，主要污染物为COD_{Cr}、SS。其次是锅炉烟气和固体废物影响。

1．营运期废水污染源分析

（1）项目产生的锅炉冷凝排水、洗瓶废水、软化再生废水经一定处理后均可作为清洁下水外排雨水管网。

由于本项目锅炉冷凝排水均属于清洁下水，产生量为 3.5 m^3/d，可通过厂区雨水管网直接外排，对周围地表水环境影响较小；用灌装酒瓶均采用新瓶，采用自动洗瓶机冲洗，首次冲洗水全部排放，后几次冲洗水集中到收集池中，用合格食用水净水剂处理后，实现循环利用。包装车间产生洗瓶废水约 3.4 m^3/d，洗瓶废水主要含悬浮物，污染物浓度不高，经沉淀处理后可直接排放；软化再生水产生量为 1.0 m^3/d，通过调节 pH 值后通过沉淀处理后排放。本项目罐体投入使用后不再清洗，不产生罐体冲洗废水。

（2）项目酿造过程中产生的黄水由于富含酿酒必需的微生物等物质，因此经收集后可作为敷窖、养窖以及培养营养液等资源化利用，不外排，其产生量为 0.52 m^3/d。

（3）酿酒生产实行三班制连续生产，其酿酒生产的污染负荷主要来源于蒸馏发酵成熟醪时排放的蒸馏残留物——底锅水，以及生产过程中的一次洗锅水、原料浸泡废水、冲洗地面用水、冷却水厂区员工生产生活所排放的生活污水，每天共排水约 43.44 m^3。为避免冲击负荷，项目设计处理能力按污水量的 115%进行设计，设计处理能力为 50.0 m^3/d。查阅泸州纳溪××酒业有限公司的相关资料，在采用类比方法的基础上得到酿酒废水原水水质，其混合后的原水水质见下表。

表 5-3　废水处理设计进水水质表

指 标	水量/（t/d）	COD_{Cr}/（mg/L）	BOD_5/（mg/L）	SS/（mg/L）	NH_3-N/（mg/L）
废水水质	43.44	6 000～8 000	2 000～3 000	200～300	30～45
设计取值	50.0	6 955	2 960	275	32
指 标	水量/（t/d）	pH	色度（稀释倍数）	TN/（mg/L）	TP/（mg/L）
废水水质	43.44	4～5	100～200	80～150	20～120
设计取值	50.0	4～5	150	89	50.7

表 5-4 项目废水产生及排放情况

排放源	污染物	产生量/（t/a）	排放浓度/（mg/L）
混合废水 43.44 m^3/d（10 860 t/a）	pH	—	4～5
	COD_{Cr}	75.53	6 955
	BOD_5	32.15	2 960
	SS	2.99	275
	NH_3-N	0.34	32
	色度	1.63	150
	TP	0.55	50.7
	TN	0.97	89

本厂产生的生产废水、生活污水经废水处理站处理后，达标排放；且本项目在厂界边修建高于厂场地标高约 2 m 的围墙。故不会因项目生产装置对白节河构成污染隐患。

平面布置考虑满足生产工艺要求，确保工艺生产流程顺直，物料管线短捷，减少投资；满足水、电、气等公用工程外线接入条件，以及最大限度地有利于环境保护工作的开展。总图布置对外环境影响不大。

项目总图布置从环保角度合理。

四、清洁生产

清洁生产是将综合预防污染的环境策略持续应用于生产过程和产品中，以减少对人类的环境风险。清洁生产对生产过程要求节约原材料和能源，淘汰有毒原材料，减降所有废弃物的数量和毒性；对产品要求从原材料提炼到产品最终处置的全生命周期的不利影响；对服务要求将环境因素纳入设计和提供的服务中。它表达了从原材料→生产→产品→消费使用的全过程的污染防治途径。

本项目以生产 65 度原酒核算，按 1kl 白酒=0.87 t 白酒核算。

1．生产工艺与装备要求

本项目设备完好率为 100%，比照清洁生产指标等级为一级。

2．资源能源利用指标

（1）原辅材料的选择：本项目原辅材料为高粱、糯米等，对人体健康没有任何损害，由于采取了环保措施在生产过程中对生态环境没有负面影响。原料的淀粉含量、水分含量、杂质含量应有严格控制指标。

（2）电耗：Ec=Ea/P=25 000×0.87/500=54.4≤60 符合清洁生产指标等级三级标准。

式中：Ec——电耗，kW·h/kl；

泸州纳溪××酒业有限公司涉嫌不正常使用防治污染设施外排废水应缴纳排污费核算清单

一、基本情况

2016 年 7 月 28 日，市环境监察执法支队会同市环境监测中心站对泸州纳溪××酒业有限公司 1 号车间外暗管入河口前端和 2 号车间原水以及 2 号车间生产废水进入洪水沟后入白节河前端口进行采样监测。监测结果表明，1 号车间收集池南面围墙外暗管外排废水和 2 号车间外排废水浓度均不符合《发酵酒精和白酒工业水污染物排放标准》（GB 27631—2011）。1 号车间外暗管外排废水 pH 值低于标准下限 2.11，色度超标 1.0 倍，化学需氧量超标 40.8 倍，氨氮超标 2.8 倍，总氮超标 30.8 倍，总磷超标 30.6 倍；2 号车间外排废水色度超标 3.0 倍，悬浮物超标 1.3 倍，化学需氧量超标 4.8 倍，总氮超标 13 倍，总磷超标 4.3 倍。

公司废水排放量核定（该公司生产车间未安装废水流量计）：

1. 根据企业提供的水量说明中产品日产量为：80×3×8=1 920 斤、计 0.96 t；根据《四川省工业污染源考核验收登记表》显示，该公司吨产品排放生产废水量为 13.3～13.6 t，按产品产量计算外排废水量应该是：（13.3+13.6）÷2×0.96=12.91 t。

2. 公司提供的水量说明中外排废水量为 30 t。

3. 公司厂长罗某某调查笔录，日排放量为 28 t（其中：1 号车间 8 t、2 号车间 20 t）。

综合以上数据：建议按厂长罗某某提供的水量来进行应缴纳排污费核算。

二、核算依据

（一）根据《中华人民共和国水污染防治法》第七十三条：违反本法规定，不正常使用水污染物处理设施，或者未经环境保护主管部门批准拆除、闲置水污染物处理设施的，由县级以上人民政府环境保护主管部门责令限期改正，处应缴纳排污费数额一倍以上三倍以下的罚款。

（二）根据《关于〈水污染防治法〉第七十三条和第七十四条“应缴纳排污费数额”具体应用问题的通知》的明确规定：①“应缴纳排污费数额”是指法律授权环保部门参照排污费征收标准及计算方法确定并用以裁定罚款数额的基数；②关于水污染物的种类、浓度，应当按照国家有关水污染源在线监测技术规范或者监督性监测方法，对违法行为发生时所排水污染物的种类、浓度进行认定；③关于污水排放量，排污者实施违法行为不超过30天，应当按照30天的污水排放量进行认定；超过30天的，应当按照实际违法行为期间污水排放量进行认定。

（三）根据泸州市环境监测中心站对2016年7月28日采集水样监督性监测报告（泸环监字〔2016〕污染源第120号），结果显示，该公司1号车间外暗管外排废水pH值低于标准下限2.11，色度超标1.0倍，化学需氧量超标40.8倍，氨氮超标2.8倍，总氮超标30.8倍，总磷超标30.6倍；2号车间外排废水色度超标3.0倍，悬浮物超标1.3倍，化学需氧量超标4.8倍，总氮超标13倍，总磷超标4.3倍。

（四）根据《关于调整排污费收费标准等有关问题的通知》（川发改价格〔2015〕363号），污水中的主要金属（铅、汞、铬、镉、类金属砷）及化学需氧量和氨氮排污费征收标准调整为每污染当量1.4元。

（五）根据四川省环境保护厅《关于排污费征收有关具体问题的通知》（川环发〔2015〕90号）要求"超标（或超环评及其批复的排放要求）、超排放总量、属于淘汰类的生产工艺装备或者产品产生的污染物排放量，按规定的征收标准加一倍征收排污费"，故该公司外排废水污染因子的排污费应加一倍征收（pH值除外）。

（六）根据《排污费征收标准管理办法》（中华人民共和国国家发展计划委员会、财政部、环境保护总局、国家经济贸易委员会2003年第31号令）。

某污染物的污染当量数=该污染物的排放量（kg）÷该污染物的污染当量值（kg）。在一般污染物的污染当量值表2中表明，化学需氧量当量值为1，氨氮当量值为0.8，悬浮物当量值为4，总氮当量值为0.8，总磷当量值为0.25。

污水排污费收费＝污染物的污染当量数×1.4（0.7）

pH值超标收取排污费，但不加倍收费。该公司pH值当量值为0.5。

色度的污染当量数=污水排放量（t）×色度的超标倍数/色度的污染当量值（5 t水·倍），该公司色度超标3倍。

三、应缴排污费计算

（一）超标废水排放量计算

该公司2016年7月废水排放量合计为28×30＝840 t。

（二）超标废水应缴纳排污费计算

应缴纳排污费：

1号车间：

化学需氧量：240×4 180÷1 000÷1×1.4×2＝2 808.96元

氨氮：240×38÷1 000÷0.8×1.4×2＝31.92元（舍去）

总氮：240×636÷1 000÷0.8×0.7×2＝276.12 元

pH 值：240÷0.5×0.7＝336 元

悬浮物：240×46÷1 000÷4×0.7＝1.93 元（舍去）

2 号车间：

化学需氧量：600×582÷1 000÷1×1.4×2＝977.76 元

氨氮：600×4.91÷1 000÷0.8×1.4＝5.16 元（舍去）

总氮：600×280÷1 000÷4×0.7×2＝294 元

色度：600×3÷5×0.7＝252 元

悬浮物：600×115÷1 000÷4×0.7×2＝24.15 元（舍去）

应缴排污费合计：2 808.96+276.12+336+977.76+294+252=4 944.84 元

核算人：×××

曲酒车间生产记录表

窖号：　　　　　投窖日期：　　月　　日　　　窖号：　　　　　投窖日期：　　月　　日

甑次	投料数					甑次	投料数				
	每甑耗粮	每甑耗曲	每甑耗糠	每甑温度	每甑水量		每甑耗粮	每甑耗曲	每甑耗糠	每甑温度	每甑水量
1											
2											
3											
4											
5											
6											
7											
8											
9											
10											
11											
12											
13											
14											
15											
16											
合计						合计					

证　明

泸州市环保局：

兹证明彭某某在我单位任职总经理，罗某某任职厂长，张某某任职污水处理操作员。

泸州纳溪××酒业有限公司

2016年8月4日

证　明

泸州市环保局：

彭某某（身份证号：×××）为我公司总经理，主要负责公司白酒销售和原材料的选购。

特此证明。

泸州纳溪××酒业有限公司

2016 年[illegible]月 4 日

证　明

泸州市环保局：

兹证明罗某某（身份证号：×××）为我公司正式员工，2009年进厂工作，自2015年10月任生产厂长一职至今。

泸州纳溪××酒业有限公司

2016年8月4日

总经理职责

一、组织实施公司年度工作计划和财务预算报告及利润分配使用方案。

二、代表公司签署有关协议、合同、合约和处理相关事宜。

三、全面负责生产所用原材料的采购工作。

四、负责产品的市场渠道拓展与销售工作。

厂长工作职责

一、主持工厂全面工作，包括公司安全、环保、质量、生产、劳动纪律等。

二、主持编制企业内部管理，安全生产管理，技术、质量管理等各项规章制度，制定切实可行的方案，措施并组织实施。

三、主持召开各种会议，强化内部管理工作、加强成本核算，挖掘生产潜力，合理使用和节约能源、材料，降低消耗、缩短生产周期。

四、抓好劳动管理，提高劳动生产率，适时修订劳动定员、定额、适时调整作息时间，检查督促劳动纪律执行情况，组织对管理人员按规定实施考核。

五、坚持安全第一，强化安全生产，建立健全安全管理机构及安全网络。加强员工安全教育与培训，开展安全监督检查采取有力措施，消除事故隐患，杜绝事故发生。

六、坚持质量第一，抓好全面质量管理工作，定期召开质量工作会议，及时解决质量问题，组织质量攻关。

七、加强机械设备管理，使设备完好率达到良好水平。

八、处理突发事件，对生产责任事故和安全事故，查清原因，追究责任，作出处理，处理违纪违章行为。

泸州纳溪××酒业有限公司

水处理岗位职责

（负责人：张某某）

1．严格执行工艺操作规程，使水处理过程处于受控状态，处理不合格的水不准流入下道工序。

2．全程负责所划定责任区域内泵室、输水管网、输配电线路、机电设施的安全管理工作。

3．确保水处理工作站的正常运行，水质达到标准。

4．做好水处理的有关记录运行记录台账、加药台账。

停产报告

泸州市纳溪区环保局：

为了整改存在的环境问题，公司决定从 2016 年 7 月 29 日停产进行整改，恢复生产时再进行报告。

泸州纳溪××酒业有限公司

泸州纳溪××酒业有限公司排污整改计划书

一、严格按照《中华人民共和国固体废物污染环境防治法》相关规定，对露天堆放的丢糟等生产废料采取“三防”措施，对进入到雨水沟的浸出液进行收集处理整改，定于2016年8月10日完工。

二、对灌区围堰洞口进行封堵，安装应急阀确保无环境安全隐患；定于2016年8月3日完工。

三、对雨污分流不彻底的情况进行整改，预计2016年8月12日前完工。

四、对围墙外管道进行拆除，确保冷却水、锅底水全部收集到废水收集池进入污水处理站进行处理，达标后排放，定于2016年8月5日完工。

五、完善污水处理设施运行记录台账、加药记录台账，确保稳定运行，达标排放，定于2016年8月10日完工。

泸州纳溪××酒业有限公司

泸州纳溪××酒业有限公司水量说明

泸州市环保局：

我公司共有生产车间 2 个，酒甑 3 个，燃煤锅炉 3 台，正常生产时每个酒甑每天蒸酒约 8 瓶；每甑出酒约 40 kg，生产废水排量大约 1.25 t，合计每天排放生产废水约 30 t。

特此说明。

泸州纳溪××酒业有限公司

泸州市环境监测中心站

监　测　报　告

泸环监字〔2016〕污染源第×××号

（盖资质认定印章）

项目名称：泸州纳溪××酒业有限公司监督性监测

委托单位：

监测类别：污染源监测

报告日期：2016年7月29日

监 测 报 告 说 明

1．报告封面及监测数据处无本站业务专用章无效，报告无骑缝章无效。

2．报告内容需齐全、清楚，涂改无效；报告无相关责任人签字无效。

3．委托方如对本报告有异议，须于收到本报告十五日内向本站提出，逾期不予受理。

4．由委托方自行采集的样品，仅对送检样品的测试数据负责，不对样品来源负责，对检测结果不做评价。

5．未经本站书面批准，不得部分复制本报告。

6．未经本站书面批准，本报告及数据不得用于商品广告，违者必究。

机构通信资料：××××××

1. 监测内容

2016 年 7 月 28 日，×××对泸州纳溪××酒业有限公司 1 号车间收集池围墙外管道排口污水、2 号车间汇入白节河前排口污水进行了监测。分析日期为 2016 年 7 月 29 日。

监测目的：监督性监测。

企业基本情况：泸州纳溪××酒业有限公司始建于 20 世纪 80 年代，位于四川省泸州市纳溪区白节镇，泸州纳溪××酒业有限公司是以大米、糯米、小麦、高粱、玉米为原料，采用固体发酵的企业。公司现有生产窖池 180 口，全部生产五粮浓香型基础白酒；公司每天生产基础白酒约 2 t，全年工作 300 天，为年产浓香型基础白酒 600 t 左右的小型企业。

污水去向：排入白节河。

2. 监测项目

pH 值、色度、悬浮物（SS）、化学需氧量（COD_{Cr}）、氨氮（NH_3-N）、总氮（TN）、总磷（TP）。

3. 监测方法及方法来源

本次监测项目的监测方法、方法来源、使用仪器及检出限见表 3-1。

表 3-1　监测方法、方法来源、使用仪器及检出限见表

项目	监测方法	方法来源	使用仪器及编号	检出限
pH 值	玻璃电极法	GB 6920—1986	Thermo B 43408 pH 计	—
色度	稀释倍数法	GB 11903—1989	—	—
悬浮物	重量法	GB 11901—1989	AR 1140 万分之一电子天平 1225470486	1 mg/L
化学需氧量	重铬酸盐法	GB 1914—1989	50 mL 棕色酸式滴定管	10 mg/L
氨氮	纳氏试剂分光光度法	HJ 535—2009	7200 分光光度计 RR11061107021	0.025 mg/L
总氮	碱性过硫酸钾消解紫外分光光度法	HJ 6365—2012	TU-1901 双光束紫外可见分光光度计 24-1901-01-0260	0.05 mg/L
总磷	钼酸铵分光光度法	GB 11893—1989	7200 分光光度计 RR12021202027	0.01 mg/L

注：“—”表示无此项。

4. 监测结果评价标准

监测结果评价标准见表 4-1。

表 4-1　监测结果评价标准

类别	评价标准						
污水	1 号车间收集池围墙外管道排口和 2 号车间汇入白节河前排口执行《发酵酒精和白酒工业水污染物排放标准》（GB 27631—2011）表 2 直接排放标准限制的规定						
	pH	色度/倍	悬浮物/（mg/L）	化学需氧量/（mg/L）	氨氮/（mg/L）	总氮/（mg/L）	总磷/（mg/L）
	6～9	40	50	100	10	20	1.0

5．监测结果及评价

污水监测结果见表 5-1.

表 5-1　污水监测结果　　单位：mg/L

项目	pH	色度/倍	悬浮物	化学需氧量	氨氮	总氮	总磷
1 号车间收集池围墙外管道排口	3.89	80	46	4.18×10^3	38.0	636	31.6
2 号车间汇入白节河前排口	7.70	160	115	5.82×10^3	4.91	280	5.31
标准值	6～9	40	50	100	10	20	1.0
2 号车间酒瓶原水	6.21	160	227	7.90×10^3	1.41	394	2.07

注：2 号车间酒瓶原水不执行标准。

由表 5-1 监测结果可知，泸州纳溪××酒业有限公司 1 号车间收集池围墙外管道排口污水监测项目中悬浮物排放浓度符合《发酵酒精和白酒工业水污染物排放标准》（GB 27631—2011）表 2 中直接排放标准限制的规定，其他监测项目均不符合该规定，pH 值低于标准下限 2.11，色度超标 1.0 倍，化学需氧量超标 40.8 倍，氨氮超标 2.8 倍，总氮超标 30.8 倍，总磷超标 30.6 倍；2 号车间汇入白节河前排口污水监测项目中 pH 值和氨氮排放浓度符合《发酵酒精和白酒工业水污染物排放标准》（GB 27631—2011）表 2 中直接排放标准限值的规定，其他监测项目均不符合该规定，色度超标 3.0 倍，悬浮物超标 1.3 倍，化学需氧量超标 4.8 倍，氨氮超标 13.0 倍，总氮超标 4.3 倍。

（以下空白）

报告编制：×××　　审核：×××　　签发×××

日期：2016.7.29　　日期：2016.7.29　　日期：2016.7.29

泸州市环保局处理笺

<table>
<tr><td>来文单位</td><td colspan="2">市环监站</td><td>来文字号</td><td colspan="2">泸环监字〔2016〕污染源第×××号</td></tr>
<tr><td>收文号</td><td></td><td>份数</td><td>1</td><td>收文时间</td><td>8.4</td></tr>
<tr><td>内容摘要</td><td colspan="5">泸州纳溪××酒业有限公司1号车间收集池围墙外管道排口不符合《发酵酒精和白酒工业水污染物排放标准》（GB 27631—2011）的规定，pH值低于标准下限2.11，色度超标1.0倍，化学需氧量超标40.8倍，氨氮超标2.8倍，总氮超标30.8倍，总磷超标30.6倍；2号车间汇入白节河前排口污水色度超标3.0倍，悬浮物超标1.3倍，化学需氧量超标4.8倍，氨氮超标13.0倍，总氮超标4.3倍。</td></tr>
<tr><td>处理意见</td><td colspan="5">请×××局长阅示。

×××

2016.8.4</td></tr>
<tr><td>领导批示</td><td colspan="5">请支队依法调查。

×××

2016.8.4

请×××抓紧开展案件办理工作

×××

2016.8.4</td></tr>
<tr><td>备注</td><td colspan="5"></td></tr>
</table>

泸州市环境保护局
行政执法抽样记录

川 O 039

被抽样单位：泸州纳溪××酒业有限公司

详细地址：××市××区××镇××

法定代表人：肖某某　　　　　　　电话号码：/

联系人：罗某某　　　　　　　　　电话号码：×××

一、抽样时间：2016 年 7 月 28 日 17 时 40 分

二、抽样地点：1. 于该公司生产区 2 号车间底锅水和冷却水产生处（两个酒甑共用）；2. 2 号车间外排废水进入白节河位置前端；3. 1 号车间收集池外暗管入河口前端。

三、抽样情况：

1 处采样 3.5 L，2 处采样 3.5 L，3 处采样 2 L。

执法人员签名：×××　　　　被抽样单位经手人签名：×××　　　　2016.7.28

在场人签名：×××　　　　2016.7.28

图一　2016 年 7 月 28 日，泸州纳溪××酒业有限公司检查时正在生产

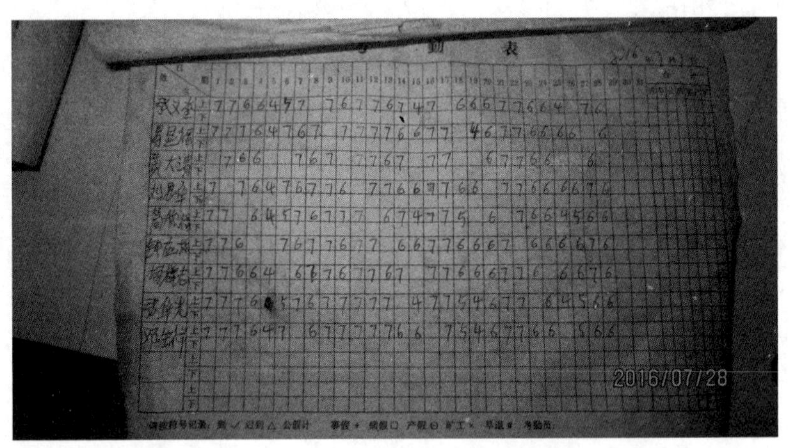

图二　2016 年 7 月 28 日，泸州纳溪××酒业有限公司检查时正在生产和生产车间人员考勤表

图组一、二

<table>
<tr><td colspan="4">证明内容：2016 年 7 月 28 日，执法人员“双随机”检查时，泸州纳溪××酒业有限公司正在生产。</td></tr>
<tr><td>拍摄时间：2016 年 7 月 28 日 10：45</td><td>天气情况</td><td colspan="2">晴</td></tr>
<tr><td colspan="4">相机型号：Ganon IXUS210</td></tr>
<tr><td colspan="2">拍摄地点：泸州纳溪××酒业有限公司</td><td colspan="2">拍摄人：×××</td></tr>
<tr><td colspan="4">当事人或见证人（签名或者盖章）：×××</td></tr>
<tr><td colspan="4">执法人员（签名）：×××、×××</td></tr>
<tr><td colspan="4">执法证号：×××（×××）　　×××（×××）</td></tr>
</table>

图三　2016 年 7 月 28 日，泸州纳溪××酒业有限公司废水处理站，

1 号车间生产废水有少许进入废水站废水收集池

图四　2016 年 7 月 28 日，泸州纳溪××酒业有限公司废水处理站检查时正在运行

图组三、四

<table>
<tr><td colspan="4">证明内容：2016 年 7 月 28 日，执法人员“双随机”检查时，泸州纳溪××酒业有限公司废水处理站正在运行，进水口有少许生产废水进入废水站。</td></tr>
<tr><td>拍摄时间：2016 年 7 月 28 日 11：00</td><td>天气情况</td><td colspan="2">晴</td></tr>
<tr><td colspan="4">相机型号：Ganon IXUS210</td></tr>
<tr><td colspan="2">拍摄地点：泸州纳溪××酒业有限公司</td><td colspan="2">拍摄人：×××</td></tr>
<tr><td colspan="4">当事人或见证人（签名或者盖章）：×××</td></tr>
<tr><td colspan="4">执法人员（签名）：×××、×××</td></tr>
<tr><td colspan="4">执法证号：×××（×××）　　×××（×××）</td></tr>
</table>

图五　2016 年 7 月 28 日，执法人员“双随机”检查，发现泸州纳溪××酒业有限公司 1 号车间南面围墙外三根直径 100 mm 的管道，并有生产废水从管道中排出

图六　2016 年 7 月 28 日，泸州纳溪××酒业有限公司 1 号车间南面围墙外三根直径 100 mm 的管道外排废水汇合后进行直径为 200 mm 水泥管道入口处

图七　2016 年 7 月 28 日，执法人员发现 1 号车间南面围墙外埋藏在地下的直径为 200 mm 的水泥管道，并有生产废水从管道中排出，直接排向白节河

图组五、六、七

<table>
<tr><td colspan="4">证明内容：2016 年 7 月 28 日，执法人员“双随机”检查，发现泸州纳溪××酒业有限公司 1 号车间南面围墙外三根直径 100 mm 的管道，并有生产废水从管道中排出，汇合后经直径为 200 mm 的水泥管道排入外环境。</td></tr>
<tr><td>拍摄时间：2016 年 7 月 28 日 11：15</td><td>天气情况</td><td colspan="2">晴</td></tr>
<tr><td colspan="4">相机型号：Ganon IXUS210</td></tr>
<tr><td colspan="2">拍摄地点：泸州纳溪××酒业有限公司</td><td colspan="2">拍摄人：×××</td></tr>
<tr><td colspan="4">当事人或见证人（签名或者盖章）：×××</td></tr>
<tr><td colspan="4">执法人员（签名）：×××、×××</td></tr>
<tr><td colspan="4">执法证号：×××（×××）　　　×××（×××）</td></tr>
</table>

图八　泸州纳溪××酒业有限公司 2 号车间外排废水管道安装在洪水沟里，未被洪水冲毁部分

图九　泸州纳溪××酒业有限公司 2 号车间外排废水经洪水沟进入白节河入口处，并有废水排出

图十　2016 年 7 月 28 日，泸州纳溪××酒业有限公司废水处理站，

2 号车间外排废水进入废水处理站入口处无生产废水进入

图十一　2016 年 7 月 28 日，泸州纳溪××酒业有限公司厂长罗某某陪同市环境监测中心站工作人员采集水样

图组八、九、十、十一

<table>
<tr><td colspan="4">证明内容：2016 年 7 月 28 日，执法人员“双随机”检查时，泸州纳溪××酒业有限公司 2 号车间生产废水未进入废水站收集池，而是废水管道被冲毁后经洪水沟排入外环境，以及公司厂长陪同采样的情况。</td></tr>
<tr><td>拍摄时间：2016 年 7 月 28 日 11：35</td><td>天气情况</td><td colspan="2">晴</td></tr>
<tr><td colspan="4">相机型号：Ganon IXUS210</td></tr>
<tr><td colspan="2">拍摄地点：泸州纳溪××酒业有限公司</td><td colspan="2">拍摄人：×××</td></tr>
<tr><td colspan="4">当事人或见证人（签名或者盖章）：×××</td></tr>
<tr><td colspan="4">执法人员（签名）：×××、×××</td></tr>
<tr><td colspan="4">执法证号：×××（×××）　　×××（×××）</td></tr>
</table>

图十二　2016 年 8 月 4 日，执法人员向当事人出示执法证件、表明身份，并告知当事人申请回避权利和配合调查义务，当事人对笔录进行确认

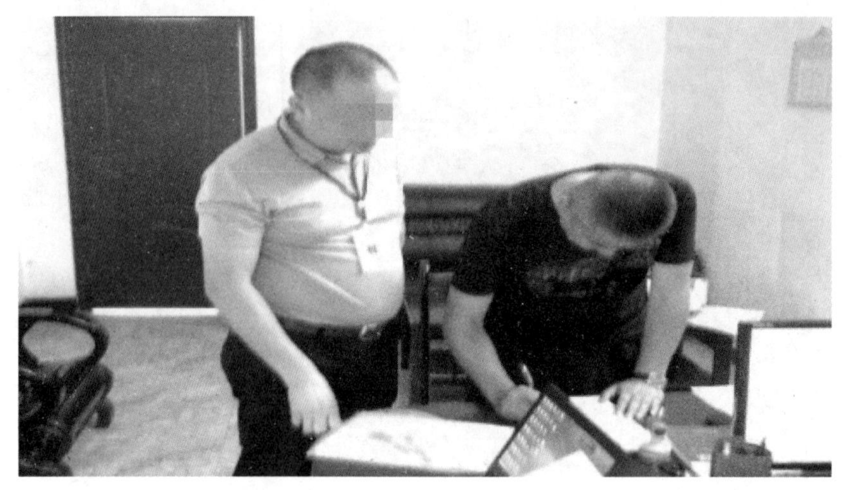

图十三　2016 年 8 月 4 日，执法人员向当事人出示执法证件、表明身份，并告知当事人申请回避权利和配合调查义务，当事人对笔录进行确认

图组十二、十三

<table>
<tr><td colspan="3">证明内容：2016 年 8 月 4 日，执法人员对当事人进行调查，并向当事人出示执法证件、表明身份，并告知当事人申请回避权利和配合调查义务，当事人对笔录进行确认。</td></tr>
<tr><td>拍摄时间：2016 年 8 月 4 日 11：45</td><td>天气情况</td><td>晴</td></tr>
<tr><td colspan="3">相机型号：Panasonic DMC-GF6</td></tr>
<tr><td>拍摄地点：泸州纳溪××酒业有限公司</td><td colspan="2">拍摄人：×××</td></tr>
<tr><td colspan="3">当事人或见证人（签名或者盖章）：×××</td></tr>
<tr><td colspan="3">执法人员（签名）：×××、×××</td></tr>
<tr><td colspan="3">执法证号：×××（×××）　　×××（×××）</td></tr>
</table>

图十四　2016 年 8 月 4 日，执法人员对该××酒业进行检查时，该公司已停产

图十五　2016 年 8 月 4 日，执法人员对该××酒业进行检查时，该公司已停产

图组十四、十五

证明内容：2016 年 8 月 4 日，执法人员对该××酒业进行检查时，该公司已停产，无生产废水产生和外排。			
拍摄时间：2016 年 8 月 4 日 11：15	天气情况	晴	
相机型号：Panasonic DMC-GF6			
拍摄地点：泸州纳溪××酒业有限公司		拍摄人：×××	
当事人或见证人（签名或者盖章）：×××			
执法人员（签名）：×××、×××			
执法证号：×××（×××）　　×××（×××）			

图十六　泸州纳溪××酒业有限公司 1 号车间外废水收集池整改前，废水收集管道和废水收集情况

图十七　泸州纳溪××酒业有限公司 1 号车间外废水收集池整改后，废水收集管道和废水收集情况

图十八　2016 年 8 月 4 日，执法人员检查时，泸州纳溪××酒业有限公司组织人员正在拆除 1 号车间收集池南面围墙外水泥管道

图十九　2016 年 8 月 4 日，执法人员检查时，泸州纳溪××酒业有限公司已拆除的 1 号车间收集池南面围墙外水泥管道

图二十　2016 年 8 月 4 日，执法人员检查时，泸州纳溪××酒业有限公司正在修复 2 号车间被洪水冲毁的管道

图二十一　2016 年 8 月 4 日，执法人员检查时，泸州纳溪××酒业有限公司正在修复 2 号车间被洪水冲毁的管道

图二十二　2016 年 8 月 4 日，执法人员检查时，泸州纳溪××酒业有限公司已修复的 2 号车间被冲毁的生产废水管道

图组十六～二十二

<table>
<tr><td colspan="4">证明内容：2016 年 8 月 4 日，执法人员对该××酒业进行检查时，该公司已对 1 号车间围墙外水泥管道进行拆除、对 2 号车间废水管道进行修复，认真落实整改。</td></tr>
<tr><td>拍摄时间：2016 年 7 月 28 日 11：15
2016 年 8 月 4 日 12：15</td><td>天气情况</td><td colspan="2">晴</td></tr>
<tr><td colspan="4">相机型号：Ganon IXUS210、Panasonic DMC-GF6</td></tr>
<tr><td colspan="2">拍摄地点：泸州纳溪××酒业有限公司</td><td colspan="2">拍摄人：×××</td></tr>
<tr><td colspan="4">当事人或见证人（签名或者盖章）：×××</td></tr>
<tr><td colspan="4">执法人员（签名）：×××、×××</td></tr>
<tr><td colspan="4">执法证号：×××（×××）　　×××（×××）</td></tr>
</table>

环境行政案件
调 查 终 结 报 告

川〇 38　　　　川环法泸环行调终字〔2016〕×××号

<table>
<tr><td>案由</td><td colspan="5">涉嫌不正常运行防治污染设施和通过暗管违法排放污染物案</td></tr>
<tr><td rowspan="4">涉案者</td><td>名称</td><td colspan="4">泸州纳溪××酒业有限公司</td></tr>
<tr><td>地　　址</td><td colspan="2">×××市×××区×××镇×××</td><td>邮政编码</td><td>×××</td></tr>
<tr><td colspan="3">营业执照统一社会信用代码</td><td colspan="2">×××</td></tr>
<tr><td>法人代表/负责人</td><td>肖某某</td><td>职务</td><td>联系电话</td><td>×××</td></tr>
<tr><td rowspan="6">办案单位</td><td>名　　称</td><td colspan="2">泸州市环境监察执法支队</td><td>法定代表人</td><td>×××</td></tr>
<tr><td>地　　址</td><td colspan="2">泸州市×××区×××路×××号</td><td>邮政编码</td><td>×××</td></tr>
<tr><td>组织机构代码</td><td colspan="4">×××</td></tr>
<tr><td rowspan="3">办案人员</td><td>姓 名</td><td>×××</td><td>姓 名</td><td>×××</td></tr>
<tr><td>执法证号</td><td>×××</td><td>执法证号</td><td>×××</td></tr>
<tr><td>联系电话</td><td>×××</td><td>联系电话</td><td>×××</td></tr>
</table>

泸州纳溪××酒业有限公司（以下简称“××酒业”）涉嫌不正常运行防治污染设施和通过暗管违法排放污染物案调查终结。现将案件情况报告如下：

一、违法事实

2016 年 7 月 28 日，市支队执法人员开展现场检查时发现：

（1）泸州纳溪××酒业有限公司 1 号车间废水收集池南面围墙外墙角处安装有三根直径约 100 mm 的管道，这三根管道中有生产废水排出，汇合进入一根直径约为 200 mm 的水泥管道直接排入白节河。

（2）2 号车间生产废水输送管道被洪水冲毁后，未能及时修复，生产废水不能进入废水处理站处理而直接排入外环境。

（3）市监测站现场采样结果，1 号车间收集池南面围墙外水泥管道外排废水和 2 号车间外排废水浓度均不符合《发酵酒精和白酒工业水污染物排放标准》（GB 27631—2011）。1 号车间外水泥管道外排废水 pH 值低于标准下限 2.11，色度超标 1.0 倍，化学需氧量超标 40.8 倍，氨氮超标 2.8 倍，总氮超标 30.8 倍，总磷超标 30.6 倍；2 号车间外排废水色度超标 3.0 倍，悬浮物超标 1.3 倍，化学需氧量超标 4.8 倍，总氮超标 13 倍，总磷超标 4.3 倍。

二、证据及与违法行为的关系

1．××酒业营业执照统一社会信用代码和企业法人身份证复印件。

确定：①违法主体是泸州纳溪××酒业有限公司；②该公司营业执照统一社会信用代码为×××；③注册地址为×××市×××区×××镇×××；④法定代表人为肖某某；⑤公司的经营范围为生产、销售白酒。

2．公司关于泸州纳溪××酒业有限公司与泸州纳溪××酒业有限公司的情况说明。

确定：①泸州纳溪××酒业有限公司是泸州纳溪××酒业有限公司股东为了扩大经营范围出资注册的新公司，主要经营白酒生产、销售，法人为肖某某，注册时间为 2013 年 9 月 22 日（公司未能提供工商注册资料）；②泸州纳溪××酒业有限公司使用的酿酒车间、设施设备、污染防治设施以及环评资料等均沿用泸州纳溪××酒业有限公司的资料。

3．××酒业污水排口说明、公司建设项目环境影响报告表（复印件）。

确定：①该公司只有一个法定废水排放口；②依据环评第 25 页图 5-2 工艺流程及产污位置框图、29 页图 5-5 水量平衡图、37 页第二行确定该公司法定排污口为废水站总排放口。

4．执法人员对××酒业总经理彭某某的调查笔录及身份证复印件。

确定：①违法主体是泸州纳溪××酒业有限公司；②该公司建设地址为泸州市纳溪区×××镇街村×××村×社；③彭某某身份是该公司总经理，负责公司白酒的销售和原材料的采购；④该公司共有 2 个生产车间，3 台燃煤锅炉，3 个酒甑，设计年产量为 500 t，实际年产量约 300 t；⑤2013 年 10 月，该公司废水处理站建成并投入使用，设计日处理能力为 55 t，办理了环评手续，废水限期治理项目通过了泸州市经济和信息化委员会和泸州市环境保护局的考核验收（四川省工业污染源考核验收登记表）；⑥公司废水排放口只有 1 个，就是废水处理站总排口；⑦2016 年 7 月 28 日，该公司厂长罗某某配合市环境监察执法支队执法人员进行现场检查，发现该公司 1 号车间利用水泥管正在排放生产废水和 2 号车间废水收集管道被洪水冲毁后未及时修复，生产废水直接排入外环境；⑧1 号车间收集池南面围墙外水泥管道是公司未修建废水处理站前 1 号车间生产废水排放口，一直未拆除，这次由于收集池废水管道堵塞，生产废水从管道沟流向该水泥管道排入外环境；⑨2016 年 7 月 28 日，该公司厂长罗某某陪同市环境监测中心站工作人员在 1 号车间外水泥管口和 2

号车间汇入白节河前排口采取水样；⑩2016 年 7 月 29 日，公司立即停止了生产，并按要求拆除了暗管，对损毁的管道进行修复；⑪该公司注册前全称是“泸州纳溪××酒业有限公司”。

5．执法人员对××酒业厂长罗某某的调查笔录及身份证复印件。

确定：①违法主体是泸州纳溪××酒业有限公司；②该公司建设地址为泸州市纳溪区×××镇街村×××村×社；③罗某某身份是该公司生产厂长，负责公司的全面工作，包括生产、环保、劳动纪律等；④该公司主要从事白酒的生产和销售；⑤该公司外排废水主要是蒸酒的底锅水和冷却水；⑥2013 年 10 月，该公司废水处理站建成并投入运行，设计日处理能力为 55 t；⑦公司废水排放口按环评要求只有 1 个，就是废水处理站总排口；⑧2016 年 7 月 28 日，该公司厂长罗某某配合市环境监察执法支队执法人员和陪同市环境监测中心站工作人员进行了现场检查和采样；⑨该公司厂长罗某某知晓 1 号车间利用水泥管排放生产废水和 2 号车间废水输送管道被冲毁一事以及利用水泥管和洪水沟直接排放生产废水的时间，大概是 7 月 10 日，由于生产任务重和未引起重视，觉得生产废水进入外环境影响不大，所以就未及时向总经理彭某某报告也未采取措施进行治理；⑩1 号车间收集池南面围墙外水泥管道是公司未修建废水处理站前的 1 号生产车间生产废水排放口；⑪该公司 1 号车间围墙外水泥管道是污水处理站修建前的废水排口，污水处理站建好后就停止使用，近期由于生产废水管道堵塞，导致生产废水不能进入收集池，而是通过管道沟流向围墙外水泥管道直排入外环境；⑫公司每天通过水泥管和洪水沟排放生产废水的量，分别为 8 t 和 20 t；⑬2016 年 7 月 28 日，执法检查当天，该公司正在生产；⑭彭某某和张某某的身份，彭某某为公司的总经理，张某某为公司废水处理站操作人员。

6．执法人员对××酒业废水处理站操作人员张某某的调查笔录及身份证复印件。

确定：①违法主体是泸州纳溪××酒业有限公司；②该公司建设地址为×××市×××区×××镇×××；③张某某身份是该公司废水处理站操作人员，负责管理操作公司废水处理站；④2013 年 10 月，该公司废水处理站建成并投入运行，设计日处理能力为 55 t，实际日处理量约为 30 t；⑤2016 年 7 月 28 日，执法检查当天，该公司废水处理站正在运行；⑥废水站操作人员张某某不清楚废水管道被洪水冲毁一事；⑦废水处理站进水量有所减少，废水和雨水混合进入废水站的量约为 10 t；⑧该公司立即停止生产，对损毁的管道进行修复。

7．环境行政案件现场检查（勘验）笔录及现场勘验图。

确定：①违法主体是泸州纳溪××酒业有限公司；②该公司营业执照统一社会信用代码为×××；③注册地址为×××市纳溪×××区×××镇×××；④法定代表人为肖某某；⑤公司的经营范围为生产、销售白酒；⑥该公司 1 号车间生产废水未进入废水处理站收集池，而是通过收集池南面围墙外的水泥管道正在排放生产废水，以及水泥管道设置的线路；⑦2 号车间废水收集管道被洪水冲毁段的点位，是生产废水直接排入外环境的点位；⑧公司编制了环境综合治理技改项目环评，并获得纳溪区环境保护局的批复（泸纳环函〔2013〕77 号），以及确立了废水处理站总排口。

8.《应缴排污费核算清单》。

确定：①应缴纳排污费的核定依据；②应缴纳排污费的计算方法依据；③应缴纳排污费的计算过程和结果。

9.《泸州纳溪××酒业有限公司曲酒车间生产记录表》和《泸州纳溪××酒业有限公司废水处理站运行记录》（复印件）。

确定：2016 年 7 月 28 日，该公司正在生产，有生产废水产生，废水处理站正在运行。

10．××酒业《证明》和《公司职责分工》。

确定：彭某某、罗某某、张某某是公司员工。彭某某任公司总经理，主要负责公司白酒的销售和原材料的采购；罗某某任公司厂长，负责酒厂全面工作，包括公司安全、环保、生产、质量和劳动纪律等；张某某任公司废水处理站操作人员，负责公司废水处理站的管理和操作，确保废水处理设施正常运行，废水达标排放。

11．××酒业《停产报告》和《整改计划书》。

确定：①该公司采取停产措施，停止了污染物的产生和排放；②公司立即制订了整改计划进行整改。

12．××酒业《关于废水排放量的说明》。

确定：2016 年 7 月 28 日，该公司有 3 个酒甑在蒸酒，每个酒甑蒸酒约 8 次，每甑出酒约 40 kg、生产废水排放量 1.25 t，合计一天生产废水排放量为 30 t。

13．市环境监测中心站监督性监测报告（泸环监字〔2016〕污染源第×××号）和行政执法抽样记录。

确定：①2016 年 7 月 28 日，泸州市环境监测中心站对泸州纳溪××酒业有限公司 1 号车间外水泥管入河口前端和 2 号车间原水以及 2 号车间生产废水进入洪水沟后入白节河前端口进行采样监测。②监测结果表明，1 号车间收集池南面围墙外水泥管外排废水和 2 号车间外排废水浓度均不符合《发酵酒精和白酒工业水污染物排放标准》（GB 27631—2011）。1 号车间外暗管外排废水中有 7 项污染物超标，其中化学需氧量超标倍数最高达 40.8 倍；2 号车间外排废水色中有 5 项污染物超标，其中总氮超标倍数最高达 13 倍。③该公司厂长罗某某以及现场人员在抽样记录上进行了签字确认。

14．泸州市环境保护局《责令改正违法行为决定书》（川环法泸环停字〔2016〕×××号）及送达回证。

确定：①根据市环境监察执法支队现场检查该公司 1 号车间正在通过暗管排放生产废水和 2 号车间生产废水输送管道被洪水冲毁后未及时修复，生产废水直接排入外环境。市环境保护局向该公司送达了《责令改正违法行为决定书》。②对该公司涉嫌不正常运行防治污染设施和通过暗管排放污染物的环境违法行为提出的整改要求及时限。

15．市环境监察执法支队执法人员现场调查照片（打印件）和视频。

确定：①图组一、二：2016年7月28日，执法人员检查时，泸州纳溪××酒业有限公司正在生产。②图组三、四：2016年7月28日，执法人员检查时，泸州纳溪××酒业有限公司废水处理站正在运行，进水口有少许生产废水进入废水站。③图组五、六、七：2016年7月28日，执法人员检查时，发现泸州纳溪××酒业有限公司1号车间南面围墙外三根直径100 mm的管道，并有生产废水从管道中排出，汇合后经直径为200 mm的水泥管道排入外环境。④图组八～十一：2016年7月28日，执法人员检查时，泸州纳溪××酒业有限公司2号车间生产废水未进入废水站收集池，而是废水管道被洪水冲毁后经洪水沟进入外环境；公司厂长陪同采样水样。⑤图组十二、十三：2016年8月4日，执法人员对当事人进行调查，并向当事人出示执法证件、表明身份，并告知当事人申请回避权利和配合调查义务，当事人对笔录进行确认。⑥图组十四、十五：2016年8月4日，执法人员对该××酒业进行检查时，该公司已停产，无生产废水产生和外排。⑦图组十六～二十二：2016年8月4日，执法人员对该××酒业进行检查时，该公司已对1号车间围墙外水泥管道进行拆除、对2号车间废水管道进行修复，认真落实整改。⑧视频：2016年7月28日，公司厂长罗某某全程陪同市环境监测中心站工作人员采集水样以及采样的合法性。

三、违法行为情节及后果

2016年7月28日，泸州纳溪××酒业有限公司1号车间通过水泥管直接排放生产废水进入外环境和2号车间生产废水输送管道被洪水冲毁后，未及时修复，致使生产废水不能进入废水处理站处理而直接排入外环境的违法行为。此外，公司只有污水处理站总排口一个法定排污口。因此，1号车间和2号车间废水排放存在不正常运行防治污染设施和通过暗管违法排放污染物的环境违法行为。

从重情节：

1．外排废水污染物超标倍数较高。该公司通过水泥管违法排放的生产废水和2号车间生产废水管网被洪水冲毁后直排的污染物浓度超标倍数较高。1号车间外暗管外排废水中有7项污染物浓度超标，其中化学需氧量超标倍数最高达40.8倍；2号车间外排废水中有5项污染物浓度超标，其中总氮超标倍数最高达13倍。

2．公司管理层环保意识不强。厂长罗某某负责酒厂全面工作，明知1号车间生产废水管道堵塞不能正常使用，以及2号车间废水管道被洪水冲毁，生产废水直排，未引起高度重视也未向总经理彭某某报告和采取措施，致使生产废水直接排放10余天。

3．制度不健全。公司没有制定相关的环境保护管理制度。

从轻情节：

1．该公司能积极配合调查，对存在的环境违法行为立即制订计划落实整改。

2．按要求立即对 1 号车间暗管进行了拆除、对 2 号车间废水管网进行修复；同时，采取停产的措施切断了污染源。

3．该公司的环境问题未对周围群众生产、生活造成明显影响；因此，未收到周围群众对该公司环境问题的投诉和举报。

四、适用法律

法律规定：

《中华人民共和国环境保护法》第四十二条第四款：严禁通过暗管、渗井、渗坑、灌注或者篡改、伪造监测数据或者不正常运行防治污染设施等逃避监管的方式违反法律法规规定排放污染物的。

法律责任：

《中华人民共和国环境保护法》第六十三条：企业事业单位和其他生产经营者有下列行为之一，尚不构成犯罪的，除依照有关法律法规规定予以处罚外，由县级以上人民政府环境保护主管部门或者其他有关部门将案件移送公安机关，对其直接负责的主管人员和其他直接责任人员，处十日以上十五日以下拘留；情节较轻的，处五日以上十日以下拘留：……（三）通过暗管、渗井、渗坑、灌注或者篡改、伪造监测数据，或者不正常运行防治污染设施等逃避监管的方式排放污染物的。

《中华人民共和国水污染防治法》第七十三条：违反本法规定，不正常使用水污染物处理设施，或者未经环境保护主管部门批准拆除、闲置水污染物处理设施的，由县级以上人民政府环境保护主管部门责令限期改正，处应缴纳排污费数额一倍以上三倍以下的罚款。

《四川省环境保护行政处罚自由裁量权细化标准》（修订稿）：§1.6.2.3 因非人为因素操作失误或设备故障所致不正常使用水污染物处理设施，或擅自拆除、闲置水污染物处理设施，又未在环保执法机关限期内改正的，处应缴纳排污费数额 2 倍以上 2.5 倍以下罚款。

《中华人民共和国水污染防治法》第七十五条第二款：除前款规定外，违反法律、行政法规和国务院环境保护主管部门的规定设置排污口或者私设暗管的，由县级以上地方人民政府环境保护主管部门责令限期拆除，处二万元以上十万元以下的罚款；逾期不拆除的，强制拆除，所需费用由违法者承担，处十万元以上五十万元以下的罚款；私设暗管或者有其他严重情节的，县级以上地方人民政府环境保护主管部门可以提请县级以上地方人民政府责令停产整顿。

《四川省环境保护行政处罚自由裁量权细化标准》(修订稿)：§1.8.2.2.1 违反法律、法规和国务院环境保护主管部门的规定设置排污口的，责令限期拆除，处 2 万元以上 10 万元以下罚款。

《环境保护主管部门实施按日连续处罚办法》第十二条：环境保护主管部门复查时发现排污者拒不改正违法排放污染物行为的，可以对其实施按日连续处罚。环境保护主管部门复查时发现排污者已经改正违法排放污染物行为或者已经停产、停业、关闭的，不启动按日连续处罚。

五、调查终结意见

1．泸州纳溪××酒业有限公司 1 号车间通过暗管直接排放生产废水的环境违法行为，违反了《中华人民共和国环境保护法》第四十二条，根据《中华人民共和国环境保护法》第六十三条第三款、《中华人民共和国水污染防治法》第七十五条第二款的规定和《四川省环境保护行政处罚自由裁量权细化标准》(修订稿) §1.8.2.2.1 的规定，建议处以人民币伍万元（小写：50 000 元）的罚款。

2．泸州纳溪××酒业有限公司 2 号车间生产废水输送管道被洪水冲毁后，未及时修复，致生产废水不能进入废水处理站处理而直接排入外环境的环境违法行为，违反了《中华人民共和国环境保护法》第四十二条，根据《中华人民共和国水污染防治法》第七十三条和《四川省环境保护行政处罚自由裁量权细化标准》(修订稿) §1.6.2.3 的规定，建议处应缴纳排污费 4 944.84 元的 2.5 倍罚款，即处人民币壹万贰仟叁佰陆拾贰元壹角（小写：12 362.1 元）的罚款。

3．建议依据《中华人民共和国环境保护法》第六十三条和《行政主管部门移送适用行政拘留环境违法案件暂行办法》，将案件移送公安机关。

4．2016 年 8 月 4 日，市环境保护局向该公司送达了《责令改正违法行为决定书》，责令该公司立即停止违法排放污染物行为，拆除暗管和修复废水管网。经核实，该公司按整改计划落实了整改，采取停产措施切断了污染源头，立即拆除了暗管，对损毁的管网进行了修复。故不启动按日连续处罚。

综上所述，建议市环境保护局对泸州纳溪××酒业有限公司不正常使用防治污染设施和通过暗管违法排放污染物的环境违法行为，处以人民币陆万贰仟叁佰陆拾贰元壹角（小写：62 362.1 元）的罚款；并将案件移送泸州市公安局纳溪区分局。

调查人员：×××

2016 年 8 月 31 日

泸州市环境保护局
行政处罚调查终结审批表

<table>
<tr><td>案　由</td><td colspan="5">涉嫌不正常运行防治污染设施和通过暗管排放污染物案</td></tr>
<tr><td>立案时间</td><td>2016.8.3</td><td>办案部门</td><td>泸州市环境监察执法支队</td><td>承办人</td><td>×××、×××</td></tr>
<tr><td>当事人</td><td colspan="5">泸州纳溪××酒业有限公司</td></tr>
<tr><td>地址</td><td colspan="5">××× 市 ××× 区 ××× 镇 ×××</td></tr>
<tr><td>案件简述</td><td colspan="5">2016 年 7 月 28 日，市支队执法人员开展现场检查时发现：（1）泸州纳溪××酒业有限公司 1 号车间利用废水收集池南面围墙外水泥暗管直接将生产废水排入外环境；（2）2 号车间生产废水输送管道被洪水冲毁，未及时修复，生产废水直接排入外环境；（3）市监测站现场采样结果，1 号车间外水泥暗管外排废水中有 7 项污染物超标，其中化学需氧量超标倍数最高达 40.8 倍；2 号车间外排废水中有 5 项污染物超标，其中总氮超标倍数最高达 13 倍。</td></tr>
<tr><td>主要证据</td><td colspan="5">1. ××酒业营业执照统一社会信用代码和企业法人身份证复印件。
2. 公司关于泸州纳溪××酒业有限公司与泸州纳溪××酒业有限公司的情况说明。
3. ××酒业污水排口说明、公司建设项目环境影响报告表（复印件）。
4. 执法人员对××酒业总经理彭某某、厂长罗某某、废水处理站操作人员张某某的调查笔录及身份证复印件。
5. 环境行政案件现场检查（勘验）笔录及现场勘验图。
6.《应缴排污费核算清单》。
7.《泸州纳溪××酒业有限公司曲酒车间生产记录表》和《泸州纳溪××酒业有限公司废水处理站运行记录》（复印件）。
8. ××酒业《证明》和《公司职责分工》。
9. ××酒业《停产报告》和《整改计划书》。
10. ××酒业《关于废水排放量的说明》。
11. 市环境监测中心站监督性监测报告（泸环监字〔2016〕污染源第×××号）和行政执法抽样记录。
12. 泸州市环境保护局《责令改正违法行为决定书》（川环法泸环停字〔2016〕×××号）及送达回证。
13. 市环境监察执法支队执法人员现场调查照片（打印件）和视频。</td></tr>
</table>

承办人意见	1．泸州纳溪××酒业有限公司1号车间通过暗管直接排放生产废水的环境违法行为，违反了《中华人民共和国环境保护法》第四十二条，根据《中华人民共和国环境保护法》第六十三条第三款、《中华人民共和国水污染防治法》第七十五条第二款的规定和《四川省环境保护行政处罚自由裁量权细化标准》（修订稿）§1.8.2.2.1 的规定，建议处人民币50 000元的罚款。 2．泸州纳溪××酒业有限公司2号车间生产废水输送管道被洪水冲毁后，未及时修复，致使生产废水不能进入废水处理站处理而直接排入外环境的环境违法行为，违反了《中华人民共和国环境保护法》第四十二条，根据《中华人民共和国水污染防治法》第七十三条和《四川省环境保护行政处罚自由裁量权细化标准》（修订稿）§1.6.2.3 的规定，建议处应缴纳排污费4 944.84元的2.5倍罚款，即处人民币12 362.1元的罚款。 3．建议依据《中华人民共和国环境保护法》第六十三条和《行政主管部门移送适用行政拘留环境违法案件暂行办法》，将案件移送公安机关。 4．2016年8月4日，市环境保护局向该公司送达了《责令改正违法行为决定书》，责令该公司立即停止违法排放污染物行为，拆除暗管和修复废水管网。经核实，该公司按整改计划落实了整改，采取停产措施切断了污染源头，立即拆除了暗管，对损毁的管网进行了修复，故不启动按日连续处罚。 综上所述，建议市环境保护局对泸州纳溪××酒业有限公司不正常使用防治污染设施和通过暗管违法排放污染物的环境违法行为，处以人民币陆万贰仟叁佰陆拾贰元壹角（小写：62 362.1 元）的罚款；并将案件移送公安机关。同时，责成纳溪区环境保护局加强对企业的日常监管，确保生产废水经废水处理站处理后稳定达标排放。 承办人：×××、×××　　　　2016年 9月 7日

承办机构意见	同意调查终结意见 负责人：×××　（机构印章）　2016 年 9 月 7 日
法规部门意见	经审查符合调查终结要求，建议将该案局案审会讨论决定 负责人：×××　2016 年 9 月 9 日
分管领导意见	同意支队意见 分管领导：×××　2016 年 9 月 9 日
审批意见	同意支队意见 审批人：×××　（机关印章）　2016 年 9 月 18 日

责令改正违法行为决定书

川〇 38　　　　川环法泸环改〔2016〕×××号

被责令改正单位：泸州纳溪××酒业有限公司

统一社会信用代码：×××

法定代表人：肖某某

地址：×××市×××区×××镇×××

一、违法事实

2016 年 7 月 28 日，泸州市环境监察执法支队执法人员现场检查发现，泸州纳溪××酒业有限公司 1 号车间废水收集池旁围墙外墙角处安装有三根直径约 100 mm 的管道，这三根管道中有含酒糟废水排出，并排向一直径约为 200 mm 的暗管后直接排入白节河；2 号车间生产废水输送管道被洪水冲毁，致使生产废水不能进入废水处理站处理而直接排入洪水沟，最终汇入白节河。市监测中心站现场采样，监测结果显示，1 号车间外暗管外排废水和 2 号车间外排废水浓度均不符合《发酵酒精和白酒工业水污染物排放标准》。

以上事实，有现场勘验记录、检查照片、监测报告等证据为证。

二、违反法律和处理依据

1.《中华人民共和国行政处罚法》第二十三条　行政机关实施行政处罚时，应当责令当事人改正或者限期改正违法行为。

2.《中华人民共和国环境保护法》第四十二条第四款　严禁通过暗管、渗井、渗坑、灌注或者篡改、伪造监测数据或者不正常运行防治污染设施等逃避监管的方式违反法律法规规定排放污染物的。

3.《中华人民共和国环境保护法》第六十条　企业事业单位和其他生产经营者超过污染物排放标准或者超过重点污染物排放总量控制指标排放污染物的，县级以上人民政府环境保护主管部门可以责令其采取限制生产、停产整治等措施；情节严重的，报经有批准权的人民政府批准，责令停业、关闭。

4.《中华人民共和国水污染防治法》第二十一条第二款　企业事业单位和个体工商户排放水污染物的种类、数量和浓度有重大改变的，应当及时申报登记；其水污染物处理设施应当保持正常使用；拆除或者闲置水污染物处理设施的，应当事先报县级以上地方人民政府环境保护主管部门批准。

5.《中华人民共和国水污染防治法》第二十二条第二款　禁私设暗管或者采取其他规避监管的方式排放水污染物。

6.《中华人民共和国水污染防治法》第七十五条第二款　除前款规定外，违反法律、行政法规和国务院环境保护主管部门的规定设置排污口或者私设暗管的，由县级以上地方人民政府环境保护主管部门责令限期拆除，处二万元以上十万元以下的罚款；逾期不拆除的，强制拆除，所需费用由违法者承担，处十万元以上五十万元以下的罚款；私设暗管或者有其他严重情节的，县级以上地方人民政府环境保护主管部门可以提请县级以上地方人民政府责令停产整顿。

三、责令改正违法行为具体内容

1．立即停止违法排放污染物行为，拆除 1 号车间废水收集池旁围墙外墙角处的管道，修复 2 号车间生产废水输送管道，将全部生产废水收集至废水处理站进行处理。

2．严格按照环评及批复要求运行防治污染的设施，并确保其正常运行，污染物达标排放。

四、拒不改正可能承担的法律后果

1.《中华人民共和国环境保护法》第五十九条：企业事业单位和其他生产经营者违法排放污染物，受到罚款处罚，被责令改正，拒不改正的，依法作出处罚决定的行政机关可以自责令改正之日的次日起，按照原处罚数额按日连续处罚。……

2.《中华人民共和国环境保护法》第六十三条规定：企业事业单位和其他生产经营者有下列行为之一，尚不构成犯罪的，除依照有关法律法规规定予以处罚外，由县级以上人民政府环境保护主管部门或者其他有关部门将案件移送公安机关，对其直接负责的主管人员和其他直接责任人员，处十日以上十五日以下拘留；情节较轻的，处五日以上十日以下拘留：……（三）通过暗管、渗井、渗坑、灌注或者篡改、伪造监测数据，或者不正常运行防治污染设施等逃避监的方式排放污染物的。……

五、申请复议或者提起诉讼的途径和期限

如果不服本改正决定，你公司可以在接到本改正决定书之日起 60 日内向四川省环境保护厅或泸州市人民政府申请行政复议，也可以在接到本责令改正违法行为决定书之日起六个月内直接向泸州市江阳区人民法院提起行政诉讼。

泸州市环境保护局

2016 年 8 月 3 日

环境行政法律文书

送 达 回 证

受送达者	泸州纳溪××酒业有限公司		
送达地点	泸州纳溪××酒业有限公司		
文书制作机关	泸州市环境保护局		
送达文书名称	字 号	收到时间	受送达单位（人）签名或盖章
泸州市环境保护局责令改正违法行为决定书	川环法泸环改字〔2016〕×××号	2016年8月4日17时	
		年 月 日 时	
		年 月 日 时	
不能送达事由			
证明人			
备 注			
送 达 机关盖章		签发人	×××
		送达人	×××

注：1. 受送达人不在时可由其成年家属或委托代表人代收。

2. 发生拒收情况时，记明情况，由证人签字后留下送达法律文书即可。

泸州市环境保护局行政处罚
听　证　告　知　书

川○ 38　　　　　　　　　　　　　　　　　　　　泸环听告字〔2016〕×××号

泸州纳溪××酒业有限公司：

因你公司不正常使用水污染物治理设施和私设暗管并排放水污染物的行为，违反了《中华人民共和国水污染防治法》第二十一条第二款：企业事业单位和个体工商户排放水污染物的种类、数量和浓度有重大改变的，应当及时申报登记；其水污染物处理设施应当保持正常使用；拆除或者闲置水污染物处理设施的，应当事先报县级以上地方人民政府环境保护主管部门批准；《中华人民共和国水污染防治法》第二十二条第二款：禁止私设暗管或者采取其他规避监管的方式排放水污染物的规定。

根据《中华人民共和国水污染防治法》第七十三条：违反本法规定，不正常使用水污染物处理设施，或者未经环境保护主管部门批准拆除、闲置水污染物处理设施的，由县级以上人民政府环境保护主管部门责令限期改正，处应缴纳排污费数额1倍以上3倍以下的罚款。

本机关对你公司不正常使用水污染物治理设施的违法行为拟处应缴纳排污费4 944.84元的2.5倍罚款，即处壹万贰仟叁佰陆拾贰元壹角（小写：12 362.10元）人民币的罚款。

根据《中华人民共和国水污染防治法》第七十五条第二款：违反法律、行政法规和国务院环境保护主管部门的规定设置排污口或者私设暗管的，由县级以上地方人民政府环境保护主管部门责令限期拆除，处二万元以上十万元以下的罚款；逾期不拆除的，强制拆除，所需费用由违法者承担，处十万元以上五十万元以下的罚款；私设暗管或者有其他严重情节的，县级以上地方人民政府环境保护主管部门可以提请县级以上地方人民政府责令停产整顿。

本机关对你公司私设暗管排放水污染物的违法行为拟处伍万元（小写：50 000.00元）人民币的罚款。

综上所述，本机关对你公司不正常使用水污染物治理设施和私设暗管排放水污染物的环境违法行为拟作出罚款陆万贰仟叁佰陆拾贰元壹角（小写：62 362.10元）人民币的行政处罚。

根据《中华人民共和国行政处罚法》第三十一条、第四十二条的规定，本机关对拟作出的行政处罚依法事先告知，你公司有权要求听证或陈述、申辩。如要求听证或陈述、申辩，应当在收到本通知后三日内书面向本机关提出听证申请或陈述、申辩。逾期不申请视为放弃听证或陈述、申辩权力。

机关地址：泸州市×××路×号市×××

联系人：×××

电　话：×××　　　　邮　编：×××

泸州市环境保护局

2016 年 9 月 27 日

四川省环境保护厅制　　　　（一式三份）

泸州市环境保护局行政处罚
听证告知书审批表

<table>
<tr><td>申请事项</td><td colspan="5">行政处罚听证告知书</td></tr>
<tr><td>案源</td><td colspan="5">现场检查发现</td></tr>
<tr><td rowspan="4">当
事
人</td><td>名称或姓名</td><td colspan="4">泸州纳溪××酒业有限公司</td></tr>
<tr><td>地址（住址）</td><td colspan="2">××市××区××镇×××</td><td>邮政编码</td><td>×××</td></tr>
<tr><td colspan="2">统一社会信用代码</td><td colspan="3">×××</td></tr>
<tr><td colspan="2">法人代表\负责人</td><td>肖某某</td><td>职务</td><td>\</td></tr>
<tr><td>简要案情及申请理由依据和内容</td><td colspan="5">2016 年 7 月 28 日，市支队执法人员开展现场检查时发现：（1）泸州纳溪××酒业有限公司 1 号车间废水收集池南面围墙外墙角处安装有三根直径约 100 mm 的管道，这三根管道中有生产废水排出，汇合进入一根直径约为 200 mm 的水泥管道直接排入白节河；（2）2 号车间生产废水输送管道被洪水冲毁后，未能及时修复，生产废水不能进入废水处理站处理而直接排入外环境；(3)市监测站现场采样结果，1 号车间收集池南面围墙外水泥管道外排废水和 2 号车间外排废水浓度均不符合《发酵酒精和白酒工业水污染物排放标准》（GB 27631—2011）。
泸州市环境保护局依法对泸州纳溪××酒业有限公司不正常使用防治污染设施和通过暗管违法排放污染物的环境违法行为实施立案调查，拟处以人民币陆万贰仟叁佰陆拾贰元壹角（小写：62 362.1 元）的罚款；并将案件移送公安机关。
根据《中华人民共和国行政处罚法》第三十一条、第三十二条、第四十二条的规定，行政机关在作出行政处罚决定之前，应当依法事先告知当事人有权要求听证或陈述、申辩权利。</td></tr>
<tr><td>承办人
意见</td><td colspan="5">因涉及较大数额罚款，应当依法事先告知当事人有权要求听证或陈述、申辩权利。
承办人：××× 2016 年 9 月 27 日</td></tr>
<tr><td>承办部门
意见</td><td colspan="5">同意报市局审批
负责人：××× 2016 年 9 月 27 日</td></tr>
<tr><td>法制机构
负责人
意见</td><td colspan="5">已审查
负责人：××× 2016 年 9 月 27 日</td></tr>
<tr><td>分管领导
意见</td><td colspan="5">拟同意承办部门意见
分管领导：××× 2016 年 9 月 27 日</td></tr>
<tr><td>环保部门
负责人
审批意见</td><td colspan="5">同意
审批人：××× 2016 年 9 月 27 日</td></tr>
</table>

环境行政法律文书

送 达 回 证

<table>
<tr><td>受 送 达 者</td><td colspan="4">泸州纳溪××酒业有限公司</td></tr>
<tr><td>送 达 地 点</td><td colspan="4">泸州纳溪××酒业有限公司</td></tr>
<tr><td>文书制作机关</td><td colspan="4">泸州市环境保护局</td></tr>
<tr><td>送达文书名称</td><td>字 号</td><td colspan="2">收 到 时 间</td><td>受送达单位（人）签名或盖章</td></tr>
<tr><td>泸州市环境保护局行政处罚听证告知书</td><td>泸环听告字〔2016〕×××号</td><td colspan="2">2016 年 9 月 27 日 11 时</td><td>×××</td></tr>
<tr><td></td><td></td><td colspan="2">年 月 日 时</td><td></td></tr>
<tr><td></td><td></td><td colspan="2">年 月 日 时</td><td></td></tr>
<tr><td>不 能 送
达 事 由</td><td colspan="4"></td></tr>
<tr><td>证 明 人</td><td colspan="4"></td></tr>
<tr><td>备 注</td><td colspan="4"></td></tr>
<tr><td rowspan="2">送 达
机关盖章</td><td rowspan="2" colspan="2">XX市环境保护局</td><td>签发人</td><td>×××</td></tr>
<tr><td>送达人</td><td>×××</td></tr>
</table>

注：1. 受送达人不在时可由其成年家属或委托代表人代收。

2. 发生拒收情况时，记明情况，由证人签字后留下送达法律文书即可。

泸州市环保局处理笺

<table>
<tr><td>来文单位</td><td colspan="2">市环监站</td><td>来文字号</td><td colspan="2">泸市环监〔2016〕×××号</td></tr>
<tr><td>收文号</td><td>S20160578</td><td>份数</td><td>1</td><td>收文时间</td><td>2016/9/5</td></tr>
<tr><td>内容摘要</td><td colspan="5">关于对泸州纳溪××酒业有限公司不启动按日连续处罚的报告</td></tr>
<tr><td>支队办公室处理意见</td><td colspan="5">请呈支队领导阅示，危废大队阅
×××
2016.9.5</td></tr>
<tr><td>局办公室处理意见</td><td colspan="5">请呈×××副局长阅示。
×××
2016.9.2</td></tr>
<tr><td>局领导批示</td><td colspan="5">同意支队意见，送×××局长阅悉。
×××
2016.9.2
阅悉，同意。
×××
2016.9.2</td></tr>
<tr><td>支队领导批示</td><td colspan="5">送危废大队纳入案件卷宗。 ××× 2016.9.5 ××× 2016.9.6 ××× 2016.9.7</td></tr>
<tr><td>备注</td><td colspan="5">已装入卷宗。××× 2016.9.6</td></tr>
</table>

泸州市环境监察执法支队文件

泸市环监〔2016〕×××号　　　　签发人：×××

泸州市环境监察执法支队关于泸州纳溪××酒业有限公司不启动按日连续处罚的报告

市环境保护局：

2016年8月29日，支队执法人员对泸州纳溪××酒业有限公司（以下简称“××酒业”）不正常运行防治污染设施和通过暗管排放污染物的违法行为落实整改情况进行了后督查，现将有关后督查情况报告如下：

一、基本情况

2016年7月28日，市支队执法人员开展现场检查时发现：1.泸州纳溪××酒业有限公司1号车间利用废水收集池南面围墙外水泥暗管直接将生产废水排入外环境；2.2号车间生产废水输送管道被洪水冲毁，未及时修复，生产废水直接排入外环境；3.市监测站现场采样结果，1号车间外水泥暗管外排废水中有7项污染物超标，其中化学需氧量超标倍数最高达40.8倍；2号车间外排废水中有5项污染物超标，其中总氮超标倍数最高达13倍。

2016年8月3日，市环境保护局对该不正常运行防治污染设施和通过暗管排放污染物的环境违法行为进行立案调查（泸环立〔2016〕×××号），并下达“责令改正违法行为决定”书（泸环改〔2016〕×××号），要求企业立即停止违法排污行为，拆除1号车间废水收集池旁围墙外的管道，修复2号车间生产废水输送管道，将全部生产废水收集至废水处理站进行处理达标排放，并告知申请复议或者提起诉讼的权利和拒不改正可能承担的法律后果。

二、现场督查情况

2016年8月29日，市支队执法人员与纳溪区环境监察大队执法人员对××酒业进行了现场督查检查，该公司基本完成了泸州市环境保护局责令整改内容及措施。

（一）现场检查时，该公司已停止违法行为，未进行生产；废水处理站未运行，废水总排口无废水外排。

（二）公司已拆除1号车间废水收集池南面围墙外暗管，对围墙洞口进行了封堵，对收集池周围地面进行了硬化，对车间生产废水管道进行了重新设置安装。经现场试水，车间废水能全部进入收集池，进入废水处理站。

（三）公司已修复2号车间生产废水输送管道，并对车间废水进行清污分流；经现场试水，车间废水能全部进入废水处理站收集池。

（四）公司对酒糟堆存点设置了围堰，对其渗漏液进行收集处理。

（五）公司已建立健全相关环境保护制度并上墙。

（六）由于公司未生产，无废水排放，未对其采样监测。

三、后督查意见

××酒业对不正常运行防治污染设施和通过暗管排污的环境违法行为制定了整改方案，按期完成了整改任务。不正常运行防治污染设施和通过暗管违法排污行为已终止，且已不符合按日连续处罚的规定，建议不对该公司实施按日连续处罚。

特此报告。

附件：1. ××酒业整改计划。

2. ××酒业整改报告（说明）。

3. 市支队和纳溪区大队日常巡查记录。

泸州市环境监察执法支队

2016年9月1日

泸州市环境监察执法支队办公室　　2016年9月1日印发

泸州纳溪××酒业有限公司排污整改计划书

一、严格按照《中华人民共和国固体废物污染环境防治法》相关规定，对露天堆放的丢糟等生产废料采取"三防"措施，对进入到雨水沟的浸出液进行收集处理整改，定于2016年8月10日完工。

二、对灌区围堰洞口进行封堵，安装应急阀确保无环境安全隐患，定于2016年8月3日完工。

三、对雨污分流不彻底的情况进行整改，预计2016年8月12日前完工。

四、对围墙外管道进行拆除，确保冷却水、锅底水全部收集到废水收集池进入污水处理站进行处理，达标后排放，定于2016年8月5日完工。

五、完善污水处理设施运行记录台账、加药记录台账，确保稳定运行，达标排放，定于2016年8月10日完工。

泸州纳溪××酒业有限公司

泸州纳溪××酒业有限公司排污整改说明

一、严格按照《中华人民共和国固体废物污染环境防治法》相关规定，对露天堆放的丢糟等生产废料采取“三防”措施，加设污水管道，并且对进入到雨水沟的浸出液进行收集送至污水处理站进行处理。

二、已对灌区围堰进行封堵，确保无环境安全隐患。

三、对 1 号车间围墙外的管道进行销毁，对原埋设管道的土壤进行了回填恢复。

四、全厂实行雨污分流，加设污水管网，将高温废水、锅底水等生产废水收集至污水处理站进行处理。

泸州纳溪××酒业有限公司

2016 年 8 月 14 日

收　据　　No. 1234567

年　月　日

今收到

交　来：

人民币（大写）　佰　拾　万　仟　佰　拾　元　角　分

收款单位（公章）　¥　□转账　□现金　□支票　□其他

第二联　收据

SS073101　西玛三联收据(48)

财务主管　记账　出纳　审核　经办

2016 年 8 月 8 日，挖机和拖车费

收款收据　NO: 000001

交款单位：　年　月　日

名称	单位	数量	单价	金额									备注
				百	十	万	千	百	十	元	角	分	
合计人民币（大写）	佰	拾	万	仟	佰	拾	元	角	分	¥			

一存根

收款人：　会计：　收款单位：

2016 年 8 月 1 日，钢筋水泥

销货清单

客户: 年 月 日

品 名	单 位	数 量	单 价	金 额
合计大写:				

一存根/黑
二收据/红

2016 年 8 月 12 日

收 据

No. 1234567

年 月 日

今收到

交 来:

人民币（大写） 佰 拾 万 仟 佰 拾 元 角 分

收款单位（公章） ¥

□转账 □现金
□支票 □其他

财务主管 记账 出纳 审核 经办

第二联 收据

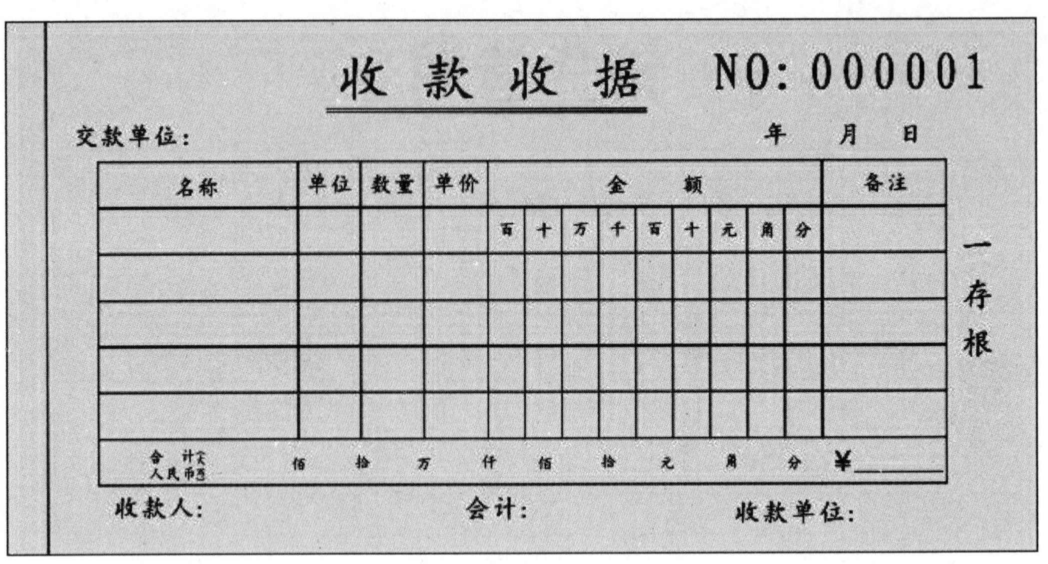

收款收据 NO:000001

交款单位：　　　　　　　　　　　　　　　　年　月　日

名称	单位	数量	单价	金额									备注
				百	十	万	千	百	十	元	角	分	
合计人民币(大写)	佰	拾	万	仟	佰	拾	元	角	分	¥			

一存根

收款人：　　　　会计：　　　　收款单位：

调拨单 №

以下物品从________调入________　　　　年　月　日

货号	名称及规格	单位	数量	单价	金额	备注
合计	佰 拾 万 仟 佰 拾 元 角 分 ¥					

主力纸品系列

第一联：存根

制单：　　　　发货单位及经手人(签章)　　　　调入单位及经手人(签章)

酒精厂（销售）过磅单

年　月　日　　　　单位：公斤·元

品名	毛重	皮重	净重	过磅费

第一联　存根
第二联　用户

主管：　　　　会计：　　　　司磅：

____________厂发货单　№

购货单位：　　　　　　年　月　日

品名	规格	数量(m³)	单价(元)	金额							备注
				万	千	百	十	元	角	分	
合计金额（大写）：　万　仟　佰　拾　元　角　分　¥：											
购货单位联系人：　　　　电话：											

第一联　存根

开票人：　　收款人：　　承运人：　　车牌号：

收　据

No. 1234567

年　月　日

今收到 ____________

交　来：____________

人民币（大写）　佰　拾　万　仟　佰　拾　元　角　分

收款单位（公章）　　¥　　□转账　□现金　□支票　□其他

财务主管　　记账　　出纳　　审核　　经办

西玛三联收据(48)　SS073101

第二联　收据

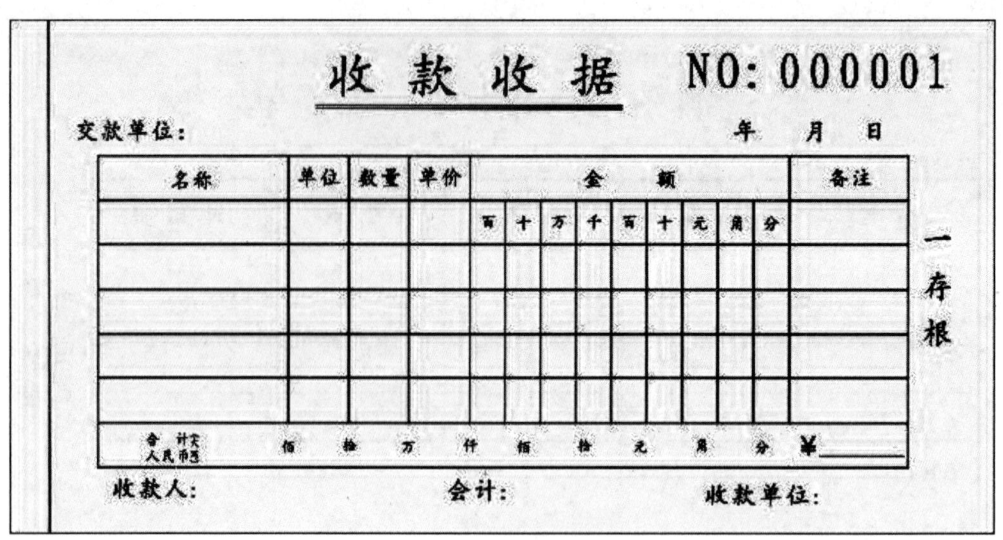

收款收据 NO: 000001

交款单位: 年 月 日

名称	单位	数量	单价	金额									备注
				百	十	万	千	百	十	元	角	分	
合计人民币（大写）	佰	拾	万	仟	佰	拾	元	角	分	¥			

收款人: 会计: 收款单位:

一存根

销售单

录单日期:	@录单日期					单据编号:	@单据编号	
购买单位:	@购买单位				经手人:	@经手人	制单人:	@制单人
商品编号	商品全名	单位	数量	单价	金额	折扣	折后单价	折后金额
#商品编号	#商品全名	#单位	#数量	#单价	#金额	#折扣	#折后单价	#折后金额
总计					^金额			^折后金额
收款账户:	@收款账户		收款金额:	@收款金额				

2016年7月28日，给水管

证 明

泸州市环保局：

兹证明泸州纳溪××酒业有限公司在××市××区××镇开业投产以来本村的柿子坝河未发生过水质污染、鱼虾死亡的情况，也未接到周边居民的环保投诉举报情况。

特此证明。

泸州市××区××镇××村

2016年8月31日

情况属实

××× 2016.8.31

四川省环境监察巡查记录表

<table>
<tr><td>受检单位</td><td>泸州纳溪××酒业有限公司</td><td>监察时间</td><td>2016.8.29
16：10—17：10</td><td>监察人员</td><td>×××、×××</td></tr>
<tr><td colspan="2">污染治理设施电表读数（kW·h）</td><td colspan="4"></td></tr>
<tr><td>监察情况</td><td colspan="5">一、现场检查内容：整改情况后督察
二、现场情况
1．企业未生产，处于停产状态；
2．1 号车间设置废水收集管网，1 号车间南面墙外三根直径约 100 mm 及 1 根直径约 200 mm 管道已拆除，原管道所处位置已实施土壤回填，1 号车间废水管网进行重新设置，车间外收集池地面进行硬化；
3．2 号车间设置废水收集管网，收集管道经 2 号车间外洪水沟内至污水处理站废水汇合处，经现场测试，2 号车间废水输送管道通过试水，废水处理站前 2 号车间废水收集池处有废水流入；
4．废水处理站排口处水表读数为 6 343 m^3，无废水外排；
5．未生产，未开展现场采样，现场检查时废水处理站未运行。
三、现场要求
1．严格按照法律法规要求，开展污染防治设施运行维护、管理；
2．加强环境安全隐患排查，确保环境安全；
3．请纳溪大队加强对该企业环境管理。</td></tr>
<tr><td>受检单位意见</td><td colspan="5">受检单位在场人签字：×××　　　　时间：2016 年 8 月 29 日</td></tr>
<tr><td>现场监察意见</td><td colspan="5">现场监察人员签字：×××、×××、×××　时间：2016 年 8 月 29 日
×××　　　　时间：2016 年 8 月 29 日</td></tr>
<tr><td>审核意见</td><td colspan="5">审核人员签字：×××　　　　时间：2016 年 8 月 29 日</td></tr>
</table>

××市环境监察支队

环境行政案件
结 案 审 批 书

川〇 38　　　　　　　　　　　　　　　　　　川环法泸环案结字〔2016〕×××号

<table>
<tr><td>案　由</td><td colspan="5">涉嫌私设暗管和不正常使用水污染物治理设施</td></tr>
<tr><td>立案时间</td><td>2016年8月3日</td><td>立案号</td><td>川环法泸环立字〔2016〕×××号</td><td>案件来源</td><td>现场检查</td></tr>
<tr><td>涉 案 者</td><td colspan="2">泸州纳溪××酒业有限公司</td><td>地址</td><td colspan="2">××市××区××镇××</td></tr>
<tr><td>负 责 人</td><td colspan="2">彭某某</td><td>职务</td><td colspan="2">总经理</td></tr>
<tr><td>调查人员</td><td colspan="2">×××、×××、×××</td><td>单位</td><td colspan="2">泸州市环境监察执法支队</td></tr>
<tr><td>案情摘要</td><td colspan="5">2016年7月28日，市支队执法人员开展现场检查时发现：①泸州纳溪××酒业有限公司1号车间废水收集池南面围墙外墙角处安装有三根直径约100 mm的管道，这三根管道中有生产废水排出，汇合进入一根直径约为200 mm的水泥管道直接排入白节河；②2号车间生产废水输送管道被洪水冲毁后，未能及时修复，生产废水不能进入废水处理站处理而直接排入外环境；③市监测站现场采样结果，1号车间外暗管外排废水中有7项污染物超标，其中化学需氧量超标倍数最高达40.8倍；2号车间外排废水色中有5项污染物超标，其中总氮超标倍数最高达13倍。</td></tr>
<tr><td>处理决定</td><td colspan="5">泸州纳溪××酒业有限公司通过暗管排放污染物和不正常运行防治污染设施的环境违法行为，违反了《中华人民共和国环境保护法》第四十二条和《中华人民共和国水污染防治法》第二十一条、第二十二条的规定。
根据《中华人民共和国环境保护法》第六十三条和《中华人民共和国水污染防治法》第七十三条的规定，对于×××公司不正常使用水污染物治理设施的违法行为，处以人民币壹万贰仟叁佰陆拾贰元壹角（小写：12 362.10元）的罚款。
根据《中华人民共和国环境保护法》第六十三条和《中华人民共和国水污染防治法》第七十五条的规定，对于××公司私设暗管的违法行为，处以人民币伍万元（小写：50 000.00元）的罚款。
对××公司两项违法行为合并处以人民币陆万贰仟叁佰陆拾贰元壹角（小写：62 362.10元）的罚款。</td></tr>
<tr><td>执行情况</td><td colspan="5">1．泸州纳溪××酒业有限公司已停止并改正环境违法行为。
2．泸州纳溪××酒业有限公司按期缴纳了人民币陆万贰仟叁佰陆拾贰元壹角（小写：62 362.10元）的罚款。</td></tr>
<tr><td>承办意见</td><td colspan="5">泸州纳溪××酒业有限公司未申请行政复议和行政诉讼，表明该公司对处罚无异</td></tr>
</table>

<table>
<tr><td></td><td colspan="3">议。并且，该公司已停止和改正了环境违法行为，处罚罚金已转入泸州市财政局罚没款专户。建议市环境保护局依照《环境行政处罚办法》的相关规定对泸州纳溪××酒业有限公司通过暗管排放污染物和不正常使用水污染物治理设施一案进行结案。

2016 年 10 月 23 日</td></tr>
<tr><td>承办机构
意　　见</td><td>建议结案
×××
（印章：××市环境监察支队）
2016 年 10 月 23 日</td><td>法制
机构
意见</td><td>2016 年 10 月 23 日</td></tr>
<tr><td>分管领导
意　　见</td><td colspan="3">拟同意结案
×××

2016 年 10 月 23 日</td></tr>
<tr><td>审批意见</td><td colspan="3">同意
审批人：×××
（印章：××市环境保护局）
2016 年 10 月 23 日</td></tr>
<tr><td>备 注</td><td colspan="3"></td></tr>
</table>

XX省非税收入一般缴款书

X 财通字（200×）　　№000000001X

征收大厅编码：
执收单位编码：
执收单位名称：　　　　年　月　日　集中汇缴□　减征□

付款人	全称		收款人	全称	
	账号			账号	
	开户银行			开户银行	

收入项目	编码	数量	收缴标准	金额

金额（大写）	（小写）
上列款项已收妥并划转收款单位账户 代理银行（盖章） 年　月　日	科目（贷）： 对方科目（借）： 复核：　记账：

④收款人开户银行收款后作贷方传票

校验码：　　本缴款书付款期为10天（节假日顺延），过期无效。

环境行政案件
法制审查审批书

川〇　38　　　　　　　　　　　　　　　　　　　川环法______案审字〔　　〕　号

案件名称	涉嫌不正常运行防治污染设施和通过暗管违法排放污染物案
承办单位	泸州市环境监察执法支队
承 办 人	×××、×××
涉 案 者	泸州纳溪××酒业有限公司
法人代表	肖某某
地（住）址	×××市×××区×××镇×××
案件事实	2016年7月28日，市支队执法人员开展现场检查时发现：①泸州纳溪××酒业有限公司1号车间废水收集池南面围墙外墙角处安装有三根直径约100 mm的管道，这三根管道中有生产废水排出，汇合进入一根直径约为200 mm的水泥管道直接排入白节河；②2号车间生产废水输送管道被洪水冲毁后，未能及时修复，生产废水不能进入废水处理站处理而直接排入外环境；③市监测站现场采样结果，1号车间收集池南面围墙外水泥管道外排废水和2号车间外排废水浓度均不符合《发酵酒精和白酒工业水污染物排放标准》（GB 27631—2011）。
主要证据	1．××酒业营业执照统一社会信用代码和企业法人身份证复印件。 2．公司关于泸州纳溪××酒业有限公司与泸州纳溪××酒业有限公司的情况说明。 3．××酒业污水排口说明、公司建设项目环境影响报告表（复印件）。 4．执法人员对××酒业总经理彭某某、厂长罗某某、废水处理站操作人员张某某的调查笔录及身份证复印件。 5．环境行政案件现场检查（勘验）笔录及现场勘验图。 6．《应缴排污费核算清单》。 7．《泸州纳溪××酒业有限公司曲酒车间生产记录表》和《泸州纳溪××酒业有限公司废水处理站运行记录》（复印件）。 8．××酒业《证明》和《公司职责分工》。 9．××酒业《停产报告》和《整改计划书》。 10．××酒业《关于废水排放量的说明》。 11．市环境监测中心站监督性监测报告（泸环监字〔2016〕污染源第×××号）和行政执法抽样记录。 12．泸州市环境保护局《责令改正违法行为决定书》（川环法泸环停字〔2016〕×××号）及送达回证。 13．市环境监察执法支队执法人员现场调查照片（打印件）和视频。

法律根据	《中华人民共和国环境保护法》第四十二条第四款：严禁通过暗管、渗井、渗坑、灌注或者篡改、伪造监测数据或者不正常运行防治污染设施等逃避监管的方式违反法律法规规定排放污染物的。 《中华人民共和国环境保护法》第六十三条：企业事业单位和其他生产经营者有下列行为之一，尚不构成犯罪的，除依照有关法律法规规定予以处罚外，由县级以上人民政府环境保护主管部门或者其他有关部门将案件移送公安机关，对其直接负责的主管人员和其他直接责任人员，处十日以上十五日以下拘留；情节较轻的，处五日以上十日以下拘留：……（三）通过暗管、渗井、渗坑、灌注或者篡改、伪造监测数据，或者不正常运行防治污染设施等逃避监管的方式排放污染物的。 《中华人民共和国水污染防治法》第七十三条：违反本法规定，不正常使用水污染物处理设施，或者未经环境保护主管部门批准拆除、闲置水污染物处理设施的，由县级以上人民政府环境保护主管部门责令限期改正，处应缴纳排污费数额一倍以上三倍以下的罚款。 《中华人民共和国水污染防治法》第七十五条第二款：除前款规定外，违反法律、行政法规和国务院环境保护主管部门的规定设置排污口或者私设暗管的，由县级以上地方人民政府环境保护主管部门责令限期拆除，处二万元以上十万元以下的罚款；逾期不拆除的，强制拆除，所需费用由违法者承担，处十万元以上五十万元以下的罚款；私设暗管或者有其他严重情节的，县级以上地方人民政府环境保护主管部门可以提请县级以上地方人民政府责令停产整顿。
处理建议	1．泸州纳溪××酒业有限公司1号车间通过暗管直接排放生产废水的环境违法行为，违反了《中华人民共和国环境保护法》第四十二条，根据《中华人民共和国环境保护法》第六十三条第三款、《中华人民共和国水污染防治法》第七十五条第二款的规定和《四川省环境保护行政处罚自由裁量权细化标准》（修订稿）§1.8.2.2.1的规定，建议处以人民币伍万元（小写：50 000元）的罚款。 2．泸州纳溪××酒业有限公司2号车间生产废水输送管道被洪水冲毁后，未及时修复，致使生产废水不能进入废水处理站处理而直接排入外环境的环境违法行为，违反了《中华人民共和国环境保护法》第四十二条，根据《中华人民共和国水污染防治法》第七十三条和《四川省环境保护行政处罚自由裁量权细化标准》（修订稿）§1.6.2.3的规定，建议处应缴纳排污费4 944.84元的2.5倍罚款，即处人民币壹万贰仟叁佰陆拾贰元壹角（小写：12 362.1元）的罚款。 3．建议依据《中华人民共和国环境保护法》第六十三条和《行政主管部门移送适用行政拘留环境违法案件暂行办法》，将案件移送公安机关。 4．2016年8月4日，市环境保护局向该公司送达了《责令改正违法行为决定书》，责令该公司立即停止违法排放污染物行为，拆除暗管和修复废水管网。经核实，该公司按整改计划落实了整改，采取停产措施切断了污染源头，立即拆除了暗管，对损毁的管网进行了修复。故不启动按日连续处罚。 综上所述，建议市环境保护局对泸州纳溪××酒业有限公司不正常使用防治污染设施和通过暗管违法排放污染物的环境违法行为，处以人民币陆万贰仟叁佰陆拾贰元壹角（小写：62 362.1元）的罚款；并将案件移送泸州市公安局纳溪区分局。

承办 机构 意见	同意报市局审查 负责人：××× 2016 年 9 月 10 日
法制 审查 意见	已审查 负责人：××× 2016 年 9 月 10 日
分管 领导 意见	同意承办部门意见 分管领导：××× 2016 年 9 月 10 日
行政 机关 审批 意见	同意 审批人：××× （机关印章） 2016 年 9 月 16 日

泸州纳溪××酒业有限公司不正常使用水污染物治理设施和私设暗管案的审查报告

泸州纳溪××酒业有限公司（以下简称“××酒业”）不正常使用水污染物治理设施和私设暗管一案已由市环境监察支队调查终结，于 2016 年 9 月 1 日移交政策法规科，由李某某审查完毕，现报告如下：

当事人：泸州纳溪××酒业有限责任公司

法定代表人：肖某某

地址：×××市×××区×××镇×××

一、违法事实

2016 年 7 月 28 日，市环境监察执法支队执法人员开展现场检查时发现，××酒业 1 号车间废水收集池南面围墙外墙角处安装有三根直径约 100 mm 的管道，这三根管道中有生产废水排出，汇合进入一根直径约为 200 mm 的水泥管道直接排入白节河；该公司 2 号车间生产废水输送管道被洪水冲毁后，未能及时修复，致使生产废水不能进入废水处理站处理而直接排入外环境。

经现场采样，监测结果表明 1 号车间收集池南面围墙外水泥管道外排废水和 2 号车间外排废水浓度均不符合《发酵酒精和白酒工业水污染物排放标准》（GB 27631—2011）。具体情况为，1 号车间外水泥管道外排废水 pH 值低于标准下限 2.11，色度超标 1.0 倍，化学需氧量超标 40.8 倍，氨氮超标 2.8 倍，总氮超标 30.8 倍，总磷超标 30.6 倍；2 号车间外排废水色度超标 3.0 倍，悬浮物超标 1.3 倍，化学需氧量超标 4.8 倍，总氮超标 13 倍，总磷超标 4.3 倍。

二、承办部门确定违法事实的证据

1．××酒业营业执照统一社会信用代码和企业法人身份证复印件。

2．公司关于泸州纳溪××酒业有限公司与泸州纳溪××酒业有限公司的情况说明。

3．××酒业污水排口说明、公司建设项目环境影响报告表（复印件）。

4．执法人员对××酒业总经理彭某的调查笔录及身份证复印件。

5．执法人员对××酒业厂长罗某某的调查笔录及身份证复印件。

6．执法人员对××酒业废水处理站操作人员张某某的调查笔录及身份证复印件。

7．环境行政案件现场检查（勘验）笔录及现场勘验图。

8．《应缴排污费核算清单》。

9．《泸州纳溪××酒业有限公司曲酒车间生产记录表》和《泸州纳溪××酒业有限公司废水处理站运行记录》（复印件）。

10．××酒业《证明》和《公司职责分工》。

11．××酒业《停产报告》和《整改计划书》。

12．××酒业《关于废水排放量的说明》。

13．市环境监测中心站监督性监测报告（泸环监字〔2016〕污染源第×××号）和行政执法抽样记录。

14．泸州市环境保护局《责令改正违法行为决定书》（川环法泸环停字〔2016〕×××号）及送达回证。

15．市环境监察执法支队执法人员现场调查照片（打印件）和视频。

三、违法行为及情节认定

违法行为：

1．不正常使用水污染物治理设施。

2．私设暗管并排放水污染物。

从重情节：

1．故意违法。该公司在明知水污染物处理流程及规程的情况下，仍通过暗管排放 1 号车间水污染物。该公司在明知 2 号车间水污染物处理设施存在故障不能使用的情况下，放任不管，致使水污染物未经处理直接外排进入外环境。

2．外排水污染物超标倍数高，对环境污染严重。1 号车间外水泥管道外排废水 pH 值低于标准下限 2.11，色度超标 1.0 倍，化学需氧量超标 40.8 倍，氨氮超标 2.8 倍，总氮超标 30.8 倍，总磷超标 30.6 倍；2 号车间外排废水色度超标 3.0 倍，悬浮物超标 1.3 倍，化学需氧量超标 4.8 倍，总氮超标 13 倍，总磷超标 4.3 倍。

四、法律规定和责任

（一）法律规定

《中华人民共和国环境保护法》第四十二条第四款：严禁通过暗管、渗井、渗坑、灌注或者篡改、伪造监测数据或者不正常运行防治污染设施等逃避监管的方式违反法律法规规定排放污染物的。

《中华人民共和国水污染防治法》第二十一条第二款：企业事业单位和个体工商户排

放水污染物的种类、数量和浓度有重大改变的，应当及时申报登记；其水污染物处理设施应当保持正常使用；拆除或者闲置水污染物处理设施的，应当事先报县级以上地方人民政府环境保护主管部门批准。

《中华人民共和国水污染防治法》第二十二条第二款：禁止私设暗管或者采取其他规避监管的方式排放水污染物。

（二）法律责任

《中华人民共和国环境保护法》第六十三条：企业事业单位和其他生产经营者有下列行为之一，尚不构成犯罪的，除依照有关法律法规规定予以处罚外，由县级以上人民政府环境保护主管部门或者其他有关部门将案件移送公安机关，对其直接负责的主管人员和其他直接责任人员，处十日以上十五日以下拘留；情节较轻的，处五日以上十日以下拘留：……（三）通过暗管、渗井、渗坑、灌注或者篡改、伪造监测数据，或者不正常运行防治污染设施等逃避监管的方式排放污染物的。

《中华人民共和国水污染防治法》第七十三条：违反本法规定，不正常使用水污染物处理设施，或者未经环境保护主管部门批准拆除、闲置水污染物处理设施的，由县级以上人民政府环境保护主管部门责令限期改正，处应缴纳排污费数额一倍以上三倍以下的罚款。

《中华人民共和国水污染防治法》第七十五条第二款：除前款规定外，违反法律、行政法规和国务院环境保护主管部门的规定设置排污口或者私设暗管的，由县级以上地方人民政府环境保护主管部门责令限期拆除，处二万元以上十万元以下的罚款；逾期不拆除的，强制拆除，所需费用由违法者承担，处十万元以上五十万元以下的罚款；私设暗管或者有其他严重情节的，县级以上地方人民政府环境保护主管部门可以提请县级以上地方人民政府责令停产整顿。

五、承办部门意见

建议市环境保护局对泸州纳溪××酒业有限公司不正常使用防治污染设施和通过暗管违法排放污染物的环境违法行为，处以人民币陆万贰仟叁佰陆拾贰元壹角（小写：62 362.1 元）的罚款；并将案件移送公安机关。

六、审查意见

经审查，本机关对本案具有管辖权，违法事实清楚，证据充分，调查取证符合法定程序，没有超过行政处罚追述时效，适用法律适当。该公司已按要求完成整改，不启动按日连续计罚。

1．对于××酒业不正常使用水污染物治理设施的违法行为，根据《中华人民共和国水污染防治法》第七十三条和《四川省环境保护行政处罚自由裁量权细化标准》（修订稿）§1.6.2.3 的规定，处以应缴纳排污费 2.5 倍的罚款，即处以人民币壹万贰仟叁佰陆拾贰元壹角（小写：12 362.1 元）的罚款。

2．对于××酒业私设暗管的违法行为，根据《中华人民共和国水污染防治法》第七十五条第二款的规定处以人民币伍万元（小写：50 000 元）的罚款，由于《四川省环境保护行政处罚自由裁量权细化标准》（修订稿）对于私设暗管在限期内主动拆除的自由裁量标准超过了法律规定上限，故不采用。

3．对于××酒业通过暗管排放污染物的违法行为，根据《中华人民共和国环境保护法》第六十三条的规定，应将案件移送公安机关。

综上所述，建议对××酒业不正常使用水污染物治理设施和私设暗管的违法行为合并处以人民币陆万贰仟叁佰陆拾贰元壹角（小写：62 362.1 元）的罚款，对该公司通过暗管排放水污染物的违法行为，依法将案件移交公安机关处理。

该案案情复杂，处罚金额较大，建议提交案审会审议决定。

审查人：×××

2016 年 9 月 2 日

行政处罚案件审议记录

案　由：涉嫌违反水污染防治法　　　　当事人：泸州××酒业有限公司

时　间：2016 年 8 月 22 日下午　　　　地　点：市环境监察执法支队会议室

主持人：×××　　　　记录人：×××

参会人员：×××、×××、×××、×××、×××、×××、×××、×××、×××、×××、×××

记录内容：

一、×××　介绍案件情况

（一）违法事实

2016 年 7 月 28 日，市支队执法人员开展现场检查时发现：①泸州纳溪××酒业有限公司 1 号车间废水收集池南面围墙外墙角处安装有三根直径约 100 mm 的管道，这三根管道中有生产废水排出，汇合进入一根直径约为 200 mm 的水泥管道直接排入白节河；②2 号车间生产废水输送管道被洪水冲毁后，未能及时修复，生产废水不能进入废水处理站处理而直接排入外环境；③市监测站现场采样结果，1 号车间收集池南面围墙外水泥管道外排废水和 2 号车间外排废水浓度均不符合《发酵酒精和白酒工业水污染物排放标准》（GB 27631—2011）。1 号车间外水泥管道外排废水 pH 值低于标准下限 2.11，色度超标 1.0 倍，化学需氧量超标 40.8 倍，氨氮超标 2.8 倍，总氮超标 30.8 倍，总磷超标 30.6 倍；2 号车间外排废水色度超标 3.0 倍，悬浮物超标 1.3 倍，化学需氧量超标 4.8 倍，总氮超标 13 倍，总磷超标 4.3 倍。

（二）证据及与违法行为的关系

1. ××酒业营业执照统一社会信用代码和企业法人身份证复印件。
2. 公司关于泸州纳溪××酒业有限公司与泸州纳溪××酒业有限公司的情况说明。
3. ××酒业污水排口说明、公司建设项目环境影响报告表（复印件）。
4. 执法人员对××酒业总经理彭某某的调查笔录及身份证复印件。
5. 执法人员对××酒业厂长罗某某的调查笔录及身份证复印件。
6. 执法人员对××酒业废水处理站操作人员张某某的调查笔录及身份证复印件。
7. 环境行政案件现场检查（勘验）笔录及现场勘验图。

8.《应缴排污费核算清单》。

9.《泸州纳溪××酒业有限公司曲酒车间生产记录表》和《泸州纳溪××酒业有限公司废水处理站运行记录》(复印件)。

10. ××酒业《证明》和《公司职责分工》。

11. ××酒业《停产报告》和《整改计划书》。

12. ××酒业《关于废水排放量的说明》。

13. 市环境监测中心站监督性监测报告（泸环监字〔2016〕污染源第×××号）和行政执法抽样记录。

14. 泸州市环境保护局《责令改正违法行为决定书》(川环法泸环停字〔2016〕×××号）及送达回证。

15. 市环境监察执法支队执法人员现场调查照片（打印件）和视频。

（三）违法行为情节及后果

从重情节：

1. 外排废水污染物超标倍数较高。

2. 公司管理层环保意识不强。

3. 制度不健全。

从轻情节：

1. 该公司能积极配合调查，对存在的环境违法行为立即制订计划落实整改。

2. 按要求立即对 1 号车间暗管进行了拆除、对 2 号车间废水管网进行修复；同时，采取停产的措施切断了污染源。

3. 1 号车间收集池南面围墙外水泥暗管，是公司修建废水处理站前 1 号车间生产废水排口，一直未拆除。此次 1 号车间收集池废水管道堵塞，生产废水由管道沟流向水泥管道直排外环境，公司只是利用水泥暗管进行排放生产废水（彭某和罗某某调查笔录证明)。

4. 该公司的环境问题未对周围群众生产、生活造成明显影响；因此，未收到周围群众对该公司环境问题的投诉和举报。

（四）适用法律

《中华人民共和国环境保护法》第四十二条第四款，第六十三条；《中华人民共和国水污染防治法》第七十三条，第七十五条第二款；《四川省环境保护行政处罚自由裁量权细化标准》(修订稿)。

（五）调查终结意见

建议市环境保护局对泸州纳溪××酒业有限公司不正常使用防治污染设施和通过暗管违法排放污染物的环境违法行为，处以人民币陆万贰仟叁佰陆拾贰元壹角（小写：62 362.1 元）的罚款；并将案件移送公安机关。

二、讨论

×××：1．企业变更营业执照的资料需要补充。

2．现场勘验笔录图纸只能说明企业管网、点位等，不能说明生产情况。

×××：1．因废水量无法精确统计，废水量的确认是企业提供的，但是需要核实是否符合产排污逻辑。

2．复查情况要向市环境保护局报批。

×××：水量的确定。从 2 号车间管网的损坏时间、产品产量逻辑关系，重新确定水量。

×××：管网损坏未报告，也未及时修复，具有从重情节。

×××：1．表述中，直接表述成暗管。

2．排污费的计算，描述要准确。

3．从轻情节中，整改不具备主动，是根据要求积极整改。

×××：使用暗管的时间复核补充充足。

×××：对暗管的确认，需要补充印证材料。

×××：从轻、从重情节等需要进一步补充完善。

移送公安部门的材料提前做好准备。

环境行政案件
案审委员会审议记录

川〇 38　　　　　　　　　　　　　　　　　　　　　　　川环法 泸环 案审记字〔2016〕号

案由：泸州纳溪××酒业有限公司涉嫌不正常运行防治污染设施和通过暗管违法排放污染物案

涉案者： 泸州纳溪××酒业有限公司

案件承办单位： 泸州市环境监察执法支队

案件承办人：×××（×××）、×××（×××）

案件审议机关： 泸州市环境保护局

案审会主持人： ×××　　行政职务： 副局长

参加审议人员：×××、×××、×××、×××、×××、×××、×××、×××、×××、×××、×××、×××

一、由案件承办人×××介绍案情及承办部门意见

1#车间通过暗管排放水污染物；2#车间因水污染物处理设施存在故障，不能正常使用，污水直接外排。

建议对泸州纳溪××酒业有限公司不正常使用防治污染设施和通过暗管违法排放污染物的环境违法行为处以人民币陆万贰仟叁佰陆拾贰元壹角（小写：62 362.10 元）的罚款；并将私设暗管的行为移送公安机关。

二、案审委员会成员意见

×××（执法支队支队长）：1#车间暗管偷排，处以五万元人民币罚款，并移送公安机关；2#车间超标排放，处以 2.5 倍排污费 12 362.10 元的罚款。

×××（法规科副科长）：经审查，该案违法事实清楚，证据充分，调查取证符合法定程序，没有超过行政处罚追诉时效，适用法律适当，案发后，该公司按要求完成整改，不启用按日计罚。建议对××酒业不正常使用防治污染设施和通过暗管违法排放污染物的环境违法行为处以人民币陆万贰仟叁佰陆拾贰元壹角（小写：62 362.10 元）的罚款；对该公司通过暗管违法排放污染物的违法行为，依法将案件移交纳溪区公安分局。

×××（水环境科科长）：案件违法事实清楚，适用法律条款准确，同意法规科审查

意见。

×××（纪检监察室主任科员）：案件办理过程中未收到执法人员吃拿卡要的举报。

×××（纪检组长）：同意法规科审查意见。

×××（副局长）：该案事实清楚，法律条款适用准确，同意法规科审查意见。

×××（局长）：同意法规科审查意见。

三、案件审查结果

同意法规科审查意见，处以人民币陆万贰仟叁佰陆拾贰元壹角（小写：62 362.10 元）的罚款，并将暗管排放水污染物的违法行为移交公安机关。

案审会时间：2016 年 9 月 25 日 15：45

询问笔录

时间：2016年11月15日 10时01分至2016年11月15日10时45分

地点：泸州市公安局纳溪区分局治安管理大队集中办案区询问室

询问/讯问人（签名）：×××、×××工作单位：×××

记录人（签名）：×××工作单位：×××

被询问/讯问人：彭某某 性别：男 年龄：47 出生日期：×××年×××月×××日

身份证件种类及号码：居民身份证 ×××□是□否人大代表：否

现住址：×××市×××区××× 联系电话：×××

户籍所在地：×××省×××市×××区×××号

（口头传唤／被扭送／自动投案的被询问/讯问人11月15日09时50分到达，11月15日11时0分离开，本人签名×××）

问：我们是泸州市公安局纳溪区分局治安管理大队的民警（出示人民警察证），现依法向你询问，你应当如实回答，对案件无关的问题，你有拒绝回答的权利，现向你宣读《行政案件权利义务告知书》（约3分钟），你清楚了吗？

答：清楚了。

问：若没有问题，在《行政案件权利义务告知书》上签名、捺印？

答：没有问题。

问：你是否要求办案民警回避？

答：不要求回避。

问：你今天来公安机关有什么事？

答：我来说明一下2016年7月28日那天泸州市环保局来我经营的泸州纳溪××酒业有限公司检查的情况。

问：你的个人情况？

答：我叫彭某某，男，1969年3月11日出生，汉族，中专文化程度，户籍所在地×××省×××市翠屏×××区×××号，现住×××省×××市×××区×××号，居民身份证号码×××，联系电话×××。

问：你的家庭情况？

××× 2016.11.15 共3页 第1页

答：我妻子×××，45岁，在宜宾五粮液酒厂上班；儿子×××，17岁。

问：你的个人简历？

答：我6～12岁在宜宾市×××小学读小学，12～15岁在宜宾市×××读初中，15～18岁在宜宾市×××读中专，18～25岁在宜宾市×××上班，25～39岁在宜宾市做个体生意，39岁至今在泸州市纳溪区白节镇经营泸州纳溪××酒业有限公司，厂区在白节。

问：你以前是否受过刑事处罚、行政拘留或者被劳动教养、收容教育、强制戒毒、收容教养等情况？

答：没有。

问：你把2016年7月28日那天的情况详细说一下？

答：好的。2016年7月28日上午，我当时没有在厂里，我厂里的罗厂长打电话给我说泸州市环保局的工作人员来厂里面检查，我当时就叫罗厂长好好的配合检查，后来罗厂长给我汇报说泸州市环保局的工作人员在检查时，发现我们公司厂里的1号车间收集池南面围墙处有三根直径约100 mm的管道与生产车间相连，车间的生产废水少部分进入废水收集池，大部分经安装废水收集管的管沟流向收集池南面围墙墙角处的墙洞，进入水泥暗管排向外环境。2号生产车间底锅水和冷却水混合排放。由于废水输送管道被洪水冲毁，混合废水直接排进了洪水沟进入白节河。情况大概就是这样。

问：泸州纳溪××酒业有限公司的法人代表是谁？

答：法人代表是肖某某，她是公司的股东之一，我是总经理，也是股东，我主要负责销售和管理这一块的工作。

问：泸州纳溪××酒业有限公司是什么时候成立的？

答：我们公司是2012年成立的，以前就是一个酒厂。

问：你们公司的生产规模？

答：我们公司有两个生产车间，共3台锅炉，设计年产量为500 t，实际年产量只有约300 t。

问：按照规定你们公司的生产废水应如何处理？

答：我们两个生产车间产生的废水都要经过废水处理站进行处理达标过后，才往外排放。

问：你们厂区内有废水处理站吗？

答：有的，我们专门修建了一个废水处理站，张某某当的站长。

问：你们公司现在有几个废水排放口？

××× 2016.11.15 共3页 第2页

答：我们公司只有 1 个总的废水排放口，就是废水处理站的废水总排放口。

问：连接 1 号车间废水收集池南面围墙外的三根水管是什么时候安的？

答：这三根管子其实在 1986 年的时候就已经存在了，2009 年 12 月我们租用泸州市纳溪区××酒业有限责任公司的这个厂址进行了白酒生产，2010 年购买了这家公司，2012 年更名，在我们购买这家公司时这三根水管就存在，后来我们修建了废水处理站过后就没有通过这三根水管排污了。

问：2 号车间底锅水和冷却水的收集管道是什么时候被洪水冲毁的？

答：这个事情我真的不清楚，厂里没有向我汇报，这次检查时我知道。

问：你们采取了什么措施？

答：我们厂里被检查到这些情况后，立即采取了停产措施，对 1 号车间存在的暗管进行了拆除，对 2 号车间被冲毁的废水收集管进行了修复，确保了废水处理站对生产废水的全面收集。

问：你还有什么要补充的？

答：没有了。

问：你以上所述是否属实？

答：属实。

问：以上笔录你看后是否与你所述相符？

答：所说相符。

××× 2016.11.15 共 3 页 第 3 页

行政案件权利义务告知书

根据《公安机关办理行政案件程序规定》之规定，在公安机关对行政案件进行调查期间，你依法享有以下权利和义务：

一、对有下列情形之一的公安机关负责人、办案人员，有权要求其回避：

（一）是本案的当事人或者当事人的近亲属。

（二）本人或者其近亲属与本案有利害关系。

（三）与本案当事人有其他关系，可能影响案件公正处理。

（四）是本案的证人或者鉴定人。

二、对案件事实有如实陈述的义务，诬告或者作伪证应当承担相应法律责任；对与案件无关的问题，有拒绝回答的权利；嫌疑人有权进行申辩和请求调查有利于自己的事实和证据。

三、有权核对询问笔录，认为笔录有遗漏、差错的，有权要求补充或者更正。对于没有阅读能力的被询问人，调查人员应当如实宣读。询问笔录应当由被询问人逐页签名、盖章或者捺指印。拒绝签名、盖章或者捺指印的，调查人员应当在询问笔录上注明原因。

四、对公安机关及其人民警察不严格执法或有违法违纪行为的，有权向上一级公安机关或者人民检察院、行政监察机关检举、控告。

××× 2016.11.15

询问笔录

时间：2016年11月15日 10时20分至2016年11月15日11时00分

地点：泸州市公安局纳溪区分局治安管理大队集中办案区询问室

询问/讯问人（签名）：×××、×××工作单位：×××

记录人（签名）：×××工作单位：×××

被询问/讯问人：罗某某 性别：男 年龄：48 出生日期：×××年×××月×××日

身份证件种类及号码：居民身份证 ×××□是□否人大代表：否

现住址：×××市×××区××× 联系电话：×××

户籍所在地：×××省×××市×××区×××号

（口头传唤／被扭送／自动投案的被询问/讯问人11月15日09时50分到达，11月15日11时0分离开，本人签名×××）

问：我们是泸州市公安局纳溪区分局的民警（出示人民警察证），根据法律法规依法对你询问，你应当如实回答我们的提问，对与本案无关的问题，你有拒绝回答的权利，你听清楚了吗？

答：清楚了。

问：现向你宣读《行政案件权利义务告知书》你是否听清楚？

答：我听清楚了。

问：你是否需要办案民警回避？

答：不用。

问：你的文化程度？

答：小学文化。

问：你的个人简历？

答：7～12岁在宜宾市宜宾县×××小学读书，截至2008年在家务农，其后一直在泸州纳溪××酒业有限公司上班。

问：你的家庭情况？

答：妻子，×××，48岁，在泸州纳溪区××酒业有限公司上班；儿子，×××，12岁，在纳溪区×××中心读书。

×××　　2016.11.15　　　　共3页 第1页

问：你是否是人大代表或政协委员？

答：不是。

问：你是否有违法犯罪前科？

答：没有。

问：你在泸州纳溪区××酒业有限公司任什么职务？

答：厂长。

问：你主要负责些什么工作？

答：主要负责公司的全面工作，包括生产、环保、劳动纪律等工作。

问：泸州纳溪区××酒业有限公司的法人代表是谁？

答：法人代表是肖某某。

问：请你说一下你今天来公安机关的事情？

答：2016 年 7 月 28 日，泸州市环保局的人员到我们泸州纳溪区××酒业有限公司来检查，并采样。发现我们公司 1 号车间收集池南面围墙外有三根约 100 mm 的管道与生产车间相连接，车间的少部分冷却水与锅底水进入废水收集池，大部分经安装废水收集管的管沟流向收集池南面围墙墙洞，进入围墙外的水管暗管，直接排向白节河。2 号生产车间底锅水和冷却水混合排放，由废水输送管道被洪水冲毁，混合废水直接进入洪水沟，最后排入白节河。按照市环境监测中心站工作人员的要求，分别在 1 号车间连接的水泥管排口、2 号车间的生产原水和洪水沟入白节河前端进行采样。

问：你们公司的生产废水按要求应该如何处理？

答：我们两条生产车间的生产废水应该都进入废水处理站进行处理，处理达标后外排。

问：你们公司现有几个废水排口？

答：我们公司按照环评要求只有 1 个废水排口，就是废水处理站的废水总排口。

问：环保局在检查时发现你公司连接 1 号车间废水收集池南面围墙外的水泥暗管，有什么用途？

答：这个水泥暗管是公司修建污水处理站以前的废水排口，排放的废水是来自 1 号车间的生产废水，废水处理站修建完成后，我们就停止使用该排口，最近由于废水输送管道堵塞，导致生产废水通过该水泥管道直接流入白节河，在环保局检查前 10 多天我就发现了这个情况，由于我们没有引起重视，也没有采取相应的措施，任由生产废水进入暗管直排至白节河。

××× 2016.11.15 共 3 页 第 2 页

问：你们公司通过此暗管的废水排放量是多少？

答：由于该排水口没有安装流量计，无法确定具体排放量，大约通过该排放口排放的废水 8 t 每天。

问：2 号生产车间底锅水和冷却水的收集管道是什么时候被洪水冲毁的？

答：大概是在 7 月 10 号下暴雨冲毁的。

问：2 号生产车间的外排废水量是多少？

答：每天的外排废水量大概 20 t。

问：你们公司发现了该两处存在的环境问题，你们采取了什么措施没有？

答：本想在季节性停产时进行整理，由于生产任务重，没有对冲毁的管道进行修复处理，也没有对 1 号车间的暗管采取任何措施，每天的生产废水直接排放至白节河。

问：2016 年 7 月 28 日，环监局执法人员对你们现场检查时，你们公司是否在生产？

答：当天在生产。

问：你们公司是否建立有相关的环保制度？

答：没有。

问：彭某某和张某某是你们公司的员工吗？

答：彭某某是我们公司的总经理，张某某是公司废水处理站的负责人。

问：你还有什么要补充的没有？

答：没有。

问：以上笔录是否与你所说的相符？

答：与我所说相符。

×××　　2016.11.15　　共 3 页 第 3 页

行政案件权利义务告知书

根据《公安机关办理行政案件程序规定》之规定，在公安机关对行政案件进行调查期间，你依法享有以下权利和义务：

一、对有下列情形之一的公安机关负责人、办案人员，有权要求其回避：

（一）是本案的当事人或者当事人的近亲属。

（二）本人或者其近亲属与本案有利害关系。

（三）与本案当事人有其他关系，可能影响案件公正处理。

（四）是本案的证人或者鉴定人。

二、对案件事实有如实陈述的义务，诬告或者作伪证应当承担相应法律责任；对与案件无关的问题，有拒绝回答的权利；嫌疑人有权进行申辩和请求调查有利于自己的事实和证据。

三、有权核对询问笔录，认为笔录有遗漏、差错的，有权要求补充或者更正。对于没有阅读能力的被询问人，调查人员应当如实宣读。询问笔录应当由被询问人逐页签名、盖章或者捺指印。拒绝签名、盖章或者捺指印的，调查人员应当在询问笔录上注明原因。

四、对公安机关及其人民警察不严格执法或有违法违纪行为的，有权向上一级公安机关或者人民检察院、行政监察机关检举、控告。

×××　2016.11.15

询问/讯问笔录

时间：2016年11月15日 11时20分至2016年11月15日11时45分

地点：泸州市公安局纳溪区分局治安管理大队集中办案区询问室

询问/讯问人（签名）：×××、×××　工作单位：×××

记录人（签名）：×××　工作单位：×××

被询问/讯问人：张某某 性别：男 年龄：56 出生日期：×××年×××月×××日

身份证件种类及号码：居民身份证 ×××□是□否人大代表：否

现住址：×××市×××区××× 联系电话：×××

户籍所在地：×××省×××市×××区×××号

（口头传唤／被扭送／自动投案的被询问/讯问人11月15日09时50分到达，11月15日11时50分离开，本人签名×××）

问：我们是泸州市公安局纳溪区分局治安管理大队的民警（出示人民警察证），现依法向你询问，你应当如实回答，对案件无关的问题，你有拒绝回答的权利，现向你宣读《行政案件权利义务告知书》（约3分钟）你清楚了吗？

答：清楚了。

问：若没有问题，在《行政案件权利义务告知书》上签名、捺印？

答：没有问题。

问：你是否要求办案民警回避？

答：不要求回避。

问：你今天来公安机关有什么事？

答：我来说明一下2016年7月28日那天泸州市环保局来我们泸州纳溪××酒业有限公司检查的情况。

问：你的个人情况？

答：我叫张某某，男，×××年×××月×××日出生，汉族，初中文化程度，户籍所在地×××省×××市×××，现住×××市×××区×××，居民身份证号码×××，联系电话×××。

问：你的家庭情况？

×××　　2016.11.15　　共3页 第1页

答：我儿子×××，16岁，在昆明×××读书。

问：你的个人简历？

答：我6～12岁在宜宾市×××读小学，12～15岁在宜宾×××读初中。其后到2013年在×××工作，2013年至今在泸州纳溪××酒业有限公司上班。

问：你以前是否受过刑事处罚、行政拘留或者被劳动教养、收容教育、强制戒毒、收容教养等情况？

答：没有。

问：你把2016年7月28日那天的情况详细说一下？

答：好的。2016年7月28日上午，罗某某陪同环保局的人员进行的检查，检查的具体情况我不清楚。

问：请你说一下当时环保局执法人员在你们公司检查时的情况？

答：当时环保局的执法人员检查时，我们公司正在生产，有生产废水流入废水处理站进行处理，但是废水量较少。

问：泸州纳溪××酒业有限公司的法人代表是谁？

答：法人代表是肖某某，她是公司的股东之一，彭某某是总经理，也是股东。

问：你在××酒业有限公司主要做什么工作？

答：我是污水处理站的站长。

问：你们公司的生产规模？

答：我们公司有两个生产车间，共3台锅炉。

问：按照规定你们公司的生产废水应如何处理？

答：我们两个生产车间产生的废水都要经过废水处理站进行处理，达标过后才能外排放。

问：你们厂区内有废水处理站吗？

答：有的，我们专门修建了一个废水处理站，我当的站长。

问：你们公司现有几个废水排放口？

答：我们公司只有1个总的废水排放口，就是废水处理站的废水总排放口。

问：最近每天进入废水处理站的废水量大约是多少？

答：大概有10 t。

问：连接1号车间废水收集池南西面围墙外的三根水管是什么时候安装的？

答：不知道。

×××　　2016.11.15　　共3页 第2页

问：你知道1号车间的生产废水经过水泥暗管排放至白节河的情况吗？

答：不知道。

问：2号车间底锅水和冷却水的收集管道是什么时候被洪水冲毁的？

答：检查的几天前，具体时间不知道。

问：你们采取了些什么措施？

答：我们厂里被检查到这些情况后，立即采取了停产措施，对1号车间存在的暗管进行了拆除，对2号车间被冲毁的废水收集管进行了修复，确保了废水处理站对生产废水的全面收集。

问：你还有什么要补充的？

答：没有了。

问：你以上所述是否属实？

答：属实。

问：以上笔录你看后是否与你所述相符？

答：与我所述相符。

×××　　2016.11.15　　　　共3页 第3页

行政案件权利义务告知书

根据《公安机关办理行政案件程序规定》之规定，在公安机关对行政案件进行调查期间，你依法享有以下权利和义务：

一、对有下列情形之一的公安机关负责人、办案人员，有权要求其回避：

（一）是本案的当事人或者当事人的近亲属。

（二）本人或者其近亲属与本案有利害关系。

（三）与本案当事人有其他关系，可能影响案件公正处理。

（四）是本案的证人或者鉴定人。

二、对案件事实有如实陈述的义务，诬告或者作伪证应当承担相应法律责任；对与案件无关的问题，有拒绝回答的权利；嫌疑人有权进行申辩和请求调查有利于自己的事实和证据。

三、有权核对询问笔录，认为笔录有遗漏、差错的，有权要求补充或者更正。对于没有阅读能力的被询问人，调查人员应当如实宣读。询问笔录应当由被询问人逐页签名、盖章或者捺指印。拒绝签名、盖章或者捺指印的，调查人员应当在询问笔录上注明原因。

四、对公安机关及其人民警察不严格执法或有违法违纪行为的，有权向上一级公安机关或者人民检察院、行政监察机关检举、控告。

×××　2016.11.15

今天是：2017年5月25日星期四 设为首页

泸州市环境保护局
Luzhou Environmental Protection Bureau

改善环境质量 保障环境安全

首 页 | 政务动态 | 环保业务 | 网上办事 | 政民互动 | 站内搜索 高级搜索 站点地图

您的位置：泸州市环保局 -> 环保业务 -> 环境监察 -> 环境违法曝光台 -> 行政处罚（环境违法曝光台）

泸州纳溪 酒业有限公司《环境行政处罚决定书》

发布时间:2016-11-30 信息来源:本站原创 作者:市环监支队 阅读次数:1568 【字体: 大 中 小】

泸州市环境保护局

环境行政处罚决定书

川o38 川环法泸环罚字〔2016〕×××号

被处罚单位：泸州纳溪 酒业有限公司

营业执照统一社会信用代码：

法定代表人：肖 身份证号：

地址：

一、违法事实及证据

2016年7月28日，市环境监察执法支队执法人员开展现场检查时发现，泸州纳溪 酒业有限公司（以下简称“ 酒业”）1号车间废水收集池南面围墙外墙角处安装有三根直径约100mm的管道，这三根管道均有生产废水排出，汇合进入一根违法设立的直径约为200mm的水泥暗管直接外排进入白节河；该公司明知2号车间生产废水输送管道被洪水冲毁后，未及时修复，放任生产废水不能进入废水处理站处理而直接外排进入外环境。

经现场采样监测，表明1号车间收集池南面围墙外水泥管道外排废水和2号车间外排废水浓度均不符合《发酵酒精和白酒工业水污染物排放标准》（GB27631-2011）。具体情况为，1号车间外水泥管道外排废水pH值低于标准下限2.11，色度超标1.0倍，化学需氧量超标40.8倍，氨氮超标2.8倍，

今天是：2017年5月25日星期四　　设为首页

泸州市环境保护局

Luzhou Environmental Protection Bureau

改善环境质量　保障环境安全

首页 | 政务动态 | 环保业务 | 网上办事 | 政民互动 |　站内搜索　高级搜索　站点地图

您的位置：泸州市环保局 -> 环保业务 -> 环境监察 -> 行政处罚（环境监察）

泸州纳溪　酒业有限公司《责令改正违法行为决定书》

发布时间:2016-11-30　信息来源:本站原创　作者:市环监支队　阅读次数:186　【字体：大 中 小】

责令改正违法行为决定书

川○ 38　　川环法泸环改〔2016〕×××号

被责令改正单位：泸州纳溪　酒业有限公司

统一社会信用代码：

法定代表人：肖

地址：

一、违法事实

2016年7月28日，泸州市环境监察执法支队执法人员现场检查发现，泸州纳溪　酒业有限公司1号车间废水收集池旁围墙外墙角处安装有三根直径约100mm的管道，这三根管道中有含酒糟废水排出，并由一根直径约为200mm的暗管直接排入白节河；2号车间生产废水输送管道被洪水冲毁后，未能及时修复，生产废水直接排入外环境。市环境监测中心站现场采样，监测结果显示，1号车间外暗管外排废水和2号车间外排废水浓度均不符合《发酵酒精和白酒工业水污染物排放标准》。

以上事实，有现场勘验记录、检查照片（视频）、2016年8月2日取得的监督性监测报告（泸环监字〔2016〕污染源第×××号）等证据为证。

二、违反法律

1、《中华人民共和国环境保护法》第四十二条第四款：

泸州市公安局纳溪区分局
行政处罚决定书

泸公纳分（治）行罚决字〔2016〕×××号

违法行为人泸州纳溪××酒业有限公司，违法单位地址×××，法人代表肖某某，生产直接负责的主管人员厂长罗某某（男，汉族，生于××年××月××日，小学文化程度，户籍所在地×××，现住×××，居民身份证号码×××）。

现查明，2016年7月，泸州纳溪××酒业有限公司直接负责的主管人员厂长罗某某明知公司1号车间生产废水因收集池废水管道堵塞，2号车间生产废水输送管道被洪水冲毁后，未及时进行清理、修复，导致该公司生产废水直接排放进白节河。

以上事实有罗某某的陈述和申辩，证人证言，泸州市环境保护局涉嫌环境违法适用行政拘留处罚案件移送材料等证据证实。

根据《中国人民共和国环境保护法》第六十三条第（三）项、《行政主管部门移送适用行政拘留环境违法案件暂行办法》第五条第一款之规定，现决定对泸州纳溪××酒业有限公司直接负责的主管人员厂长罗某某处以5日行政拘留的处罚。

执行方式和期限：罗某某的行政拘留处罚由纳溪市公安分局民警将其送进泸州市拘留所执行拘留，行政拘留5日。

逾期不缴纳罚款的，每日按罚款数额的3%加处罚款，加处罚款的数额不超过罚款本数。

如不服本决定，可以在收到本决定书之日起六十日内向泸州市公安局或泸州市纳溪区人民政府申请行政复议或者在六个月内依法向泸州市纳溪区人民法院提起行政诉讼。

附 清单共1份。

泸州市公安局纳溪区分局

二〇一六年十二月十五日

行政处罚决定书已向我宣告并送达。

被处罚人

年　月　日

一式三份，被处罚人和执行单位各一份，一份附卷，治安案件有被侵害人的，复印送达被侵害人。

此件复印于纳溪区公安分局，与原件核对无误。

复印人：×××　　复印时间：2016年12月20日

涉嫌环境污染犯罪移送公安机关材料

杭州市余杭区××镇××村危险废物倾倒案

杭州市余杭区××镇××村危险废物倾倒案

【案件提供单位】

浙江省杭州市余杭区环境保护局

【案件简介】

2016 年 7 月 12 日，杭州市余杭区××镇××村有人倾倒危险废物共计 8.6 t。经查，上述危险废物来自上海××电机有限公司，目前公安机关已将涉案人员 3 人刑拘，其余 6 人取保候审，1 人网上追逃。

【专家点评】

杭州市余杭区办理的王某某等 8 人涉嫌违法倾倒危险废物犯罪案，是一起比较典型的跨区域非法倾倒案件。该案跨上海和浙江两地，非法倾倒危险废物 8.6t，数量较大，涉及人数众多，涉案证据收集难度大，案情复杂，而执法部门行动迅速，取证比较全面，还能够追根溯源，跨省找到上游的非法处置危险废物的涉案企业，体现了较强的调查执法能力。

（一）该案的优点

1．案卷材料完整、清晰

该案案卷目录清晰，材料完整，包含立案审批书、信访受理反馈单、现场检查（勘察）笔录、调查询问笔录，路面监控视频照片、现场照片、涉事企业和倾倒嫌疑人非法处置废物合同及发票、嫌疑人通话记录、单位和个人身份证明等证据材料、案件调查报告等材料完整清晰。

环保执法部门的涉嫌犯罪移送案件审批表、移送函、移送材料清单和公安机关移送通知回执、破案告知书等过程和材料均完整、严密。

2．事实调查清楚，证据完整充分

该案涉及非法处置和倾倒危险废物的违法行为。执法部门在接到群众举报的当日就开展现场调查，并及时委托环保企业测算和清理倾倒废物，防止了污染后果进一步扩大，处理妥当。

执法部门在倾倒废物的嫌疑人已经离开现场的情况下，通过调取路段监控方式，找到涉事车辆，并进一步锁定倾倒嫌疑人。通过倾倒的废物中发现的卡牌及生产记录本等物证线索，结合询问郑某某等嫌疑人，深挖线索，追溯废物产生的源头（涉案企业），整个调查过程严谨、思路清晰、环环相扣，证明整个处置和非法倾倒行为的证据链相对完整。

对郑某某等的6份询问笔录互相吻合、印证，完整地还原了从运输到倾倒的违法过程。同时，结合现场勘察笔录、现场照片48张（倾倒现场、监控路段、涉案企业废物贮存场所）、涉案企业和倾倒人之间的处置合同及发票、嫌疑人之间的通话记录等证据互相衔接、印证，完整准确地反映涉事企业和倾倒嫌疑人之间的违法处置、运输和倾倒危险废物行为。

（二）存在的问题和建议

该案在证据调查和相关程序上可以进一步完善。

1．取证上建议更加严谨。

危险废物的确定与数量是该案是否构成犯罪的关键证据，本案中危险废物的称重和记录可以更规范。称重记录（过磅单）上没有明确记录人或见证人，对称重过程可以拍照、摄像进行记录。本案中执法人员在现场检查阶段对废物进行采样，但后续证据中没有看到对采样进行进一步分析的结果，是由环保部门给公安机关出具了危险废物的认定。执法部门可以对倾倒在余杭区某公墓的物质和涉案企业的危废进行同源性的理化性质鉴定，结合物证（印有“上海××有限公司”的卡牌及生产记录本、印有“××实业”字样的危废包装袋）、视听资料（路段监控）、询问笔录和勘察笔录等证据，组成更严密的危险废物运输、倾倒违法行为证据链。

2．询问笔录存在少量瑕疵。

在询问郑某某和高某某时，询问方式略有不妥（分别为“问：2016年7月11日晚19：08左右，你是否驾驶该车辆前往××镇××村公墓区块。”“问：2016年7月11日晚，你在做什么？有无去过××镇××村？”），不应当做提示性问话，而询问柳某某时提到同一问题的询问方法（问：2016年7月11日，你在做什么？）是比较恰当的。

3．移送程序应严格依据规定进行

该案8月12日已制作《案件调查终结报告》，调查部门意见为“同意调查人意见，请局法规科审核”。8月31日制作了涉嫌环境违法犯罪案件审批表。按《关于环境保护行政主管部门移送涉嫌环境犯罪案件的若干规定》要求，收到报告的负责人应当自接到报告之日起3个工作日内作出是否批准移送的决定。决定批准的，法制工作机构应当在2个工作日内办理向同级公安机关或者人民检察院移送的手续。

案 卷 目 录

序 号	材 料 名 称	文 号	页次	备 注
1	立案审批表	余环立审〔2016〕×××号	1	
2	信访受理反馈单		2	
3	现场勘察笔录		3-5	
4	调查询问笔录		6-30	
5	路线示意图		31	
6	汽车磅称重单		32	
7	涉案嫌疑人身份证复印件		33-37	
8	拖拉机登记表		38	
9	监控截图照片		39-53	
10	现场照片		54-66	
11	上海××机电有限公司人事科科长身份证复印件		67	
12	工业废弃物处置协议		68	
13	上海××环保设备工程公司营业执照、资质证书及安全生产许可证		69-71	
14	运输增值税发票		72	
15	当事人通信记录		73	
16	结案报告		74-75	
17	移送审批表	余环移字〔2016〕第×××号	76	
18	移送函	余环移字〔2016〕第×××号	77-78	
19	调查报告		79-82	
20	移送清单		83	
21	危险废物认定		84	
22	移送通知书	余环移字〔2016〕第×××号	85	
23	通知书回执		86	
24	破案告知书		87	

杭州市余杭区环境保护局
环境违法行为立案审批表（企业）

余环立审〔2016〕×××号

<table>
<tr><td>案由</td><td colspan="4">涉嫌违法倾倒危险废物</td><td>案件来源</td><td>信访举报</td></tr>
<tr><td rowspan="4">当事人</td><td>名　称</td><td colspan="5">无</td></tr>
<tr><td>经营地址</td><td colspan="5">无</td></tr>
<tr><td>营业执照注册号</td><td colspan="2">无</td><td>组织机构代码证</td><td colspan="2">无</td></tr>
<tr><td>法定代表人（负责人）</td><td>无</td><td>联系人</td><td>无</td><td>联系电话</td><td>无</td></tr>
<tr><td>案情简介及立案理由</td><td colspan="6">2016年7月12日，我局接到群众反映，有人在杭州市余杭区××镇××村公墓旁倾倒有2堆废物。接到举报后，我局执法人员立即赶赴现场。检查发现举报情况属实，现场确实有2堆废物，数量在3 t以上。现场有用编织袋盛装的疑似油漆渣的蓝色固体废物，有用编织袋盛装的疑似废树脂的黄色固体废物，有用铁桶盛放的疑似磨床污泥的黑色固体废物。并在现场找到印有“上海××有限公司”的卡牌及生产记录本。现场未见倾倒车辆及人员。当天，我局委托杭州××环境服务有限公司对上述废物进行清运、贮存、称重，废物总重为8.6t。</td></tr>
<tr><td>承办人意见</td><td colspan="6">建议立案调查。

承办人（签字）：×××、×××　　2016年7月12日</td></tr>
<tr><td>承办机构审核意见</td><td colspan="6">同意承办人意见，请局领导审核。

部门负责人（签字）：×××　　2016年7月12日</td></tr>
<tr><td>领导审定意见</td><td colspan="6">同意。

（签字）：×××　　2016年7月12日

指定　×××　、　×××　为本案调查人员</td></tr>
</table>

××环境保护监察所信访受理反馈单

<table>
<tr><td>姓名</td><td>秦先生</td><td>联系号码</td><td>×××</td><td>信访日期</td><td>2016.7.12</td></tr>
<tr><td>地址</td><td colspan="5">××镇××村</td></tr>
<tr><td>主　题</td><td colspan="5">××村倾倒工业废物</td></tr>
<tr><td>信访内容</td><td colspan="5">信访人来电反映××镇××村公墓附近有人倾倒工业废物，希望调查处理。</td></tr>
<tr><td>承办单位</td><td>××环保所</td><td>经办人</td><td>×××、×××</td><td>联系电话</td><td>×××</td></tr>
<tr><td rowspan="3">办理结果</td><td colspan="5">接到举报后，我局××环保所执法人员立即赶赴现场进行调查。经现场检查，倾倒工业废物的地址位于××镇××村生态公墓南侧道路，现场有两堆疑是工业危险废物，疑是油漆渣、废树脂及磨床污泥，倾倒量在 3 t 以上。同时将现场情况立即向领导进行汇报。
根据现场检查情况，我局监察大队、辐固科及环境监测站等各部门到现场开展应急处置，对现场倾倒废物采样送分析，并联系杭州××环境服务有限公司对倾倒的危险废物进行清运处理，未对周边环境造成影响。
下一步，我局将对该起倾倒工业废物事件进一步开展调查取证工作，查处倾倒嫌疑人员。
反馈情况：现场已向举报人反馈现场处置及即将开展后续调查。</td></tr>
<tr><td>办理结果意见</td><td>基本满意</td><td>服务态度意见</td><td colspan="2">基本满意</td></tr>
<tr><td>办理意见明细</td><td></td><td>备　　注</td><td colspan="2"></td></tr>
</table>

杭州市余杭区环境保护局
现场检查（勘验）笔录

检查（勘察）时间：2016年7月12日10时02分至18时20分

检查（勘察）地点：余杭区××镇××村生态公墓南道路旁

被检查（勘察）人名称（姓名）：无

法定代表人（负责人）：无

现场负责人姓名：无 年龄：无 身份证号码：无

工作单位：无 职务：无 与本案关系：无

地　　址：/ 电话：/

检查（勘察）人：×××、××× 记录人：×××

其他见证人：×××（××镇××村委工作人员）

检查（勘察）人：我们是杭州市余杭区环境保护局执法人员×××、×××，这是我们的执法证件，执法证号分别是：×××、×××（亮证），请你过目确认。

现场负责人对执法人员出示证件、表明身份的确认记录：确认 ×××。

调查（询问）人：今天依法对你单位进行检查，你依法享有陈述权、申辩权和申请执法人员回避的权利，听清楚了吗？

答：清楚 ×××。

现场情况：我局执法人员对余杭区××镇××村生态公墓南道路边进行检查，发现在公墓道路边有两堆工业废物，数量在 3 t 以上，该工业废物有三种种类，其中一类疑是油漆渣，呈蓝色，用标有“××实业”“尿素”等字样的尼龙编织袋包装，另一类疑是废树脂，也用编织袋包装，还有一类疑是磨床污泥，用 200 L 油桶盛放，这三种工业废物均疑是工业危险废物。我局执法人员对现场情况拍照取证，并对现场工业废物进行采样送分析。

被检查（勘察）人或现场负责人签名： 时间：

见证人签名：××× 时间：2016.7.12

检查（勘察）人签名：×××、××× 时间：2016.7.12

记录人签名：××× 时间：2016.7.12

第 1 页　共 3 页

杭州市余杭区环境保护局
现场检查（勘验）笔录

同时我局联系杭州××环境服务有限公司于当日下午对两处工业废物进行清运，截至当日下午18时左右已全部清理完毕。清理现场，我局执法人员全程对清理现场过程进行摄像记录。另外，在危险废物清理过程中，发现一本印有“上海××有限公司四车间定子流程卡”残缺的记录本。

（以下空白）

被检查（勘察）人或现场负责人签名：　　　时间：

见证人签名：×××　　　时间：2016.7.12

检查（勘察）人签名：×××、×××　　　时间：2016.7.12

记录人签名：×××　　　时间：2016.7.12

第 2 页　共 3 页

杭州市余杭区环境保护局
现场检查（勘验）笔录

现场勘察图

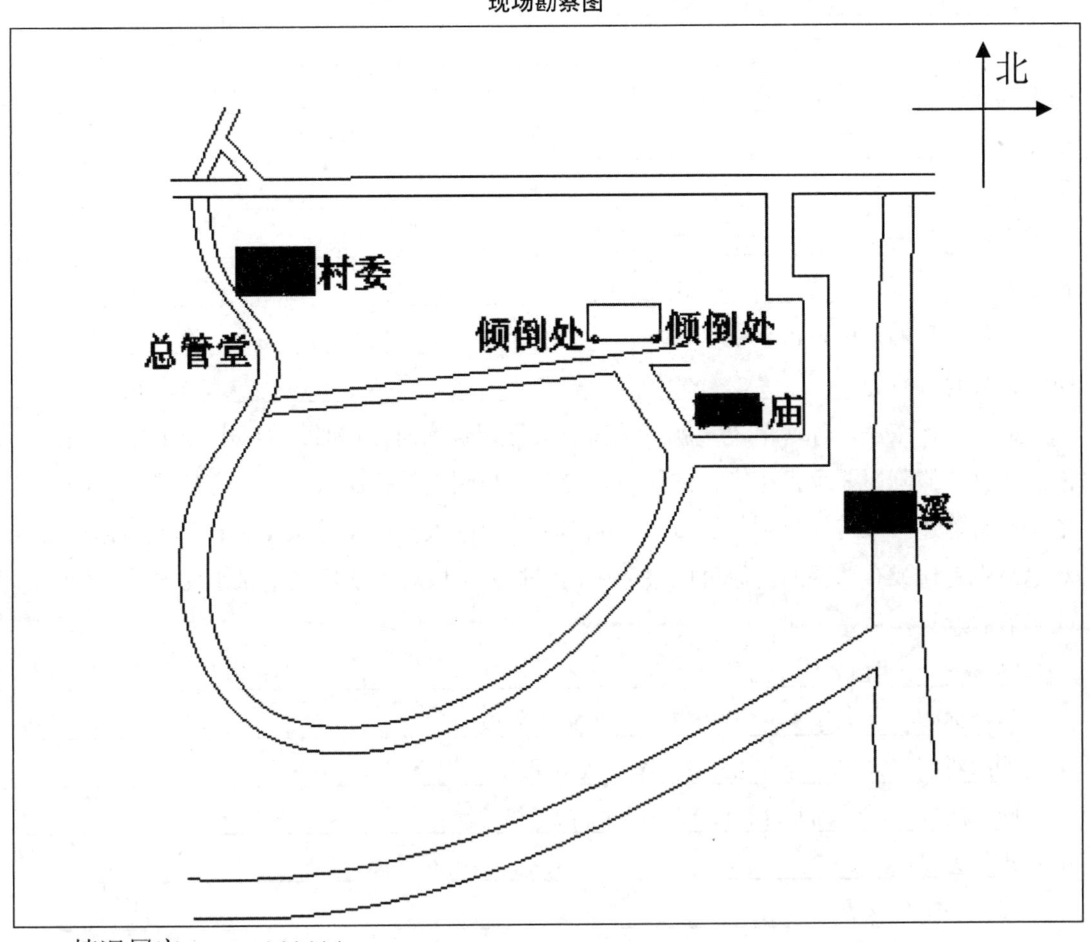

情况属实　　　×××

被检查（勘察）人或现场负责人签名：　　　　时间：

见证人签名：×××　　　　时间：2016.7.12

检查（勘察）人签名：×××、×××　　　　时间：2016.7.12

记录人签名：×××　　　　时间：2016.7.12

第 3 页　共 3 页

杭州市余杭区环境保护局
调查询问笔录

案由：涉嫌违法倾倒危险废物

时间：2016年7月26日17时50分至18时45分

地点：上海市××区环境监察大队会议室

被询问人：王某某　性别：男　年龄：35

工作单位：无　职务：无　电话：×××

住址：×××　身份证号：×××

询问人：×××　执法证号：×××

记录人：×××　执法证号：×××　参加人：/

出示证件：我们是杭州市余杭区环境保护局的执法人员×××、×××，执法证号码分别为×××、×××，请过目。

问：今天依法对你（单位）就有关情况进行调查询问，你必须如实回答我们的提问，故意提供虚假陈述要承担相应的法律责任；对应当回避的执法人员，你有权要求回避；你依法享有陈述和申辩的权利；调查询问完毕后，执法人员应将笔录交你核对或向你宣读，对笔录中有误或有遗漏的，你可以进行更正或补充，核对无误后在笔录上签名并写明看后或听后的意见，你是否明白？

答：明白。

问：你叫什么名字？今年几岁？什么文化程度？

答：我叫×××，今年35岁，初中文化程度，识字。

问：2016年7月11日有没有去过余杭？

答：去过。

问：去干什么？

答：2016年7月11日上午8点左右，我和驾驶员（周某某）驾驶红色平板车沪D×××，拉着废物从上海××镇出发，出发时下雨，开了4～5个小时，中途在服务区吃了

询问人：×××　2016年7月26日　　被询问人：王某某　2016年7月26日

记录人：×××　2016年7月26日

第1页（共3页）

杭州市余杭区环境保护局
调查询问笔录

饭，大概下午2点多到余杭××。到了以后，我联系我侄子高某某过来和我会合，商量倒的地方。商量了一会没有找到倒的地方。后来，就在那喝水的时候，来了一个胖的，还来了一个拉水泥的，后来拉水泥的联系找人倒废物。我们几个人一起到了国道旁的工地门口，等拉水泥的联系的人来拉废物。差不多天黑的样子，下着雨，农用车来了，开始装废物，一共装了2次，去倒了2次。倒在哪里我也不清楚。我们只负责搬货。倒到哪里看场地的和倒废物的司机知道。倒好后，我拿出2 000元给高某某，其中600元给了农用车司机，500元给了看场地的，拉水泥的200元不知道拿没拿，给高某某带来的小伙子和来的胖子各300元。

问：你运的废物哪里来的？

答：从刚刚我们去的那个厂，在××路的，厂名我说不上来，我带你们去的那个厂。

问：你怎么会去运这个厂的废物，又是怎么会倒到余杭去的？详细说明。

答：2016年7月10日傍晚，我在等生意，有个约40岁的胡子男子来找我，叫我去他们厂里拉垃圾，装垃圾的铁桶让我卖掉，其他里面的东西就处理掉。我就跟着这个胡子男子的车去了这个厂。后来没跟上，他就打给我，告诉我怎么去，我按照他的指示到了这个厂里（就是我今天带你们去的那个厂）。到了厂里后，我把车倒进厂区里（进大门右门边围墙那里），厂里的工人就用铲车装废物，铲车装了大约一个来小时就把废物装满了，废物与车头挡板平高。装好后，厂里那个胡子男子在装废物的地方给了我3 500元。我就和司机将车开到了自己家附近（××区××路和××路附近）。当时由于下雨，车上废物用雨布盖着，车子停了一个晚上后，第二天早上就出发了，10日晚我想到高某某在余杭，这批废物又要倒掉，10日晚上我打给高某某，问他余杭那里有没有地方可以倒？他说他想办法，于是我第二天（11日早上）出发去余杭。

问：红色平板车是否是你的车子？

答：不是我的车子，是我同乡周某某的，电话×××。

询问人：×××　2016年7月26日　　被询问人：王某某　2016年7月26日

记录人：×××　2016年7月26日

第 2 页（共 3 页）

问：总共运了多少废物？倒了多少？

答：具体多少数量说不上来，反正平板车装满了；倒了多少我也不清楚，全部倒完的，都由一辆农用车拉走的。

问：你是否知道拉的是什么废物？

答：我知道是涂料、铁桶、塑料。

问：据你所知这些东西能否倒的？

答：倒垃圾是违法的，所以不敢倒。

问：你所陈述的胡子男子有无联系方式？

答：具体哪个我忘了，7 月 10 日联系过的，手机上有。

问：倒到余杭去是谁的主意？

答：我的主意。

问：废物产生的厂是让你怎么处理废物的？

答：让我拉走，铁桶让我卖掉，里面的废物处理掉。

问：为什么不用你自己的货车拉废物？

答：我的拉不了，所以找了我老乡周某某，事后我给了他 1 300 元。

问：以上笔录请仔细核对，有无异议或补充？

答：没有。

以上笔记我已看过，情况属实，与我说的相符。×××

以下空白。

询问人：×××　2016 年 7 月 26 日　　被询问人：王某某　2016 年 7 月 26 日

记录人：×××　2016 年 7 月 26 日

第 3 页（共 3 页）

杭州市余杭区环境保护局
调查询问笔录

案由：涉嫌违法倾倒危险废物

时间：2016 年 7 月 29 日 16 时 30 分 至 18 时 00 分

地点：杭州市余杭区环境保护局×××会议室

被询问人：虎某某 性别：男 年龄：30

工作单位：上海××电机有限公司 职务：××× 电话：×××

住址：××× 身份证号：×××

询问人：××× 执法证号：×××

记录人：××× 执法证号：××× 参加人：×××

出示证件：我们是杭州市余杭区环境保护局的执法人员×××、×××，执法证号码分别为×××、×××，请过目。

问：今天依法对你（单位）就有关情况进行调查询问，你必须如实回答我们的提问，故意提供虚假陈述要承担相应的法律责任；对应当回避的执法人员，你有权要求回避；你依法享有陈述和申辩的权利；调查询问完毕后，执法人员应将笔录交你核对或向你宣读，对笔录中有误或有遗漏的，你可以进行更正或补充，核对无误后在笔录上签名并写明看后或听后的意见，你是否明白？

答： 明白。

问：你叫什么名字？今年几岁？政治面貌？文化程度？工作职责？

答：我叫虎某某，今年 30 岁，政治面貌是群众，大学本科文化程度。我是公司××科科长，平时管理公司的危险废物。

问：今天你到我局来为了什么事？

答：为了处理倾倒至余杭区××镇危险废物的相关事项。

问：你是以什么身份来接受调查和反应事项的？

答：我是受公司委托来接受调查、反映危废倾倒事项的。

询问人：××× 2016 年 7 月 29 日 被询问人：虎某某 2016 年 7 月 29 日

记录人：××× 2016 年 7 月 29 日

第 1 页（共 4 页）

杭州市余杭区环境保护局
调查询问笔录

问：请你详细说明？

答：2016年7月11日早上7点半—8点左右，我来到公司办公室，打算处理拆违后产生的废物，这些废物主要是放在原先大棚下面的危险废物，有用编织袋装的和用铁桶装的油漆、黑色的泥。原先在7月8日左右，我在网上找到一家处理公司，计划让这个公司处理这批废物，所以，7月11日联系这家公司（上海××环保设备有限公司）的杨某某，找他来处理这批废物。早上我到公司后不久，他就过来我办公室和我签了废油漆渣等这批废物的处置协议，以每吨3 600元签订处置协议。因为我公司这批废物在后来的称重时大约有10 t，所以按合同定了3 600元/t。签订合同以后，杨某某就安排货车来装，是一辆平板车，这辆车倒进我公司仓库，然后，我驾驶铲车开始对危废仓库门口及周边的危废进行装车，大概装了一个多小时，车就装满了。我就和杨某某一起回到办公室结账，我给了他36 000元人民币。然后他就走了。7月12日上午10点左右，他拿了36 000元的发票给我。这个是发票复印件，请过目。车子在结完账后就从我厂里开走了，去哪里我也不清楚。

问：你联系的上海××环保设备有限公司是什么公司，有无处置危险废物资格？

答：他给了我3份执照，我也没有留心看，不知道有没有资格。

问：经你提供的资质执照，未发现该公司有危险废物处置的资质？为何？

答：好像是没有资质，我没有尽责去看好。

问：你有无跟上海××环保设备有限公司签订协议？

答：签了，签了油漆渣等危废处置协议，2016年7月11日签订的。

问：该公司转移你公司的危险废物后，有无给你转移联单？

答：没有，也没有告诉我怎么处理废物的。

问：以前你公司的危险废物是如何处置的？

答：是备案的，在环保局网上审批后转移，是和××环保签订协议。

问：为什么这次危险废物不交给××处理，不走审批？

询问人：×××　2016年7月29日　　被询问人：虎某某　2016年7月29日

记录人：×××　2016年7月29日

第2页（共4页）

答：××不来拉，觉得我们的危废量太少，所以我就找了上海××环保设备有限公司，没想到他没有危废处理资质。

问：你公司的危险废物有哪些？年产量多少？

答：危废主要是漆渣、含油污泥、绝缘漆产生的漆块。年产量 2 t 左右。

问：为何这次危废有 10 t 的量？

答：可能是留下来的，都在大棚里（现已拆除）。

问：请看，这是余杭××镇××村公墓旁倾倒的危险废物，这些废物是不是你公司的废物？

答：是的，是那天拉走的废物，就是平板车拉走的。

问：你所述的杨某某有无联系方式？

答：有的，×××。

问：杨某某来你公司拉废物是什么时候？你有无从这次危废转移中获利？

答：7 月 11 日上午，我没有获利，我是付钱给他们。

问：拉废物的车牌是多少？

答：不知道。

问：你公司有无监控？是否可以查阅？

答：有的，但是查不了，大概今年 3 月份左右坏了，一直没有修，因为拆违章弄坏了。

问：你认为你公司的行为有无过错？你自身有无过错？

答：我是负责公司危废管理的，没有尽责的做好危废管理工作，导致危废非法倾倒。

问：你认为尽责做到危废处置应该如何？

答：首先应该看处置单位有没有资质，合同、协议没有好好去核对。

问：你公司 2016 年危险废物有无发生过转移？交给有资质单位处理？

答：2016 年没有转移，2015 年有转移过，都是环保局审批过。

问：那为何 2016 年就不知道去合法转移、审批？上海危废转移不须审批吗？

答：以前不是我操作危废，是我公司×××负责，2016 年由我接手。出了事后，我才知道危废转移要审批，要交给有资质单位处理。

询问人：×××　2016 年 7 月 29 日　　被询问人：虎某某　2016 年 7 月 29 日

记录人：×××　2016 年 7 月 29 日

第 3 页（共 4 页）

问：杨某某有无特征？年龄？面貌？

答：杨某某，男子，大概40来岁，短发，没有胡子。

问：平板车上的人员你有无印象？是不是给你看的照片的人？

答：我只记得那个搬货的，瘦瘦的，好像是的。

问：以上笔录请仔细核对，有无异议或补充？

答：无异议。　以上笔录我个人看过，与我所说的相符。×××

以下空白。

询问人：×××　2016年7月29日　　被询问人：虎某某　2016年7月29日

记录人：×××　2016年7月29日

第4页（共4页）

杭州市余杭区环境保护局
调查询问笔录

案由：涉嫌违法倾倒危险废物

时间：2016 年 7 月 19 日 18 时 20 分 至 20 时 30 分

地点：余杭公安分局××派出所询问室

被询问人：郑某某 性别：男 年龄：37

工作单位：无 职务：无 电话：××××××

住址：××× 身份证号：××××××

询问人：××× 执法证号：××××××

记录人：××× 执法证号：××××××

参加人：/

出示证件：我们是杭州市余杭区环境保护局的执法人员 ×××、×××，执法证号码分别为××××××、××××××，请过目。

问：今天依法对你（单位）就有关情况进行调查询问，你必须如实回答我们的提问，故意提供虚假陈述要承担相应的法律责任；对应当回避的执法人员，你有权要求回避；你依法享有陈述和申辩的权利；调查询问完毕后，执法人员应将笔录交你核对或向你宣读，对笔录中有误或有遗漏的，你可以进行更正或补充，核对无误后在笔录上签名并写明看后或听后的意见，你是否明白？

答：明白。

问：你叫什么名字？年龄多少？现居住在哪里？

答：我叫郑某某，今年 37 周岁，现居住在×××。

问：你主要从事什么工作？

答：主要是做运输的。

问：你运输时使用何种交通工具，车牌多少？什么颜色，特征？

答：拖拉机，车牌××××，蓝色车子，车头贴有红色反光带，可自卸。

询问人：××× 2016 年 7 月 19 日 被询问人：郑某某 2016 年 7 月 19 日

记录人：××× 2016 年 7 月 19 日

第 1 页（共 5 页）

杭州市余杭区环境保护局
调查询问笔录

问：2016 年 7 月 11 日晚 19：08 左右，你是否驾驶该车辆前往××镇××村公墓区块。

答：是的，去过的。

问：当时去干吗的。

答：我接到我大哥电话，告诉我有批货要拉，是王某某的货，叫我帮忙装下去倒掉，且告诉我有人会带我去倒的。我就去拉货了。

问：你大哥叫什么名字？与你是什么关系？电话多少？

答：是我嫂子的亲哥哥，叫姚某某，40 多岁。电话是×××。

问：请你介绍下 2016 年 7 月 11 日晚拉货、倒货的过程？

答：当天下午 4—5 点，我接到我大哥姚某某的电话，叫我去拉点货，这个货在××，我问他为什么不拉？他说他车上有水泥拉不了。我问他什么货？他说是垃圾，我问他是没有地方倒？他说有人装，有人带我倒。然后我就于 5 点多去××，到××路上开始下雨，我就打电话问大哥姚某某还装货吗？他说下雨也装，人都在等着了。然后我就去了，6—7 点的时候，我到了 104 国道（从彭公往××方向）边的在建工地旁，有一辆红色平板车停在那里，当时大哥姚某某在那里，红色平板车上装有铁桶、蛇皮袋一类的东西，里面都是垃圾，有蓝色的、黑色的，6～7 个铁桶。装的和平板车挡板齐高。我将车调头后，4～5 人开始从红色平板车卸铁桶和蛇皮袋，其中我只认识王某某。装好第一车后，我在一个人的带领指路下，从××国道××村委前的涵洞进入，沿村道到达公墓位置后，往公墓边的小路倒车进去倒了，然后我又在这个人的指挥下走村道到达××国道，这次走的路与之前开的路不同，公墓向南村道左拐，再左拐后到达××国道红色。

询问人：×××　2016 年 7 月 19 日　　　被询问人：郑某某　2016 年 7 月 19 日

记录人：×××　2016 年 7 月 19 日

第 2 页（共 5 页）

杭州市余杭区环境保护局
调查询问笔录

平板车处，开始装第二次，这次平板车上的货已经清完。我在这个人的指路下沿第一次倒好后的路原路开到公墓，在墓地公路边倒了后，我就将这个指路的人放到平板车停的地方，也就是××国道边在建工地旁。第一次倒好后，当我开到原来平板车停靠的地方时，平板车不在了，等开了 1 km 左右（往××方向）发现平板车停在那，我就开始装第二次要倒的垃圾，两次装货地点不同了。第二次也是开始的 4～5 人在装。

问：你所诉的带路这个人是谁？是在哪里放下的他？

答：这个人是谁我不清楚，据他说是××省人，其他我也不认识。我第二次倒好后就将他放在了第一次装货的地方。

问：请你说下倾倒、装货的时间？这是照片，你核对下时间及车辆。

答：第一次装货大概一个小时，照片中的车辆是我的车，是我开的，时间也是对的。第一次倒车进入公墓边小路的时候不好倒，倒垃圾花费了很长时间；第二次去倒垃圾的时候就路边倒了下，很快就结束了。两次都是自卸的。

问：高清探头拍摄的图片中车辆中的人是不是你，另一个是谁？有没有参与倾倒？

答：开车的是我，另一个人是我装水泥的工人，他没有参与倾倒垃圾。我到达红色平板车后工人就下车了，后来给我带路的人就上车了。

问：你是怎么知道将垃圾倒在××村公墓旁的？

答：都是给我指路那个人告诉我的。

问：你知道你倒的是什么东西吗？

答：我不知道是什么，只知道有垃圾，有蓝色、黑色的粉末，黄色的胶块。

问：上述垃圾大概多少重量？

答：估计每车 3 t 左右，两车估计 6 t 左右。

问：你倒垃圾有没有怀疑过？

答：我问带路的人倒哪里，他说倒到我们矿上。

询问人：×××　2016 年 7 月 19 日　　被询问人：郑某某　2016 年 7 月 19 日

记录人：×××　2016 年 7 月 19 日

第 3 页（共 5 页）

杭州市余杭区环境保护局
调查询问笔录

问：倒了两次后，你有无获利？获利多少？

答：一共给了我600元钱。

问：600元钱是谁给你的？当时有无开收据或者发票？

答：600元是王某某给我的，当时他也是从别人手里拿给我的。

问：你说别人是谁？

答：我不认识，一起搬货的。

问：2016年7月11日晚，你所倾倒垃圾的车，车牌是否为×××？

答：是的。

问：当晚这辆车一共倾倒了多少垃圾？能否准确提供？

答：6 t吧。我也说不上来。反正两车。

问：你驾驶×××的拖拉机从××往××方向到红色平板车停靠点的时候，车上还有没有其他人？

答：有我的工人，赵某（音译）。

问：你们到达平板车的时候，赵某（音译）做了什么？

答：他下了我的车，然后在路边站着。

问：当你到达平板车时，有多少人在平板车旁？

答：有7人。其中有王某某。

问：平板车车旁除了你的车外，其他有无车辆？

答：有两辆轿车，一辆红色、一辆白色，车牌不清楚。装卸除了我这辆车外就没有了。

问：你所说的7人里，有哪些人你认识？

答：王某某和我大哥（姚某某）。

询问人：×××　2016年7月19日　　被询问人：郑某某　2016年7月19日

记录人：×××　2016年7月19日

第　4　页（共　5　页）

杭州市余杭区环境保护局
调查询问笔录

问：你到达后哪些人参与搬货？

答：王某某及其他4个人，我大哥（姚某某）回家了，我工人站在旁边。两次都是王某某及其他4人装货到我车上，指路的人没有参与搬货，只是给我指路。

问：你所倾倒的垃圾是危险废物，你知道吗？

答：我不知道。

问：以上笔录请仔细核对，有无异议或补充？

答：没有。

（以下为空白）

询问人：×××　2016年7月19日　　被询问人：郑某某　2016年7月19日

记录人：×××　2016年7月19日

第 5 页（共 5 页）

杭州市余杭区环境保护局
调查询问笔录

案由：涉嫌违法倾倒危险废物

时间：2016 年 7 月 19 日 21 时 55 分至 23 时 55 分

地点：杭州市公安局余杭分局××派出所

被询问人：王某某 性别：男 年龄：38 周岁

工作单位：无 职务：无 电话：×××

住址：××× 身份证号：×××

询问人：××× 执法证号：×××

记录人：××× 执法证号：×××

参加人：无

出示证件：我们是杭州市余杭区环境保护局的执法人员 ×××、×××，执法证号码分别为 ×××、×××，请过目。

问：今天依法对你（单位）就有关情况进行调查询问，你必须如实回答我们的提问，故意提供虚假陈述要承担相应的法律责任；对应当回避的执法人员，你有权要求回避；你依法享有陈述和申辩的权利；调查询问完毕后，执法人员应将笔录交你核对或向你宣读，对笔录中有误或有遗漏的，你可以进行更正或补充，核对无误后在笔录上签名并写明看后或听后的意见，你是否明白？

答：明白。

问：请你介绍一下你的姓名、年龄、政治面貌等基本情况。

答：我叫王某某，今年 38 周岁，政治面貌是群众。

问：你认识郑某某吗？你和他是什么关系？

答：认识，是通过他哥郑某某（音译）认识的，和郑某某既是老乡，又是朋友。

问：知道今天叫你来询问室是什么事情吗？

答：刚到派出所不知道，在你们询问了一些事情后，知道是关于前几天倒垃圾的事。

询问人：××× 2016 年 7 月 19 日　　被询问人：王某某 2016 年 7 月 19 日

记录人：××× 2016 年 7 月 19 日

第 1 页（共 4 页）

杭州市余杭区环境保护局
调查询问笔录

问：那你既然知道什么事了，那你如实说一下倒垃圾的具体情况，到底是怎么回事？

答：倒垃圾那天下午3点多，我去还电瓶车后，路上碰到小柳，然后和小柳、小高还有另外两个人一起喝茶，喝完茶后我准备回家，已经从小柳那边出来了，当时出来的时候，小柳送我出来的，一起走了没多久，小柳问我有没有地方可以倒垃圾，我说我打个电话问一下，看能不能倒垃圾，先打电话给郑某某的哥哥郑某某，他说他打麻将没空，然后我打电话给老姚，平时我叫老姚叫大哥的，老姚说他不高兴拉垃圾，但是拉了一车水泥经过我和小柳这里，他说打个电话联系下看能不能在哪里倒垃圾，联系好哪里倒垃圾后，让我们过去自己倒就行了，然后小柳说不知道倒的地方在哪里，然后姚老大带着我们去倒的地方了。

问：你们怎么去倒垃圾的地方的？一共去了几个人？分别是谁？

答：一共去了6个人，开两辆车从老余杭去××倒的。一辆是小高的黑色轿车，还有一辆红色平板货车，两辆车一起去了××。黑色轿车上坐的是我、小柳和小高，红色平板车上坐的是两个平板货车司机，还有老姚。这个时候我才知道之前和我们喝茶的另外两个人就是红色平板货车的司机。

问：你知道红色平板货车上装的是什么东西吗？

答：不知道具体是什么东西，只知道是垃圾。

问：平板货车上大概有什么垃圾？

答：这个具体多少不知道，就是在倒垃圾的时候闲聊时听平板货车司机小柳、小高他们说有7～8 t。

问：你们到××后，将垃圾倒在什么地方了？

答：倒什么地方不知道，到了××以后，开到××国道上往西开过一座大桥，然后停在××国道右侧的一个工地上，本来想倒在这个工地上的，但是工地不让倒。老姚之前联系的那个人也在工地现场，工地不让倒后，老姚联系的那个人又找了另外一个地方去倒。

询问人：×××　2016年7月19日　　　　被询问人：王某某　2016年7月19日

记录人：×××　2016年7月19日

杭州市余杭区环境保护局
调查询问笔录

问：那你们去倒了吗？

答：没有。因为去倒的那个地方大车进不去，然后老姚打电话给郑某某帮忙来用郑某某的车去倒垃圾，后来郑某某来了，姚老大让小高开轿车送回去了，然后小高再回来。姚老大走之后，郑某某来了，将平板货车上的垃圾驳到郑某某的双排轮的拖拉机，然后郑某某跟老姚联系的那个带路的人去倒垃圾了。

问：你们将平板货车上的垃圾驳倒郑某某的拖拉机上，一共是几个人在驳垃圾的？

答：我，小高，小柳，还有两个司机。

问：你在驳垃圾的时候，有没有看这些垃圾是什么垃圾？这些垃圾是用什么包装的？

答：看了，不知道。只是看到了 7～8 桶，用一般的油桶装的。另外看到的垃圾是用蛇皮袋装好的，里面装的一少部分像是透明的塑料，其他用蛇皮袋装的什么东西没看。

问：你们驳垃圾到郑某某的拖拉机上驳了几次？

答：一共两次，两次后全部都驳完了。

问：你知不知道郑某某把拖拉机倒哪里去了？

答：不知道。

问：你知道不知道这些垃圾是哪里来的？

答：知道，从老余杭出发到××之前，喝茶聊天的时候，听一起喝茶的 4 个人说的，是从上海过来的，这 4 个人是小柳、小高，另外两个红色平板货车司机。

问：那你有没有看清楚装垃圾的红色平板货车的车牌？

答：没注意，但是只看到了车牌上有个“沪”字。

问：你们倒完了垃圾后到哪去了？

答：倒完垃圾后，先是小高给了我 600 元钱让我给郑某某，然后小高又给了我 400 元钱让我给带路倒垃圾的人。然后郑某某回家了，我们几个一起回老余杭吃晚饭了。

询问人：×××　2016 年 7 月 19 日　　被询问人：王某某　2016 年 7 月 19 日

记录人：×××　2016 年 7 月 19 日

第 3 页（共 4 页）

杭州市余杭区环境保护局
调查询问笔录

问：那你有没有拿到报酬？老姚有没有拿到报酬？你们分别拿到了多少？

答：我拿了 300 元钱，姚老大拿了 8 包软包利群香烟。

问：带路倒垃圾的人你认识吗？

答：不认识，听他说话的口音好像是本地人。

问：你们从老余杭哪里出发到××？是走哪条路的？

答：是从××大道永乐村委北面 500～600 m 1 个公交车总站的地方出发，是走××大道，然后再到××大道再开到××国道上的。

问：小高、小柳的电话多少你知道吗？还有老姚的电话你知道吗？

答：小高电话是×××，小柳电话是×××，老姚电话是×××。

问：以上笔录经与核对，你有无异议？

答：对，经过就是这样的。

（以下空白）

询问人：×××　2016 年 7 月 19 日　　　　被询问人：王某某　2016 年 7 月 19 日

记录人：×××　2016 年 7 月 19 日

第 4 页（共 4 页）

杭州市余杭区环境保护局
调查询问笔录

案由：涉嫌违法倾倒危险废物

时间：2016 年 7 月 19 日 22 时 40 分至 23 时 59 分

地点：余杭公安分局××派出所

被询问人：高某某 性别：男 年龄：25 周岁

工作单位：无 职务：无 电话：×××

住址：××× 身份证号：×××

询问人：××× 执法证号：×××

记录人：××× 执法证号：××× 参加人：×××

出示证件：我们是杭州市余杭区环境保护局的执法人员 ×××、×××，执法证号码分别为：×××、×××，请过目。

问：今天依法对你（单位）就有关情况进行调查询问，你必须如实回答我们的提问，故意提供虚假陈述要承担相应的法律责任；对应当回避的执法人员，你有权要求回避；你依法享有陈述和申辩的权利；调查询问完毕后，执法人员应将笔录交你核对或向你宣读，对笔录中有误或有遗漏的，你可以进行更正或补充，核对无误后在笔录上签名并写明看后或听后的意见，你是否明白？

答：明白。

问：你叫什么名字？年龄？现居住在哪里？

答：我叫高某某，今年 25 周岁，现居住在×××。

问：2016 年 7 月 11 日晚，你在做什么？有无去过××镇××村？

答：没干什么。没去哪里。

问：郑某某认识么？7 月 11 日倒废物情况清楚吗？

答：哦，这个事情，我想起来了。

问：那你详细说明？

询问人：××× 2016 年 7 月 19 日 被询问人：高某某 2016 年 7 月 19 日

记录人：××× 2016 年 7 月 19 日

第 1 页（共 3 页）

杭州市余杭区环境保护局
调查询问笔录

答：2016 年 7 月 11 日前约三天，我的老乡王某打电话给我说上海有一个厂里有用剩的废料要找地方倒。看看能不能倒？7 月 11 日中午饭后大概下午 1 点左右，王某和司机开着装满废物的平板车到了仓前东西大道，王某打给我说到了，我和老乡小柳就过去和他会合了。后来正巧老乡王某也在那里，我们 4 个人（我、小柳、王某、司机）商量去哪里倒掉。这时一个拉水泥的老乡正巧也过来，我们就问哪里可以倒废物，王某就问了这个拉水泥的哪里可倒？这个拉水泥的就联系了倒的车辆和倒的地方。商量好后，大概下午 5 点，我们 6 个人（王某、司机、拉水泥坐在平板车里，我、小柳、王某坐在我的黑色轿车里）一起从东西大道开到××国道，到达××国道边的时候大概下午 6 点。到了大概半小时后，倒的车来了。车子来了后，我们 5 个人（我、小柳、王某某、司机、王某某）开始卸废物，一共卸了两次，两次卸完后车子里就空了。那个倒的车子和带路的人分两次将废物运走去倒。这走的车子和带路的人都是拉水泥的联系和安排的。倒到哪里我不清楚，都是拉水泥那个人安排的。

问：拉水泥的人叫什么？

答：我不认识，王某某认识的。

问：王某某你是怎么认识，他是怎么形容这批废物的？他是做什么？

答：是亲戚，他也是搞货运的，他说上海有个厂里的废油漆渣等废物要倒，一共 3 500 元，路费 1 800 元，剩下 1 700 元，我们大家分掉。

问：小柳是谁，做什么？

答：小柳是我老乡，叫柳某某，做货运的。

问：此次倾倒废物，你们获利没？怎么分利的？

答：倾倒后上海来的司机 1 800 元，我赚了 500 元，小柳 300 元，王某某 300 元和 8 包香烟（共计 400～500 元），倒废料的 600 元，带路的 200 元，拉水泥的给了两包香烟。

询问人：×××　2016 年 7 月 19 日　　　被询问人：高某某　2016 年 7 月 19 日

记录人：×××　2016 年 7 月 19 日

第 2 页（共 3 页）

杭州市余杭区环境保护局
调查询问笔录

问：前面你陈述费用为 3 500 元，为何分利总计却有 3 700 元？

答：是后来王某某又拿出 200 元买了一条香烟，所以总计 3 700 元。

问：带路去倾倒的人是谁？哪里的？

答：带路人我们也不认识，是拉水泥的人找的。

问：什么时候倒好，倒好后去了哪里？

答：分两次倒，倒好后大概晚上 8 点多。

问：为什么去××倒？

答：是拉水泥的安排的人找的。

问：共计倒了多少吨？

答：两车，6 t 多。

问：平板车车牌是多少？有无特征？

答：车牌是多少没留意，红色的 6.8 m 左右长度的平板车。

问：倾倒的车是什么车，车牌多少？

答：是蓝色农用车，车牌多少不清楚。

问：王某某是哪里人，电话多少？

答：王某某是××人，电话是×××。

问：柳某某是否知道王某某电话？平常有无联系？

答：他不知道，那天是我带小柳（柳某某）去搬废料的，他就帮忙赚点钱。

问：以上笔录请仔细核对，有无异议或补充？

答：没有。

以上笔录我已看过，和我讲的相符。

（以下空白）

询问人：×××　2016 年 7 月 19 日　被询问人：高某某　2016 年 7 月 19 日

记录人：×××　2016 年 7 月 19 日

第 3 页（共 3 页）

杭州市余杭区环境保护局
调查询问笔录

案由：涉嫌违法倾倒危险废物

时间：2016 年 7 月 19 日 23 时 05 分至 7 月 20 日 0 时 30 分

地点：××派出所办公室

被询问人：柳某某 性别：男 年龄：28 岁

工作单位：个人经营 职务：× 电话：×××

住址：××× 身份证号：×××

询问人：××× 执法证号：×××

记录人：××× 执法证号：×××

参加人：×××

出示证件：我们是杭州市余杭区环境保护局的执法人员×××、×××，执法证号码分别为：×××、×××，请过目。

问：今天依法对你（单位）就有关情况进行调查询问，你必须如实回答我们的提问，故意提供虚假陈述要承担相应的法律责任；对应当回避的执法人员，你有权要求回避；你依法享有陈述和申辩的权利；调查询问完毕后，执法人员应将笔录交你核对或向你宣读，对笔录中有误或有遗漏的，你可以进行更正或补充，核对无误后在笔录上签名并写明看后或听后的意见，你是否明白？

答： 明白。

问：你从事的工作？

答：我是货车司机，做一些小生意，给企业跑运输。

问：2016 年 7 月 11 日，你在做什么？

答：我白天在跑运输业务，大概下午 5 点回到××街道××村××组陈家弄××号出租房内，然后和王总、高某某在出租房一起喝茶，聊天。

询问人：××× 2016 年 7 月 20 日 被询问人：柳某某 2016 年 7 月 20 日

记录人：××× 2016 年 7 月 20 日

第 1 页（共 3 页）

杭州市余杭区环境保护局
调查询问笔录

问：你们具体谈什么话题？

答：高某某说上海有一个朋友运输了 5 t 左右的建筑垃圾需要我们处理，然后王总联系他的朋友商量，是电话联系，商量后，我、高某某、王总一起坐高某某的车前往××。

问：王总是谁？你是否知道？

答：是你照片里的这个人，知道他相貌，具体名字不记得，电话我知道，但背不出，电话号码，我手机里存着。

问：请问高某某是谁？和你什么关系？

答：高某某是我老乡，××省人，是我妈的干儿子。

问：你、高某某、王总到××哪里？

答：我们到××的××国道边上，具体位置不清楚。

问：你们到那里后，有些什么人？

答：我、高某某、王总，上海平板货车司机，拖拉机司机，其他人不认识。

问：在××的××国道边上碰面后，你们做了什么？

答：我、王总、平板车货车司机，还有一个人，我们 4 个人卸货装货，拖拉机司机拖货。

问：你知道是什么货物么？

答：不知道。

问：你们装好货物后，干了什么？

答：拖拉机司机装着货物拉走了。

问：货物拉走后，你在干吗？

答：我就等在那里，玩了一会儿手机。还有平板货车司机也在。

询问人：××× 2016 年 7 月 20 日　　被询问人：柳某某 2016 年 7 月 20 日

记录人：××× 2016 年 7 月 20 日

第 2 页（共 3 页）

杭州市余杭区环境保护局
调查询问笔录

问：随后你们干嘛了？

答：大概过了 40 min，我看到平板货车司机开着货车向前走了，拖拉机又回来了，跟着平板货车一起向前行驶。过了大约 15 min，我坐着高某某的车去追赶他们，大约追了 1 km。

问：然后你们又干了什么？

答：我们又从平板货车上卸货，将货物装到拖拉机上。事情办好后，我们一起到余杭镇品记煲吃饭。

问：你是否与拖拉机一起去倾倒？

答：我就是装卸货物。

问：你们装货卸货的是什么东西？你知道吗？装卸了几次？

答：不知道，我只知道是建筑垃圾，共装了两次，卸了两次。

问：你在从事装卸货物中，你是否有何利益？

答：我拿了 300 元人民币。

问：以上笔录有何异议？

答：没有。

（以下空白）。

询问人：×××　2016 年 7 月 20 日　　　被询问人：柳某某　2016 年 7 月 20 日

记录人：×××　2016 年 7 月 20 日

第 3 页（共 3 页）

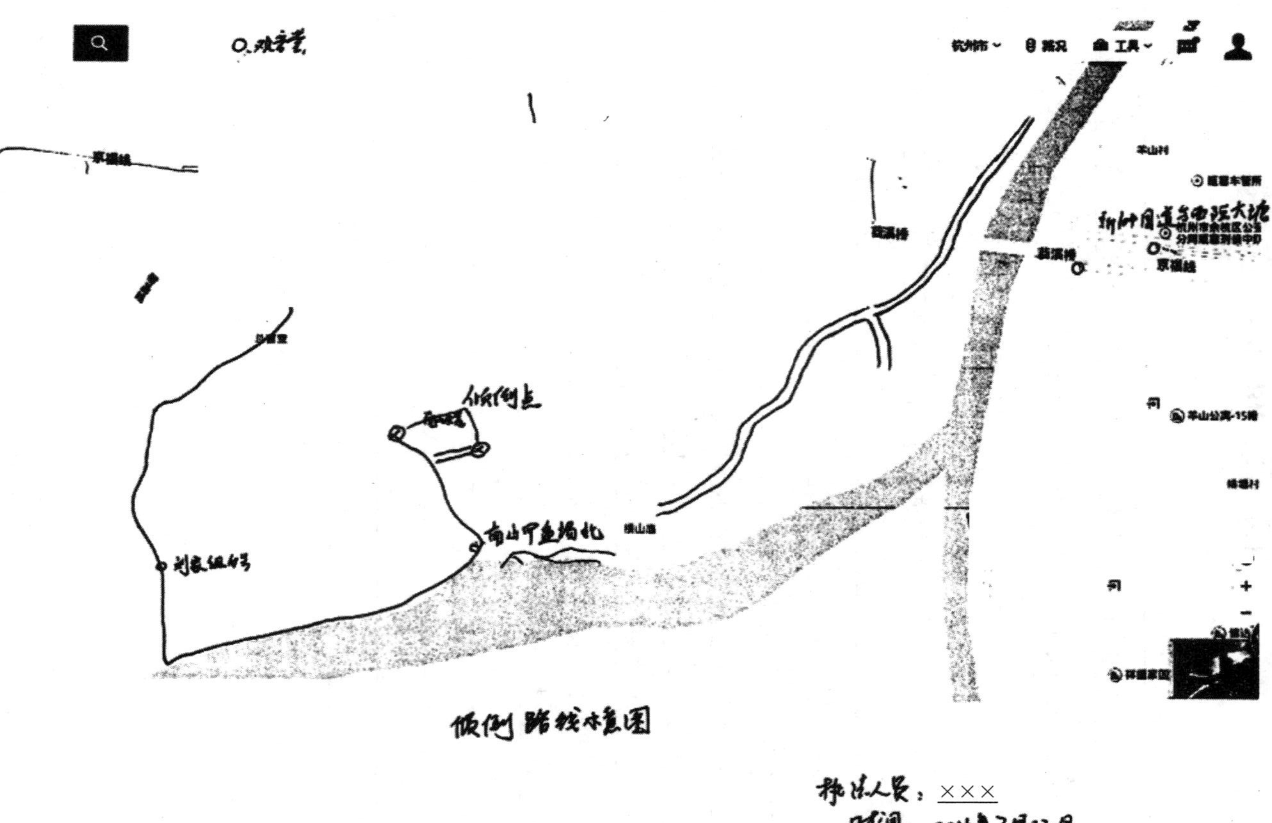

侦侧路线示意图

执法人员：×××

时间：2016年7月12日.

汽 车 磅 称 重 单

<table>
<tr><td>称重时间</td><td>2016/7/12 19：39</td><td>2016/7/12 20：03</td><td colspan="2">称重单号</td><td>×××</td></tr>
<tr><td>车号</td><td>浙×××</td><td>物资名称</td><td colspan="3">其他抢险废物</td></tr>
<tr><td>运输单位</td><td colspan="2">杭州××汽车运输有限公司</td><td colspan="3">重量/kg</td></tr>
<tr><td>发货单位</td><td colspan="2">杭州市环境保护局</td><td>毛重</td><td>皮重</td><td>净重</td></tr>
<tr><td>收货单位</td><td colspan="2">杭州××有限公司</td><td>11 830</td><td>7 260</td><td>4 570</td></tr>
<tr><td>备注</td><td colspan="3">××村应急</td><td>称重员</td><td>×××</td></tr>
</table>

汽 车 磅 称 重 单

<table>
<tr><td>称重时间</td><td>2016/7/12 19：40</td><td>2016/7/12 20：20</td><td colspan="2">称重单号</td><td>×××</td></tr>
<tr><td>车号</td><td>浙×××</td><td>物资名称</td><td colspan="3">其他抢险废物</td></tr>
<tr><td>运输单位</td><td colspan="2">杭州××汽车运输有限公司</td><td colspan="3">重量/kg</td></tr>
<tr><td>发货单位</td><td colspan="2">杭州市环境保护局</td><td>毛重</td><td>皮重</td><td>净重</td></tr>
<tr><td>收货单位</td><td colspan="2">杭州××有限公司</td><td>11 970</td><td>6 890</td><td>5 080</td></tr>
<tr><td>备注</td><td colspan="3">××村应急</td><td>称重员</td><td>×××</td></tr>
</table>

内容：××村废物过磅单

执法人员：×××、×××

2016.7.12

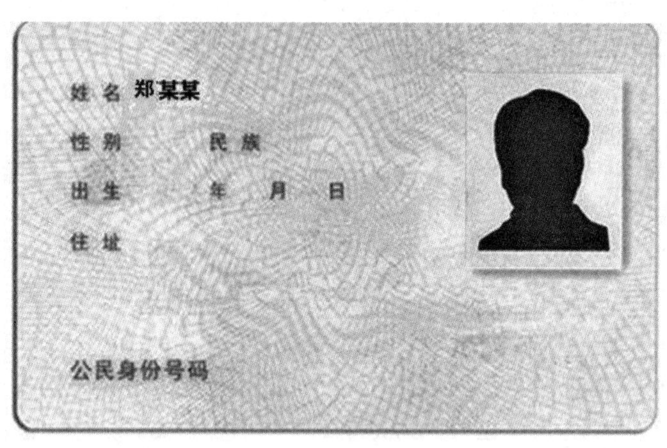

与原件核对无误　2016年7月19日 ×××

执法人员×××、×××

2016.7.19

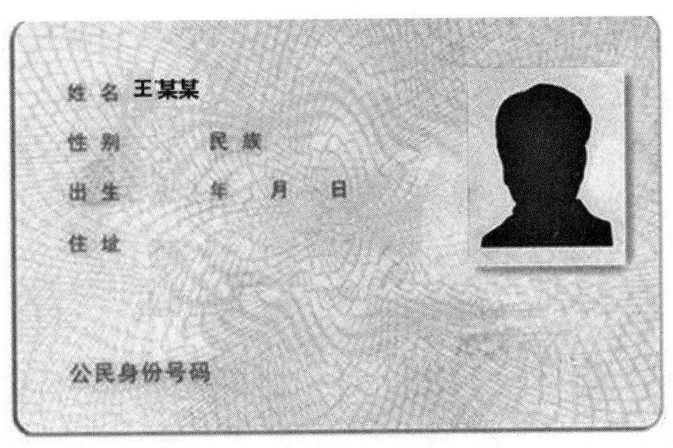

与原件核对无误　2016 年 7 月 19 日 ×××

执法人员×××、×××

2016.7.19

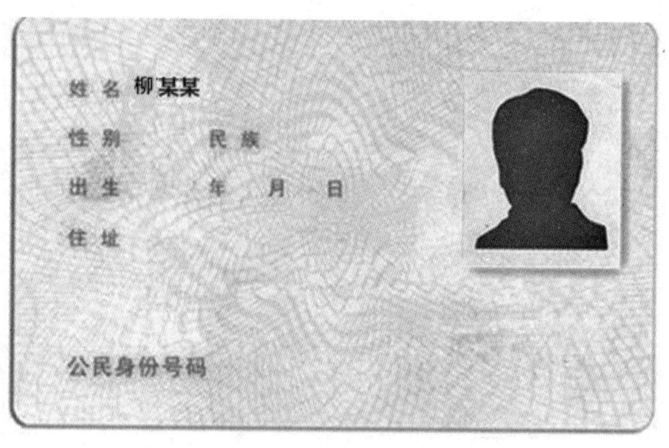

与原件核对无误　2016 年 7 月 20 日 ×××

执法人员×××、×××
2016.7.20

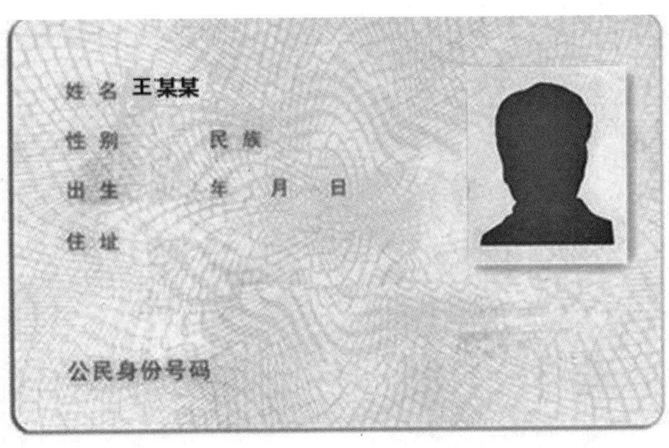

与原件核对无误　2016 年 7 月 26 日 ×××

执法人员×××、×××

2016.7.26

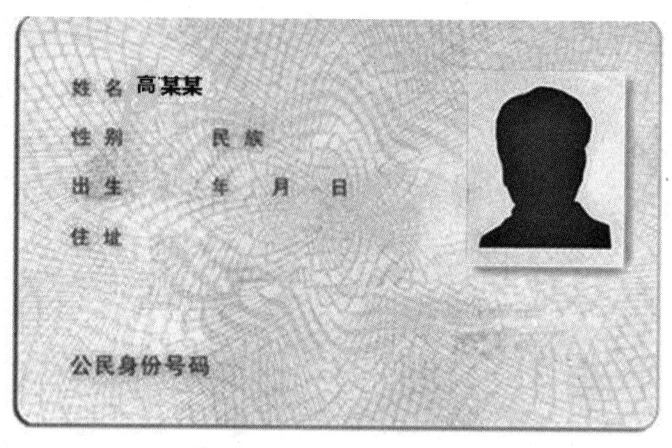

与原件一致

执法人员×××、×××

2016.7.19

备注：该身份证由高某某提供，但其拒绝在身份证上签字按手印

外省籍拖拉机登记表

<table>
<tr><td rowspan="8">拖拉机所有人</td><td>机主</td><td>界首市××运输有限公司</td><td>临时档案编号</td><td>×××</td></tr>
<tr><td>联系电话</td><td></td><td>联系手机</td><td>×××</td></tr>
<tr><td>原籍所在地址</td><td>×××</td><td>邮政编码</td><td></td></tr>
<tr><td>现暂住地址</td><td></td><td></td><td></td></tr>
<tr><td>建档单位</td><td>余杭</td><td>邮政编码</td><td></td></tr>
<tr><td>身份证明名称</td><td>代码证</td><td>号码</td><td>×××</td></tr>
<tr><td>居住/暂住证明名称</td><td></td><td>号码</td><td></td></tr>
<tr><td>现服务单位</td><td></td><td></td><td></td></tr>
<tr><td rowspan="4">拖拉机情况</td><td>号牌号码</td><td>皖×××</td><td>牌证辖发机关</td><td>安徽省阜阳市农机局</td></tr>
<tr><td>拖拉机类型</td><td></td><td>品牌型号</td><td>×××</td></tr>
<tr><td>车身颜色</td><td>蓝</td><td>发动机号码</td><td>×××</td></tr>
<tr><td>机身（底盘）号码</td><td>×××</td><td>挂车架号码</td><td></td></tr>
<tr><td rowspan="2">保险</td><td>承保公司名称</td><td>×××</td><td>第三者责任险保险凭证号</td><td>×××</td></tr>
<tr><td>保险日期始</td><td>2012-02-21</td><td>保险日期止</td><td>2013-02-20</td></tr>
<tr><td colspan="2">安全技术检验</td><td></td><td>临时档案建立时间</td><td>2012-12-31</td></tr>
<tr><td colspan="2">经办人签名</td><td>×××</td><td>临经办日期</td><td>2012-12-31</td></tr>
<tr><td colspan="2">领导审核签名</td><td>×××</td><td>审核日期</td><td>2012-12-31</td></tr>
<tr><td colspan="5">粘贴行驶证复印件</td></tr>
<tr><td colspan="3">粘贴拖拉机整机照片</td><td colspan="2">拖拉机所有人签名</td></tr>
</table>

来源：余杭区农机总站调取

执法人员×××、×××

时间 2016.7.18

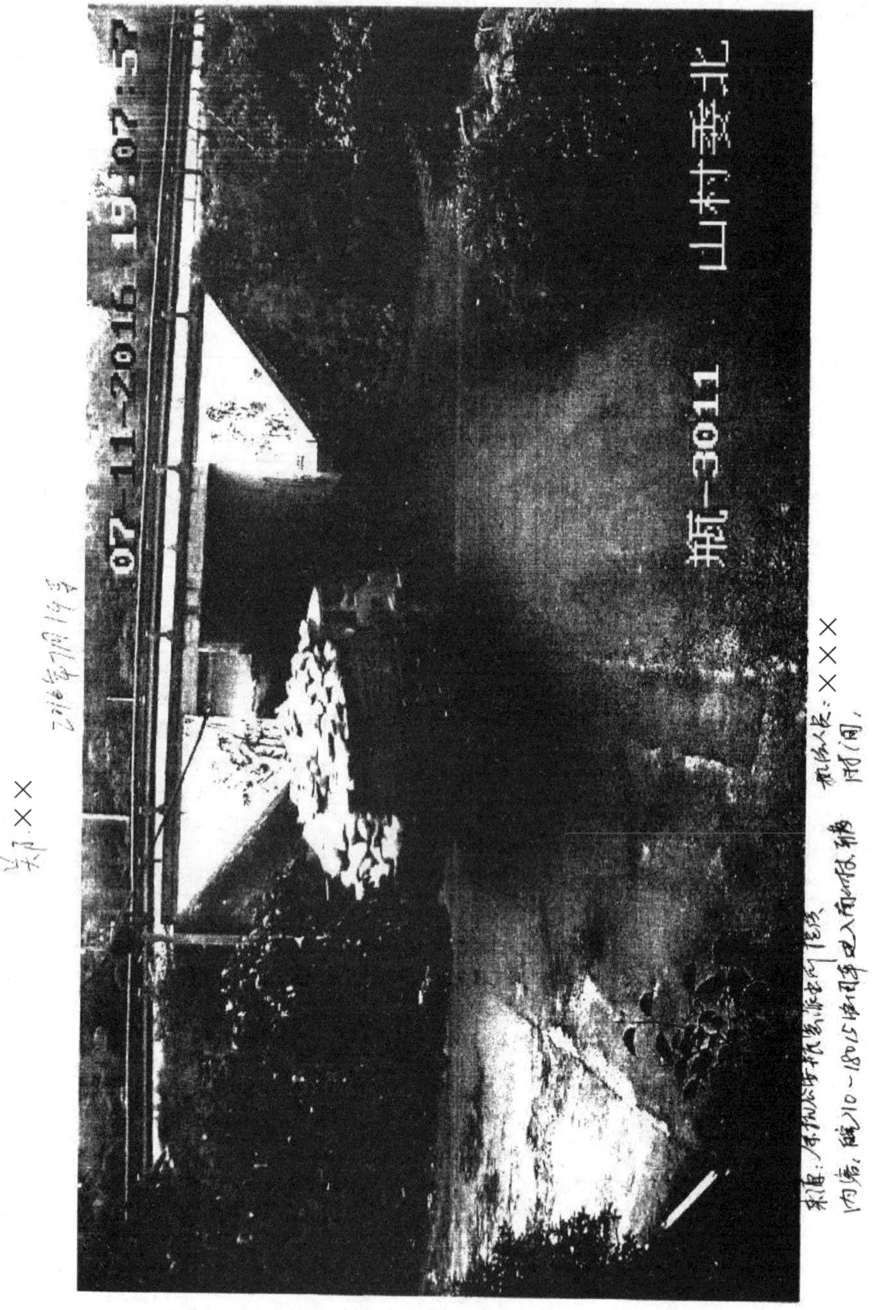
07-11-2016 19:07:57

郑××× 2016年7月14日

来源：余杭公安瓶窑派出所 提供 ××× 提取人员 ×××

内容：皖10-18015号车进入南山村，车辆　　时间：

郑×× 2016年7月14日

来源：余杭公安瓶窑派出所提供　　提取人员：×××

内容：皖10-1845货车途经刘家组10号车辆　　时间：

19:13:05

2016年7月14日 郑××

07-11-2016 19:55:37

-3010 南山甲鱼场北

来源：余杭公安南苑派出所提供

内容：皖10-18015号车辆进入南山甲鱼场北东侧道路，此时车空。

拍摄人员：×××

时间：

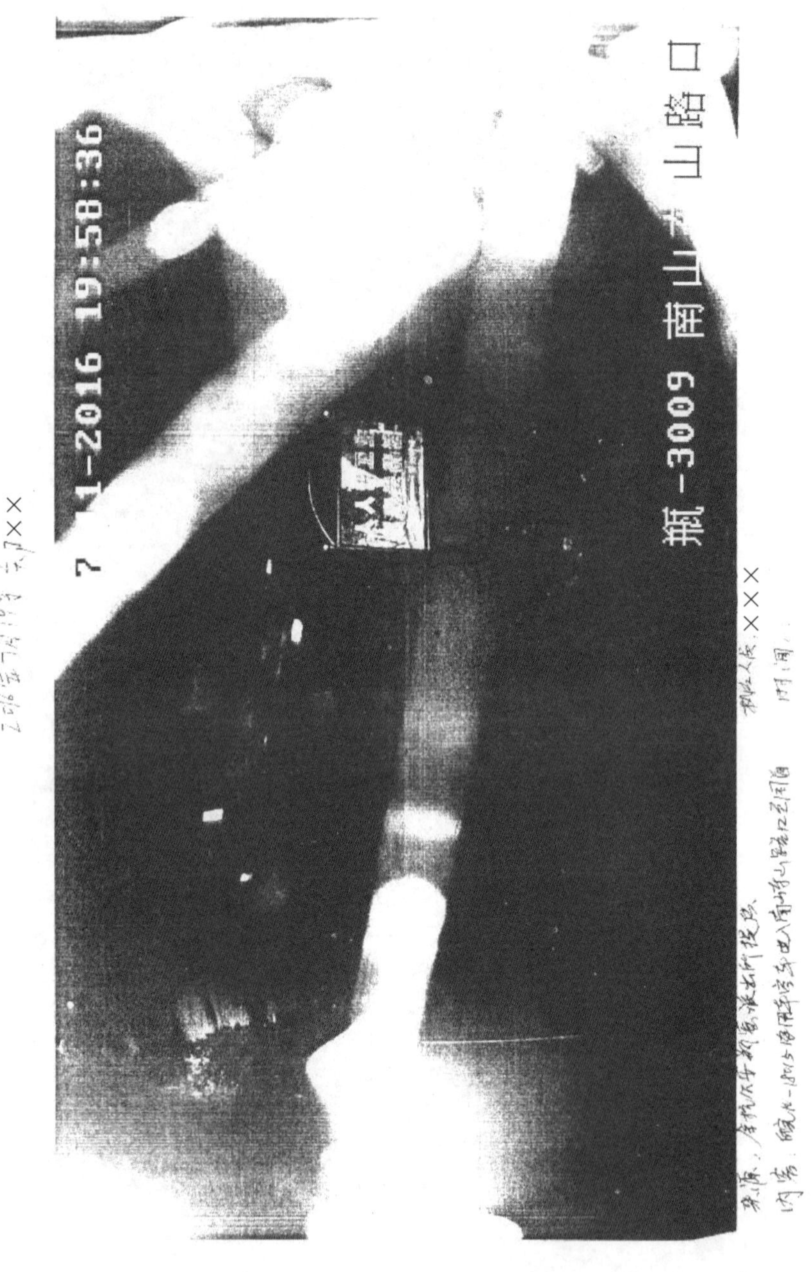

7 1-2016 19:58:36
瓶-3009 南山 山路口

07-11 16 20:29:54

瓶-3009 南山东山路口

来源：余杭公安瓶窑派出所提供　　提取人员：×××

内容：皖10-18015使用车再次装货进入南山东山路口　　时间：

2016年7月19日 郑××

2016年07月11日 20:39:56

瓶-3004 南山村委南侧

来源：余杭公安瓶窑派出所提供　　截取人员：×××

内容：皖10-1805的车辆驶出南山村　　时间：

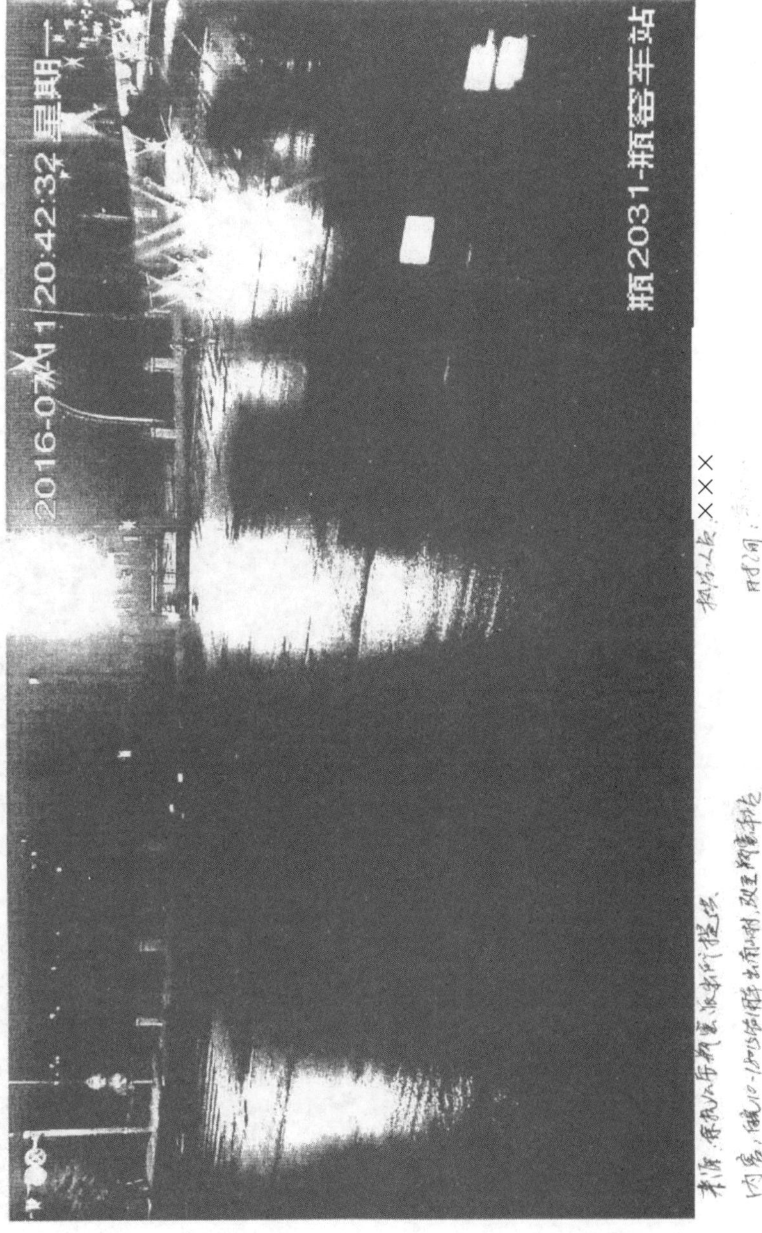
2016-07-11 20:42:32 星期一
瓶2031-瓶窑车站

2016年7月19日 郑××

2016-07-1 20:43:30

瓶-3171 沿山路与瓶窑大道岔路口

来源：余杭公安瓶窑派出所提供

时间：2016.7.19

内容：皖10-8015货车驶至沿山路与瓶窑大道岔路口

拍照人员 ×××

2016-07-11 20:44:00
瓶2834-瓶仓大道与广场路红绿灯南
pyxzzd

2016年7月19日 关[illegible]××

来源：余杭公安瓶窑派出所提供、　　　　执法人员：×××

内容：[illegible]10-8015[illegible]驶至瓶窑大道[illegible]山[illegible]　　　　时间：

吴J××，2016年7月14日

来源：余杭公安[illegible]瓶窑派出所 提供

提取人员：×××

内容：皖10-1805[illegible]车驶至瓶仓大道陆家场路口

时间：

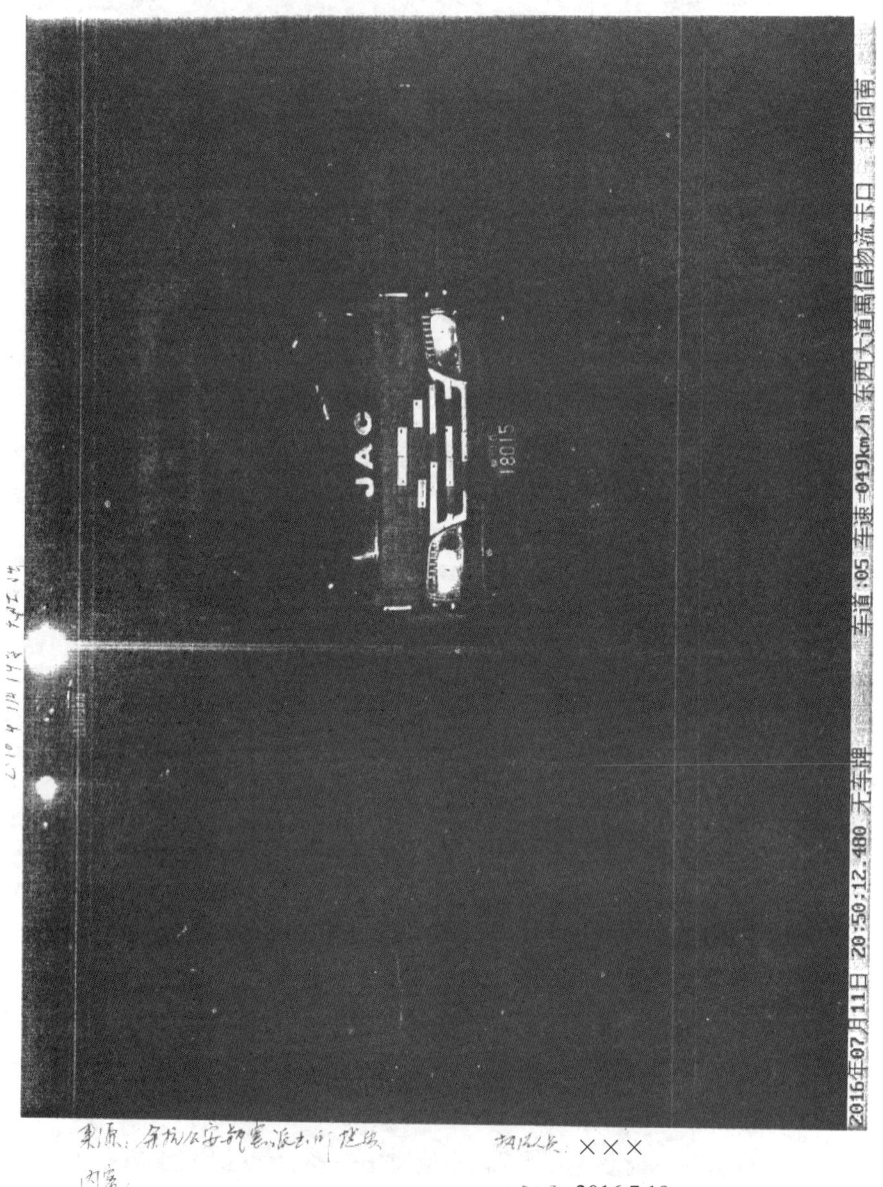

来源：余杭公安部塘派出所提供　　　调取人员：×××

内容：　　　时间 2016.7.19

拍摄内容：余杭区××镇××村公墓西南侧废物倾倒点。拍摄地点：余杭区××镇××村
拍摄人：××　　执法人员：×××、××、××
拍摄时间：2016 年 7 月 12 日

拍摄内容：余杭区××镇××村公墓东南侧废物倾倒点。拍摄地点：余杭区××镇××村
拍摄人：××　　执法人员：×××、××、××
拍摄时间：2016 年 7 月 12 日

备注：现场无倾倒车辆及人员。

拍摄内容：执法人员正在对黑色固体废物进行采样。拍摄地点：余杭区××镇××村
拍摄人：××　　执法人员：×××、××、××
拍摄时间：2016 年 7 月 12 日

拍摄内容：执法人员正在对蓝色固体废物进行采样。拍摄地点：余杭区××镇××村
拍摄人：××　　执法人员：×××、××、××
拍摄时间：2016 年 7 月 12 日

备注：现场无倾倒车辆及人员。

拍摄内容：执法人员正在对黄色固体废物进行采样。拍摄地点：余杭区××镇××村

拍摄人：××　　　　　　　　　　　　　　　　　执法人员：×××、××、××

拍摄时间：2016 年 7 月 12 日

拍摄内容：倾倒的废物中有上海××有限公司铭牌。拍摄地点：余杭区××镇××村

拍摄人：××　　　　　　　　　　　　　　　　　执法人员：×××、××、××

拍摄时间：2016 年 7 月 12 日

备注：现场无倾倒车辆及人员。

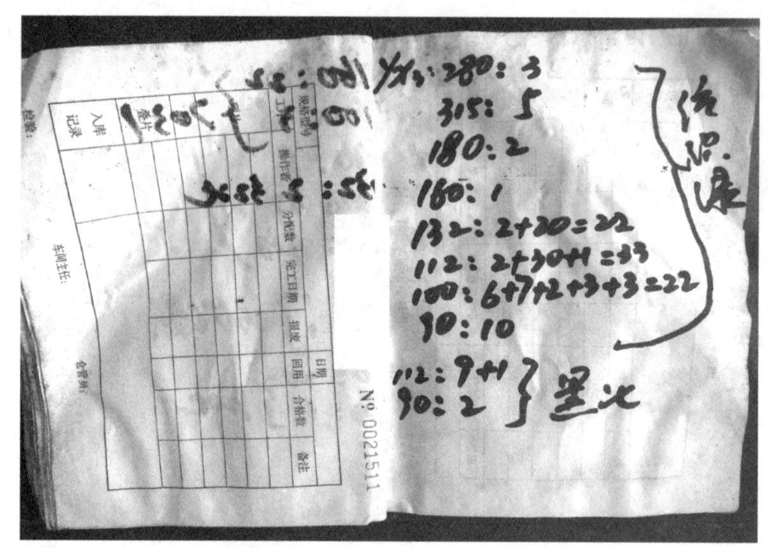

拍摄内容：废物中有上海××有限公司生产记录本。拍摄地点：余杭区××镇××村

拍摄人：×× 执法人员：×××、××、××

拍摄时间：2016 年 7 月 12 日

拍摄内容：倾倒的废物中有上海××有限公司合格证。拍摄地点：余杭区××镇××村

拍摄人：×× 执法人员：×××、××、××

拍摄时间：2016 年 7 月 12 日

备注：现场无倾倒车辆及人员。

拍摄内容：上海××有限公司现场废物确认。 拍摄地点：上海××有限公司会议室
拍摄人：×× 执法人员：×××、×××、××
拍摄时间：2016 年 7 月 26 日

拍摄内容：上海××有限公司危险废物贮存场所。 拍摄地点：危废仓库
拍摄人：×× 执法人员：×××、×××、××
拍摄时间：2016 年 7 月 26 日

拍摄内容：上海××有限公司含油污泥（黑色）。　　拍摄地点：危废仓库

拍摄人：××　　执法人员：×××、×××、××

拍摄时间：2016 年 7 月 26 日

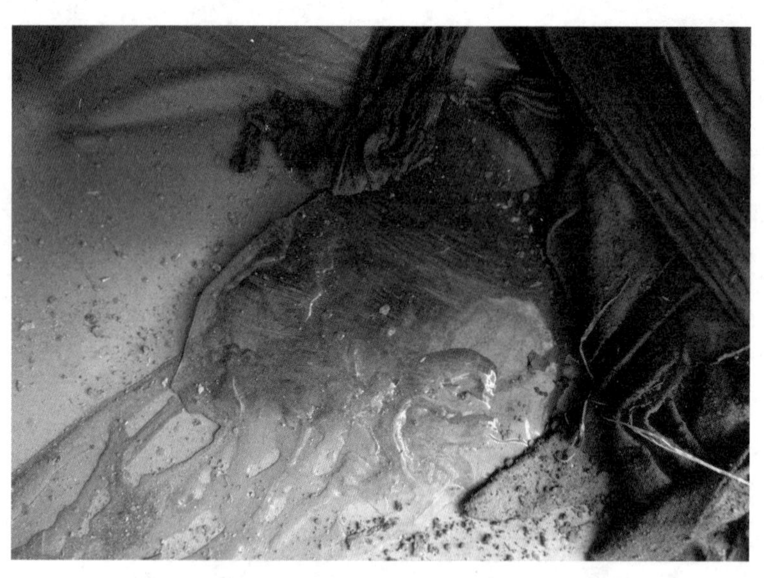

拍摄内容：上海××有限公司浸漆产生的漆块（黄色）。拍摄地点：危废仓库

拍摄人：××　　执法人员：×××、×××、××

拍摄时间：2016 年 7 月 26 日

拍摄内容：上海××有限公司浸漆工艺。　　　　　拍摄地点：生产车间
拍摄人：××　　　　　　　　　　　　　　　　执法人员：×××、×××、××
拍摄时间：2016 年 7 月 26 日

拍摄内容：上海××有限公司喷漆漆渣（蓝色）。　　拍摄地点：生产车间
拍摄人：××　　　　　　　　　　　　　　　　执法人员：×××、×××、××
拍摄时间：2016 年 7 月 26 日

拍摄内容：虎某某与杨某某通话记录。

拍摄地点：余杭区环境保护局会议室

拍摄时间：2016 年 7 月 29 日

拍摄人：××

执法人员：×××、×××、××

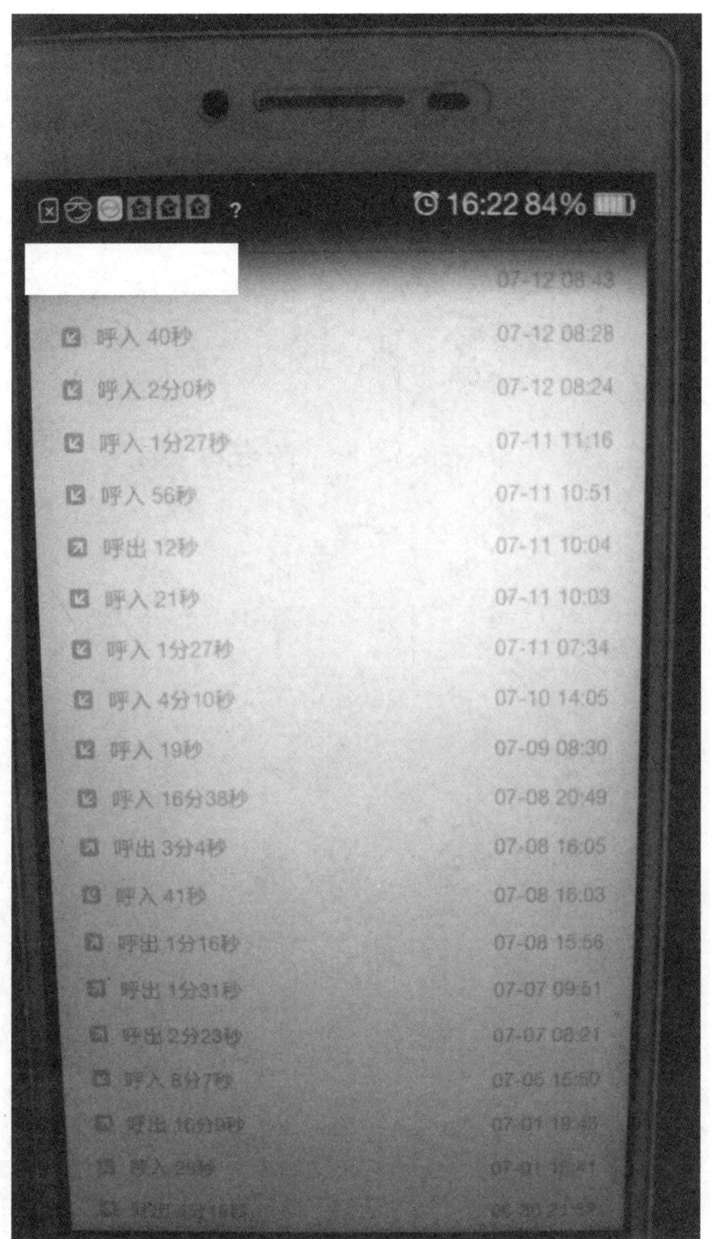

拍摄内容：虎某某与杨某某通话记录。

拍摄地点：余杭区环境保护局会议室

拍摄时间：2016 年 7 月 29 日

拍摄人：××

执法人员：×××、×××、××

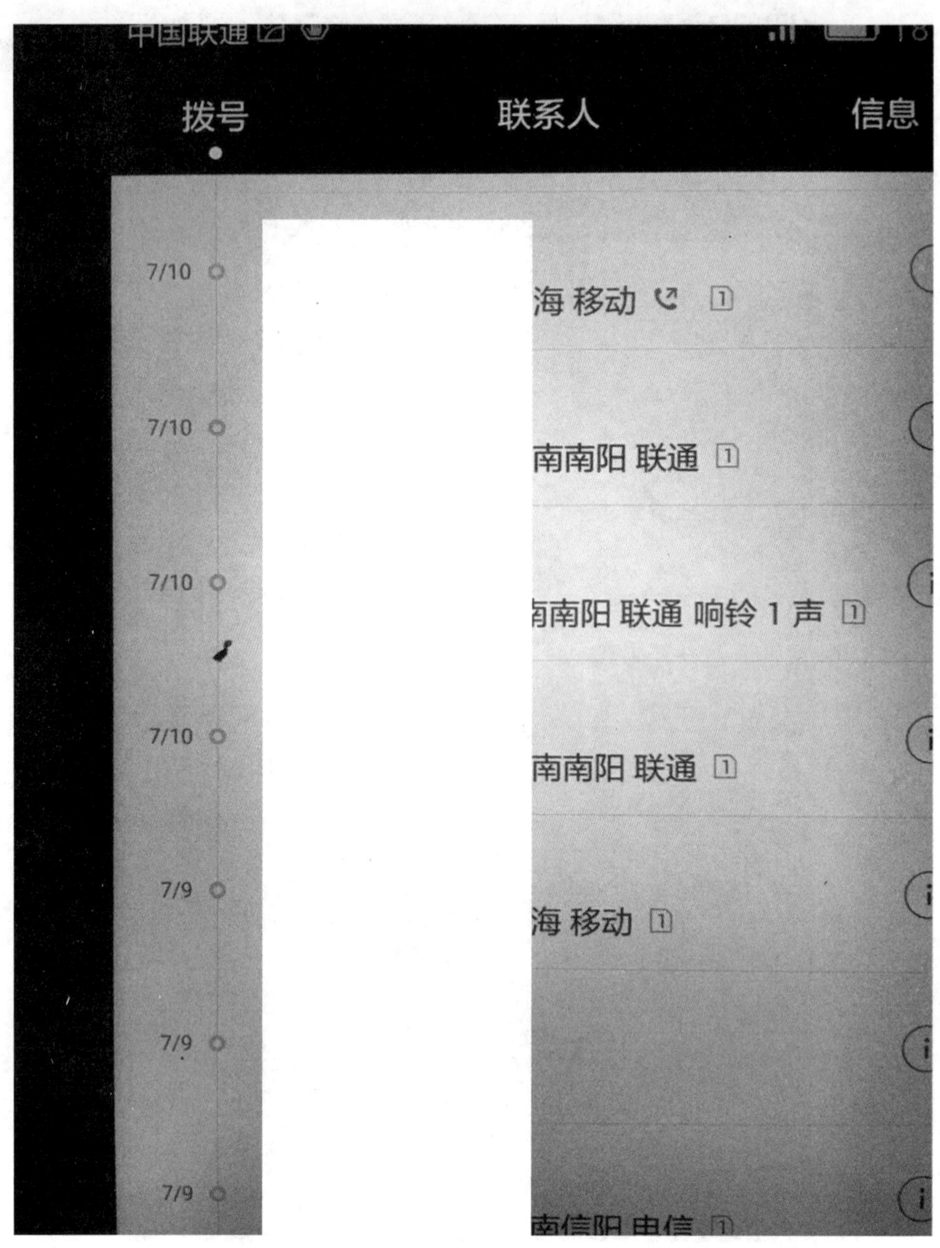

拍摄内容：王某某与杨某某通话记录。

拍摄地点：上海市松江区环境监察支队会议室

拍摄时间：2016 年 7 月 26 日

拍摄人：××

执法人员：×××、×××、××

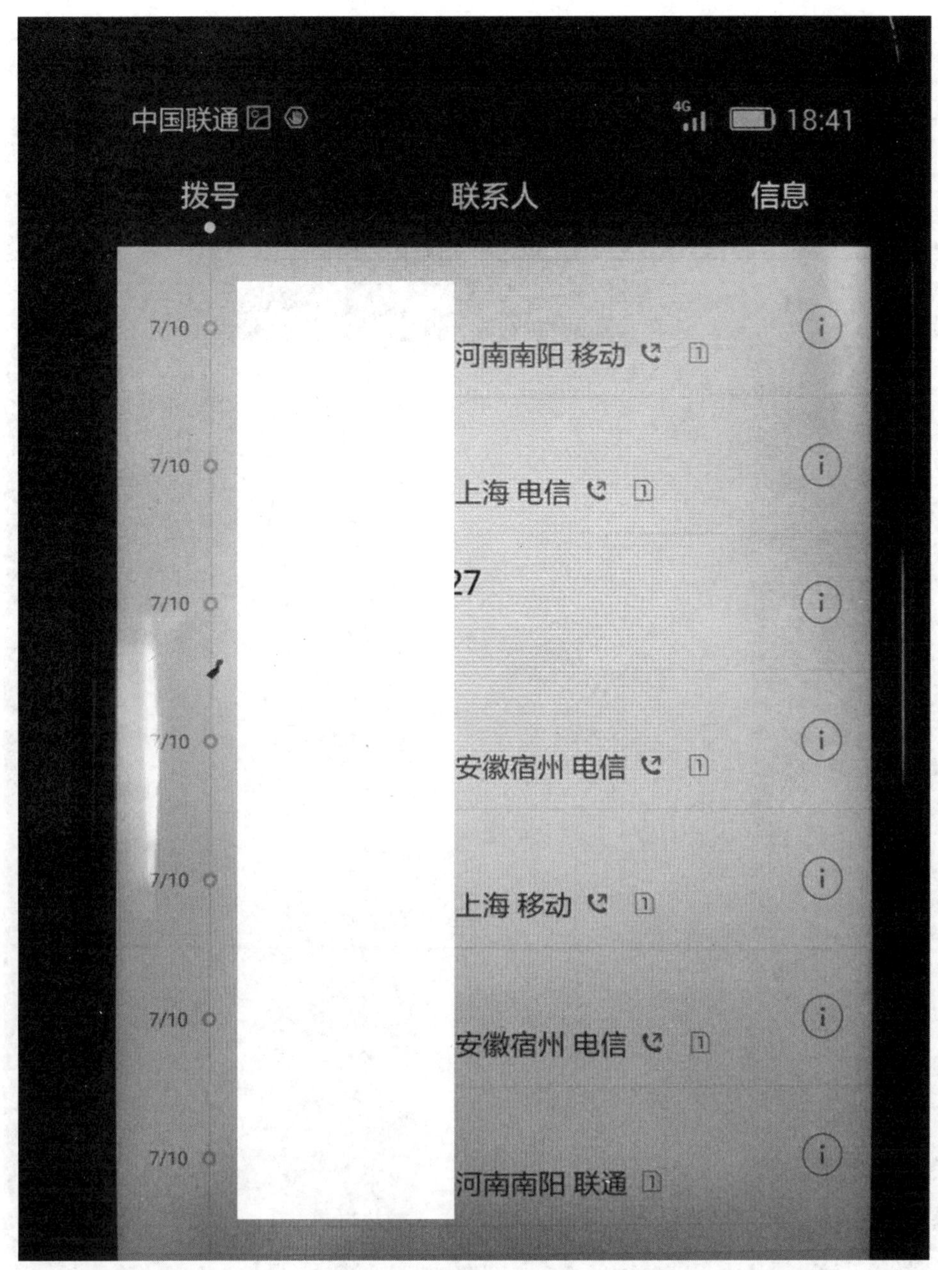

拍摄内容：王某某与周某某通话记录。

拍摄地点：上海市松江区环境监察支队会议室

拍摄时间：2016 年 7 月 26 日

拍摄人：××

执法人员：×××、×××、×××

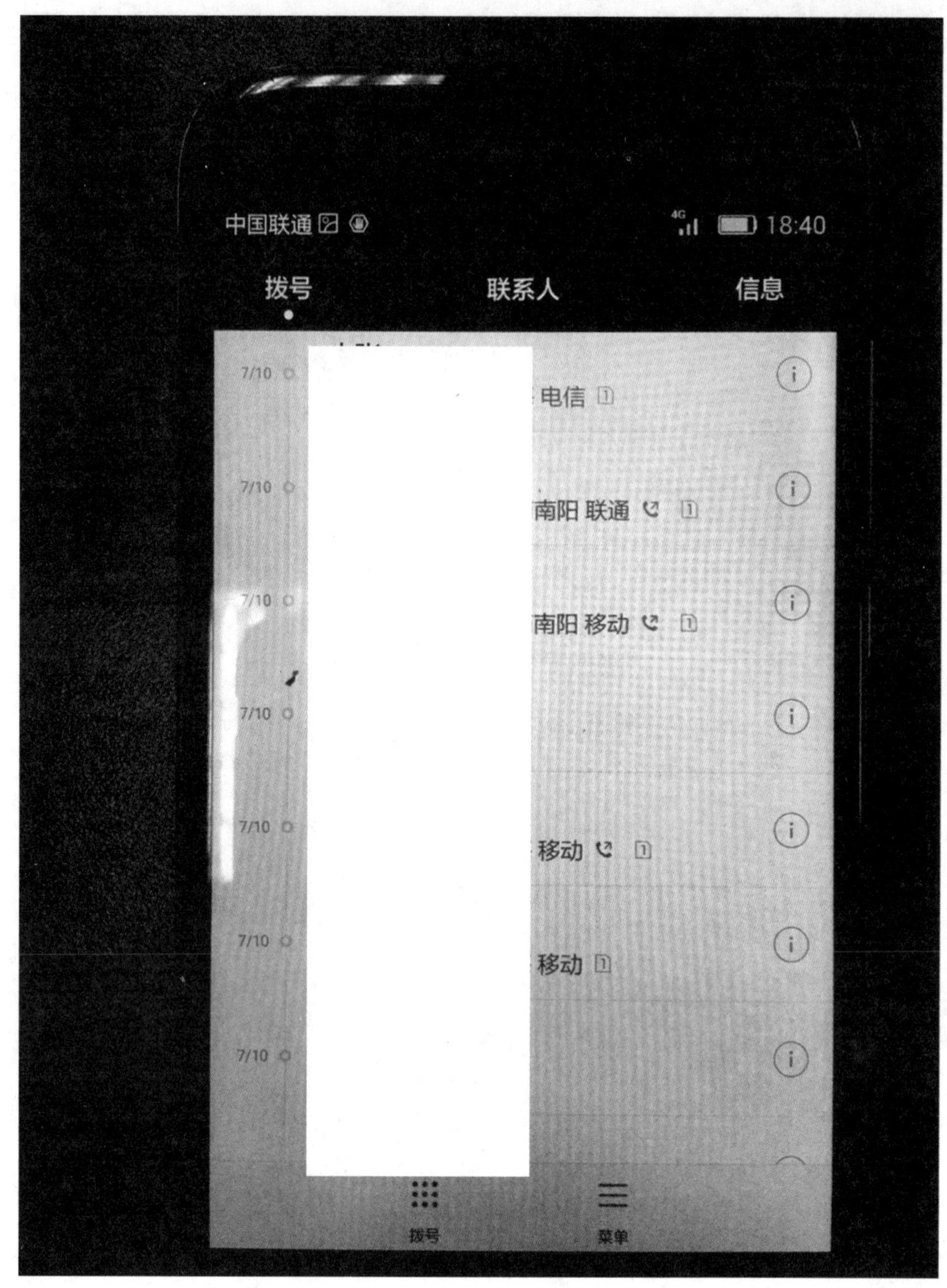

拍摄内容：王某某与杨某某通话记录。

拍摄地点：上海市松江区环境监察支队会议室

拍摄时间：2016 年 7 月 26 日

拍摄人： ××

执法人员：×××、×××、××

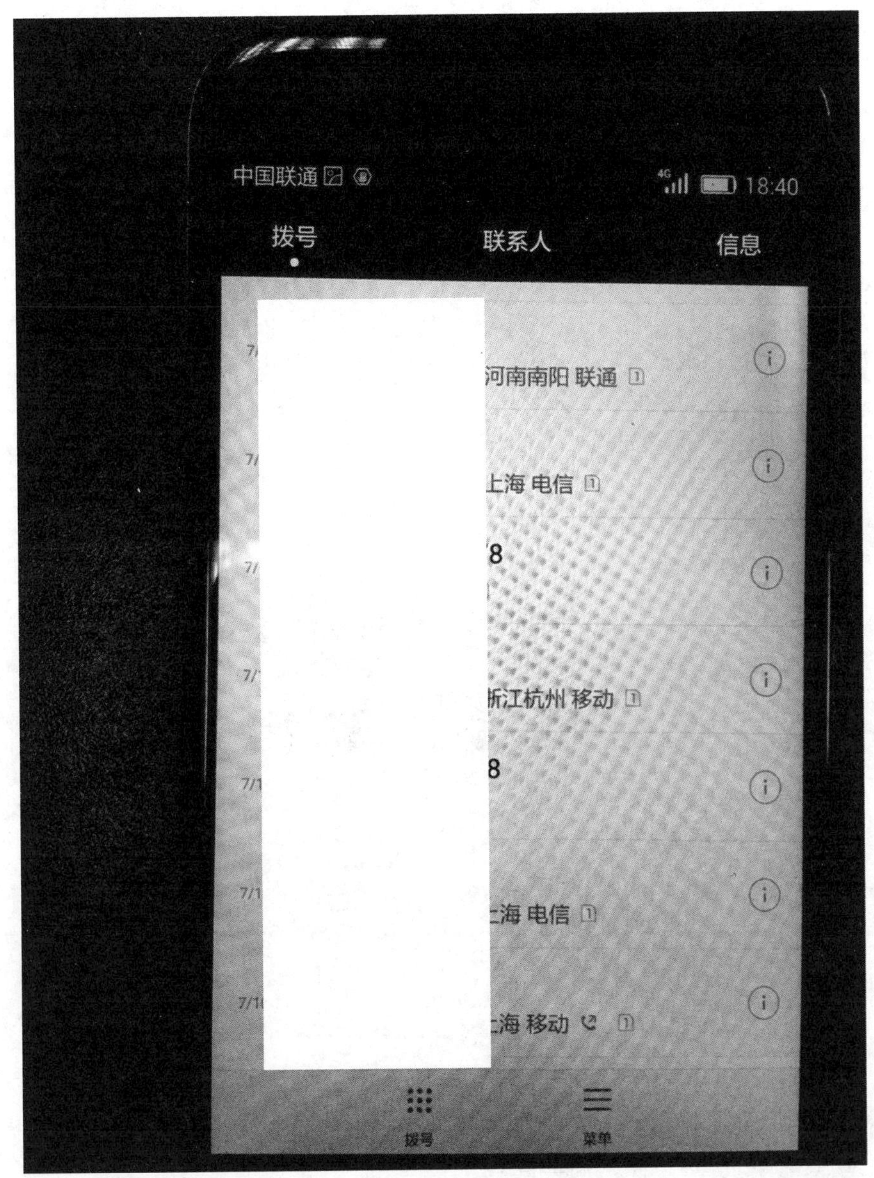

拍摄内容：王某某与高某某通话记录。

拍摄地点：上海市松江区环境监察支队会议室

拍摄时间：2016 年 7 月 26 日

拍摄人：××

执法人员：×××、×××、××

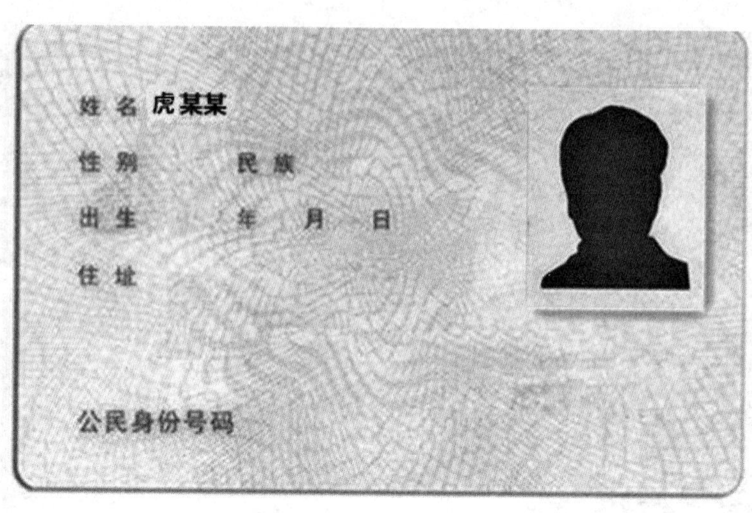

拍摄内容：虎某某身份证正反面。

拍摄地点：余杭区环境保护局会议室

拍摄时间：2016 年 7 月 29 日

拍摄人：××

执法人员：×××、×××、××

工业废弃物处置协议

甲方：上海××电机有限公司

乙方：上海××环保设备工程公司

根据《中华人民共和国固体废物污染环境防治法》和《上海市环保废物污染防治法》的有关规定，甲方委托乙方处理其生产过程中产生的工业废弃物，经双方协商订立如下协议：

一、乙方职责

……

二、甲方职责

……

三、处理费用

……

四、争议和解决方法

……

五、备注

……

甲方：上海××电机有限公司

代理人签字：×××

日期

乙方：上海××环保设备工程公司

代理人签字：×××

日期：2016 年 7 月 11 日

当事人未提供原件

执法人员：×××、×××

2016.7.29

企业法人营业执照

注册号

名　　称

住　　所

法定代表人姓名　　注册资本

公司类型　　实收资本

经营范围

成立日期

营业期限

年　月　日

2016.7.29　×××

当事人未提供原件

执法人员：×××、×××

2016.7.29

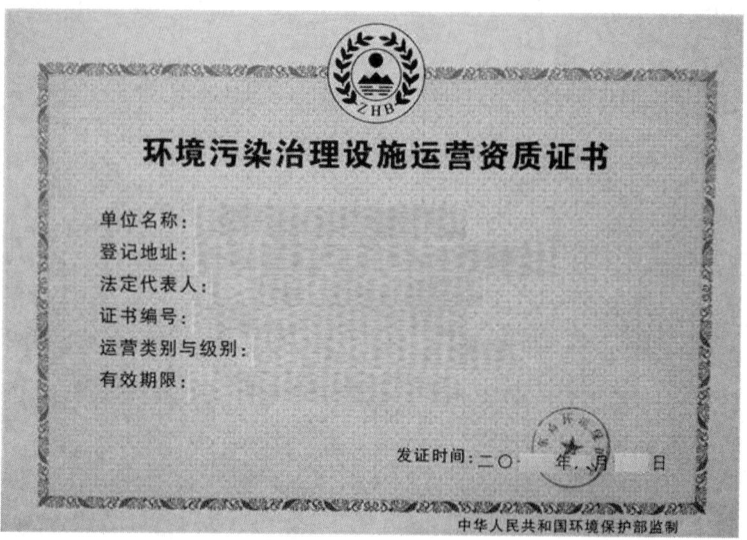

环境污染治理设施运营资质证书

单位名称：

登记地址：

法定代表人：

证书编号：

运营类别与级别：

有效期限：

发证时间：二〇　年　月　日

中华人民共和国环境保护部监制

2016.7.29　×××

当事人未提供原件

执法人员：×××、×××

2016.7.29

安全生产许可证

编号：（ ）WH安许证字【 】

单位名称：

主要负责人：

单位地址：

经济类型：

许可范围：

发证机关：

有效期： 年 月 日至 年 月 日

年 月 日

2016.7.29　×××

当事人未提供原件

执法人员：×××、×××

2016.7.29

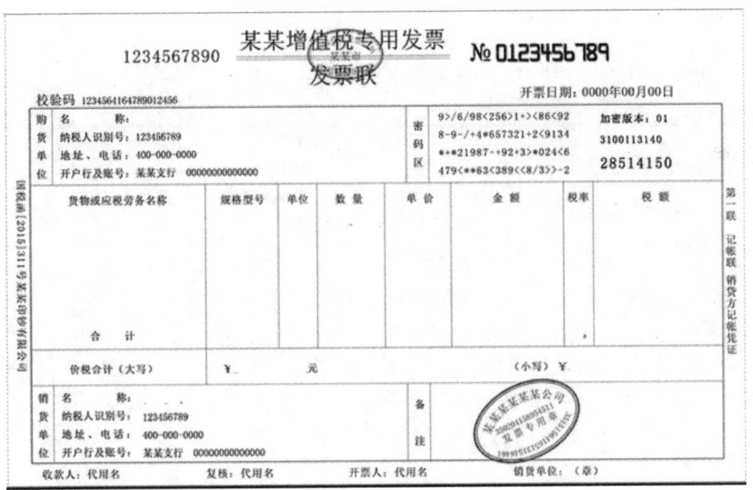

1234567890　某某增值税专用发票　№ 0123456789

发票联

校验码 1234564164789012456　　开票日期：0000年00月00日

购货单位	名称： 纳税人识别号：123456789 地址、电话：400-000-0000 开户行及账号：某某支行 0000000000000	密码区	9>/6/98<256>1+><86<92 8-9-/+4*657321+2<9134 *+*21987-+92+3>*024<6 479<**63<389<<8/3>>-2	加密版本：01 3100113140 28514150

货物或应税劳务名称	规格型号	单位	数量	单价	金额	税率	税额
合计							
价税合计（大写）	¥ 元				（小写）¥		

销货单位	名称： 纳税人识别号：123456789 地址、电话：400-000-0000 开户行及账号：某某支行 0000000000000	备注	

收款人：代用名　复核：代用名　开票人：代用名　销货单位：（章）

国税函[2015]311号某某印钞有限公司

第一联　记帐联　销货方记帐凭证

2016.7.29　×××

当事人未提供原件

执法人员：×××、×××

时间：2016.7.29

姐	186×××
杨老板	138×××
桃子	189×××
韩哥	137×××
小张	180×××
××	188×××
上海联通	186×××
老鲁	131×××
上海固话	021×××
韩哥	137×××
小俞	138×××
上海电信	181×××
×××	131×××
×××	188×××
×××	158×××

内容：2016年7月10日王某某手机通话号码

执法人员：×××、×××

2016年7月26日

×××（手印）

杭州市余杭区环境保护局
案件调查终结报告

<table>
<tr><td>案　　由</td><td colspan="3">涉嫌违法倾倒危险废物</td></tr>
<tr><td>案件来源</td><td colspan="3">环境监察</td></tr>
<tr><td>当 事 人</td><td colspan="3">王某某等 8 人</td></tr>
<tr><td>法定代表人</td><td>无</td><td>电　话</td><td>无</td></tr>
<tr><td>地　　址</td><td colspan="3">无</td></tr>
<tr><td>调查经过</td><td colspan="3">1．执法检查；2．现场调查取证、制作现场勘验笔录；3．立案；4．5．制作案件相关文书、提出处罚意见。</td></tr>
<tr><td>查明的事实和证据</td><td colspan="3">2016 年 7 月 12 日，我局接到群众反映，有人在杭州市余杭区××镇××村公墓旁倾倒有两堆废物。接到举报后，我局执法人员立即赶赴现场。检查发现举报情况属实，现场确实有两堆废物，数量在 3 t 以上。现场有用编织袋盛装的疑似油漆渣的蓝色固体废物，有用编织袋盛装的疑似废树脂的黄色固体废物，有用铁桶盛放的疑似磨床污泥的黑色固体废物。并在现场找到印有“上海××有限公司”的卡牌及生产记录本。当天，我局委托杭州××环境服务有限公司对上述废物进行清运、贮存、称重，废物总重为 8.6 t。我局于 2016 年 7 月 12 日立案调查。

2016 年 7 月 18 日，我局执法人员通过路段监控调取，发现车牌为皖 101××××的蓝色农用车涉嫌非法倾倒废物，并对高某某、柳某某、郑某某、王某某等人员进行调查询问，掌握废物来自上海某企业及从上海运输废物过来的红色平板车（车牌为沪 D•××××）及运输人员王某某的线索。2016 年 7 月 26 日，我局执法人员与上海市松江区环境监察支队执法人员对上海××有限公司进行调查，上述废物与该公司危险废物仓库的危险废物一致，废物产生于该公司打磨、浸漆、喷漆工艺。黑色的是含油污泥，蓝色的是喷漆工艺产生的漆渣，黄色的是浸漆工艺产生的漆块。2016 年 7 月 26 日，我局执法人员对运输人员王某某进行调查询问，掌握倾倒的 8.6 t 危险废物确实来自上海××有限公司的线索。2016 年 7 月 29 日，我局对上海××有限公司人事科科长虎某某进行调查询问。上海××有限公司涉嫌将危险废物交由无资质单位处置，王某某等 8 人涉嫌非法倾倒危险废物 3 t 以上，倾倒危险废物共计 8.6 t。</td></tr>
</table>

查明的事实和证据	上述事实，由以下证据证明： （1）我局执法人员于2016年7月12日现场检查时制作的现场勘验笔录1份和7月12—28日现场照片48张，证明查实违法倾倒危险废物及危险废物来源的事实； （2）我局执法人员于2016年7月19日对郑某某（牌照为皖101××××蓝色农用车驾驶员，××省××市人，身份证号×××）制作调查询问笔录1份，对王某某（××省××市人，身份证号×××）制作调查询问笔录1份，对高某某（××省××市人，身份证号×××）制作调查询问笔录1份，对柳某某（××省××市人，身份证号×××）制作调查询问笔录1份，证明违法倾倒危险废物过程及事实； （3）2016年7月26日，我局执法人员赴上海市××区对王某某（擅自将危险废物从上海运往余杭的运输人员，河南省××市人，身份证号×××）制作调查询问笔录1份，证明危险废物从上海××运出倾倒至杭州市余杭区××镇××村公墓旁的事实； （4）2016年7月29日，我局执法人员对虎某某（上海××有限公司人事科长，××县人，身份证号×××）制造调查询问笔录1份，证明危险废物来自上海××有限公司，且危废交给无资质单位处置的事实； （5）郑某某、王某某、高某某、柳某某、王某某、虎某某身份证复印件各1份，证明其身份； （6）危险废物认定报告1份，证明倾倒废物为危险废物的事实； （7）危险废物过磅单及记录各1份，证明倾倒危险废物重量的事实。
处理依据	根据最高人民法院、最高人民检察院《关于办理环境污染刑事案件适用法律若干问题的解释》（法释〔2013〕15号）第一条第二款：非法排放、倾倒、处置危险废物3 t以上的，应当认定为“严重污染环境”，王某某、高某某、柳某某、郑某某、王某某、姚某某、项某某、周某某8人涉嫌非法倾倒危险废物（含油污泥、漆渣、漆块及沾染危险废物的包装物、铁桶），上海××有限公司涉嫌将生产工艺中产生的危险废物（含油污泥、漆渣、漆块及沾染危险废物的包装物、铁桶）委托给无资质的单位处置的行为已构成《中华人民共和国刑法》第三百三十八条的规定情形。
处理建议	建议将该案件相关符合移送条件的材料线索，移送区公安部门做进一步处理。 调查人（签名）：××× 2016年8月12日
调查部门意见	同意调查人意见，请局法规科审核。 负责人（签名）：××× 2016 年8月12日

杭州市余杭区环境保护局移送涉嫌环境违法犯罪案件审批表

单位公章：　　　　　　　　　　　　　　　　余环移字〔2016〕第×××号

<table>
<tr><td>案　由</td><td colspan="6">涉嫌违法倾倒危险废物</td></tr>
<tr><td>企业名称或其他经营者</td><td colspan="2">王某某</td><td colspan="2">身份证号</td><td colspan="2">×××</td></tr>
<tr><td>地　址</td><td colspan="4">××省××市××乡××村××号</td><td>邮政编码</td><td>/</td></tr>
<tr><td>法　定代表人或负责人</td><td>/</td><td>有效证件及号码</td><td colspan="2">/</td><td>联系电话</td><td>/</td></tr>
<tr><td>企业主要负责人</td><td>/</td><td>有效证件及号码</td><td colspan="2">/</td><td>联系电话</td><td>/</td></tr>
<tr><td>调查人员</td><td colspan="3">×××、×××</td><td>承办部门</td><td colspan="2">监察大队</td></tr>
<tr><td>案情简介</td><td colspan="6">2016年7月11日，王某某伙同高某某、周某某、王某某、姚某某、郑某某、项某某（音译）、柳某某等将上海××有限公司的危险废物倾倒至杭州市余杭区××镇××村公墓旁，共计倾倒危险废物8.6 t，涉嫌违法倾倒危险废物。</td></tr>
<tr><td>移送依据处理意见</td><td colspan="6">该案涉嫌刑事犯罪，建议将该案移送公安机关处理。
经办人：×××、×××
2016年　8月31　日</td></tr>
<tr><td>审查小组意见</td><td colspan="6">经案件审议小组讨论，同意移送公安部门。
×××　　2016年　8月31　日</td></tr>
<tr><td>审查小组组长意见</td><td colspan="6">同意。
×××　　2016年8　月31　日</td></tr>
</table>

杭州市余杭区环境保护局案件移送函

余环移字〔2016〕第×××号

杭州市公安局余杭分局：

2016年7月12日，我局接到群众反映，有人在杭州市余杭区××镇××村公墓旁倾倒有两堆废物。接到举报后，我局执法人员立即赶赴现场。检查发现举报情况属实，现场确实有两堆废物，数量在3 t以上。现场有用编织袋盛装的疑似油漆渣的蓝色固体废物，有用编织袋盛装的疑似废树脂的黄色固体废物，有用铁桶盛放的疑似磨床污泥的黑色固体废物。并在现场找到印有"上海××有限公司"的卡牌及生产记录本。当天，我局委托杭州××环境服务有限公司对上述废物进行清运、贮存、称重，废物总重为8.6 t。2016年7月18日，我局执法人员通过路段监控调取，发现车牌为皖101×××的蓝色农用车涉嫌非法倾倒废物，并对高某某、柳某某、郑某某、王某某等人员进行调查询问，掌握废物来自上海某企业及从上海运输废物过来的红色平板车（车牌为沪D•×××××）及运输人员王某某的线索。2016年7月26日，我局执法人员与上海市松江区环境监察支队执法人员对上海××有限公司进行调查，上述废物与该公司危险废物仓库的危险废物一致，废物产生于该公司打磨、浸漆、喷漆工艺。黑色的是含油污泥，蓝色的是喷漆工艺产生的漆渣，黄色的是浸漆工艺产生的漆块。2016年7月26日，我局执法人员对运输人员王某某进行调查询问，掌握倾倒的8.6 t危险废物确实来自上海××有限公司的线索。2016年7月29日，我局对上海××有限公司人事科科长虎某某进行调查询问。上海××有限公司涉嫌将危险废物交由无资质单位处置，王某某等8人涉嫌非法倾倒危险废物3 t以上，倾倒危险废物共计8.6 t。

根据最高人民法院、最高人民检察院《关于办理环境污染刑事案件适用法律若干问题的解释》（法释〔2013〕15号）第一条第二款：非法排放、倾倒、处置危险废物3 t以上的，应当认定为"严重污染环境"，王某某、高某某、柳某某、郑某某、王某某、姚某某、项某某、周某某8人非法倾倒危险废物8.6 t和上海××有限公司非法处置危险废物8.6 t的行为已涉嫌构成《中华人民共和国刑法》第三百三十八条的规定。

依照相关规定，现将该案件有关符合移送条件的材料，移送你单位处理。

附：案件有关材料件

1．现场勘验笔录1份、调查询问笔录6份。

2．照片 48 张。

3．光盘 9 张。

4．《国家危险废物名录》。

联系人：＿×××＿　　　　　电话：＿×××＿

杭州市余杭区环境保护局

2016 年 8 月 31 日

王某某等 8 人涉嫌“非法倾倒危险废物 3 t 以上”的调查报告

一、案件基本情况

2016 年 7 月 12 日，我局接到群众反映，有人在杭州市余杭区××镇××村公墓旁倾倒有两堆废物。接到举报后，我局执法人员立即赶赴现场。检查发现举报情况属实，现场确实有两堆废物，数量在 3 t 以上。现场有用编织袋盛装的疑似油漆渣的蓝色固体废物，有用编织袋盛装的疑似废树脂的黄色固体废物，有用铁桶盛放的疑似磨床污泥的黑色固体废物。并在现场找到印有“上海××有限公司”的卡牌及生产记录本。当天，我局委托杭州××环境服务有限公司对上述废物进行清运、贮存、称重，废物总重为 8.6 t。2016 年 7 月 18 日，我局执法人员通过路段监控调取，发现车牌为皖 101××××的蓝色农用车涉嫌非法倾倒废物，并对高某某、柳某某、郑某某、王某某等人员进行调查询问，掌握废物来自上海某企业及从上海运输废物过来的红色平板车（车牌为沪 D·×××××）及运输人员王某某的线索。2016 年 7 月 26 日，我局执法人员与上海市松江区环境监察支队执法人员对上海××有限公司进行调查，上述废物与该公司危险废物仓库的危险废物一致，废物产生于该公司打磨、浸漆、喷漆工艺。黑色的是含油污泥，蓝色的是喷漆工艺产生的漆渣，黄色的是浸漆工艺产生的漆块。2016 年 7 月 26 日，我局执法人员对运输人员王某某进行调查询问，掌握倾倒的 8.6 t 危险废物确实来自上海××有限公司的线索。2016 年 7 月 29 日，我局对上海××有限公司人事科科长虎某某进行调查询问。上海××有限公司涉嫌将危险废物交由无资质单位处置，王某某等 8 人涉嫌非法倾倒危险废物 3 t 以上，倾倒危险废物共计 8.6 t。

二、调查经过

2016 年 7 月 19 日，我局对郑某某（牌照为皖 101××××蓝色农用车驾驶员，××省××市人，身份证号×××）制作调查询问笔录 1 份，对王某某（××省××市人，身份证号×××）制作调查询问笔录 1 份，对高某某（××省××市人，身份证号×××）制作调查询问笔录 1 份，对柳某某（××省××市人，身份证号×××）制作调查询问笔录 1 份。姚某某（几人陈述的姚老大，在外地暂未调查，联系电话×××）。项某某（音译，为倾倒带路人，在外地暂未调查，联系电话×××）。据郑某某、王某某、高某某、柳某某交代，2016 年 7 月 11 日，高某某接到王某某带着废物到达余杭仓前的消息后，带着柳某某前往与王某某汇合，并碰到王某某，几人商量去哪里倾倒废物。几人喝茶的时候，王某某联系姚某某寻找倾倒废物的地方，姚某某当时车上拉有水泥无法装废物，随即姚某某联系郑某某，要求郑某某拉废物倒掉，并安排××国道旁在建工地的项某某（音译）带路找地方倾倒废物。7 月 11 日晚，王某某、高某某、柳某某、王某某将装满废物的红色平板车开至××镇××国道在建工地旁，由郑某某驾驶车牌为皖 101××××的蓝色农用车对红色平板车上的废物进行装运，由高某某、柳某某、王某某、周某某（红色平板车驾驶员）进行搬运、装车，郑某某驾驶的皖 101××××的蓝色农用车一共从红色平板车处装运了两次，将所有废物装完，并在项某某（音译）的带路下，将废物分两次倾倒至××镇××村公墓旁，共计倾倒废物 8.6 t。倾倒之后，王某某付钱给高某某，由高某某分钱，高某某分得 500 元人民币，郑某某分得 600 元人民币，项某某（音译）分得 200 元人民币，王某某分得 300 元人民币，柳某某分得 300 元人民币，后王某某又拿出 200 元人民币，购买一条软利群由王某某和姚某某分得。

2016 年 7 月 26 日，我局执法人员赴上海市松江区调查，对王某某（擅自将危险废物从上海运往余杭的运输人员，××省××市人，身份证号×××）制作调查询问笔录 1 份。周某某（车牌为沪 D·×××××驾驶员，在外地暂未调查，联系电话×××）。据王某某交代，2016 年 7 月 10 日傍晚，上海××有限公司找他去厂里拉废物，并告知其将装垃圾的铁桶卖掉，里面的废物处理掉。随后，因其车子拉不了，王某某找了老乡周某某的红色平板车（车牌为沪 D·×××××）在公司人员的带领下前往上海××有限公司拉废物（正是倾倒至余杭××镇的废物）。到了厂里后，厂内工人用叉车将废物装上红色平板车，1 个多小时后，废物装满。由于当时下雨，平板车上盖有雨布。装好后，厂里人员给了王某某 3 500 元人民币。当晚，王某某将装满废物的红色平板车停至上海住处附近（××区××路与××路附近），并当晚联系余杭的高某某，要求其寻找倾倒的地方。2016 年 7 月 11 日早上，王某某与红色平板车司机周某某一同开车前往余杭倾倒废物。事成之后，王某某给了司机周某某 1 300 元人民币。给了高某某 2 000 元人民币用于分钱。

2016 年 7 月 26 日，我局与上海市松江区环境监察支队执法人员对上海××有限公司进行调查，发现该公司危险废物仓库内废物与倾倒于杭州市余杭区××镇××村公墓旁的废物一致，废物主要产生于打磨、浸漆、喷漆工艺，属于危险废物。

2016 年 7 月 29 日，我局对上海××有限公司××科科长虎某某（××县人，身份证号×××）制作调查询问笔录 1 份。据虎某某交代，倾倒至杭州市余杭区××镇××村公墓旁的危险废物确为上海××有限公司产生，2016 年 7 月 11 日，由上海××环保设备工程公司（无危险废物处置资质）运走，联系人为杨某某（人在外地未开展调查，联系电话×××）。

三、调查结论

根据最高人民法院、最高人民检察院《关于办理环境污染刑事案件适用法律若干问题的解释》（法释〔2013〕15 号）第一条第二款：非法排放、倾倒、处置危险废物 3 t 以上的，应当认定为“严重污染环境”，王某某、高某某、柳某某、郑某某、王某某、姚某某、项某某（音译）、周某某 8 人涉嫌非法倾倒危险废物（含油污泥、漆渣、漆块及沾染危险废物的包装物、铁桶），上海××有限公司涉嫌将生产工艺中产生的危险废物（含油污泥、漆渣、漆块及沾染危险废物的包装物、铁桶）委托给无资质的单位处置的行为已构成《中华人民共和国刑法》第三百三十八条的规定情形。现将该案件相关符合移送条件的材料线索，移送区公安部门做进一步处理。

杭州市余杭区环境保护局

2016 年 8 月 31 日

杭州市余杭区环境保护局
涉嫌环境违法案件移送材料清单

材料名称	数 量	特征	备 注
王某某等 8 人涉嫌“非法倾倒危险废物 3 t 以上”的调查报告	1 份		
现场勘验笔录	1 份		
调查询问笔录	6 份		
郑某某、王某某、高某某、柳某某、王某某身份证复印件	5 份		
照片	48 张	含虎某某身份证	
视频、照片光盘	9 张		
危险废物认定报告	1 份		
危险废物过磅单	1 份		
《国家危险废物名录》	1 份		

移送部门人员签名（执法证号）

×××（×××）

2016 年 月 1

（移送机关盖章）

公安机关签收人签名（警官证号）

×××（×××）

2016 年 月 1 日

（受理机关盖章）

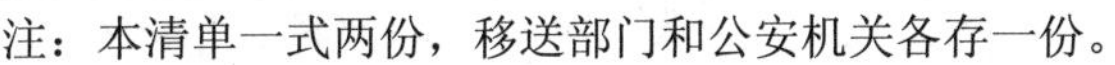

注：本清单一式两份，移送部门和公安机关各存一份。

关于危险废物的认定

杭州市公安局余杭分局：

2016 年 7 月 12 日，我局环境执法人员接到群众反映，位于杭州市余杭区××镇××村公墓旁有人倾倒废物，经初步判断该废物为含油污泥、漆块、漆渣及沾染上述废物的包装物、铁桶，共计 8.6 t。经调查，该废物来自上海××有限公司，分别为机械打磨产生的含油污泥，浸漆、喷漆产生的漆块、漆渣及沾染上述废物的包装物、铁桶。

根据《国家危险废物名录》，珩磨、研磨、打磨过程产生的废矿物油及其含油污泥属于危险废物，废物类别为 HW08，废物代码为 900-200-08，危险特性为 T（毒性）。使用油漆、有机溶剂进行喷漆、上漆过程中产生的染料和涂料废物属于危险废物，废物类别为 HW12，废物代码为 900-252-12，危险特性为 T（毒性）、I（易燃性）。含有或直接沾染危险废物的废弃包装物、容器、清洗杂物属于危险废物，废物类别为 HW49，废物代码为 900-041-49，危险特性为 T（毒性）、I（易燃性）。

因此，杭州市余杭区××镇××村公墓旁倾倒的 8.6 t 含油污泥、漆块、漆渣及沾染上述废物的包装物、铁桶，应认定为危险废物。

杭州市余杭区环境保护局

2016 年 8 月 1 日

杭州市余杭区环境保护局
移送案件通知书

余环移字〔2016〕第×××号

案　　由　涉嫌非法倾倒危险废物3 t以上

受案文号

违法嫌疑人　王某某　性别　男　出生日期　1981年04月07日

住　址　××省××市××乡××村××号

工作单位　无

送往单位　杭州市公安局余杭区分局

承 办 人　朱××、许××

批 准 人　蒋××

批准日期　2016年 8 月 31 日

杭州市余杭区环境保护局
移送案件通知书回执

杭州市余杭区环境保护局：

你单位于 2016 年 9 月 1 日以 余环移字〔2016〕第×××号 文移送我局的 案件 已收到。

收到案卷材料共 78 页

其他文书和证据：

（被移送单位印章）

2016 年 9 月 1 日

破案告知书

余杭区环保局：

浙江省杭州市余杭区王某某等人污染环境一案，我局认为有犯罪事实，需追究刑事责任____________________，现犯罪嫌疑人虎某某、杨某某、王某某、周某某、高某某、柳某某、王某某、郑某某8人已被我局刑事拘留，犯罪嫌疑人项某某已被我局取保候审。

特此告知。

杭州市公安局××分局

二〇一六年十一月四日

本告知书已收到。

被告知人　　　　　　　　2016年11月15日10时

涉嫌环境污染犯罪移送公安机关材料

杭州××五金配件厂通过渗坑违法排放有毒物质案

杭州××五金配件厂通过渗坑违法排放有毒物质案

【案件提供单位】

浙江省杭州市环境保护局

【案件简介】

2016 年 9 月 27 日，执法单位对杭州××五金配件厂进行检查时，发现该厂西北侧厂房内的水泥池有渗坑，通过进一步检查发现，该企业涉嫌通过渗坑违法排放有毒物质，并依法将案件移送公安。

【专家点评】

执法单位办案过程规范、严谨，相关文书严格按照《环境行政执法文书制作指南》要求编制，规范、整洁。勘验笔录、询问笔录、监测报告和现场照片等证据材料扎实、充分，对违法行为的法律定性准确，引用法条明确、完整。整体来看，该案材料是一份非常标准、规范的案卷，体现了执法部门对涉嫌环境污染犯罪案件谨慎、认真的态度。

（一）该案的优点

1. 案卷材料完整、清晰

该案件调查报告非常翔实，材料完整、清晰。案卷中移送审批表、移送书、移送材料清单和公安机关受案回执、立案告知书等材料完备、严密，材料清晰。移送书案情介绍详细，列明了监测超标的污染物，并指明了依据的标准。

2. 事实调查清楚，法律适用准确

该案勘察笔录和询问笔录比较详细，对涉案企业五金件喷塑的碱洗、磷化、漂洗等工艺掌握清楚，对该企业通过渗坑排污的位置、形状和特征表述清晰，并有现场照片证明。执法人员对该企业厂长和操作人员进行了详细地询问，询问笔录紧紧围绕废水产生、处置、渗坑等情况开展，过程记录详细。两份询问笔录互相印证，彼此衔接。现场调查同时提取了水样和土样，进行了监测，并由具有计量认证资质的机构出具了监测报告。询问笔录和现场勘验笔录、现场照片、监测报告等证据完整、严密地构成了通过渗坑排污行为的证据链条，体现了执法部门对涉嫌环境污染犯罪案件的谨慎和认真。

该案的案件调查报告非常细致，案情和违法事实介绍详细，事实认定、相关证据、法律依据均比较完备。法律定性准确，完整列明了适用的《环境保护法》第四十二条、《刑法》第三百三十八条和《最高人民法院 最高人民检察院关于办理环境污染刑事案件适用法律若干问题的解释》第一条第（四）项的规定，准确、严谨。

（二）存在的问题和建议

该案在调查取证和相关程序上可以进一步完善。

1．现场取证可以进一步完善。

建议完善采样过程，补充现场采样记录，使得证据链条更完整、严密。对于关键作案工具要有敏感性，本案中勘察笔录有提到“真空泵”，调查询问期间，在工人提到用“水泵”将废水打到渗坑中时，没有追问、指认什么水泵，位置何在，关键证据的固定与组织上仍须加强。

2．可以增加内部集体讨论意见。

该案材料中未发现集体讨论意见的相关材料，建议比较重大的案件进行内部集体讨论，并明确讨论意见。

案卷目录

序号	材料名称	文号	形成日期	页次	备注
1	杭州市环境保护局环境违法行为立案审批表复印件	杭环立审〔2016〕第×××号	2016.10.25	1	1份
2	杭州市环境保护局移送涉嫌环境犯罪案件审批表复印件	杭环移〔2016〕×××号	2016.11.4	2	1份
3	杭州市环境保护局移送涉嫌环境犯罪案件移送书复印件		2016.11.4	3	1份
4	杭州市环境保护局移送涉嫌环境犯罪案件移送材料清单复印件		2016.11.4	4	1份
5	受案回执复印件		2016.11.7	5	1份
6	立案告知书复印件		2016.11.9	6	1份
7	接收证据清单复印件		2016.11.7	7	1份
8	接收证据清单复印件（检测报告认可意见）		2016.11.30	8	1份
9	关于杭州萧山××五金配件厂违法排污案件调查报告复印件		2016.11.4	9-14	1份
10	杭州市环境保护局环境违法行为立案审批表复印件（三同时）	萧环立审〔2016〕第×××号	2016.10.8	15	1份
11	杭州市环境保护局现场检查（勘验）笔录复印件		2016.9.27	16-18	1份
12	杭州市环境保护局调查询问笔录复印件		2016.9.27	19-26	2份
13	被调查人身份证照片复印件		2016.9.27	27	2张
14	现场照片复印件		2016.9.27	28-33	12张
15	营业执照复印件		2016.9.27	34	1份
16	执法人员执法证复印件		2016.11.2	35-38	4份
17	见证人（参加人）身份证复印件		2016.9.27	39	1份
18	监测报告复印件（水质）	杭环监〔2016〕水字第×××号	2016.10.13	40-42	1份
19	监测报告复印件（土壤）	杭环监〔2016〕固字第×××号	2016.10.20	43-45	1份
20	关于要求对杭环监〔2016〕水字第×××号和杭环监〔2016〕固字第×××号监测（检测）报告出具认可意见的请示复印件	杭环〔2016〕×××号	2016.11.7	46-56	1份
21	关于杭环监〔2016〕水字第×××号监测和杭环监〔2016〕固字第×××号检测报告的认可意见复印件	浙环测认〔2016〕×××号	2016.11.8	57	1份

杭州市环境保护局
环境违法行为立案审批表

杭环立审〔2016〕第×××号

<table>
<tr><td>案由</td><td colspan="3">利用渗井、渗坑、裂隙或者溶洞排放、倾倒含有毒污染物的废水、含病原体的污水、放射性废液或者其他废弃物</td><td>案件来源</td><td>飞行监测</td></tr>
<tr><td rowspan="4">当事人</td><td>名称（姓名）</td><td colspan="4">杭州萧山××五金配件厂</td></tr>
<tr><td>住址（地址）</td><td colspan="4">×××</td></tr>
<tr><td>营业执照注册号
（公民身份证号）</td><td colspan="4">×××</td></tr>
<tr><td>法定代表人
（负责人）</td><td>黄某某</td><td>职务</td><td>无</td><td>联系电话</td><td>×××</td></tr>
<tr><td>案情简介及立案理由</td><td colspan="6">2016年9月27日，杭州市环境监察支队执法人员对杭州萧山××五金配件厂现场检查时发现企业西北侧厂房内有一方形四格水泥池，西侧两格水泥池内各有一个圆形渗坑。经当事人交代，该厂酸洗（碱洗）磷化工艺的漂洗废水和碱洗废水通过上述渗坑渗排至土壤内。执法人员对1#～4#漂洗池及碱洗池内水样进行采样送检；同时对渗坑内土壤进行采样送检。经监测，1#漂洗池内水样锌254 mg/L、总铬2.64 mg/L、镍1.12 mg/L、铝5.73 mg/L，1#渗坑内土壤锌25 100 mg/kg、总铬196 mg/kg、镍189 mg/kg、铝3 510 mg/kg。水样与土壤样特征污染物基本一致，其中土壤中锌超过《土壤环境质量标准》（GB 15618—1995）三级标准（500 mg/kg）49.2倍。当事人涉嫌利用渗坑排放含有毒污染物的废水。</td></tr>
<tr><td>承办人意见</td><td colspan="6">要求立案查处
签字：×××、×××　2016年9月29日</td></tr>
<tr><td>承办机构审核意见</td><td colspan="6">同意
签字：×××　2016年9月29日</td></tr>
<tr><td>领导审定意见</td><td colspan="6">同意
签字：×××　2016年11月10日
指定×××、×××为本案调查人员</td></tr>
</table>

杭州市环境保护局移送涉嫌环境犯罪案件审批表

审批号：杭环移〔2016〕×××号

<table>
<tr><td>案　由</td><td colspan="3">通过渗坑违法排放污染物（利用渗坑排放有毒物质）</td></tr>
<tr><td>企业名称</td><td>杭州萧山××五金配件厂</td><td>统一社会信用代码</td><td>×××</td></tr>
<tr><td>地　址</td><td>×××</td><td>邮政编码</td><td>×××</td></tr>
<tr><td rowspan="3">法　定
代表人
（负责人）</td><td rowspan="3">黄某某
（杭州萧山××五金配件厂实际所有人）</td><td>有效证件</td><td>身份证</td></tr>
<tr><td>证件号</td><td>×××</td></tr>
<tr><td>联系电话</td><td>×××</td></tr>
<tr><td>调查人员</td><td>×××　×××</td><td>承办部门</td><td>杭州市环境监察支队</td></tr>
<tr><td>案情简介</td><td colspan="3">2016年9月27日，杭州市环境监察支队执法人员对杭州萧山××五金配件厂现场检查时发现企业西北侧厂房内有一方形四格水泥池，西侧两格水泥池内各有一个圆形渗坑。经当事人交代，该厂酸洗（碱洗）磷化工艺的漂洗废水和碱洗废水通过上述渗坑渗排至土壤内。执法人员对1#～4#漂洗池及碱洗池内水样进行采样送检；同时对渗坑内土壤进行采样送检。经监测，1#漂洗池内水样锌254 mg/L、总铬2.64 mg/L、镍1.12 mg/L、铝5.73 mg/L，1#渗坑内土壤锌25 100 mg/kg、总铬196 mg/kg、镍189 mg/kg、铝3 510 mg/kg。水样与土壤样特征污染物基本一致，其中土壤中锌超过《土壤环境质量标准》（GB 15618—1995）三级标准（500 mg/kg）49.2倍。当事人行为属通过渗坑违法排放污染物（利用渗坑排放有毒物质）。</td></tr>
<tr><td>涉嫌环境犯罪案件移送依据和处理意见</td><td colspan="3">杭州萧山××五金配件厂实际所有人黄某某作为该厂总负责人，指使操作工人将含重金属废水通过渗坑排放，对企业环境违法行为负主要责任；操作工杨某某在明知渗坑排放废水违反相关法律的情况下，仍听从黄某某要求，将废水打至渗坑排放，对企业环境违法行为负直接责任。根据《最高人民法院、最高人民检察院关于办理环境污染刑事案件适用法律若干问题的解释》（法释〔2013〕×××号）第一条第（四）项，其行为已违反《中华人民共和国刑法》第三百三十八条的规定，建议将本案移送公安部门依法立案查处。
经办人：×××　　2016年11月3日</td></tr>
<tr><td>部门领导意见</td><td colspan="3">拟同意移送公安部门侦办　×××
2016年11月4日</td></tr>
<tr><td>部门会签意见</td><td colspan="3">年　月　日</td></tr>
<tr><td>（厅）局领导意见</td><td colspan="3">同意
×××　　2016年11月4日</td></tr>
</table>

杭州市环境保护局移送涉嫌环境犯罪案件移送书

<table>
<tr><td>案　由</td><td colspan="5">通过渗坑违法排放污染物（利用渗坑排放有毒物质）</td></tr>
<tr><td>企业名称</td><td colspan="2">杭州萧山××五金配件厂</td><td colspan="2">统一社会信用代码</td><td>×××</td></tr>
<tr><td>地　址</td><td colspan="3">×××</td><td>邮政编码</td><td>×××</td></tr>
<tr><td rowspan="3">法　定
代表人
（负责人）</td><td rowspan="3">黄某某
（杭州萧山××五金配件厂实际所有人）</td><td>有效证件</td><td colspan="3">身份证</td></tr>
<tr><td>证件号</td><td colspan="3">×××</td></tr>
<tr><td>联系电话</td><td colspan="3">×××</td></tr>
<tr><td>调查人员</td><td colspan="2">×××　×××</td><td>承办部门</td><td colspan="2">杭州市环境监察支队</td></tr>
<tr><td>案情简介</td><td colspan="5">2016 年 9 月 27 日，杭州市环境监察支队执法人员对杭州萧山××五金配件厂现场检查时发现企业西北侧厂房内有一方形四格水泥池，西侧两格水泥池内各有一个圆形渗坑。经当事人交代，该厂酸洗（碱洗）磷化工艺的漂洗废水和碱洗废水通过上述渗坑渗排至土壤内。执法人员对 1#～4#漂洗池及碱洗池内水样进行采样送检；同时对渗坑内土壤进行采样送检。经监测，1#漂洗池内水样锌 254 mg/L、总铬 2.64 mg/L、镍 1.12 mg/L、铝 5.73 mg/L，1#渗坑内土壤锌 25 100 mg/kg、总铬 196 mg/kg、镍 189 mg/kg、铝 3 510 mg/kg。水样与土壤样特征污染物基本一致，其中土壤中锌超过《土壤环境质量标准》（GB 15618—1995）三级标准（500 mg/kg）49.2 倍。当事人行为属通过渗坑违法排放污染物（利用渗坑排放有毒物质）。</td></tr>
<tr><td>移送依据</td><td colspan="5">杭州萧山××五金配件厂实际所有人黄某某作为该厂总负责人，指使操作工人将含重金属废水通过渗坑排放，对企业环境违法行为负主要责任；操作工杨某某在明知渗坑排放废水违反相关法律的情况下，仍听从黄某某要求，将废水打至渗坑排放，对企业环境违法行为负直接责任。根据《最高人民法院、最高人民检察院关于办理环境污染刑事案件适用法律若干问题的解释》（法释〔2013〕×××号）第一条第（四）项，其行为已违反《中华人民共和国刑法》第三百三十八条的规定，建议将本案移送公安部门依法立案查处。</td></tr>
<tr><td>移送建议</td><td colspan="5">建议将本案移送公安部门依法立案查处</td></tr>
<tr><td colspan="6">经办人（执法证号）：

×××（×××）、×××（×××）

2016 年 11 月　4 日
（行政机关公章）</td></tr>
</table>

杭州市环境保护局涉嫌环境犯罪案件移送材料清单

案由：通过渗坑违法排放污染物

材料名称	数 量	提供部门	备 注
案件调查报告	1 份/6 页	市环保局	
现场检查（勘验）笔录	1 份/3 页	市环保局	
调查询问笔录	2 份/8 页	市环保局	
现场照片证据	12 张/6 页	市环保局	
监测（检测）报告复印件	2 份/6 页	市环境监测中心站	
企业营业执照复印件	1 份/1 页	××五金配件厂	
企业所有人身份证照片和被询问人身份证照片	1 份/1 页	××五金配件厂	
合计	共 31 页		

移送部门人员签名（执法证号）

×××（×××）

×××（×××）

2016 年 11 月 4 日

（移送机关盖章）

公安机关签收人（警官证号）

×××（×××）

2016 年 月 4 日

（受理机关盖章）

注：本清单一式两份，移送部门和公安机关各存一份。

受案回执

杭州市环境保护局：

你（单位）于2016年11月7日报称的杭州××五金配件厂污染环境案一案我单位已受理（受案登记表文号为 萧公（环食药）受案字〔2016〕×××号）。

你（单位）可通过来电查询案件进展情况。

联系人、联系方式××、×××××××××

杭州市公安局萧山分局环境和食品药品犯罪侦查大队

二〇一六年十一月七日

此联交报案人、控告人、举报人、扭送人

立案告知书

杭州市环保局：

杭州××五金配件厂污染环境案一案，我局认为符合刑事立案标准，现已对该案立案侦查。

特此告知。

杭州市公安局萧山分局

二〇一六年十一月七日

本告知书已收到。

被告知人：

2016年11月9日11时

采取其他告知或者特殊情况未告知的，注明情况：

办案人：

年　月　日　时

此份交被告人。

接受证据清单

编号	名称	数量	特征	备注
1	现场（检查）勘验笔录	1 份		市环保局提供
2	调查询问笔录	2 份		市环保局提供
3	案件移送书	1 份		市环保局提供
4	现场照片证据	1 份		市环保局提供
5	监测（检测）报告复印件	2 份		××五金配件厂提供
6	企业营业执照复印件	1 份		××五金配件厂提供
7	企业所有人身份证照片和被询问人身份证照片	1 份		××五金配件厂提供
8	案件调查报告	1 份		××五金配件厂提供

提交人：	保管人：×××	受案民警：×××
2016 年 11 月 4 日	2016 年 11 月 7 日	2016 年 11 月 7 日

此联交提交人

接受证据清单

编号	名称	数量	特征	备注
1	检测报告认可意见	1份	浙环测认〔2016〕×××号	市环保局提供

提交人：

保管人：××× 受案单位（盖章）

2016年11月30日 2016年11月30日 2016年11月7日

本清单一式三份，一份附卷，一份交证据提交人，一份交公安机关保管人员。

关于杭州萧山××五金配件厂违法排污案件调查报告

当事人：杭州萧山××五金配件厂，地址：×××；统一社会信用代码：×××；法定代表人：韩某某；实际所有人：黄某某，身份证号：×××。

一、案情及违法事实

2016年9月27日，杭州市环境监察支队执法人员对杭州萧山××五金配件厂开展检查，检查当天企业正在生产，酸洗（碱洗）磷化工艺正在运行，现场发现企业西北侧厂房内有一方形四格水泥池，西侧两格水泥池内各有一个圆形渗坑。经当事人交代，酸洗（碱洗）磷化工艺的漂洗废水和碱洗废水通过上述渗坑渗排至土壤内。执法人员对1#～4#漂洗池及碱洗池内水样进行采样送检；同时对渗坑内土壤进行采样送检。经监测，1#漂洗池内水样锌254 mg/L、总铬2.64 mg/L、镍1.12 mg/L、铝5.73 mg/L，1#渗坑内土壤锌25 100 mg/kg、总铬196 mg/kg、镍189 mg/kg、铝3 510 mg/kg。水样与土壤样特征污染物基本一致，其中土壤中锌超过《土壤环境质量标准》（GB 15618—1995）三级标准（500 mg/kg）49.2倍。当事人涉嫌利用渗坑非法排放有毒物质，经立案调查，现已查明：

（一）公司基本情况

杭州萧山××五金配件厂成立于2002年，法人代表为韩某某。2007年韩某某将该厂卖给了黄某某，因两人为亲戚关系，营业执照一直未作变更，故目前该厂实际为黄某某所有。该厂主要从事五金件喷塑，主要生产工艺为：五金件→碱洗（酸洗）→磷化→漂洗→喷塑→烘干→成品。该厂无任何废水处理设施。

（二）环境违法事实

2016年9月27日，杭州市环境监察支队执法人员对杭州萧山××五金配件厂检查发现时企业西北侧厂房内有一方形四格水泥池，西侧两格水泥池内各有一个圆形渗坑。经调查询问，当事人交代，该厂酸洗（碱洗）磷化工艺的漂洗废水和碱洗废水通过上述渗坑渗排至土壤内。执法人员对1#～4#漂洗池及碱洗池内水样进行采样送检；同时对渗坑内土壤进行采样送检。经监测，1#漂洗池内水样锌 254 mg/L、总铬 2.64 mg/L、镍1.12 mg/L、铝5.73 mg/L，1#渗坑内土壤锌25 100 mg/kg、总铬196 mg/kg、镍189 mg/kg、铝 3 510 mg/kg。水样与土壤样特征污染物基本一致，其中土壤中锌超过《土壤环境质量标准》（GB 15618—1995）三级标准（500 mg/kg）49.2 倍。

（三）环境影响分析

根据执法人员在 2016 年 9 月 27 日的现场调查与询问调查，该厂自黄某某 2007 年接手开始，无任何废水处理设施，一直通过渗坑排放含重金属的酸洗磷化漂洗废水，该行为已持续 9 年左右，每年水量约 50 t。渗坑内土壤锌超过《土壤环境质量标准》（GB 15618—1995）三级标准（500 mg/kg）49.2 倍。

（四）相关责任人调查

1．根据调查，杭州萧山××五金配件厂目前的实际所有人即总责任人黄某某自 2007 年起，便采用渗坑排放的方式，将含有重金属的碱洗、漂洗废水渗排至土壤内；2012 年，黄某某要求新入职的操作工杨某某清理扩大渗坑，并采用同样方式渗排废水，均属于主观故意行为，因此负有主要责任。

2．杭州萧山××五金配件厂操作工杨某某在明知渗坑排放废水违反相关法律的情况下，仍听从黄某某要求，将酸洗磷化漂洗废水打至底部有渗坑的水泥池内渗排，造成了环境污染，因此负有直接责任。

二、相关证据

1．杭州市环境监察支队执法人员于 2016 年 9 月 27 日对当事人进行现场检查时制作的现场勘验笔录 1 份及现场拍摄的照片 12 张，证明杭州萧山××五金配件厂生产情况、违法排污情况和环境执法人员现场采样等事实。

2．杭州市环境监察支队执法人员于 2016 年 9 月 27 日制作的对杭州萧山××五金配件厂负责人黄某某、操作工杨某某的调查询问笔录共两份，证明萧山××五金配件厂相关责任人情况、违法排污方式、含重金属废水排放量等事实。

3．杭环监〔2016〕水字第×××号监测报告 1 份，证明杭州萧山××五金配件厂漂洗、碱洗废水内含锌、铬、铅、镍等重金属。

4．杭环监〔2016〕固字第×××号检测报告 1 份，证明杭州萧山××五金配件厂渗坑内土壤特征污染物与漂洗废水基本一致。

5．营业执照副本复印件 1 份证明当事人对象身份及资产组成。

6．杭州萧山××五金配件厂实际所有人黄某某、被询问人杨某某身份证照片各 1 份，证明企业所有人身份及被询问人身份。

三、违法事实的认定

《中华人民共和国环境保护法》第四十二条第四款规定，严禁通过暗管、渗井、渗坑、灌注或者篡改、伪造监测数据，或者不正常运行防治污染设施等逃避监管的方式违法排放污染物。

《中华人民共和国刑法》第三百三十八条规定，违反国家规定，排放、倾倒或者处置有放射性的废物、含传染病病原体的废物、有毒物质或者其他有害物质，严重污染环境的，处三年以下有期徒刑或者拘役，并处或者单处罚金；后果特别严重的，处三年以上七年以下有期徒刑，并处罚金。

《最高人民法院、最高人民检察院关于办理环境污染刑事案件适用法律若干问题的解释》第一条第（四）项规定“私设暗管或者利用渗井、渗坑、裂隙、溶洞等排放、倾倒、处置有放射性的废物、含传染病病原体的废物、有毒物质的”，属于严重污染环境的行为。

经调查，杭州萧山××五金配件厂违反上述规定，自 2007 年起，通过渗坑渗排含重金属废水，渗坑内土壤锌含量超过《土壤环境质量标准》（GB 15618—1995）三级标准（500 mg/kg）49.2 倍。主要是由于杭州萧山××五金配件厂实际所有人黄某某长期要求员工利用渗坑，将酸洗磷化废水渗排至土壤内，属于主观故意行为；杭州萧山××五金配件厂操作工杨某某在明知渗坑排放废水违反相关法律的情况下，仍听从黄某某要求，将酸洗磷化漂洗废水打至底部有渗坑的水泥池内渗排，直接造成了环境污染。

综上所述，在事件中，杭州萧山××五金配件厂实际所有人黄某某自 2007 年以来，指使操作工人将含重金属废水通过渗坑排放，对企业环境违法行为负主要责任；操作工杨某某在明知渗坑排放废水违反相关法律的情况下，仍听从黄某某要求，将废水打至渗坑排放，对企业环境违法行为负直接责任。我局认为，上述两人均构成违反《中华人民共和国刑法》行为，为了保障群众合法环境权益，维护社会稳定，现建议你局对当事人根据相关法律法规进行立案查处。

杭州市环境保护局

二〇一六年一月四日

杭州市环境保护局
现场检查（勘察）笔录

检查（勘察）时间：2016年9月27日10时1分至11时35分

检查（勘察）地点：杭州萧山××五金配件厂

被检查（勘察）人名称（姓名）：杭州萧山××五金配件厂

法定代表人（负责人）：韩某某

现场负责人姓名：黄某某　　年龄：60

身份证号码：×××

工作单位：杭州萧山××五金配件厂　　职务：厂长

与本案关系：受委托人

地址：×××

电话：×××

检查（勘察）人：×××、×××　记录人：×××

其他见证人：×××

检查（勘察）人：我们是杭州市环境保护局执法人员×××、×××，这是我们的执法证件，执法证号分别是：×××、×××（亮证），请您过目确认。

被调查（询问）人对执法人员出示证件、表明身份的确认记录：已确认。

调查（询问）人：今天依法对你单位进行检查，你必须如实回答，你依法享有陈述权、申辩权和申请执法人员回避的权利，听清楚了吗？

答：听清楚了，不申请回避。

被检查（勘察）人或现场负责人签名：×××　　时间：2016.9.27

见证人签名：×××　　时间：2016.9.27

检查（勘察）人签名：×××、×××、×××　　时间：2016.9.27

记录人签名：×××　　时间：2016.9.27

第1页　共3页

现场情况：

1．杭州萧山××五金配件厂位于杭州市×××，厂区西侧为饲料厂，北侧为萧山化学试剂厂，东侧与南侧均为民房。

2．该厂主要从事五金件喷塑，生产工艺为五金件碱洗—磷化—漂洗—喷塑—烘干—成品。

3．检查时企业正在生产，碱洗磷化生产线共有水泥池 7 格，自东向西分别为碱洗、漂洗、酸洗、漂洗、漂洗、磷化、漂洗，其中酸洗池由木板覆盖，每格大小约为 2 m×1.1 m，深 0.9 m。执法人员分别在碱洗池及 4 个漂洗池中各采水样 1 瓶，总共 5 瓶。

4．碱洗磷化生产线西侧房间内有一个四格方型水泥池，每格大小为 3.05 m×0.9 m，深 0.86 m；西起第一格水泥池空置，池底部大部分已硬化，但可见一圆形土坑，直径约为 20 cm，深约 30 cm；西起第二格底部留有黄褐色泥状物，使用 pH 试纸测试呈碱性，池底大部分已硬化，但可见一直径约为 50 cm 的圆形土坑，深约 10 cm；执法人员分别对上述两个土坑内的泥土进行采样，泥样分别呈黄色黏土状和黑色黏土状；西起第三格水泥池内置一方型塑料水池，池内装满黄褐色液体，该液体经 pH 试纸测试呈酸性；执法人员该塑料水池内进行采样，水样呈黄褐色，有少量黑色悬浮物；西起第四格水泥池内填满杂物。

该水池南侧边沿上放有一台真空泵，进出水口均连有直接约 5 cm 的塑料皮管，出水口皮管放置在西起第二格水泥池内；以上内容均已拍照留证。

被检查（勘察）人或现场负责人签名：×××　　时间：2016.9.27

见证人签名：×××　　时间：2016.9.27

检查（勘察）人签名：×××、×××、×××　　时间：2016.9.27

记录人签名：×××　　时间：2016.9.27

第 2 页　共 3 页

现场勘察图

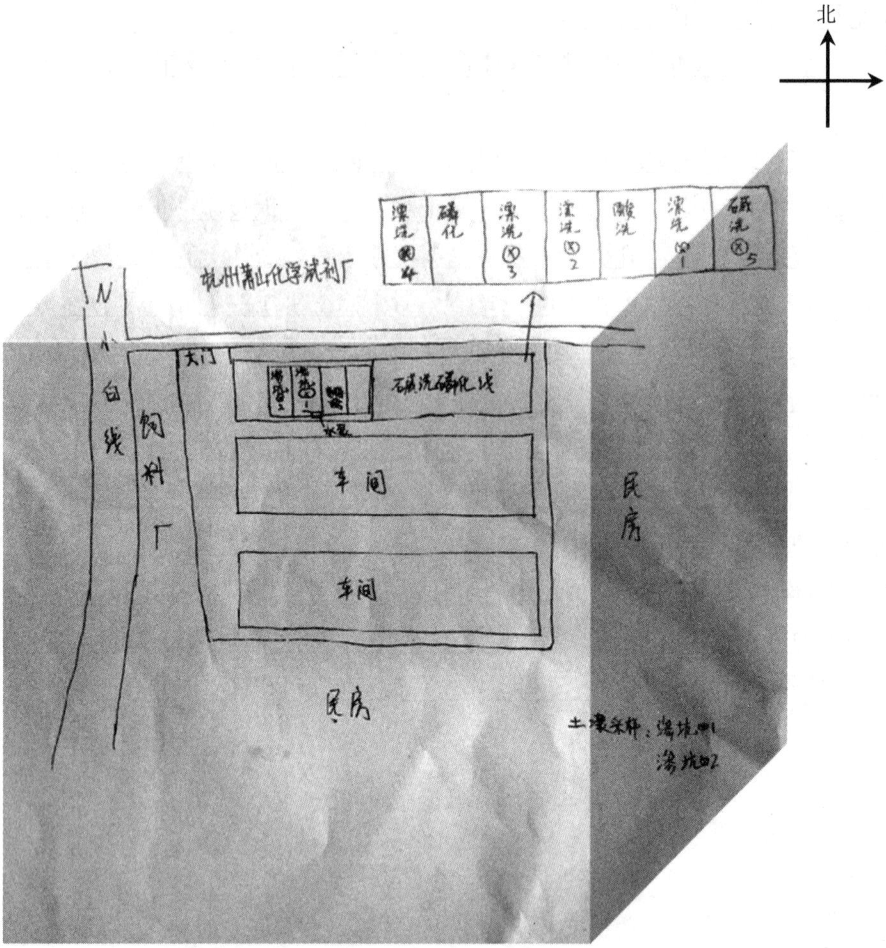

被检查（勘察）人或现场负责人签名：×××　　　　　　　时间：2016.9.27

见证人签名：×××　　　　　　　　　　　　　　　　　　时间：2016.9.27

检查（勘察）人签名：×××、×××、×××　　　　　　　时间：2016.9.27

记录人签名：×××　　　　　　　　　　　　　　　　　　时间：2016.9.27

第 3 页　共 3 页

杭州市环境保护局
调查询问笔录

案　由：

时　间：2016年9月27日11时40分至13时58分

调查（询问）地点：杭州萧山××五金配件厂

被调查（询问）人：黄某某 性别：男 年龄：60

职务或职业：厂长 身份证号码：×××

工作单位：杭州萧山××五金配件厂

家庭住址：×××

邮编：

电话：××× 与本案关系：受委托人

调查（询问）人：×××、××× 记录人：×××

参加人：

调查（询问）人：我们是杭州市环境保护局执法人员×××、×××，这是我们的执法证件，执法证号分别是：×××、×××（亮证），请您过目确认。

被调查（询问）人对执法人员出示证件、表明身份的确认记录：已确认。

调查（询问）人：今天依法对你单位进行检查并询问有关情况，你必须如实回答，你依法享有陈述权、申辩权和申请执法人员回避的权利，听清楚了吗？

答：听清楚了，不申请回避。

询问内容：

被调查（询问）人签名：××× 时间：2016.9.27

调查（询问）人签名：×××、××× 时间：2016.9.27

记录人签名：××× 时间：2016.9.27

参加人：××× 时间：2016.9.27

第1页　共4页

问：你单位全称是什么？

答：杭州萧山××五金配件厂。

问：法定代表人是谁？是否具有政治身份？

答：韩某某，没有任什么职务，不清楚是不是中共党员。

问：你在单位担任什么职务？主要负责哪些工作？

答：我是这个厂的老板，主要负责日常管理。

问：法定代表人负责什么工作？

答：法定代表人是原来的老板，跟我是亲戚关系，2007 年将工厂卖给我后，就一直没有变更。现在她也不负责什么东西，就是会偶尔过来看一下。

问：你厂具体管理的分工如何？环保方面由谁负责？

答：我们厂里也没几个人，就我统一负责管理，其他什么工作就大家都一起做一点。环保就我们的清洗工人平时负责打打水，来不及的时候我也会去帮帮忙。

问：你单位何时建成投产？是否经过环保部门的环评审批和竣工验收？

答：2002 年开始生产的，那时候是别人在运营这个厂，有没有经过环保审批验收我也不清楚，我是从 2007 前后接手开始生产的。企业的一些台账资料都在会计那边，我现在也拿不出来。

问：主要从事何种生产？

答：主要从事五金件喷塑。

问：生产工艺如何？

答：我们主要做来料加工，别人五金件拿来，我们的工艺主要为碱洗—磷化—漂洗—喷塑—烘干—成品，有时候中间会用到酸洗。

问：喷塑的工艺是否有废气产生，有无处理装置？

答：有些粉末状的灰尘，我们用排风机收集到布袋里面的。

被调查（询问）人签名：××× 时间：2016.9.27

调查（询问）人签名：×××、××× 时间：2016.9.27

记录人签名：××× 时间：2016.9.27

参加人：××× 时间：2016.9.27

第 2 页 共 4 页

问：磷化漂洗的具体工序如何？

答：碱洗—漂洗 2～3 次—磷化—漂洗。

问：有无废水产生？

答：有的，碱洗和漂洗的水脏了以后我们就用水泵打到隔壁的水泥池里，磷化液脏了以后用铁锹将磷化池底部的废渣等铲到隔壁水泥池中的塑料池的那一格里面。

问：废水打过去的频次如何？水量有多少？

答：4 个漂洗池的水大概每个月会往隔壁的水池打一次，有时候间隔时间也会长一点；碱洗池废水很少打，一年打 1～2 次；一池水 1 t 左右，一年总共就 50 来吨水。

问：隔壁水池的情况如何？

答：水池共分四格，西边两格底下都有一个洞，平时漂洗碱洗的水就打到那里；磷化的废水放到第三格里面，这个格子里边放了个塑料水池，第四格就堆放了一些杂物。

问：你厂有无废水处理设施，这些废水如何处理？

答：处理设施是没有的，碱洗和漂洗的废水打过去的那个水泥池底部有两个洞，水会通过那个洞慢慢往下渗掉，一池水 2～3 天能渗完。磷化的废水量比较少，就都存在那个塑料池里面。

问：从何时开始以此种方式渗排废水？

答：这个一直是这样处理的，我 2007 年前后接手这个厂的时候这两个洞就存在的，之前也都是这样渗排废水的。

问：打水具体有谁来操作？

答：是我们的一个清洗磷化工人，姓杨，具体名字叫不上来。

问：杨姓工人在厂里主要负责哪些工作？

答：他主要就是负责操作那条磷化生产线，另外就是在做打水的工作了。

问：你在接手该厂时对方有无向你说明这两个渗坑的问题？

被调查（询问）人签名：××× 时间：2016.9.27

调查（询问）人签名：×××、××× 时间：2016.9.27

记录人签名：××× 时间：2016.9.27

参加人：××× 时间：2016.9.27

第 3 页　共 4 页

答：有说过的，当时的老板就跟我们说废水利用这两个洞渗排，不要往外放，我们就也这么做。后来觉得洞有点堵，我就让姓杨的工人将洞清理了一下，扩大了一点，并告诉他把废水打到这两个有洞的水池里。

问：你是否知道利用渗坑、渗井排放污染物违反相关环保法律法规？

答：我看以前就是一直这样做的，所以就也这样把废水渗掉了，也不是很清楚有没有违反相关法律法规。

问：有无需要陈述申辩的？

答：没有了。

问：以上笔录请过目，如无疑问，请签字确认。

答：以上内容已宣读，无异议。××× 2016.9.27。

被调查（询问）人签名：××× 时间：2016.9.27

调查（询问）人签名：×××、××× 时间：2016.9.27

记录人签名：××× 时间：2016.9.27

参加人：××× 时间：2016.9.27

第4页 共4页

杭州市环境保护局
调查询问笔录

案　由：

时　间：2016 年 9 月 27 日 14 时 8 分至 15 时 9 分

调查（询问）地点：×××

被调查（询问）人：杨某某 性别：男 年龄：61

职务或职业：操作工 身份证号码：×××

工作单位：杭州××五金配件厂

家庭住址：×××

邮编：

电话：×××　与本案关系：当事人

调查（询问） 人：×××、××× 记录人：×××

参加人：×××

调查（询问）人：我们是 杭州市环境保护局 执法人员 ×××、×××，这是我们的执法证件，执法证号分别是：×××、×××（亮证），请您过目确认。

被调查（询问）人对执法人员出示证件、表明身份的确认记录：已确认。

调查（询问）人：今天依法对你单位进行检查并询问有关情况，你必须如实回答，你依法享有陈述权、申辩权和申请执法人员回避的权利，听清楚了吗？

答：听清楚了，不申请回避。

询问内容：

问：你是以何种身份来接受调查的？

答：我是杭州××五金配件厂的操作工，今天受老板委托来接受调查。

被调查（询问）人签名：×××　时间：2016.9.27

调查（询问）人签名：×××、×××　时间：2016.9.27

记录人签名：×××　时间：2016.9.27

参加人：×××　时间：2016.9.27

杭州萧山××五金配件厂

第 1 页　共 3 页

问：你在单位担任什么职务？

答：我是这个厂的操作工，主要工作为漂洗和磷化的操作。

问：漂洗和磷化有几条生产线？

答：共有一条生产线，有七格水泥池，其中有4个漂洗池，1个酸化池，1个磷化池，1个碱洗池。

问：漂洗和磷化的生产工艺如何？

答：漂洗和磷化的生产工艺主要为：除油→清洗两次→磷化→漂洗。

问：你在这个厂工作多久了？

答：从2012年至今工作约4年。

问：2016年9月27日，监察人员现场检查时，发现生产线西侧房间水泥池底有两个渗井，你在现场么？

答：我当时在现场。

问：这两个渗坑是什么时候挖的？

答：这两个渗坑原先就存在的，大约在2012年，我刚来这个单位的时候，按老板指示把渗坑清理扩大了。

问：是谁负责把水打入渗坑的吗？

答：是我主要负责的。

问：打入渗坑的水是什么水？

答：打入渗坑的主要是漂洗池的漂洗废水。

问：除漂洗池以外，还有其他池的废水打入渗坑吗？

答：另外还有碱洗池，自从我工作后只打过一次，其他池子的水不打入渗坑。

问：你是用什么工具打过去的？

答：我使用潜水泵打往隔壁房间的水泥池内，通过渗井将废水排放。

被调查（询问）人签名：×××　　时间：2016.9.27

调查（询问）人签名：×××、×××　　时间：2016.9.27

记录人签名：×××　　时间：2016.9.27

参加人：×××　　时间：2016.9.27

第2页　共3页

问：漂洗池的废水多久打往渗井？

答：平均约两个月一次，平时看到水池脏了就打往渗坑，打水操作未作记录。

问：每次更换池子大约排多少水？

答：池子约长2 m，宽1.1 m，池深0.9 m，实际存水深度0.45 m左右，每个池子每次排1 t水左右。

问：企业有废水处理设施么？

答：没有。漂洗的废水直接排入渗坑排放。

问：你们单位平时生产是如何进行管理的？

答：我们工人都是听老板指示来操作的。

问：你们老板的名字是？

答：我的老板名字是黄某某。

问：你知道通过渗坑，渗井排放污水违反相关法律法规么？

答：知道。因为我是为老板打工赚工资，按老板要求操作的。

问：你知道排放的废水中有哪些成分？有哪些危害么？

答：我不知道成分，也不知道废水排放有什么危害。

问：有无需要陈述申辩的？

答：没有。

以上内容已宣读，无异议。××× 2016.9.27

被调查（询问）人签名：××× 时间：2016.9.27

调查（询问）人签名：×××、××× 时间：2016.9.27

记录人签名：××× 时间：2016.9.27

参加人：××× 时间：2016.9.27

第3页 共3页

现场照片（图片、影像资料）证据

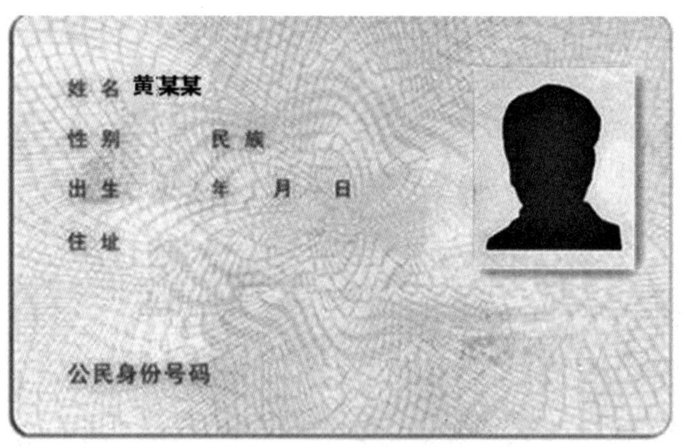

证明内容描述：厂长身份证

拍摄时间：2016-09-27 16：15：09　　拍摄地点：厂区内

拍摄器材：iPad　　拍摄人：×××

××× 2016.9.27

执法人员：×××、××× 2016.9.27

现场照片（图片、影像资料）证据

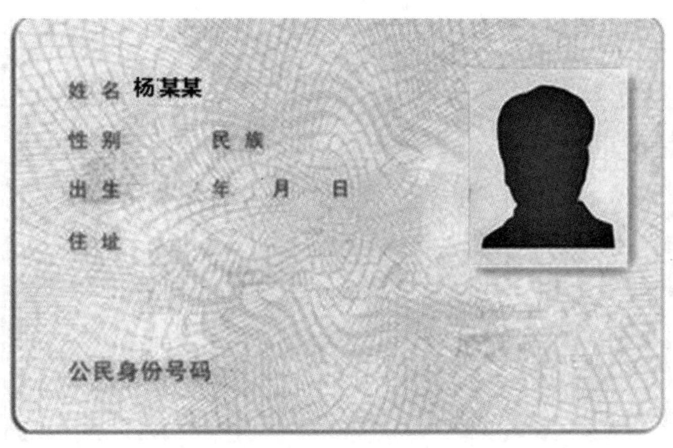

证明内容描述：操作工身份证

拍摄时间：2016-09-27　16：16：29　　拍摄地点：厂区内

拍摄器材：iPad　　　　　　　　　　　拍摄人：×××

××× 2016.9.27

执法人员：×××、×××　2016.9.27

现场照片（图片、影像资料）证据

证明内容描述：厂区大门

拍摄时间：2016-09-27　15：10：09　　拍摄地点：厂区大门外

拍摄器材：iPad　　　　　　　　　　拍摄人：×××

证明内容描述：企业正在生产

拍摄时间：2016-09-27　15：11：09　　拍摄地点：厂区内

拍摄器材：iPad　　　　　　　　　　拍摄人：×××

×××　2016.9.27

执法人员：×××、×××　2016.9.27

现场照片（图片、影像资料）证据

证明内容描述：磷化生产线正在运行

拍摄时间：2016-09-27　15：12　　　拍摄地点：车间内

拍摄器材：iPad　　　　　　　　　拍摄人：×××

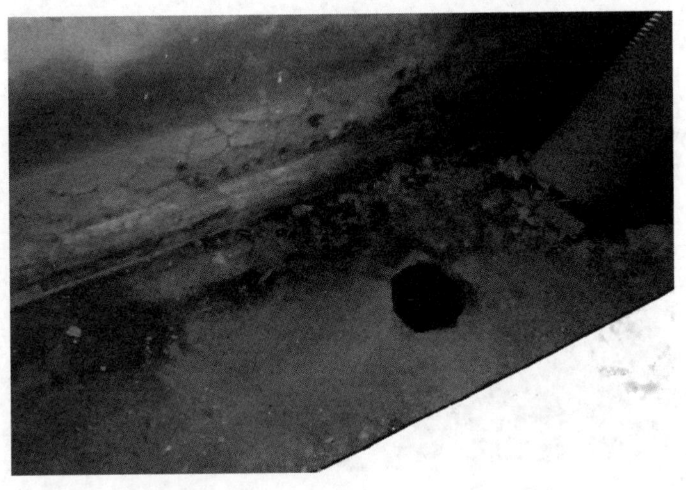

证明内容描述：厂区西北角车间内西起第一格水泥池内有一圆形渗坑

拍摄时间：2016-09-27　15：13　　　拍摄地点：厂区内

拍摄器材：iPad　　　　　　　　　拍摄人：×××

×××　2016.9.27

执法人员：×××、×××　2016.9.27

现场照片（图片、影像资料）证据

证明内容描述：厂区西北角车间内西起第二格水泥池内有一圆形渗坑

拍摄时间：2016-09-27　15：13　　　拍摄地点：厂房内

拍摄器材：iPad　　　　　　　　　　拍摄人：×××

证明内容描述：执法人员在西起第一格水泥池渗坑内采泥土样

拍摄时间：2016-09-27　12：18　　　拍摄地点：厂区内

拍摄器材：iPad　　　　　　　　　　拍摄人：×××

××× 2016.9.27

杭州萧山××五金配件厂

执法人员：×××、××× 2016.9.27

现场照片（图片、影像资料）证据

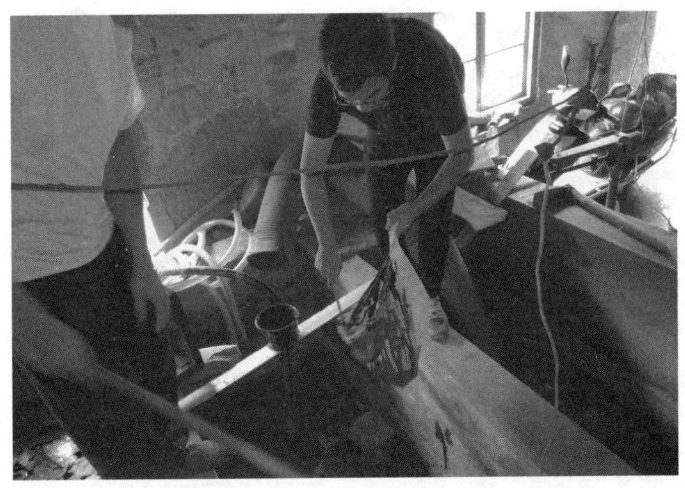

证明内容描述：执法人员在西起第二格水泥池渗坑内采泥土样

拍摄时间：2016-09-27　12：19　　　拍摄地点：厂区内

拍摄器材：iPad　　　　　　　　　　拍摄人：×××

证明内容描述：执法人员在碱洗池采样

拍摄时间：2016-09-27　12：22：20　　拍摄地点：厂区内

拍摄器材：iPad　　　　　　　　　　拍摄人：×××

××× 2016.9.27

执法人员：×××、×××　2016.9.27

现场照片（图片、影像资料）证据

证明内容描述：执法人员在漂洗池 1 采样

拍摄时间：2016-09-27　12：19　　拍摄地点：厂区内

拍摄器材：iPad　　拍摄人：×××

证明内容描述：执法人员在漂洗池 2 采样

拍摄时间：2016-09-27　12：20　　拍摄地点：厂区内

拍摄器材：iPad　　拍摄人：×××

××× 2016.9.27

执法人员：×××、××× 2016.9.27

现场照片（图片、影像资料）证据

证明内容描述：执法人员在漂洗池 3 采样

拍摄时间：2016-09-27　12：21：05　　　　拍摄地点：厂区内

拍摄器材：iPad　　　　　　　　　　　　　拍摄人：×××

证明内容描述：执法人员在漂洗池 4 采样

拍摄时间：2016-09-27　12：21：20　　　　拍摄地点：厂区内

拍摄器材：iPad　　　　　　　　　　　　　拍摄人：×××

×××　2016.9.27

执法人员：×××、×××　2016.9.27

营业执照

注册号 000000000000000

名　　称　××××××公司

类　　型　有限责任公司

住　　所　××市××区×××号

法定代表人　×××

注册资本　×××万元整

成立日期　0000年00月00日

营业期限　0000年00月00日至0000年00月00日

经营范围　××××××××、××××××××、××××××××、××××××××××××、××××××、××××××××××××、××××××××、××××××××、×××××××××、××××××××、××××××××、××××××××、××××××××、××××××××

登记机关

0000年　月　日

×××

2016.9.27

经核对与原件一致

执法人员：×××、×××

2016.9.27

浙江省行政执法证

CREDENTIALS OF ADMINISTRATION ENFORCEMENT IN ZHEJIANG

姓　名 王某某　　性别 男

工作单位 杭州市环境监察支队

执法类别 环境保护监督管理

执法区域 杭州市

执法证号 *****

发证日期 20140519

浙江省人民政府制发

持证须知

1.本证是行政执法人员在依法执行公务时的身份证明。持本证在法定职权范围内依照法定程序进行行政执法活动。

2.本证必须盖有“浙江省人民政府行政执法证件专用章”方为有效。

3.本证有效期为发证之日起五年。每年验审一次，未经年审注册的证件无效。

4.持证者应严格按照《浙江省行政执法证件管理办法》使用本证，并自觉接受监督检查。

浙江省人民政府法制办公室

与原件一致

提供人：×××

2016.11.2

浙江省行政执法证

CREDENTIALS OF ADMINISTRATION ENFORCEMENT IN ZHEJIANG

姓　名 王某某　　性别 男

工作单位 杭州市环境监察支队

执法证号 *****

有效期至 20200825

浙江省行政执法证

CREDENTIALS OF ADMINISTRATION ENFORCEMENT IN ZHEJIANG

本证是行政执法人员的执法资格及身份证明。持本证在法定职权范围内依照法定程序进行行政执法活动。

与原件一致

提供人：×××

2016.11.2

浙江省行政执法证

CREDENTIALS OF ADMINISTRATION ENFORCEMENT IN ZHEJIANG

姓　名 朱某某　　性别 男

工作单位 杭州市环境监察支队

执法证号 *****

有效期至 20200625

浙江省行政执法证

CREDENTIALS OF ADMINISTRATION ENFORCEMENT IN ZHEJIANG

本证是行政执法人员的执法资格及身份证明。持本证在法定职权范围内依照法定程序进行行政执法活动。

与原件一致

提供人：×××

2016.11.2

浙江省行政执法证

CREDENTIALS OF ADMINISTRATION ENFORCEMENT IN ZHEJIANG

姓　名 吴某某　　性别 男

工作单位 杭州市环境监察支队

执法证号 *****

有效期至 20210602

浙江省行政执法证

CREDENTIALS OF ADMINISTRATION ENFORCEMENT IN ZHEJIANG

本证是行政执法人员的执法资格及身份证明。持本证在法定职权范围内依照法定程序进行行政执法活动。

与原件一致

提供人：×××

2016.11.2

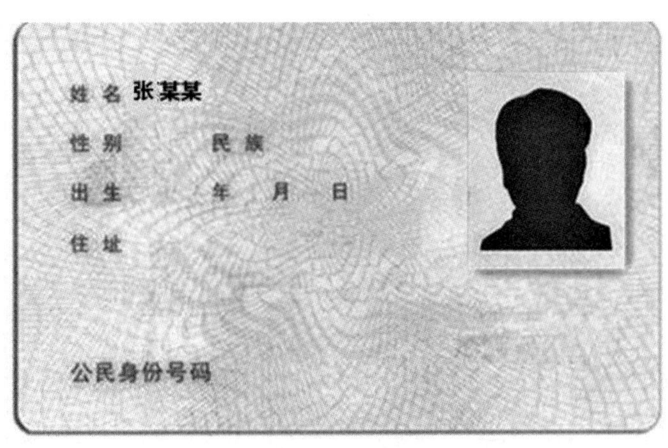

提供人：××× 2016.9.27

参加人（见证人）身份证复印件

经核对与原件一致

执法人员：×××、×××

2016.9.27

监 测 报 告

Monitoring Report

杭环监〔2016〕水字第×××号

项目名称：杭州市萧山××五金水质监测

委托单位：杭州市环境保护局

杭州市环境监测中心站

说　明

一、本报告无批准人签名，或涂改，或未加盖本站红色监测报告专用章及其骑缝章均无效。

二、本报告部分复制，或完整复制后未加盖本站红色监测报告专用章均无效。

三、未经同意本报告不得用于广告宣传。

四、由委托方采样送检的样品，本报告只对来样负责。

五、委托方若对本报告有异议，请于收到报告之日起十五个工作日内向本站提出。

杭州市环境监测中心站

地址：×××

邮编：×××

电话：×××

传真：×××

样品类别：废水　　监测类别：委托

委托方及地址：×××　　委托日期：

采 样 方：杭州市环境监测中心站　　采样日期：2016.9.27

分析地点：本站实验楼　　分析日期：2016.9.27—29

采样地点及性状描述：1#漂洗池（无色、浑） 2#漂洗池（绿色、清） 3#漂洗池（白色、清） 4#漂洗池（黄色、浑） 5#碱洗池（褐色、清）

监测方法依据：水质 pH值的测定 玻璃电极法（GB/T 6920—1986）

水质 总磷的测定 钼酸铵分光光度法（GB/T 11893—1989）

水质 32 种元素的测定 电感耦合等离子体发射光谱法（HJ 776—2015）

评价标准：

监测结果：

项目名称	单位	监测结果				
		1#漂洗池	2#漂洗池	3#漂洗池	4#漂洗池	5#碱洗池
pH 值	—	＜2.00	9.64	5.27	10.03	＞12.00
总磷	mg/L	256	8.81	198	45.6	3.06×10^3
镉	mg/L	＜0.000 5	＜0.000 5	＜0.000 5	＜0.000 5	＜0.000 5
总铬	mg/L	2.64	＜0.007	＜0.007	＜0.007	＜0.007
铅	mg/L	1.02	＜0.006	0.015	＜0.006	＜0.006
铜	mg/L	0.360	＜0.005	＜0.005	0.038	＜0.005
锌	mg/L	254	0.157	8.02	1.54	＜0.007
镍	mg/L	1.12	＜0.02	0.50	0.03	＜0.02
铝	mg/L	5.73	0.187	0.101	0.342	1.54

结论：

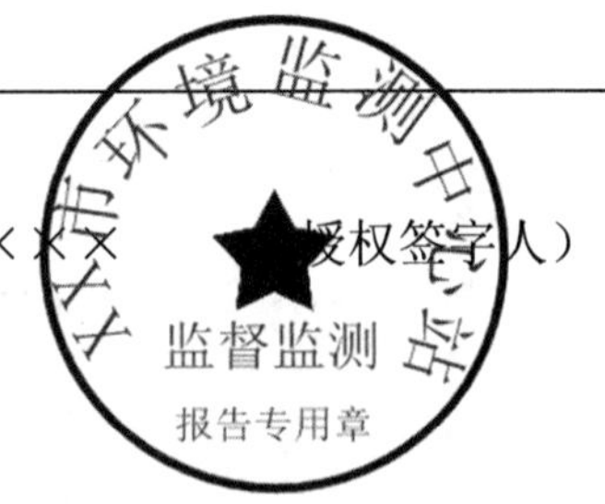

报告编制：×××　审核：×××　批准人：×××（授权签字人）

批准日期：2016.10.13

监 测 报 告

Monitoring Report

杭环监〔2016〕固字第×××号

项目名称：土 壤 监 测

委托单位：杭州市环境保护局

杭州市环境监测中心站

说　明

一、本报告无批准人签名，或涂改，或未加盖本站红色监测报告专用章及其骑缝章均无效。

二、本报告部分复制，或完整复制后未加盖本站红色监测报告专用章均无效。

三、未经同意本报告不得用于广告宣传。

四、由委托方采样送检的样品，本报告只对来样负责。

五、委托方若对本报告有异议，请于收到报告之日起十五个工作日内向本站提出。

杭州市环境监测中心站

地址：×××

邮编：×××

电话：×××

传真：×××

样品类别：土壤　检测类别：委托

委托方地址：×××　委托日期：

采 样 方：本站采样　采样日期：2016.9.27

分析地点：本站实验楼　分析日期：2016.10.11—13

采样地点及性状描述：××五金渗坑 1#（黑色黏土）××五金渗坑 2#（黄色黏土）

监测方法依据：金属元素的测定　电感耦合等离子发射光谱法　《水和废水监测分析方法》（第四版增补版）国家环保总局（2006 年版）

pH 值的测定　玻璃电极法　《土壤元素的近代分析方法》中国环境监测总站（1992 年）

土壤质量　总汞、总砷、总铅的测定　原子荧光法 第 1 部分：土壤中总砷的测定 GB/T 22105.2—2008

评价标准：

检测结果：

项目名称	单位	监测结果	
		××五金渗坑 1#	××五金渗坑 2#
pH 值	—	8.37	9.81
总砷	mg/kg	108	5.61
铅	mg/kg	<1	33.6
锌	mg/kg	2.51×10^4	125
镉	mg/kg	1.6	<0.1
总铬	mg/kg	196	46.5
镍	mg/kg	189	13
铝	mg/kg	3.51×10^3	3.77×10^4
铜	mg/kg	32.2	32.8

结论：

报告编制：×××　审核：×××　批准人：×××（授权签字人）

批准日期：2016.10.20

××市环境监测中心站 监督监测 报告专用章

杭州市环境保护局文件

杭环〔2016〕27 号　　签发人：胡伟

关于要求对杭环监〔2016〕水字第×××号、杭环监〔2016〕固字第×××号监测（检测）报告出具认可意见的请示

浙江省环境保护厅：

我局在调查核实萧山××五金配件厂违法案件时，发现当事人已涉嫌触犯刑律，依法应对其追究刑事责任，需办理案件移送工作。

根据《最高人民法院 最高人民检察院关于办理环境污染刑事案件适用法律若干问题的解释》（法释〔2013〕15 号）第十一条第二款“县级以上环境保护部门及其所属监测机构出具的监测数据，经省级以上环境保护部门认可的，可以作为证据使用”的规定，申请对本案的主要证据，即杭州市环境监测中心站出具的杭环监〔2016〕水字第×××号、杭环监〔2016〕固字第×××号监测（检测）报告数据结果予以认可。

特此请示。

附件：1. 杭环监〔2016〕水字第×××号监测报告及质量保证说明书

2. 杭环监〔2016〕固字第×××号检测报告及质量保证说明书

杭州市环境保护局

2016 年 月 日

联系人：×××、×××

附件 1

监 测 报 告

Monitoring Report

杭环监〔2016〕水字第×××号

项目名称：杭州市萧山××五金水质监测

委托单位：杭州市环境保护局

杭州市环境监测中心站

杭环监〔2016〕水字第×××号监测（检测）报告
质量保证说明书

浙江省环境保护厅：

杭州市环境监测中心站是全民所有制公益性科技事业单位，隶属于杭州市环境保护局，系独立法人单位，具备承担相应的法律责任。

我站出具的杭环监〔2016〕水字第×××号监测（检测）报告中的各项监测（检测）内容已通过浙江省质量技术监督局（或国家认证认可监督管理委员会）组织的国家实验室资质认定（计量认证 CMA 证书，编号 161112050315），监测（检测）过程中严格执行国家和省有关法律、法规、标准和检测技术规范，监测活动严格按照本单位质量管理体系运行，计量仪器（酸度计，编号 1228485109；可见分光光度计，编号 2C50808136，电感耦合等离子体发射光谱仪，编号 077C0120601）均经计量检定或测试合格，质量控制措施（包括平行双样、质控样等）能保证监测（检测）数据准确可靠，出具的监测（检测）报告数据结果客观公正、准确可靠、法律有效。

质量保证说明书单位（盖章）：杭州市环境监测中心站

2016 年 10 月 31 日

附件 2

监 测 报 告

Monitoring Report

杭环监〔2016〕固字第×××号

项目名称：土 壤 监 测

委托单位：杭州市环境保护局

杭州市环境监测中心站

杭环监〔2016〕固字第×××号监测（检测）报告
质量保证说明书

浙江省环境保护厅：

杭州市环境监测中心站是全民所有制公益性科技事业单位，隶属于杭州市环境保护局，系独立法人单位，具备承担相应的法律责任。

我站出具的杭环监〔2016〕固字第×××号监测（检测）报告中的各项监测（检测）内容已通过浙江省质量技术监督局（或国家认证认可监督管理委员会）组织的国家实验室资质认定（计量认证 CMA 证书、编号 161112050315），监测（检测）过程中严格执行国家和省有关法律、法规、标准和检测技术规范，监测活动严格按照本单位质量管理体系运行，计量仪器（酸度计，编号 1228485109；原子荧光光度计，编号 09100728；电子天平，编号 13636706；电感耦合等离子体发射光谱仪，编号 077C0120601）均经计量检定或测试合格，质量控制措施（包括平行双样、质控样等）能保证监测（检测）数据准确可靠，出具的监测（检测）报告数据结果客观公正、准确可靠、法律有效。

质量保证说明书单位（盖章）：杭州市环境监测中心站

2016 年 10 月 31 日

抄送：浙江省环境监测中心

杭州市环境保护局办公室　　　　　　2016 年 11 月 7 日印发

浙江省环境保护厅

浙环测认〔2016〕×××号

关于杭环监〔2016〕水字第×××号监测报告和杭环监〔2016〕固字第×××号检测报告的认定意见

杭州市环境保护局：

你局《关于要求对杭环监〔2016〕水字第×××号、杭环监〔2016〕固字第×××号监测（检测）报告出具认可意见的请示》（杭环〔2016〕×××号）悉，经省环境监测中心对监测程序和相关技术等行使审核，同意对杭环监〔2016〕水字第×××号监测报告和杭环监〔2016〕固字第×××号检测报告的认可，按照《中华人民共和国环境保护法》第十七条第三款“监测机构及其负责人对监测数据的真实性和准确性负责”的规定，监测报告出具的数据真实性和准确性由监测单位负责。

浙江省环境保护厅

2016年×月8日

申请法院强制执行材料

××公司燃煤锅炉无组织排放污染物
强制执行案

××公司燃煤锅炉无组织排放污染物强制执行案

【案件提供单位】

甘肃省定西市安定区环境保护局

【案件简介】

2016 年 1 月 20 日，环境执法人员在督查中发现，甘肃定西安定区××公司在未办理任何环境影响评价审批手续的情况下，于 2005 年 10 月擅自在原××传输局家属院内安装一台 2 t 燃煤锅炉用于供热，且锅炉需要配套建设的环境保护设施未经验收就投入使用。上述行为违反《环境保护法》第四十二条第一款、《环境影响评价法》第二十五条和《大气污染防治法》第十八条的规定，依据《大气污染防治法》第九十九条第二项及《环境影响评价法》第三十一条第一款，对其处以罚款 15 万元，因其未在法定期限内履行罚款缴纳决定，已申请法院强制执行。

【专家点评】

甘肃定西安定区××公司燃煤锅炉无组织排放污染物申请强制执行案，案卷清晰、完备，证据材料非常翔实，大量执法过程的照片，完整还原了执法过程。案件办理合法、规范，对未批先建和超标排污的违法行为定性准确，处罚恰当。值得一提的是，针对当地的社会现状，执法部门在申请法院强制执行时，进行了社会风险评估，综合考虑了社会稳定因素，具有一定的借鉴意义。

（一）该案的优点

1．案卷材料完整，证据扎实、程序严谨

该申请强制执行案件的案卷目录清晰，材料完整，包含按照《行政强制法》第五十四条规定要求在申请强制执行前的催告程序（催告书和回执），有申请强制执行审批表、强制执行申请书及原行政处罚案卷材料、法人证明文件、授权进行诉讼代理的授权委托书，还附有申请强制执行所做的社会稳定风险评估报告，材料扎实、严谨、全面。受理申请的法院出具了受理通知书，作出了准予强制执行的行政裁定。

另外，原行政处罚案卷从立案审批书、现场检查（勘察）笔录、调查询问笔录，现场照片、超标排污的监测报告、责令改正通知、处罚决定书等材料完整清晰。其中，勘查笔录和现场照片完整地从违法排污、采样检测、拒签处罚决定书等过程，将违法事实串联起来，形成了完整和严谨的证据链。在行政处罚书送达过程中，当行政相对人拒签行政处罚决定书时，行政机关除了记入笔录，还进行了现场拍照，保留了相关证据。

2．申请强制执行综合考虑社会稳定风险

执法部门在申请强制执行前的审批过程中，针对当地的社会现状，进行了社会风险评估，综合考虑了法律风险和社会稳定因素。通过评估，确定该强制执行申请符合违法建设的燃煤锅炉周边群众切身利益，不会引起上访、重大社会治安等不稳定风险，申请强制执行不会引发法律和社会稳定风险，对环保综合执法，具有一定的借鉴意义。

（二）存在的问题和建议

该案在法律适用上可以更细致严谨。

该案涉及“未批先建”并已建成投入生产或者使用，同时违反环保设施“三同时”验收制度的违法行为应当如何处罚，全国人大常委会法制工作委员会2007年3月21日作出的《关于建设项目环境管理有关法律适用问题的答复意见》（法工委复〔2007〕2号）规定：“关于建设单位未依法报批建设项目环境影响评价文件却已建成建设项目，同时该建设项目需要配套建设的环境保护设施未建成、未经验收或者经验收不合格，主体工程正式投入生产或者使用的，应当分别依照《环境影响评价法》第三十一条、《建设项目环境保护管理条例》第二十八条的规定作出相应处罚。”据此，建设单位同时构成“未批先建”和违反环保设施“三同时”验收制度两个违法行为的，应当分别依法作出相应处罚。

卷内文件目录

序号	文 号	责任者	题　　名	日 期	页 号	备 注
1	安环罚字〔2016〕×××号	中国××定西分公司	行政处罚决定书		1～3	
2			处罚决定书送达回证		4	
3			拒签行政处罚决定书照片		5	
4			立案审批表		6	
5			行政案件调查报告		7	
6			现场勘查笔录及照片		8～15	
7			废气监测报告及资质认定证		16～19	
8			调查询问笔录		20～24	
9			案件调查终结报告		25～26	
10			权利义务告知书		27	
11			行政处罚事先告知书		28	
12			行政处罚事先告知书送达回证		29	
13			行政处罚听证告知书		30	
14			行政处罚听证告知书送达回证		31	
15			拒签事先及听证告知书照片		32	
16			责令改正违法行为决定书		33	
17			责令改正违法行为决定书送达回证		34	
18			会议记录		35	
19			催告书		36	
20			催告书送达回证		37	
21			会议记录		38	
22			强制执行审批表		39	
23			风险评估报告		40	
24			强制执行申请书		41～43	
25			法定代表人身份证明书		44	
26			授权委托书		45	
27			法院受理案件通知书		46	
28			组织机构代码证		47	
29			法院行政裁定书		48～49	
30			行为人身份证复印件		50～51	
31			组织机构代码复印件		52	
32			营业执照复印件		53	
33			行政执法主体资格证		54	
34			执法人员资格证复印件		55～60	

定西市安定区环境保护局
行政处罚决定书

安环罚字〔2016〕×××号

受处罚单位：中国××股份有限公司定西分公司。地址：×××。组织机构代码：×××，营业执照号：×××。

负责人：敏某某，男，回族。19××年××月××日出生，本科文化程度，甘肃省兰州人。家住：甘肃省兰州市×××区×××号×××室。工作单位：中国××股份有限公司定西分公司，职务：经理。身份证号码：×××，电话：×××。

经查实，受处罚单位中国××股份有限公司定西分公司在未办理任何环境影响评价审批手续的情况下，于 2005 年 10 月擅自在原××传输局家属院内安装一台 2 t 燃煤锅炉用于供热。在项目建设中未落实环保“三同时”验收制度，超标排放大气污染物。2016 年 1 月 26 日，针对上述环境违法行为，我局下达了“责令改正违法行为决定书”（安环责改字〔2016〕×××号），责令该公司限期整改并书面报告情况。2 月 2 日，我环境执法人员再次赴现场督察，发现其整改还未落实，仍在继续违法排污。2 月 3 日，该公司才以中国××股份有限公司定西分公司“关于定西××传输分局家属院锅炉情况的说明及废气整改的报告”（中××定西〔2016〕×××号）文件的形式报告了情况。

以上事实，有我环境执法人员从现场提取的勘察笔录、图片、公司分管负责人陈述材料及××环保科技有限公司提供的检测报告等佐证。

上述行为违反了《中华人民共和国环境保护法》第四十二条第一款排放污染物的企业事业单位和其他生产经营者，应当采取措施，防治在生产建设或者其他活动中产生的废气、废水、废渣、医疗废物、粉尘、恶臭气体、放射性物质以及噪声、振动、光辐射、电磁辐射等对环境的污染和危害。《中华人民共和国环境影响评价法》第二十五条建设项目的环境影响评价文件未经法律规定的审批部门审查或者审查后未予批准的，该项目审批部门不得批准其建设，建设单位不得开工建设。《中华人民共和国大气污染防治法》第十八条企业事业单位和其他生产经营者建设对大气环境有影响的项目，应当依法进行环境影响评价、公开环境影响评价文件；向大气排放污染物的，应当符合大气污染物排放标准，遵守重点大气污染物排放总量控制要求。

综上所述，依据《中华人民共和国大气污染防治法》第九十九条第二项超过大气污染物排放标准或者超过重点大气污染物排放总量控制指标排放大气污染物的，由县级以上人民政府环境保护主管部门责令改正或者限制生产、停产整治，并处十万元以上一百万元以下的罚款；情节严重的，报经有批准权的人民政府批准，责令停业、关闭。《中华人民共和国环境影响评价法》第三十一条第一款建设单位未依法报批建设项目环境影响评价评价文件，或者未依照本法第二十四条的规定重新报批或者报请重新审核环境影响评价文件，擅自开工建设的，由有权审批该项目环境影响评价文件的环境保护行政主管部门责令停止建设，限期补办手续；逾期不补办手续的，可以处五万元以上二十万元以下的罚款，对建设单位直接负责的主管人员和其他直接责任人员，依法给予行政处分。比照《定西市安定区环境保护局关于印发〈行政处罚自由裁量权裁量基准〉的通知》（安环发〔2013〕×××号）的标准。经我局 2016 年 2 月 1 日局务会议集体讨论研究，现对其违法行为作出如下处罚决定：

1．责令立即改正并停止其违法排污行为；

2．在环评审批文件未批复、项目建设环保“三同时”验收制度未落实、大气污染防治设施未安装合格且未经检测达标前不得使用；

3．对违反《中华人民共和国大气污染防治法》行为处壹拾万元人民币罚款；

4．对违反《中华人民共和国环境影响评价法》行为处伍万元人民币罚款。

上述罚款在接到本行政处罚决定书之日起十五日内，交至中国银行股份有限公司定西分行营业部。账号：×××。逾期不缴纳罚款时，每日按罚款数额的 3%加处罚款。

如对本行政处罚决定不服，可在接到本处罚决定书之日起 60 日内向定西市安定区人民政府或定西市环境保护局申请复议，也可在 6 个月内直接向定西市安定区人民法院提出诉讼，复议和诉讼期间不停止本行政处罚决定的执行。逾期既不复议也不诉讼又不执行的，我局将申请人民法院强制执行。

定西市安定区环境保护局
2016 年 3 月 15 日

行政处罚实施机构资格证号：×××

行政执法人员：××× 证号：×××

××× 证号：×××

定西市安定区环境保护局送达回证（附卷）

安环送证字〔2016〕第×××号

送达文书名称及文号	定西市安定区环境保护局行政处罚决定书 安环罚字〔2016〕×××号		
送达地点	×××		
送达方式	直接	送达日期	2016.3.17
收件人签名 （盖章）	拒绝签字	收件日期	2016.3.17　16:32
代收人签名 （盖章） 并记明与当事人关系		代收日期	
签发人	×××	送达人	×××

中国××股份公司定西分公司办公室负责人拒签行政处罚决定书

拒签现场

定西市安定区环境保护局违法行为立案审批表

安环立字〔2016〕第×××号

<table>
<tr><td>案件来源</td><td colspan="3">巡查发现</td><td>案由</td><td colspan="3">涉嫌违反《中华人民共和国环境保护法》、《中华人民共和国大气污染防治法案》</td></tr>
<tr><td rowspan="4">当事人</td><td>单位或姓名</td><td colspan="3">中国××股份有限公司
定西分公司</td><td>电话号码</td><td colspan="2">×××</td></tr>
<tr><td>地址（住址）</td><td colspan="6">定西市安定区××路××号</td></tr>
<tr><td>营业执照注册号</td><td colspan="3">×××</td><td>组织机构代码</td><td colspan="2">×××</td></tr>
<tr><td>法定代表（负责）人</td><td>敏某某</td><td>职务</td><td>经理</td><td>身份证号码</td><td colspan="2">×××</td></tr>
<tr><td>案情简介及立案理由</td><td colspan="7">中国××股份有限公司定西分公司在未办理任何环境影响评价审批手续的情况下，于2005年10月擅自在原××传输局家属院内安装一台2 t燃煤锅炉用于供热。在项目建设中未落实环保“三同时”验收制度，超标排放大气污染物。
该行为违反了《中华人民共和国环境保护法》第四十二条第一款、《中华人民共和国环境影响评价法》第二十五条和《中华人民共和国大气污染防治法》第十八条的规定。</td></tr>
<tr><td>承办人意见</td><td colspan="7">建议对该公司依法立案查处，请审批。
签名：×××　×××　2016年1月26日</td></tr>
<tr><td>承办机构负责人审批意见</td><td colspan="7">请××局长审批。
签名：×××　2016年1月26日</td></tr>
<tr><td>环保部门负责人审批意见</td><td colspan="7">同意。
签名：×××　2016年1月26日</td></tr>
</table>

定西市安定区环境保护局行政案件调查报告

<table>
<tr><td>案由</td><td colspan="2">涉嫌违反《中华人民共和国环境保护法》、《中华人民共和国大气污染防治法案》</td><td colspan="2">立案号</td><td colspan="2">安环立字（2016）×××号</td></tr>
<tr><td rowspan="3">当事人</td><td>单位或姓名</td><td colspan="5">中国××股份有限公司定西分公司</td></tr>
<tr><td>地址（住址）</td><td colspan="5">定西市安定区××路××号</td></tr>
<tr><td>法定代表（负责）人</td><td>敏某某</td><td>职务</td><td>经理</td><td>电话</td><td>×××</td></tr>
<tr><td>查明的事实和证据</td><td colspan="6">中国××股份有限公司定西分公司在未办理任何环境影响评价审批手续的情况下，于 2005 年 10 月擅自在原××传输局家属院内安装一台 2 t 燃煤锅炉用于供热。在项目建设中未落实环保“三同时”验收制度，超标排放大气污染物。
以上事实，有我环境执法人员从现场提取的勘察笔录、图片、公司分管负责人陈述材料及××环保科技有限公司提供的检测报告等佐证。</td></tr>
<tr><td>处理依据</td><td colspan="6">依据《中华人民共和国大气污染防治法》第九十九条第二项、《中华人民共和国环境影响评价法》第三十一条第一款之规定。</td></tr>
<tr><td>调查人处理意见</td><td colspan="6">建议对该公司依法做出如下行政处罚：
1. 责令立即改正并停止其违法排污行为。
2. 在环评审批文件未批复、项目建设环保“三同时”验收制度未落实、大气污染防治设施未安装合格且未经检测达标前不得使用。
3. 对违反《中华人民共和国大气污染防治法》的行为处壹拾万元人民币罚款。
4. 对违反《中华人民共和国环境影响评价法》的行为处伍万元人民币罚款。
签名：×××　×××　2016 年 1 月 27 日</td></tr>
<tr><td>调查部门负责人意见</td><td colspan="6">报请局务会议研究决定。
签名：×××　2016 年 1 月 27 日</td></tr>
</table>

定西市安定区环境保护局现场勘察笔录

勘察时间：2016年1月26日14时10分至14时30分

勘察地点：中国××有限公司定西分公司（原××传输局家属楼院内锅炉房）

勘察人：×××　执法证号：×××　记录人：×××　执法证号：×××

被勘察（法定代表或负责）人：何某某　性别：男　年龄：36

民族：汉　文化程度：本科　籍贯：定西　电话：×××

工作单位：中国××有限公司定西分公司

住址：×××

职务：主任　身份证号码：×××

与本案关系：________其他参加人：________

问：我们是定西市安定区环境保护局（环境监察大队）的执法人员，这是我们的执法证件，请您确认。

答：人证相符。

问：今天我们来您处依法进行现场勘察（检查），请予以配合。不得拒绝、阻碍、说谎话、隐匿事实真相，听清楚了吗？

答：听清楚了。

问：如果您认为我们与现场勘察（检查）有利害关系而影响公正办案，可申请我们回避，并说明理由，明白吗？

答：明白。

问：您对我们从现场提取的示意图及照片是否有异议？

答：无异议。

现场勘察所见（示意图及照片附后）

被勘察人：×××　2016年1月26日

（共3页）第1页

（续页）

附 1：现场勘察示意图

现场位于原××传输局家属院内，东靠永定村民宅，西临原定西地区内联厂，南接理工中等专业学校，北挨原传输局家属楼，现场草图及照片如下所示：

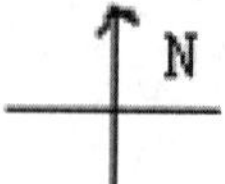

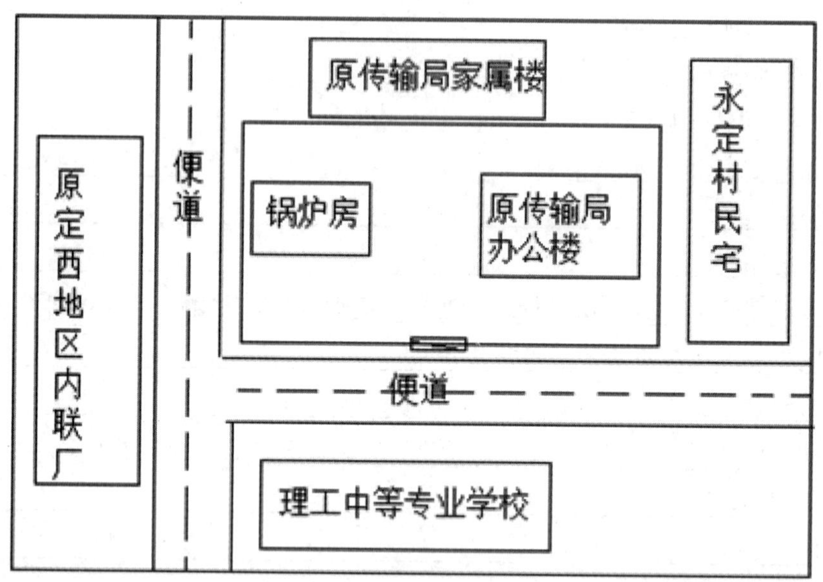

被勘察人：×××2016 年 1 月 26 日

勘察（检查）人：××× 2016 年 1 月 26 日

记录人：×××2016 年 1 月 26 日

其他参加人：______________ ____年___月____日

（共 2 页）第 2 页

（续页）

附 2：现场照片

<table>
<tr><td>证明对象：
证明燃煤锅炉所处位置，地点及周边环境等基本情况。</td></tr>
<tr><td>拍摄时间：
2016 年 1 月 26 日 14 时 10 分</td></tr>
<tr><td>拍摄地点：
原××传输局家属院内</td></tr>
<tr><td>拍摄人：×××</td></tr>
<tr><td>被勘察（当事、见证）人：
×××　　　　　　　　2016 年 1 月 26 日</td></tr>
<tr><td>勘察（检查）人：　　　　执法证号：×××
×××　　　　　　　　2016 年 1 月 26 日</td></tr>
<tr><td>记录人：　　　　执法证号：×××
×××　　　　　　　　2016 年 1 月 26 日

其他参加人：
年　月　日</td></tr>
</table>

中国××公司定西分公司（原××传输局）家属院

锅炉房

直排烟囱

直排烟囱

直排烟囱

2016 01 15

锅炉

热水锅炉
锅炉型号
额定热功率 MW
工作压力 MPa
额定出口/进口水温 ℃
制造日期 年 月 锅炉编号
制造许可证D级 编号 20-0010049
监检单位 兰州市锅炉压力容器检验所
监检员 监检日期 年 月 日
兰州商业通用机械厂
2016 01 15

锅炉标牌

环境监测人员正在采样检测

报告编号：JC02-2017-033

×××环保科技有限公司

废气检测报告

委托单位：定西××传输分局家属院

样品类别：锅炉废气（2T）

检测机构：×××环保科技有限公司

报告日期：2016 年 1 月 20 日

资质认定

计量认证证书

证书编号：

名称：

地址：

经审查，你机构已具备国家有关法律、行政法规规定的基本条件和能力，现予批准，可以向社会出具具有证明作用的数据和结果，特发此证。

检测能力见证书附表。

准许使用徽标

发证日期:20　年　月　日

有效期至:20　年　月　日

发证机关:

本证书由国家认证认可监督管理委员会制定，在中华人民共和国境内有效

报告编号：JC02-2017-033

报告声明：

1．报告封面左上角无“CMA”标志符号者无法律效力。

2．检测报告封页无本公司业务章无效。

3．本报告三级审核签字不全、无签发人签字、无骑缝章均无效。

4．报告涂改无效。

5．被检单位对检测报告有异议，应于收到报告之日起十五日内提出复检申请，逾期不提出异议者视为认可。

6．复制检测报告未加盖本公司业务章无效。

7．一般性的委托检测仅对来样负责。

8．标注＊符号的检测项目为分包项目。

×××环保科技有限公司

联系电话：×××

传　　真：×××

邮　　编：×××

地　　址：×××

表 1 监测分析方法表

项目名称	依据的标准名称、代号（含年号）
烟尘	固定污染源排气中颗粒物测定与气态污染物采样方法 GB/T 15167—1996
二氧化硫	固定污染源排气中二氧化硫的测定 定电位电解法 HJ/T 57—2000
氮氧化物	固定污染源废气 氮氧化物的测定 定电位电解法 HJ 693—2014

表 2 检测项目质控表

<table>
<tr><td rowspan="2">检测项目</td><td colspan="3">质控样</td></tr>
<tr><td colspan="2">测定值</td><td>结果评价</td></tr>
<tr><td rowspan="2">烟尘</td><td>1＃滤筒</td><td>0.950 1～0.950 5g</td><td>合格</td></tr>
<tr><td>2＃滤筒</td><td>0.948 7～0.949 1g</td><td>合格</td></tr>
<tr><td>二氧化硫</td><td colspan="2">203.4ppm</td><td>合格</td></tr>
<tr><td>氮氧化物</td><td colspan="2">201.5ppm</td><td>合格</td></tr>
</table>

表 3 锅炉废气检测结果表

<table>
<tr><td rowspan="2">工况及测试参数</td><td>废气污染源名称</td><td colspan="2">2 t 燃煤锅炉</td><td colspan="2">治理设施名称</td><td>多孔除尘器</td><td>排放口高度</td><td>26 m</td></tr>
<tr><td>建成时间</td><td colspan="2">2005 年 10 月</td><td colspan="2">年运行时间</td><td>150 天</td><td>检测当天工况负荷</td><td>75%</td></tr>
<tr><td rowspan="2">检测点位</td><td rowspan="2">检测项目</td><td colspan="2">标态风量/（m^3/h）</td><td colspan="2">排放浓度/（mg/m^3）</td><td rowspan="2">平均排放量/（kg/h）</td><td rowspan="2">标准限值/（mg/m^3）</td><td rowspan="2">达标情况</td></tr>
<tr><td>测定值</td><td>均值</td><td>测定值</td><td>均值</td></tr>
<tr><td rowspan="3">除尘后</td><td>烟尘</td><td rowspan="3">5 816
5 799
5 496</td><td rowspan="3">5 704</td><td>1 358
918
955</td><td>1 086</td><td>2.87</td><td>200</td><td>超标</td></tr>
<tr><td>二氧化硫</td><td>920
903
972</td><td>932</td><td>2.46</td><td>900</td><td>超标</td></tr>
<tr><td>氮氧化物</td><td>320
335
346</td><td>334</td><td>0.88</td><td>—</td><td>—</td></tr>
<tr><td>备注</td><td colspan="8">出口 0，均值为 15.6%，折算系数为：2.16
（注：表中出口污染物排放浓度均按过剩空气系数进行折算）</td></tr>
<tr><td>分析与评价</td><td colspan="8">根据《锅炉大气污染物排放标准》（GB 13271—2001）二类区 II 时段规定的排放限值要求，所检测的烟尘、二氧化硫排放浓度均超标</td></tr>
</table>

报告人：××× 审核人：××× 签发人：×××

2016 年 1 月 20 日 2016 年 1 月 20 日 2016 年 1 月 20 日

定西市安定区环境保护局调查询问笔录

询问时间：2016年1月26日14时30分至15时50分

询问地点：中国××有限公司定西分公司主任办公室

询问人：×××　　记录人：×××

被询问人：何某某　　性别：男　　年龄：36民族：汉　文化程度：本科　籍贯：定西

职务：主任　身份证号码：×××　　电话：×××

工作单位：中国××有限公司定西分公司　住址：×××

与本案关系：＿＿＿＿其他参加人：＿＿＿＿

问：我们是定西市安定区环境保护局的执法人员，这是我们的执法证件，证号分别是×××、×××。请您确认。

答：人证相符。

问：今天我们来您处依法进行调查并了解有关情况，请予以配合。您必须如实回答我们的提问并提供相关资料，不得拒绝、阻碍、说谎话、隐瞒事实真相或事项提供虚假情况。否则，将负法律责任，听清楚了吗？

答：听清楚了。

问：如果您认为我们与本案有利害关系而影响公正办案，可申请我们回避，并说明理由，明白吗？

答：明白。

问：中国××有限公司定西分公司法人或代表人是谁？

答：名叫敏某某，兰州人，家住×××。

问：你在此单位担任什么职务？何时来工作的？

答：担任办公室主任职务，分管××工作，于2000年来本公司上班的。

问：能代表单位吗？

答：可以。

问：你公司（原××传输局）家属院采暖燃煤锅炉是何时建设运营的？

答：是原××传输局建的，具体哪年建设并投入运营的我说不上。

问：是否办理了环评审批手续？

×××（被询问人签字）　　　　（共2页）第1页

答：说不清。

问：据我们查了一下，未办理环评审批手续。

问：你公司燃煤炉 30 天用煤量是多少？现供热多少面积？

答：具体我说不上，我只知道一个采暖期需买 100 多吨煤。

问：燃煤锅炉是否装了除尘抑尘设施？

答：没有。

问：那烟、粉尘直接向大气排放，是违法的行为知道吗？

答：这个我也知道。但遗留问题没办法，希望你们把我们的采暖接入大管网并好。

问：2016 年 1 月 20 日，我局委托××科技有限公司对你公司家属院燃煤锅炉进行了监督性监测，结果烟尘、二氧化硫严重超标，本应按环保法律法规规定，立即查封并处罚，考虑到企业遗留问题，现依法下达“责令改正违法行为决定书”，限你公司立即整改，否则将依法从严查处，听清了吗？

答：听清了，我们商量整改。

问：你单位负责人是否在单位？

答：没有，出差了。一切交给我负责办理，我再汇报。

问：还有什么要谈的吗？

答：再没有了，只是希望早日并网。

问：请你看笔录与你说的是否一致？

答：好，我看。

看后一致 ×××（被询问人签字） 2016.1.26

询问人签名：××× 2016 年 1 月 26 日

记录人签名：××× 2016 年 1 月 26 日

（共 2 页）第 2 页

定西市安定区环境保护局调查询问笔录（第二次）

询问时间：2016 年 2 月 2 日 14 时 56 分至 15 时 30 分

询问地点：中国××有限公司定西分公司主任办公室

询问人：×××记录人：×××

被询问人：何某某　性别：男　年龄：36　民族：汉　文化程度：本科　籍贯：定西

职务：主任　身份证号码：×××　电话：×××　住址：×××

工作单位：中国××有限公司定西分公司

与本案关系：________其他参加人：________

问：我们是定西市安定区环境保护局的执法人员，这是我们的执法证件，证号分别是×××、×××。请您确认。

答：人证相符。

问：今天我们来您处依法进行调查并了解有关情况，请予以配合。您必须如实回答我们的提问并提供相关资料，不得拒绝、阻碍、说谎话、隐瞒事实真相或事项提供虚假情况。否则，将负法律责任，听清楚了吗？

答：听清楚了。

问：如果您认为我们与本案有利害关系而影响公正办案，可申请我们回避，并说明理由，明白吗？

答：明白。

问：2016 年 1 月 26 日我局执法人员依法对你单位燃煤锅炉进行现场勘察，并据我局委托××环保科技有限公司对你单位燃煤锅炉进行监测后出具的监测报告，下达了责令改正违法行为决定书，是否收到？

答：收到了。

问：是否对燃煤锅炉超标排污问题进行了整改？

答：没有整改。

问：由于你单位在收到“责令改正违法行为决定书”后既未进行整改也未书面报告我局整改结果，现在我局将依法对你单位作出处罚与听证告知，听清楚了吗？

答：听清楚了，处罚就算了，我们立即整改，给你局报送整改方案和结果。

×××（被询问人签字）　　　　（共 2 页）第 1 页

问：还有什么要谈的吗？

答：没有了。

问：请核对笔录是否和你所说一致。

答：好，我看。

看后一致 ×××（被询问人签字） 2016.2.2

询问人签名：××× 2016年2月2日

记录人签名：××× 2016年2月2日

（共2页）第2页

安定区环境保护局行政案件调查终结报告

承办意见	该案已调查终结，请×局长批示。 ×××　　2016年1月28日
领导批示	同意终结。 ×××　　2016年1月28日

中国××股份有限公司定西分公司违反“环境保护法”“大气污染防治法”一案，经我局环境执法人员于2016年1月26日调查取证，已终结。现将查证结果报告如下：

一、基本情况

排污者：中国××股份有限公司定西分公司。

负责人：敏某某，男，回族。现年××岁，××文化程度，甘肃省兰州人，家住甘肃省兰州市××区×××号××室，系中国××股份有限公司定西分公司经理。

二、案件来源

我局环境执法人员在巡查中发现中国××股份有限公司定西分公司（原××传输局家属院）院内的燃煤锅炉污染周围大气环境，于2016年1月20日，经××环保科技有限公司检测，排放的污染物严重超标，遂立案查处。

三、案件事实

经查实，中国××股份有限公司定西分公司在未办理任何环境影响评价审批手续的情况下，于2005年10月擅自在原××传输局家属院内安装一台2 t燃煤锅炉用于供热。在项目建设中未落实环保“三同时”验收制度，超标排放大气污染物。

四、证据

1．有该公司办公室负责人的陈述材料。

2．有我环境执法人员从现场提取的勘察笔录、图片。

3．有××环保科技有限公司提供的检测报告等佐证。

五、处理意见

该行为违反了《中华人民共和国环境保护法》第四十二条第一款、《中华人民共和国环境影响评价法》第二十五条和《中华人民共和国大气污染防治法》第十八条的规定。经反复核实和查证，违法事实情节清楚，证据确实充分。依据《中华人民共和国大气污染防治法》第九十九条第二项、《中华人民共和国环境影响评价法》第三十一条第一款的规定，建议对该公司：

1．责令立即改正并停止其违法排污行为。

2．在环评审批文件未批复、项目建设环保“三同时”验收制度未落实、大气污染防治设施未安装合格且未经检测达标前不得使用。

3．对违反《中华人民共和国大气污染防治法》行为处10万元人民币罚款。

4．对违反《中华人民共和国环境影响评价法》行为处5万元人民币罚款。

妥否，请批示。

承办人：×××　×××

二〇一六年一月二十八日

行政执法行为权利义务告知书

根据《中华人民共和国行政处罚法》《环境行政处罚办法》等有关法律法规，将你（单位）享有的权利和义务告知如下：

一、环境保护行政执法行为中当事人的主要权利：

1．执法人员实施行政检查、案件调查等行政行为时，应当实现说明原因，出事有效执法证件，并有两名以上（含两名）执法人员到场，否则，当事人有权予以拒绝。

2．执法人员采取先行登记保存措施或者扣留、封存等行政强制措施时，应当当场清点被保存、扣留或封存的财务、开具清单并送达通知书，否则，当事人有权索要合法凭证或拒绝强制措施。

3．环境保护行政管理机关在作出行政处罚决定前，应当告知当事人拟作出行政处罚决定的事实、理由和依据，当事人有权进行称述申辩。

4．环境保护行政管理机关作出暂扣或吊销许可证、较大数额的罚款和没收等重大行政处罚决定前，应当告知当事人；当事人有要求举行听证的权利。

5．对环境保护行政管理机关作出的行政强制措施、行政处罚决定不服的，当事人有权按规定申请行政复议或行政诉讼；对复议机关作出的复议决定不服的，可依法直接提起行政诉讼。

6．对环境保护行政管理机关违法实施行政检查、行政强制、行政处罚的，当事人有权要求行政赔偿，行政赔偿可以在申请行政复议或提起行政诉讼时一并提出。

7．对环境保护行政管理机关办案人员制作的询问笔录，当事人有权核对、更正和补充，否则，当事人有权拒绝在询问笔录上签字。

二、环境保护行政执法行为中当事人的主要义务：

1．依法、如实向环境保护行政管理机关提供行政处罚案件的真实情况和有关资料的义务，不得拒绝、拖延或谎报。

2．环境保护行政管理机关对财务进行查封、扣押或保存的，有依法予以配合和接受处理的义务。

3．对环境保护行政管理机关依法制作的各类法律文书，有接受的义务。

4．对已发生法律效力的环境保护行政管理机关的行政处罚决定，有依法履行的义务。

5．对环境保护行政管理机关的依法行政行为有配合、协助的义务，不得阻挠、妨碍甚至打击报复执法人员的依法行政行为。

三、环境保护行政执法行为中执法人员的纪律规定，环境保护行政管理驾管及其工作人员有下列行为的，当事人有权向环境保护行政管理机关或有关部门检举、控告：

1．违反程序、滥用职权、侵犯当事人合法权益的。

2．乱扣财物、以费代罚、以罚代刑的。

3．利用职权为自己或他人谋取私利的。

4．接受当事人礼品、礼金（含有价证券）的。

5．接受当事人宴请、娱乐、旅游等活动的。

四、环境保护行政管理机关及其工作人员，在执法过程中有违反《中华人民共和国行政处罚法》《环境行政处罚办法》等有关法律法规的，你（单位）依法享有投诉、申辩、听证、复议、诉讼等权利，若执法人员有违反纪律的，你（单位）可向本局有关部门投诉。

以上内容已向我告知。

被告知人：×××

2016年1月26日

定西市安定区环境保护局
行政处罚事先告知书（附卷）

安环罚告字〔2016〕第×××号

中国××股份有限公司定西分公司：

经我局于2016年1月26日对你单位进行调查后，发现你单位实施了以下环境违法行为：在未办理任何环评审批手续的情况下，擅自安装燃煤锅炉，配套的废气处理设施也未经验收，超标排放大气污染物。上述行为有询问笔录、现场勘察照片、监测报告等证据为凭。该行为违反了《中华人民共和国环境保护法》第四十二条第一款、《中华人民共和国环境影响评价法》第二十五条和《中华人民共和国大气污染防治法》第十八条的规定。

依据《中华人民共和国大气污染防治法》第九十九条第二项、《中华人民共和国环境影响评价法》第三十一条第一款的规定，我局拟对你单位作出如下行政处罚：

1．责令立即停止其违法排污行为。

2．在环评审批文件未批复、大气污染防治设施未安装到位且未经验收达标合格前不得启用。

3．对违反《中华人民共和国大气污染防治法》行为处壹拾万元人民币罚款。

4．对违反《中华人民共和国环境影响评价法》行为处伍万元人民币罚款。

根据《中华人民共和国行政处罚法》第三十二条的规定，你单位如有异议，可在接到本告知之日起三日内向我局提出书面陈述和申辩意见；逾期未提出陈述和申辩意见的，视为你单位放弃陈述和申辩权利。

联系人：××× 电话：×××

地址：××× 邮编：×××

签发人：×××

执法员：×××、×××

执法证号：×××、×××

当事（单位）人签名：拒绝签字 2016.2.2 15时25分

2016年2月2日

定西市安定区环境保护局送达回证（附卷）

安环送证字〔2016〕第×××号

送达文书名称及文号	定西市安定区环境保护局行政处罚事先告知书 安环罚告字〔2016〕×××号		
送达地点	×××		
送达方式	直接	送达日期	2016.2.2
收件人签名 （盖章）	×××	收件日期	2016.2.2
代收人签名 （盖章） 并记明与当事人关系		代收日期	
签发人	×××	送达人	××× ×××

定西市安定区环境保护局
行政处罚听证告知书（附卷）

安环罚听告字〔2016〕第×××号

中国××股份有限公司定西分公司：

经我局于2016年2月2日对你单位进行调查后，发现你单位实施了以下环境违法行为：在未办理任何环评审批手续的情况下，擅自安装燃煤锅炉，配套的废气处理设施也未经验收，超标排放大气污染物。上述违法行为有询问笔录、现场勘察图片、监测报告等证据为凭。该行为违反了《中华人民共和国环境保护法》第四十二条第一款、《中华人民共和国环境影响评价法》第二十五条和《中华人民共和国大气污染防治法》第十八条的规定。

依据《中华人民共和国大气污染防治法》第九十九条第二项、《中华人民共和国环境影响评价法》第三十三条第一款的规定，我局拟对你单位作出如下行政处罚：

1．责令立即停止其违法排污行为。

2．在环评审批文件未批复、大气污染防治设施未安装到位且未经验收达标合格前不得启用。

3．对违反《中华人民共和国大气污染防治法》行为处壹拾万元人民币罚款。

4．对违反《中华人民共和国环境影响评价法》行为处伍万元人民币罚款。

上述行政处罚符合听证条件。根据《中华人民共和国行政处罚法》第四十二条的规定，你单位有要求举行听证的权利。如果要求听证，可在接到本告知之日起三日内向我局以书面形式提出听证申请；逾期未提出听证申请的，视为你单位放弃听证要求。

联系人：×××　　电话：×××

地址：×××　　邮编：×××

签发人：×××

执法员：×××、×××

执法证号：×××、×××

当事（单位）人签名：拒绝签字　2016.2.2　15时25分

2016年2月2日

定西市安定区环境保护局送达回证（附卷）

安环送证字〔2016〕第×××号

送达文书名称及文号	定西市安定区环境保护局行政处罚听证告知书 安环罚听告字〔2016〕×××号		
送达地点	×××		
送达方式	直接	送达日期	2016.2.2
收件人签名 （盖章）	×××	收件日期	2016.2.2
代收人签名 （盖章） 并记明与当事人关系		代收日期	
签发人	×××	送达人	××× ×××

该公司办公室负责人查阅行政处罚事先告知书、听证告知书后拒绝签字

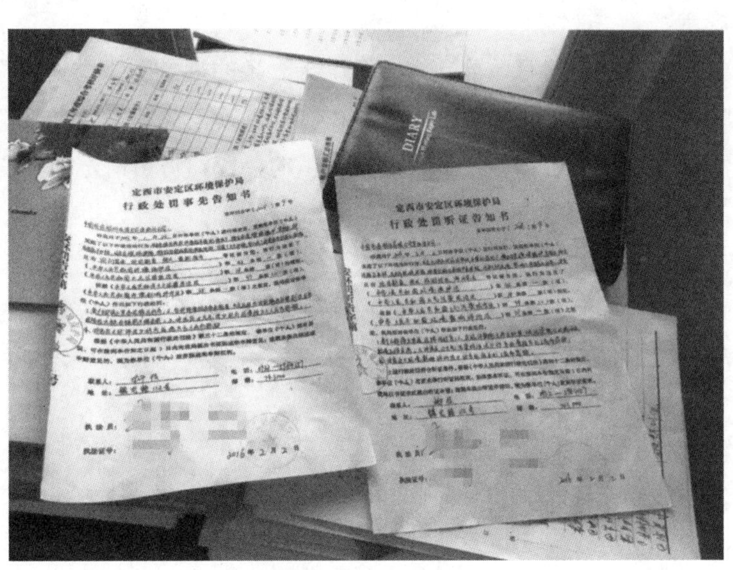

在两告知书上拒绝签字

定西市安定区环境保护局
责令改正违法行为决定书（附卷）

安环责改字〔2016〕第×××号

单位：中国××有限公司定西分公司

地址：×××电话：×××

营业执照注册号：×××　　　组织机构代码：×××

法定代表（负责）人：敏某某　　　职务：经理

身份证号码：×××

我局（环境监察大队）于2016年1月26日对你单位进行了调查，发现你单位实施了以下环境违法行为：你公司（原××传输局）家属院取暖燃煤锅炉未经环评审批，配套的废气处理设施也未经验收，超标排放大气污染物。上述违法事实有询问笔录、现场勘察图片、监测报告等证据为凭。该行为违反了《中华人民共和国环境保护法》第四十二条第一款、《中华人民共和国环境影响评价法》第二十五条和《中华人民共和国大气污染防治法》第十八条的规定。

依据《中华人民共和国行政处罚法》第二十三条的规定，责令你单位于2016年1月30日前立即改正上述违法行为，并于1月30日前将改正情况书面报告我局，我局将对你单位改正违法行为的情况进行监督。逾期未改正的，我局将申请定西市安定区人民法院强制执行或依法实施行政处罚。

你单位如对本决定不服，可在收到本决定书之日起六十日内向定西市环境保护局或定西市安定区人民政府申请行政复议，也可在接到本决定书之日起六个月内向定西市安定区人民法院提起行政诉讼。

签发人：×××

执法员：×××、×××

执法证号：×××、×××

当事（单位）人签名：×××

2016年1月26日

定西市安定区环境保护局送达回证（附卷）

安环送证字〔2016〕第×××号

送达文书名称及文号	定西市安定区环境保护局责令改正违法行为决定书 安环责改字〔2016〕第×××号		
送达地点	×××		
送达方式	直接	送达日期	2016.1.26
收件人签名 （盖章）		收件日期	
代收人签名 （盖章） 并记明与当事人关系	××× 办公室员工	代收日期	2016.1.26
签发人	×××	送达人	×××

会 议 记 录

时间：2016 年 2 月 1 日

地点：三楼小会议室

参加人员：×××、×××、×××、×××、×××、×××

主持：×××　　　　　　**记录**：×××

会议内容：关于对“中国××股份有限公司定西分公司涉嫌违反《环境影响评价法》《大气污染法案》”调查后的处理意见情况。

法制股汇报：中国××股份有限公司定西分公司在未办理任何环境影响评价审批手续的情况下，于 2005 年 10 月擅自在原××传输局家属院内安装一台 2 t 燃煤锅炉用于供热。在项目建设中未落实环保“三同时”验收制度，超标排放大气污染物。

查处意见：鉴于该公司涉嫌违反环保法律法规行为，①责令立即停止其违法排污行为；②在大气污染防治设施未安装合格且未经检测达标前不得使用；③对违反《大气污染防治法》的行为处壹拾万元人民币罚款；④对违反《环境影响评价法》行为处伍万元人民币的罚款。

本次会议就该违法行为如何处理进行讨论。

会议决定：经与会人员讨论，一致同意上述处理意见。

承办人员应依法及时将处理决定送达至当事人。

定西市安定区环境保护局催告书

安环催告字〔2016〕第×××号

被催告单位：中国××股份有限公司定西分公司

地址：定西市安定区××路××号

法定代表人：敏某某，男，回族，甘肃兰州人。身份证号码：×××，电话：×××。

安环罚字〔2016〕第×××号《行政处罚决定书》已于2016年3月17日送达你公司并生效。迄今为止你（单位）未在法定期限内主动履行罚款壹拾伍万元人民币。

请你（单位）接此催告书后，于2016年10月5日之前立即到中国银行定西分行营业部缴费专户如数缴清上述罚款，否则，我局将依法申请人民法院强制执行。同时，你有权进行陈述和申辩。

XX市XX区环境保护局

定西市安定区环境保护局

2016年[illegible]月26日

定西市安定区环境保护局送达回证（附卷）

安环送证字〔2016〕第×××号

<table>
<tr><td>送达文书名称及文号</td><td colspan="3">定西市安定区环境保护局催告书
安环催告字〔2016〕×××号</td></tr>
<tr><td>送达地点</td><td colspan="3">×××</td></tr>
<tr><td>送达方式</td><td>直接</td><td>送达日期</td><td>2016.9.26</td></tr>
<tr><td>收件人签名
（盖章）</td><td></td><td>收件日期</td><td></td></tr>
<tr><td>代收人签名
（盖章）
并记明与当事人关系</td><td>×××
办公室员工</td><td>代收日期</td><td>2016.9.26</td></tr>
<tr><td>签发人</td><td>×××</td><td>送达人</td><td>×××</td></tr>
</table>

会 议 记 录

时间：2016 年 10 月 8 日

地点：会议室

参加人员：×××、×××、×××、×××、×××、×××

主持：×××　　　　　　**记录：**×××

会议内容：关于对“中国××股份有限公司定西分公司不自觉履行行政处罚罚款缴纳，申请区人民法院强制执行的决定”。

法制股汇报：中国××股份有限公司定西分公司行政处罚诉讼权利期限已过但一直未自觉履行缴纳罚款，2016 年 9 月 26 日下发了催告书，但仍未缴纳，依照法律规定，现应申请区人民法院对其进行强制执行，请参会人员讨论。

会议决定：经与会人员讨论一致认定：中国××股份有限公司定西分公司目无法规、我行我素、拒缴罚款行为应依法申请法院强制执行。

承办人员应依法及时将中国××股份有限公司定西分公司材料送达至安定区人民法院申请强制执行。

定西市安定区环境保护局
申请人民法院强制执行审批表

<table>
<tr><td>案由</td><td colspan="4">涉嫌违反《中华人民共和国环境保护法》《中华人民共和国大气污染防治法》《中华人民共和国环境影响评价法》案</td><td>案号</td><td>安环申〔2016〕第×××号</td></tr>
<tr><td rowspan="3">申请人</td><td>单 位（姓 名）</td><td colspan="3">定西市安定区环境保护局</td><td>电话号码</td><td>0932-826××××</td></tr>
<tr><td>地 址（住 址）</td><td colspan="5">定西市安定区区政府 2 号统办楼 16 楼</td></tr>
<tr><td>法定代表（负责）人</td><td>×××</td><td>职 务</td><td>局长</td><td>组织机构代码</td><td>×××</td></tr>
<tr><td>委托代理人</td><td colspan="6">×××</td></tr>
<tr><td rowspan="4">被申请人</td><td>单 位（姓 名）</td><td colspan="3">中国××股份有限公司
定西分公司</td><td>电话号码</td><td>×××</td></tr>
<tr><td>地 址（住 址）</td><td colspan="5">甘肃省定西市安定区××路××号</td></tr>
<tr><td>营业执照注册号</td><td colspan="3">×××</td><td>组织机构代码</td><td>×××</td></tr>
<tr><td>法定代表（负责）人</td><td>敏某某</td><td>职 务</td><td>经理</td><td>身份证号码</td><td>623027××××××××××××</td></tr>
<tr><td>委托代理人</td><td colspan="6">×××</td></tr>
<tr><td>申请理由和依据（事实、法律）</td><td colspan="6">中国××股份有限公司定西分公司在未办理任何环境影响评价审批手续的情况下，于 2005 年 10 月擅自在原××传输局家属院内安装一台 2 t 燃煤锅炉用于供热。在项目建设中未落实环保“三同时”验收制度，超标排放大气污染物。依据《中华人民共和国环境影响评价法》第三十一条第一款、《中华人民共和国环境影响评价法》第二十五条和《中华人民共和国大气污染防治法》第九十九条第二项的规定，依法对该公司进行了处罚。
现依据《中华人民共和国行政诉讼法》第九十七条、《中华人民共和国行政处罚法》第五十一条的规定，特申请贵院依法对中国××股份有限公司定西分公司拒缴罚款强制执行。</td></tr>
<tr><td>社会风险评估</td><td colspan="6">该案件无执行风险。（附：风险评估报告）</td></tr>
<tr><td>承办机构意见</td><td colspan="6">依法申请执行，请××局长审批。
签名：××× 2016 年 10 月 5 日</td></tr>
<tr><td>分管领导意见</td><td colspan="6">同意。
签名：××× 2016 年 10 月 5 日</td></tr>
<tr><td>局 长 意 见</td><td colspan="6">同意。
签名：××× 2016 年 10 月 5 日</td></tr>
<tr><td>出 庭 领 导</td><td colspan="3"></td><td colspan="2">报送人员</td><td></td></tr>
</table>

风险评估报告

一、基本情况

中国××股份有限公司定西分公司涉嫌违反《中华人民共和国大气污染防治法》《中华人民共和国环境影响评价法》一案，迄今该公司未在法定期限内自觉履行行政处罚罚款缴纳，我局依法申请定西市安定区人民法院强制执行。

二、社会稳定风险评估情况

（一）合法性分析

该案件在执法中涉及的立案、审批、处罚等程序均符合环境保护等法律、法规。

（二）合理性分析

该公司在原××传输局家属院内安装的燃煤锅炉未批先建，未验先投，超标排放大气污染物，严重污染大气环境并影响周围居民的身心健康，现依法申请定西市安定区人民法院强制执行符合社会公众利益和广大人民群众的根本利益。

（三）可控性分析

不会引起集体上访、重大社会治安问题和其他社会稳定问题。

三、稳定风险综合评价

综上所述，我局对中国××股份有限公司定西分公司，依法申请定西市安定区人民法院强制执行的决策不会产生任何的法律错误、社会稳定风险。

定西市安定区环境保护局
强 制 执 行 申 请 书

安环申〔2016〕第×××号

申请机关：定西市安定区环境保护局
地　　址：×××
法定代表人：董某某　　　　　**职　务：**局　长
地　　址：同　上　　　　　　**电　话：**×××
被申请机关：中国××股份有限公司定西分公司
地　　址：定西市安定区××路××号
营业执照：×××
组织机构代码：×××
负 责 人：敏某某，男，回族，现年43岁，甘肃兰州人。家住甘肃省兰州市××区××号××室。系该公司经理。
电　　话：×××
身份证号码：×××
案　　由：拒缴违反《中华人民共和国环境影响评价法》《中华人民共和国大气污染防治法》罚款

经查实，受处罚单位中国××股份有限公司定西分公司在未办理任何环境影响评价审批手续的情况下，于2005年10月擅自在原××传输局家属院内安装一台2 t燃煤锅炉用于供热。在项目建设中未落实环保“三同时”验收制度，超标排放大气污染物。

根据《中华人民共和国环境影响评价法》《中华人民共和国大气污染防治法》和《中华人民共和国行政处罚法》的规定，我局于2016年1月26日对其下达了“责令改正违法行为决定书”（安环责改字〔2016〕第×××号）。决定书下达后，该公司置国家法律法规于不顾、我行我素，并未停止、改正其违法排污行为。2月2日，依法下达了“环境保护行政处罚事先告知书”（安环罚告字〔2016〕第×××号）及“环境保护行政处罚听证告知书”（安环罚听告字〔2016〕第×××号）。3月17日，正式下达了“环境保护行政处罚决定书”（安环罚字〔2016〕第×××号）。

在该公司未自觉履行罚款缴纳义务的情况下，我局于2016年9月26日，再次下达了

“定西市安定区环境保护局催告书”（安环催告字〔2016〕第×××号）。

上述告知、决定、催告等书均送达至被申请机关中国××股份有限公司定西分公司。迄今为止，被申请机关在法定的期限内既未申请行政复议，也未向人民法院诉讼，又不履行罚款缴纳决定。现依据《中华人民共和国行政诉讼法》第九十七条、《中华人民共和国行政处罚法》第五十一条的规定，特申请贵院依法对被申请机关中国××股份有限公司定西分公司应缴纳的违反《中华人民共和国环境影响评价法》伍万元（￥50 000.00）人民币罚款、《中华人民共和国大气污染防治法》壹拾万元（￥100 000.00）人民币罚款强制执行。

此致

定西市安定区人民法院

申请机关（盖章）

定西市安定区环境保护局

法定代表人（盖章）

×××

二〇一六年十月十三日

附：中国××股份有限公司定西分公司违法案卷材料副本一宗，共 49 页。

法定代表人身份证明书

（法人当事人用）

董某某在我局任局长职务，是我环保局的法定代表人。

特此证明。

2016年[illegible]月15日

附：法定代表人住址：×××

电　　话：×××

注：本件的年月日上方应写明单位全称，加盖公章后送交人民法院。

授权委托书（之二）

（法人或其他组织当事人的委托代理人用）

委托单位名称：定西市安定区环境保护局

所在地址：×××

法定代表人或代表人姓名：董某某　　职务：局长

受委托人姓名：×××　　　　　　　性别：男

工作单位：定西市安定区环境保护局

住址：×××　　　　　　　　　　　　电话：×××

现委托×××同志在我单位与中国××股份公司定西分公司一案中作为我方参加诉讼的委托代理人。委托权限如下：

代为承认、放弃、变更诉讼请求，进行和解、提起反驳或者上诉。

授权单位：定西市安定区环境保护局

2016 年 10 月 15 日

注：1. 本委托书供法人或其他组织的当事人委托参加诉讼的委托代理人用，委托单位应按有关法律规定，写明委托权限。

2. 年月日上方应写明委托单位全称，加盖公章后递交人民法院。

甘肃省定西市安定区人民法院

受理案件通知书

〔2016〕甘1102行审×××号

定西市安定区环境保护局：

你与被申请人中国××股份有限公司定西分公司环境行政处罚纠纷一案的执行申请书已经收到，经审查，符合《中华人民共和国行政诉讼法》和最高人民法院《关于执行〈中华人民共和国行政诉讼法〉若干问题的解释》规定的受理条件，我院决定立案受理，现将有关事项通知如下：

一、在诉讼过程中，当事人有权行使法律规定的诉讼权力，同时也必须遵守诉讼秩序，履行诉讼义务。

二、如需委托代理人代为诉讼，应向本院递交由委托人签名或盖章的授权委托书，授权委托书须载明委托事项和权限。

三、案件受理费2 150元，限于接到本通知书后七日内交纳，逾期不交纳的按自动撤诉处理。

二〇一六年十一月十七日

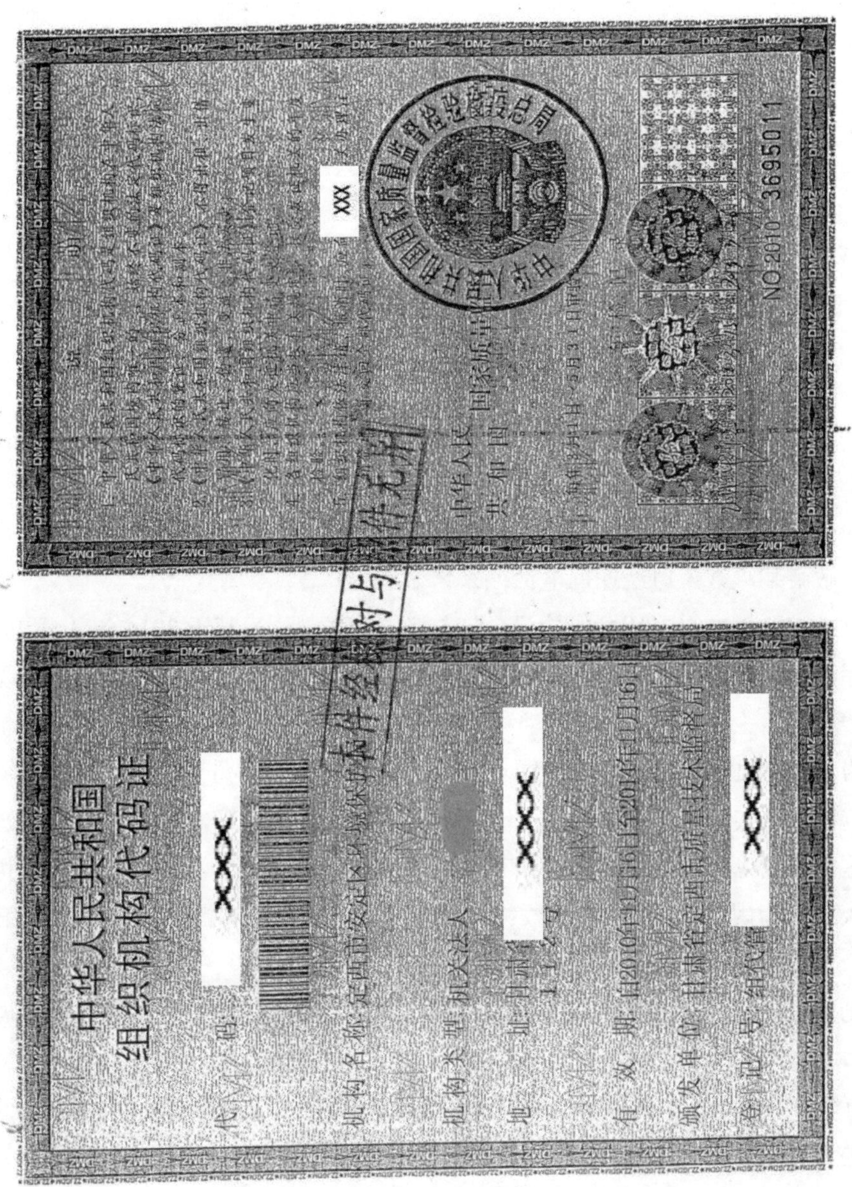

中华人民共和国
组织机构代码证

代　码：XXX

机构名称：定西市安定区环境保护局

机构类型：机关法人

地　址：甘肃省XXX
112号

有效期：自2010年11月16日至2014年11月16日

颁发单位：甘肃省定西市质量技术监督局

登记号：组代管XXX

此件经核对与原件无异

说　明

XXX

中华人民共和国　国家质量监督检验检疫总局

NO.2010　3695011

甘肃省定西市安定区人民法院

行 政 裁 定 书

〔2016〕甘 1102 行审×××号

申请执行人：定西市安定区环境保护局，住所地：×××

法定代表人：董某某，该局局长

委托代理人：×××，电话：×××

被执行人：中国××股份有限公司定西分公司，住所地：×××

法定代表人：敏某某，该公司经理，电话：×××

申请执行人定西市安定区环境保护局，向本院申请强制执行其于 2016 年 3 月 17 日作出的安环罚字〔2016〕第×××号行政处罚决定，本院受理后，依法进行了审查，现已审查终结。

本院认为，申请执行人定西市安定区环境保护局所作的安环罚字〔2016〕第×××号行政处罚决定认定事实清楚，主要证据充分，适用法律、法规正确，程序合法，该处罚决定书合法送达并已发生法律效力，申请执行人的强制执行申请符合法律规定，应予执行。依照《中华人民共和国行政诉讼法》第六十六条，《中华人民共和国行政强制法》第五十三条、第五十七条的规定，裁定如下：

准予强制执行定西市安定区环境保护局所作的安环罚字〔2016〕第×××号行政处罚决定。

申请执行费 2 150 元，由被执行人中国××股份有限公司定西分公司负担。

本裁定送达后即发生法律效力。

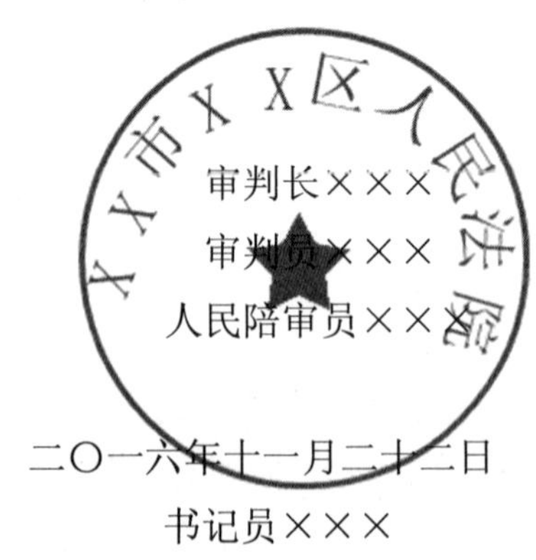

审判长×××

审判员×××

人民陪审员×××

二〇一六年十一月二十二日

书记员×××

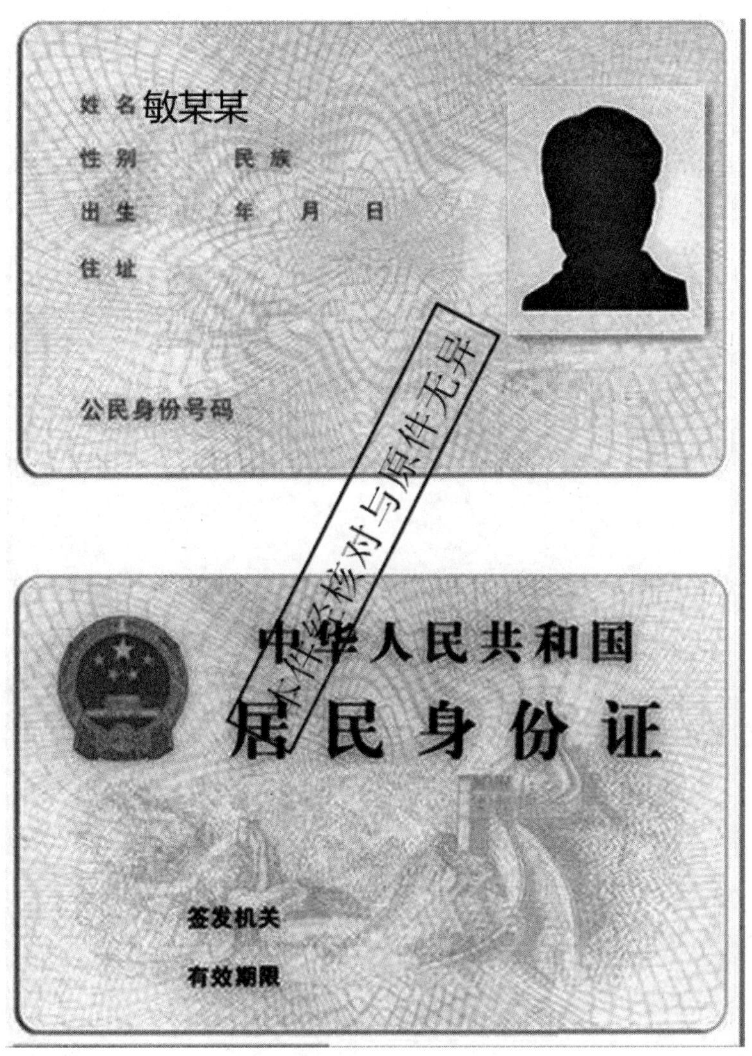
姓 名 敏某某
性 别 民 族
出 生 年 月 日
住 址
公民身份号码
本件经核对与原件无异
中华人民共和国
居民身份证
签发机关
有效期限

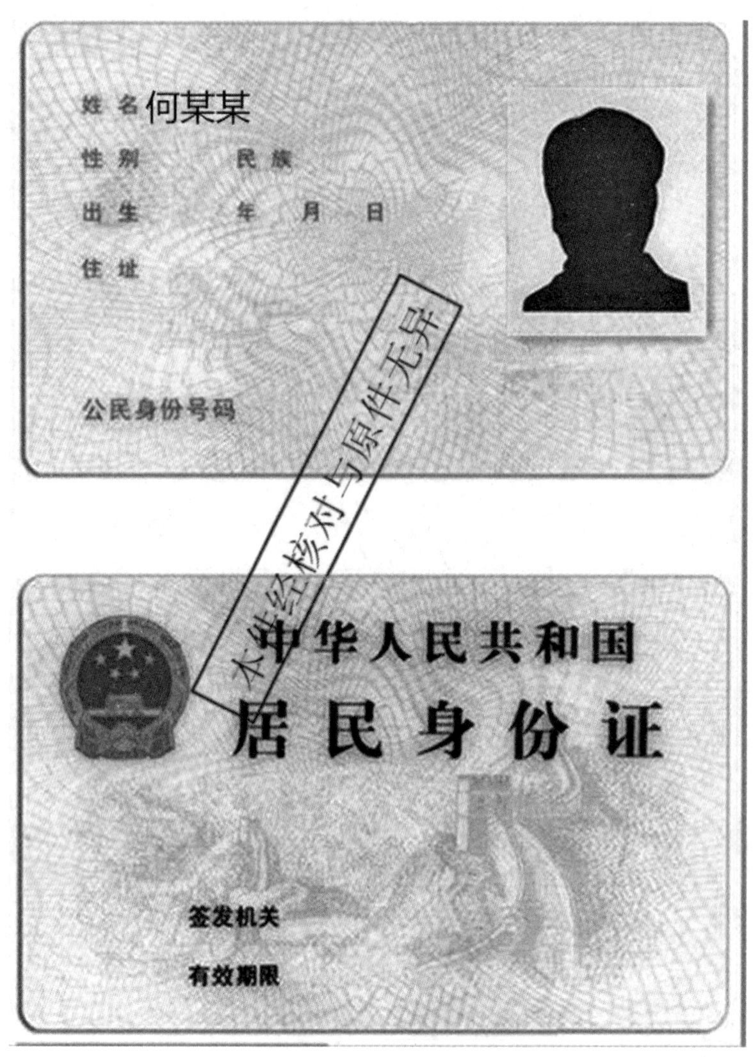
姓名 何某某
性别
民族
出生
年
月
日
住址
公民身份号码
本件经核对与原件无异
中华人民共和国
居民身份证
签发机关
有效期限

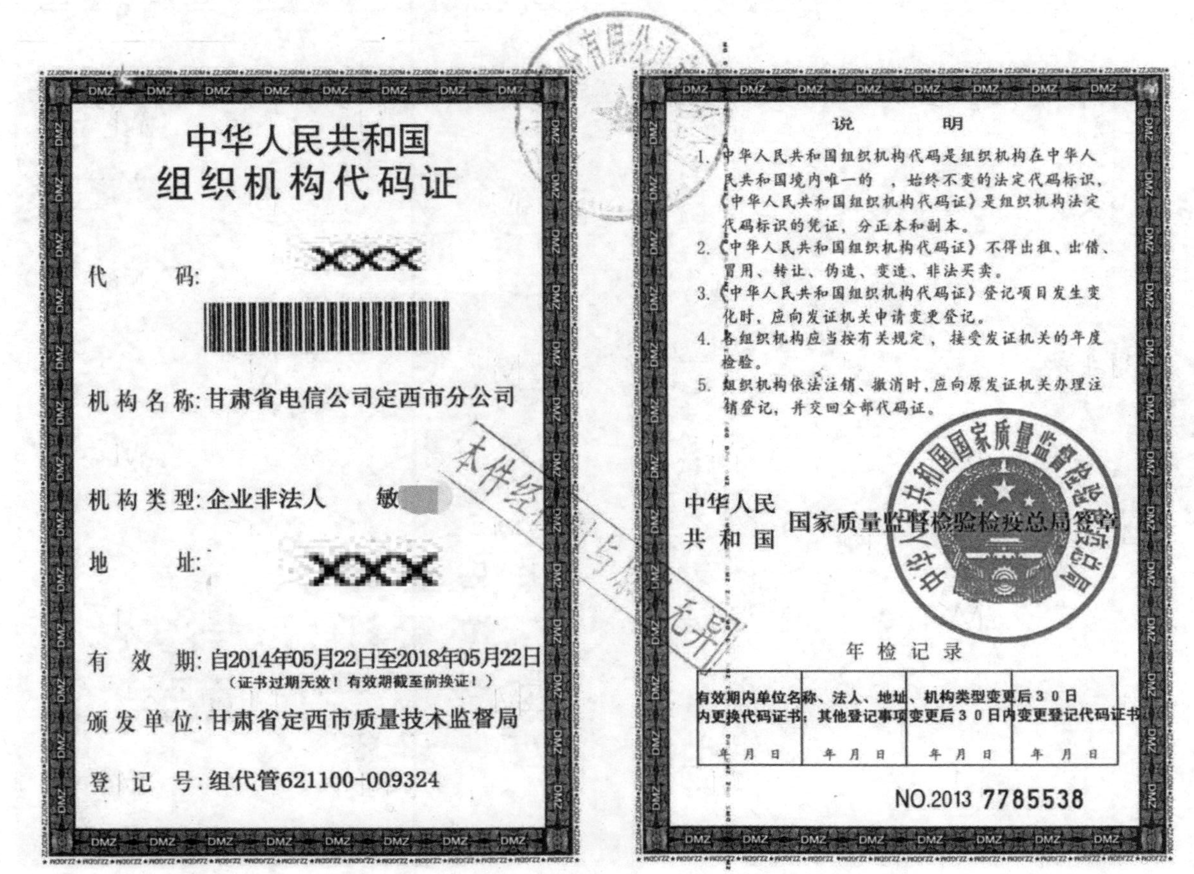

中华人民共和国
组织机构代码证

代　　码：XXX

机构名称：甘肃省电信公司定西市分公司

机构类型：企业非法人　　敏

地　　址：XXX

有 效 期：自2014年05月22日至2018年05月22日
（证书过期无效！有效期截至前换证！）

颁发单位：甘肃省定西市质量技术监督局

登 记 号：组代管621100-009324

说　　明

1. 中华人民共和国组织机构代码是组织机构在中华人民共和国境内唯一的，始终不变的法定代码标识，《中华人民共和国组织机构代码证》是组织机构法定代码标识的凭证，分正本和副本。
2. 《中华人民共和国组织机构代码证》不得出租、出借、冒用、转让、伪造、变造、非法买卖。
3. 《中华人民共和国组织机构代码证》登记项目发生变化时，应向发证机关申请变更登记。
4. 各组织机构应当按有关规定，接受发证机关的年度检验。
5. 组织机构依法注销、撤消时，应向原发证机关办理注销登记，并交回全部代码证。

中华人民共和国　国家质量监督检验检疫总局签章

年检记录

有效期内单位名称、法人、地址、机构类型变更后30日内更换代码证书；其他登记事项变更后30日内变更登记代码证书			
年 月 日	年 月 日	年 月 日	年 月 日

NO.2013 7785538

本件经核对与原件无异

营业执照

注册号 000000000000000

名　　称　××××××公司
类　　型　有限责任公司
住　　所　××市××区××号
法定代表人　×××
注册资本　×××万元
成立日期　0000年00月00日
营业期限　0000年00月00日至0000年00月00日
经营范围　××××××××、××××××××、××××××××、×××××××××××、××××××、××××××、××××××、×××××××××、×××××××××、××××××××、××××××××、×××××××××、×××××××××、×××××××××、×××××××××

登记机关

0000年00月00日

此件经核对与原件无异

甘肃省行政执法主体资格证

根据有关法律法规的规定和国务院《全面推进依法行政实施纲要》的要求，确认你单位具备行政执法主体资格，准予依法开展行政执法活动。

单 位 名 称：定西市安定区环境保护局　　法定代表人（负责人）：XXX

办 公 地 址：XXX　　管 辖 地 域：安定区

主 体 性 质：法定行政机关

执 法 职 权：行政许可　行政处罚　行政强制　行政征收

发证机关：

有效日期：2014年 4月 1日至2019年 4月 1日

本件经核对与原件无异

姓　　名 董某某

工作单位 定西市安定区环境保护局

执法类别 环境保护监督管理

执法区域 安定区

证件编号 ******

有效日期 2014年4月1日至2019年4月1日

本件经核对与原件无异

根据中华人民共和国有关法律，持证人具有法律、法规和规章规定的行政执法权。

According to the relevant laws of the People's Republic of China, the Holder is entitled to have the Administrative Power of Law Enforcement Stipulated by Laws, Rules and Regulations.

甘肃省人民政府

Gansu Province People's Government

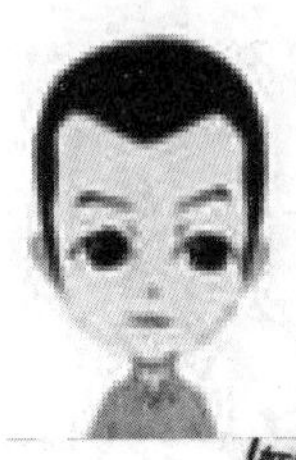

姓　　名　王某某
工作单位　定西市安定区环境保护局
执法类别　环境保护监督管理
执法区域　安定区
证件编号　*****
有效日期　2014年4月1日至2019年4月1日

根据中华人民共和国有关法律，持证人具有法律、法规和规章规定的行政执法权。

According to the relevant laws of the People's Republic of China, the Holder is entitled to have the Administrative Power of Law Enforcement Stipulated by Laws, Rules and Regulations.

甘肃省人民政府
Gansu Province People's Government

姓　　名　李某某
工作单位　定西市安定区环境保护局
执法类别　环境保护监督管理
执法区域　安定区
证件编号　*****
有效日期　2014年4月1日至2019年4月1日

根据中华人民共和国有关法律，持证人具有法律、法规和规章规定的行政执法权。

According to the relevant laws of the People's Republic of China, the Holder is entitled to have the Administrative Power of Law Enforcement Stipulated by Laws, Rules and Regulations.

甘肃省人民政府
Gansu Province People's Government

姓　　名 焦某某

工作单位 定西市安定区环境保护局

执法类别 环境保护监督管理

执法区域 安定区

证件编号 *****

有效日期 2015年7月20日至2020年7月20日

根据中华人民共和国有关法律，持证人具有法律、法规和规章规定的行政执法权。

According to the relevant laws of the People's Republic of China, the Holder is entitled to have the Administrative Power of Law Enforcement Stipulated by Laws, Rules and Regulations.

甘肃省人民政府

Gansu Province People's Government

本件经核对与原件一致

姓　　名 薛某某

工作单位 定西市安定区环境保护局

执法类别 环境保护监督管理

执法区域 安定区

证件编号 *****

有效日期 2015年5月1日至2020年5月1日

根据中华人民共和国有关法律，持证人具有法律、法规和规章规定的行政执法权。

According to the relevant laws of the People's Republic of China, the Holder is entitled to have the Administrative Power of Law Enforcement Stipulated by Laws, Rules and Regulations.

甘肃省人民政府

Gansu Province People's Government

本件经核对与原件一致

姓　　名　柳某某

工作单位　定西市安定区环境保护局

执法类别　环境保护监督管理

执法区域　安定区

证件编号　*****

有效日期　2014年4月1日至2019年4月1日

根据中华人民共和国有关法律，持证人具有法律、法规和规章规定的行政执法权。

According to the relevant laws of the People's Republic of China, the Holder is entitled to have the Administrative Power of Law Enforcement Stipulated by Laws, Rules and Regulations.

甘肃省人民政府

Gansu Province People's Government

副 卷

卷内文件目录

顺序号	文号	责任者	题　　名	日 期	页 号	备 注
1	〔2016〕×××号	中国××定西分公司	行为人身份证复印件		64～65	
2			组织机构代码复印件		66	
3			营业执照复印件		67	
4			会议记录		68	
5			行政处罚决定书副本		70～72	
6			强制执行申请书副本		74～76	

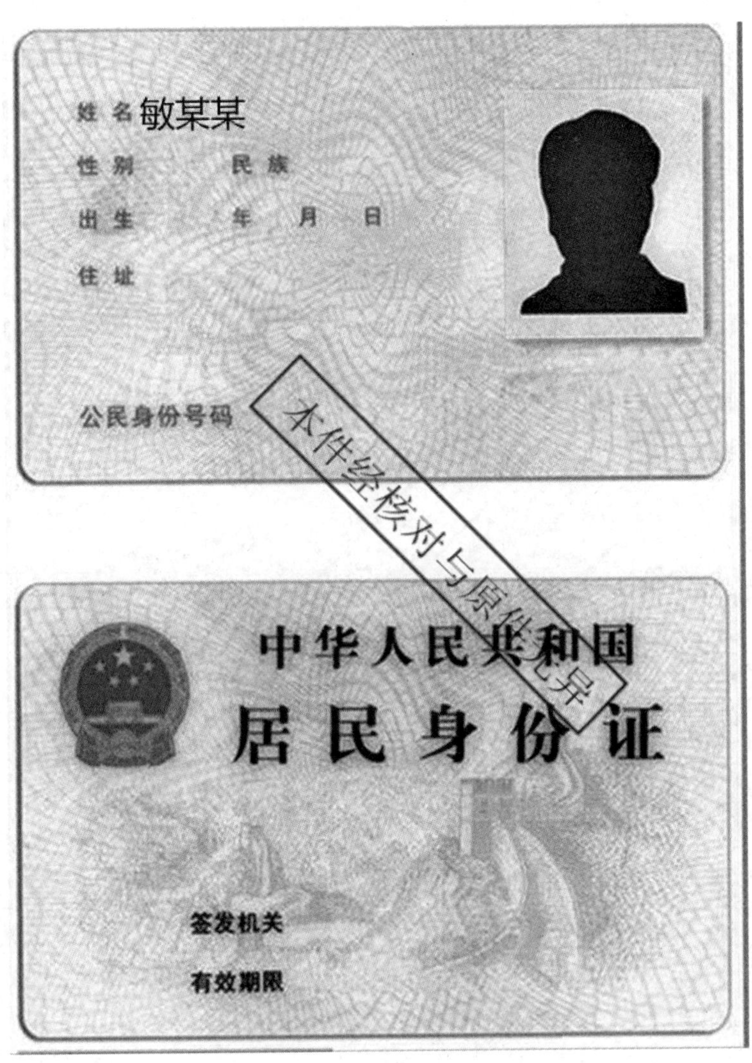
姓名 敏某某
性别 民族
出生 年 月 日
住址
公民身份号码
本件经核对与原件无异
中华人民共和国
居民身份证
签发机关
有效期限

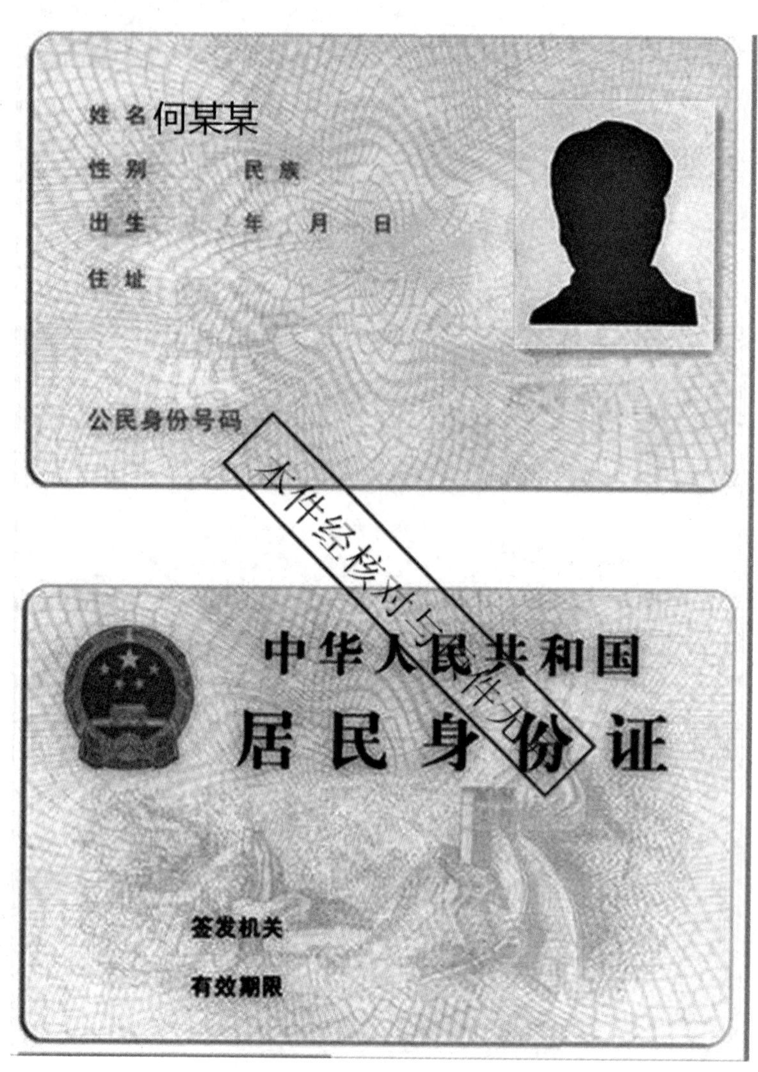

姓名 何某某

性别 民族

出生 年 月 日

住址

公民身份号码

中华人民共和国

居民身份证

签发机关

有效期限

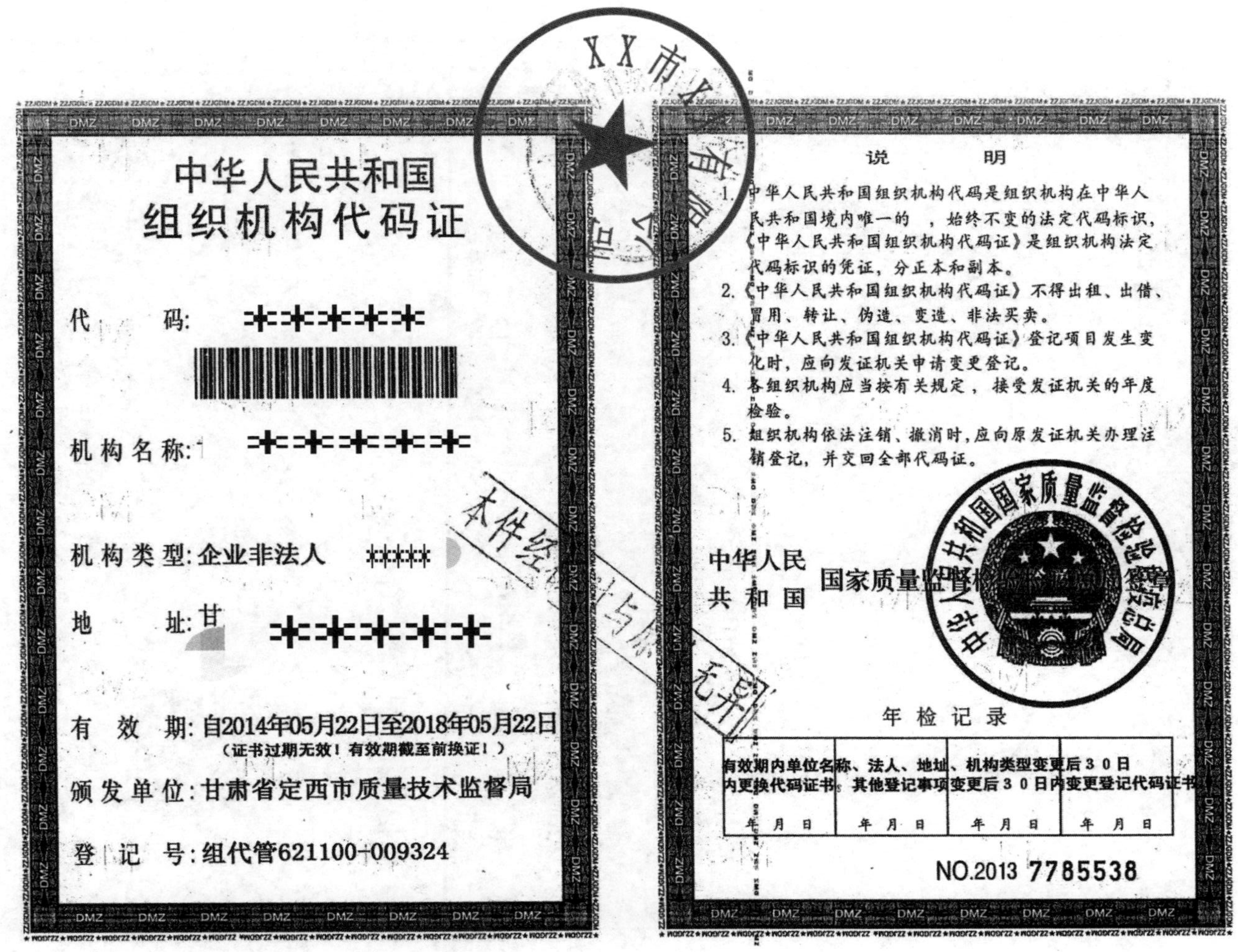

中华人民共和国
组织机构代码证

代　　码：******

机构名称：******

机构类型：企业非法人　*****

地　　址：甘******

有 效 期：自2014年05月22日至2018年05月22日

（证书过期无效！有效期截至前换证！）

颁发单位：甘肃省定西市质量技术监督局

登 记 号：组代管621100-009324

说　　明

1. 中华人民共和国组织机构代码是组织机构在中华人民共和国境内唯一的，始终不变的法定代码标识，《中华人民共和国组织机构代码证》是组织机构法定代码标识的凭证，分正本和副本。
2. 《中华人民共和国组织机构代码证》不得出租、出借、冒用、转让、伪造、变造、非法买卖。
3. 《中华人民共和国组织机构代码证》登记项目发生变化时，应向发证机关申请变更登记。
4. 各组织机构应当按有关规定，接受发证机关的年度检验。
5. 组织机构依法注销、撤消时，应向原发证机关办理注销登记，并交回全部代码证。

中华人民共和国　国家质量监督检验检疫总局

年检记录

有效期内单位名称、法人、地址、机构类型变更后30日内更换代码证书，其他登记事项变更后30日内变更登记代码证书

年　月　日	年　月　日	年　月　日	年　月　日

NO.2013 7785538

营业执照

注册号 000000000000000

名　　称 ××××××公司
类　　型 有限责任公司
住　　所 ××市××路××号
法定代表人 ×××
注册资本 ×××万元整
成立日期 0000年00月00日
营业期限 0000年00月00日至0000年00月00日
经营范围 ××××××××，××××××××，××××××××，××××××××××，××××××，××××××，××××××××，××××××××，××××××××，××××××××，××××××××，××××××××，××××××××，××××××××，××××××××。

本件经核对与原件无异

××市××有限公司

登记机关

0000年00月00日

2016 年 10 月 8 日

记录人：×××　　地点：局长办公室

主持人：×××　　参加人数：9

参加人员：×××　……

会议内容：1. 对定西××公司申请法院强制执行事实

2. ××案申请法院强制执行事实

3. 对××案是否立案查处

×××：今天开个短会，讨论对定西××公司及××拒不缴纳罚款，申请法院强制执行事实。

×××：需要执行的案子，一是××公司，二是××。××公司未批先建，且违反《大气污染防治法》，并拒不配合我们的工作。×××也是未批先建，且违反《大气污染防治法》，而且是市督查的案子。

×××：××是否改造了锅炉？

×××：新装了一台，改造了。

×××：先放一放。

×××：还有就是 2016 年 2 月 6 日查到的××公司是否立案，……（与本案件无关，讨论内容略去）。

×××：……定西××公司的依法执行。

×××：同意。

×××：同意。

×××：同意。

×××：同意。

×××：同意。

×××：同意。

今日最后集体研究讨论决定：

1. 对×××案件进行立案。

2. 对定西××公司依法申请法院强制执行。

3. 对××进行核实，并将情况上报市环保局。

签名：×××　……

2016.10.8

定西市安定区环境保护局发文稿纸

<table>
<tr><td>安环发〔2016〕×××号</td><td>缓急</td><td>密级</td></tr>
<tr><td>签发

××× 10.18</td><td colspan="2">会签

呈请董局长审签 ×××2016.10.18</td></tr>
<tr><td colspan="3">主送：定西市安定区人民法院</td></tr>
<tr><td colspan="3">抄送：</td></tr>
<tr><td>拟稿单位 法制股</td><td>拟稿</td><td>核稿</td></tr>
<tr><td>印刷</td><td>校对</td><td>份数 2</td></tr>
<tr><td colspan="3">附件</td></tr>
<tr><td colspan="3">主题词</td></tr>
<tr><td colspan="3">标题 强制执行申请书</td></tr>
<tr><td colspan="3">（正文附后）</td></tr>
</table>

申请法院强制执行材料

金华××电动车厂环境违法强制执行案

金华××电动车厂环境违法强制执行案

【案件提供单位】

浙江省金华市环境保护局

【案件简介】

2015 年 12 月 29 日，浙江省金华市环境保护局对金华××电动车厂进行执法检查时发现，该公司人力、电动三轮车项目未经环保审批擅自投入生产，金华市环保局依法责令该公司立即停止生产，并处罚款 4.5 万元，该公司停止生产，但拒不缴纳罚款，2016 年 11 月 15 日，金华市环保局向婺城区人民法院申请强制执行，该公司已于 2016 年 11 月 30 日上缴罚款。

【专家点评】

金华××电动车厂环境违法申请强制执行案立案及时、手续完备。该案法律适用正确、全面，针对现行《环境影响评价法》的立法不足，能够灵活适用《建设项目环境保护条例》，体现出执法人员的办案能力较强。该案依法履行了催告等程序，申请强制执行的程序符合法律规定，申请执行手续完备、材料齐全。

（一）该案的优点

1．事实调查清楚，证据详细充分

该案现场勘验仔细、证据材料全面。执法人员制作的现场检查笔录图文并用，现场照片清晰、完整，能够真实、准确地反映违法行为。执法人员围绕当事人的违法事实展开询问，调查询问笔录内容紧扣违法行为，内容较完整。

2．自由裁量体系设计科学合理，裁量权行使规范

该案自由裁量根据行业情况、企业规模、主观过错等因素确定了裁量的两套系数 11 个因子，处罚细致、有据，并且就处罚自由裁量权进行了审议。同时在 2016 年 2 月 19 日，针对违法情节较重和处罚金额较高，执法部门还对处罚发起了合议，并制作集体审议记录，充分保障当事人的合法权益。

（二）存在的问题和建议

1．自由裁量系数的适用应进一步阐明

该案在自由裁量权依据等方面可以进一步完善。在适用自由裁量平均系数或调整系数时，建议附加具体文件依据，提升行使自由裁量权的合法、合理性。

2．该案在法律适用上可以更细致严谨

首先，该案涉及“未批先建”并已建成投入生产或者使用，根据全国人大常委会法制工作委员会2007年3月21日作出的《关于建设项目环境管理有关法律适用问题的答复意见》（法工委复〔2007〕2号）规定，建设单位同时构成“未批先建”和违反环保设施“三同时”验收制度两个违法行为的，应当分别依法作出相应处罚。其次，本案未批先投违法行为的认定适用《环境保护法》第十九条第二款、《中华人民共和国环境影响评价法》第二十五条和《建设项目环境保护条例》第十六条、第二十三条（本案未验先投项目已配套建设部分污染防治设施并投入运行）。

案 卷 目 录

序 号	材 料 名 称	文 号	形成日期	页 次	备 注
1	行政处罚决定书	金环罚字〔2016〕×××号	2016-03-07	1～3	
2	行政处罚决定书送达回执		2016-03-09	4	
3	立案登记表	金环立〔2016〕×××号	2016-01-06	5	
4	现场勘察笔录		2015-12-29	6～7	
5	现场照片		2015-12-29	8～9	
6	监测报告		2016-01-12	10～12	
7	调查询问笔录		2016-01-21	13～15	
8	营业执照复印件			16	
9	组织机构代码			17	
10	法定代表人身份证复印件			18	
11	受调查人身份证明			19	
12	初审建议			20	
13	调查报告		2016-02-01	21	
14	初审表		2016-02-14	22	
15	审议记录		2016-02-19	23	
16	（事先）听证告知书	金环罚先告〔2016〕×××号	2016-02-22	24～25	
17	（事先）听证告知书送达回证		2016-02-24	26	
18	现场勘察笔录		2016-04-26	27	
19	现场照片证据		2016-04-26	28～29	
20	催告书		2016-09-22	30	
21	催告书送达回证		2016-09-22	31	
22	强制执行申请材料		2016-11-15	32～34	
23	法院裁定书		2016-11-25	35～36	
24	移送函		2016-11-25	37	
25	移送函送达回证		2016-11-29	38	
26	罚没缴纳电子回单		2016-11-30	39	
27	结案报告		2016-12-01	40	

金华市环境保护局行政处罚决定书

金环罚字〔2016〕×××号

金华××电动车厂：

营业执照注册号：×××

组织机构代码：×××

法定代表人：孙某某

详细地址：×××

2015 年 12 月 29 日—2016 年 2 月 1 日，在我局组织的执法检查中，执法人员经调查核实，发现你单位有以下环境违法行为：年产 2 000 台人力、电动三轮车生产项目未经环保审批，未经“三同时”验收，擅自投入生产。且生产废水超标排放，经监测，化学需氧量为 679 mg/L，氨氮为 26 mg/L。

我局认为，你单位的行为违反了《中华人民共和国环境保护法》第 19 条第 2 款“未依法进行环境影响评价的开发利用规划，不得组织实施；未依法进行环境影响评价的建设项目，不得开工建设”及《建设项目环境保护管理条例》第 9 条第 1 款“建设单位应当在建设项目可行性研究阶段报批建设项目环境影响报告书、环境影响报告表或者环境影响登记表；但是，铁路、交通等建设项目，经有审批权的环境保护行政主管部门同意，可以在初步设计完成前报批环境影响报告书或者环境影响报告表”、第 20 条第 1 款“建设项目竣工后，建设单位应当向审批该建设项目环境影响报告书、环境影响报告表或者环境影响登记表的环境保护行政主管部门，申请该建设项目需要配套建设的环境保护设施竣工验收”的规定，已构成违法。具体有以下证据证明：

（一）现场检查（勘察）笔录 1 份共 1 页，证明执法人员 2015 年 12 月 29 日在你单位现场检查，并采取水样。

（二）现场照片 4 张，照片 1 证明你单位厂名厂址，照片 2、照片 3 证明你单位生产车间状况，照片 4 证明执法人员在你单位采取水样。

（三）监测报告（金环监报〔2015〕水字第×××号）一份，证明你单位 2015 年 12 月 29 日向环境排放水污染物浓度超过国家规定的标准。

（四）调查询问笔录 1 份共 3 页：证明你单位年产 2 000 台人力、电动三轮车生产项目未经环保审批，未经“三同时”验收，擅自投入生产，且生产废水超标排放的违法事实。

（五）你单位营业执照复印件、组织机构代码证复印件、法定代表人身份证复印件各 1

份共 3 页，证明你单位法律上的主体身份。

2016 年 2 月 24 日，我局向你单位送达了行政处罚（事先）听证告知书（金环罚先告〔2016〕×××号），告知你单位违法事实、处罚依据和拟作出的处罚决定，告知享有陈述申辩和申请听证的权利。你单位逾期未提出陈述申辩，也未申请听证。

现我局根据《中华人民共和国环境保护法》第 61 条“建设单位未依法提交建设项目环境影响评价文件或者环境影响评价文件未经批准，擅自开工建设的，由负有环境保护监督管理职责的部门责令停止建设，处以罚款，并可以责令恢复原状”、《建设项目环境保护管理条例》第 28 条“违反本条例规定，建设项目需要配套建设的环境保护设施未建成、未经验收或者经验收不合格，主体工程正式投入生产或者使用的，由审批该建设项目环境影响报告书、环境影响报告表或者环境影响登记表的环境保护行政主管部门责令停止生产或者使用，可以处 10 万元以下的罚款”的规定，责令你单位停止生产，同时我局决定作出如下行政处罚：

罚款人民币 4.5 万元。

限于接到本处罚决定之日起十五日内缴至指定银行和账号，逾期不缴纳罚款的，我局将每日按罚款数额的 3%加处罚款。

收款银行：金华银行市府支行

户名：金华市财政局政府非税资金财政专户

账号：×××

执收单位：金华市环境保护局

如不服本处罚决定，可在接到决定书之日起六十日内向浙江省环境保护厅或金华市人民政府申请复议，也可以在接到本决定书之日起六个月内直接向金华市婺城区人民法院起诉。

逾期不申请复议，也不向人民法院起诉，又不履行处罚决定的，我局将依法申请人民法院强制执行。

金华市环境保护局行政处罚执法文书

送 达 回 执

受送达单位（人）：金华市××电动车厂

送达文件名称及文件编号：金华市环境保护局行政处罚决定书金环罚字〔2016〕×××号

送达方式：直接送达　送达地点：金华市××电动车厂办公室

送达人：×××、×××　　送达日期：2016年3月9日16时05分

收件人：×××　　收件日期：2016年3月9日16时15分

××市环境保护局

2016年3月9日

备注：

注：本文书一式二联，第一联收件人签字后随卷存档，第二联备查。

金华市环境保护局
环境违法行为立案登记表

立案号：金环立〔2016〕×××号

当 事 人	金华××电动车厂				
法人代表	孙某某	职务	—	电话	×××
地　址	×××				
案件来源	执法检查				
案情简介	2015年12月29日，我局执法人员对金华××电动车厂进行执法检查时发现，该当事人年产2 000台人力、电动三轮车项目涉嫌未批先产，且污水超标排放，违反了《中华人民共和国环境保护法》第19条第2款及《建设项目环境保护管理条例》第9条第1款、第20条第1款之规定。				
承办人意见	建议立案查处。 承办人：×××、×××　　2016年1月6日				
监察大队意见	同意立案。 负责人：×××　　2016年1月6日				
婺城分局意见	同意。 （签名）：×××　　2016年1月6日				
市环保局分管领导意见	同意。 （签名）：×××　　2016年1月6日				

金华市环境保护局
现场检查（勘察）笔录

检查（勘察）时间：2015年12月29日16时10分至16时40分

检查（勘察）地点：厂区（×××）

被检查（勘察）人名称（姓名）：金华××电动车厂

法定代表人（负责人）：孙某某

现场负责人姓名：孙某某　年龄：49　职务：

工作单位：金华××电动车厂　与本案关系：

身份证号码：×××电话：×××

地址：浙江省××市××镇××村××家××号

检查（勘察）人：×××、×××　记录人：×××

其他见证人：

检查（勘察）人：我们是金华市环境保护局执法人员×××、×××，这是我们的执法证件，执法证号分别是：×××、×××（亮证），请您过目确认。

被调查（询问）人对执法人员出示证件、表明身份的确认记录：已确认。

调查（询问）人：今天依法对你单位进行检查，你必须如实回答，你依法享有陈述权、申辩权和申请执法人员回避的权利，听清楚了吗？

答：听清楚了，不申请回避。孙某某

现场情况：1. 检查时该公司正在生产，主要从事电动车生产、销售。2. 该公司水膜除尘废水未经处理直接排入外环境。3. 该公司生产项目未经环保部门审批。4. 执法人员对该公司水膜除尘废水厂区西侧外排口采样一瓶。5. 检查情况已拍照。

以上情况属实，与实际情况一致。××× 2015.12.29

被检查（勘察）人或现场负责人签名：×××　时间：2015.12.29

见证人签名：　时间：2015.12.29

检查（勘察）人签名：×××、×××　时间：2015.12.29

记录人签名：×××　时间：2015.12.29

第1页　共2页

现场勘察图

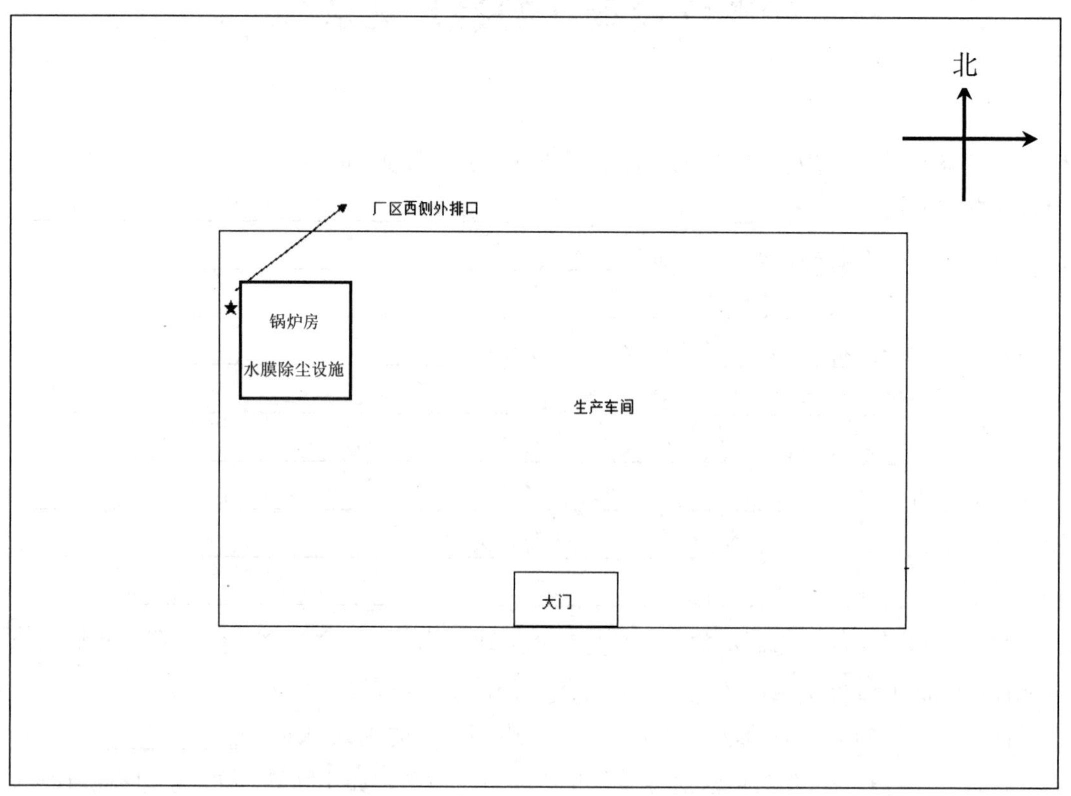

以上情况属实，与实际情况一致。×××　　2015.12.29

被检查（勘察）人或现场负责人签名：×××　　时间：2015.12.29

见证人签名：　　时间：2015.12.29

检查（勘察）人签名：×××、×××　　时间：2015.12.29

记录人签名：×××　　时间：2015.12.29

第 2 页　　共 2 页

现场执法检查照片

注：金华××电动车厂大门

拍摄时间：2015 年 12 月 29 日　　　　拍摄人：×××

执法人员：×××、×××　　　　当事人签名：×××

见证人签名：×××

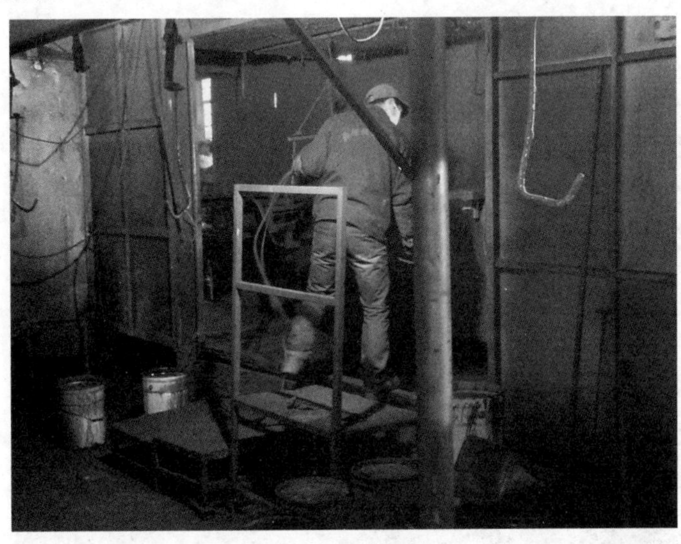

注：金华××电动车厂生产车间正在生产

拍摄时间：2015 年 12 月 29 日　　　　拍摄人：×××

执法人员：×××、×××　　　　当事人签名：×××

见证人签名：×××

现场执法检查照片

注：金华××电动车厂生产车间正在生产

拍摄时间：2015 年 12 月 29 日　　　　拍摄人：×××

执法人员：×××、×××　　　　当事人签名：×××

见证人签名：×××

注：执法人员对金华市××电动车厂生产产生的水膜除尘废水进行采样

拍摄时间：2015 年 12 月 29 日　　　　拍摄人：×××

执法人员：×××、×××　　　　当事人签名：×××

见证人签名：×××

监 测 报 告

Monitoring　Report

金环监报〔2015〕水字第LS×××号

项目名称：废水中化学需氧量、总铬等的监测

监测类别：环境执法监测（金华××电动车厂）

委托单位：金华市环境保护局婺城分局

金华市环境监测中心站

说　明

一、本报告无批准人签名，或涂改，或未加盖金华市环境监测中心站红色监测报告专用章及骑缝章均无效。

二、本报告部分复制，或完整复制后未加盖金华市环境监测中心站红色监测报告专用章均无效。

三、本报告未经本站认可不能用于本次监测目的以外的其他用途；本报告正文共 1 页。

四、由委托方采样送检的样品，本报告只对来样负责。

五、本报告正本一份，副本二份，共三份。

金华市环境监测中心站

法人代表：×××

地址：金华市××路××号

邮编：×××

电话：×××

传真：×××

委托单位：金华市环境保护局婺城分局

检测目的：环境执法监测　　委托日期：2015.12.30

样品种类：废水　　收样日期：2015.12.30

样品来源：金华××电动车厂（金华市环境保护局婺城分局送样）

采样地点：××工业区　　检测日期：2015.12.30—2016.01.06

委托单编号：〔2015〕水字第 LS491 号

监测分析方法表

分析项目	分析方法	测试仪器	仪器编号
化学需氧量	水质 化学需氧量的测定 重铬酸盐法 GB/T 11914—1989	自动滴定仪	Z097
氨氮	水质 氨氮的测定 纳氏试剂分光光度法 HJ 535—2009	722 分光光度计	Z148
总磷	水质 总磷的测定 钼酸铵分光光度法 GB/T11893—1989	722 分光光度计	Z071
总铜、总锌、总镍	电感耦合等离子子发射光谱法《水和废水监测分析方法》（第四版增补版）国家环保总局（2002 年）	等离子发射光谱仪	Z072
总铬	水质 总铬的测定 高锰酸钾氧化-二苯碳酰二肼分光光度法 GB/T 7466—1987	722 分光光度计	Z063

监　测　结　果

单位：mg/L

样品编号	送样单位自述采样点位	样品性状	化学需氧量	氨氮	总镍	总铜	总锌	总铬	总磷
LS491-1	厂区西侧外排口	浑、黑色	679	26.0	—	—	—	—	0.061
LS491-2	厂区酸洗池	稍浑、淡黄	—	—	19.8	11.7	501	0.082	—

报告编制：×××　　校核：×××　　审核批准：×××

批准日期：××年××月××日

金华市环境监测中心站（监测专用章）

金华市环境保护局
调查询问笔录

第 1 页共 2 页

日　期：2016 年 1 月 21 日　时间（起讫至分）：09：30—10：30

地　点：金华市环境保护局婺城分局环境监察大队办公室

案　由：

被询问人：孙某某　性别：男　年龄：49 岁

工作单位：金华××电动车厂

职务：　电话：×××

家庭住址：浙江省建德市××镇××家××号

询问人：×××、×××　记录人：×××

参加人：

我们是金华市环境保护局婺城分局执法人员：×××、×××执法证件名称及号码分别是：×××、×××（亮证）。今天依法对你单位进行检查并询问有关情况，你必须如实回答，你依法享有陈述权、申辩权和申请办案人员回避权利，听清楚了吗？

答：听清楚了。我不申请回避。

问：请介绍一下你单位的基本情况。

答：我单位的名称是金华××电动车厂，地址：×××，注册号：×××（1/1），组织机构代码：×××，企业的投资人是我，名叫：孙某某，身份证号：×××，联系电话：×××。

问：请问你单位的主要从事什么项目？

答：我单位的主要项目为年产量 2 000 台人力、电动三轮车。

问：请问你单位该项目是否经过环保部门审批？

答：我单位的该项目未经环保部门审批。

问：请问你单位何时投入运营的？

被调查人签名：×××　时间：2016.1.21　参加人签名：×××

询问人签名：×××　时间：2016.1.21　记录人签名：×××　时间：2016.1.21

金华市环境保护局
调查询问笔录

答：大概是 2012 年 5 月。

问：你单位的投资额是多少？

答：总投资额 20 万元左右。

问：请问你单位主要的生产工艺流程是怎么样的？

答：材料→切割→电焊→抛丸喷漆→成品。

问：2015 年 12 月 29 日我局执法人员在对你公司检查时发现，你公司水膜除尘废水未经污水处理设施处理直接排放入外环境，经我采样监测，监测结果为：化学需氧量为 679 mg/L、氨氮为 26.0 mg/L，均属超标范围，现告知你监测结果，请问你是否清楚？

答：清楚，马上我们将水膜除尘废水进行处理，不外流。

问：根据你公司的环境违法行为，下一步我局将依照环保法律法规作出处理。

答：好的。

问：你还有没有其他补充？

答：没有。

问：以上情况是否属实？

答：情况属实。

以下空白

以上笔录我已看过和我说的一样。　　×××　2016.1.21

被调查人签名：×××　　时间：2016.1.21　　参加人签名：×××

询问人签名：×××　　时间：2016.1.21　　记录人签名：×××　　时间：2016.1.21

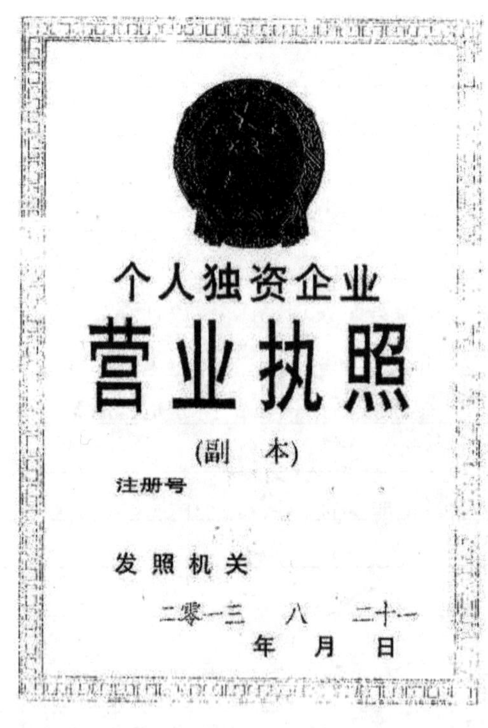
个人独资企业
营业执照
(副 本)
注册号
发照机关
二零一三 八 二十一
年 月 日

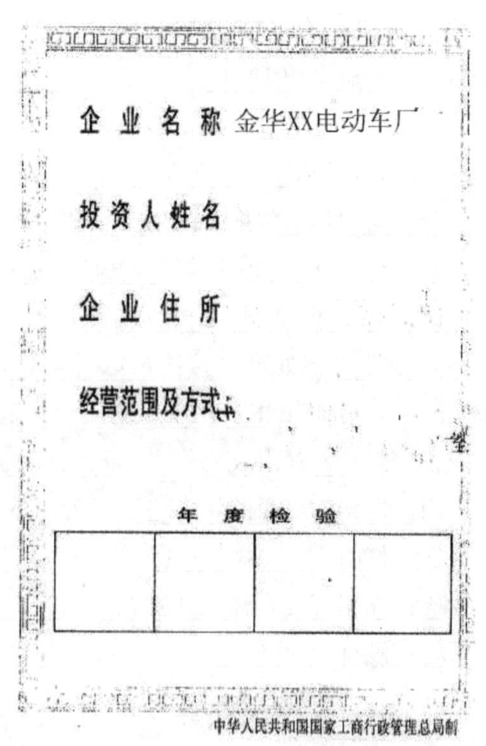
企业名称 金华XX电动车厂
投资人姓名
企业住所
经营范围及方式
年度检验

中华人民共和国国家工商行政管理总局制

此复印件复印于金华市××电动车厂孔某某处，经核对与原件内容一致，现原件存放于××处。提供人是×××，提供时间为2016年1月21日。提供人签名：×××，执法人员签名：×××、×××。

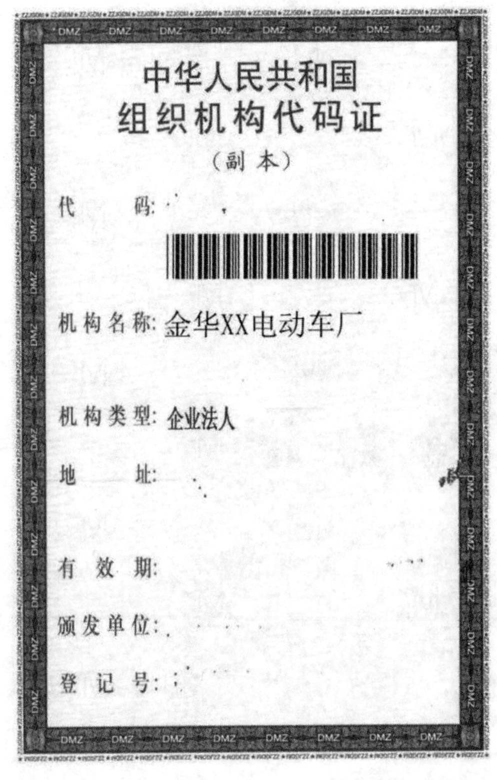

中华人民共和国
组织机构代码证
（副本）

代　　码：

机构名称：金华XX电动车厂

机构类型：企业法人

地　　址：

有 效 期：

颁发单位：

登 记 号：

说　　明

1. 中华人民共和国组织机构代码是组织机构在中华人民共和国境内唯一的，始终不变的法定代码标识，《中华人民共和国组织机构代码证》是组织机构法定代码标识的凭证，分正本和副本。
2. 《中华人民共和国组织机构代码证》不得出租、出借、冒用、转让、伪造、变造、非法买卖。
3. 《中华人民共和国组织机构代码证》登记项目发生变化时，应向发证机关申请变更登记。
4. 各组织机构应当按有关规定，接受发证机关的年度检验。
5. 组织机构依法注销、撤消时，应向原发证机关办理注销登记，并交回全部代码证。

中华人民共和国　国家质量监督检验检疫总局签章

年检记录

年 月 日	年 月 日	年 月 日	年 月 日

NO.2013　4503307

此复印件复印于金华市××电动车厂孔某某处，经核对与原件内容一致，现原件存放于××处。提供人是×××，提供时间为2016年1月21日。提供人签名：×××，执法人员签名：×××、×××。

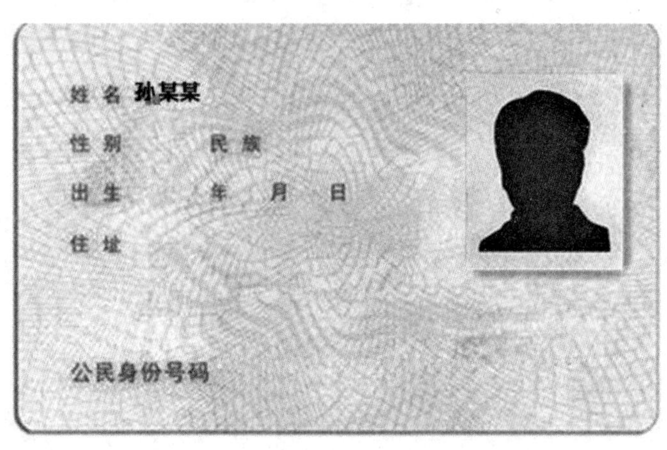

此复印件复印于金华市××电动车厂孙某某处，经核对与原件内容一致，现原件存放于××处。提供人是×××，提供时间为2016年1月21日。提供人签名：×××，执法人员签名：×××、×××。

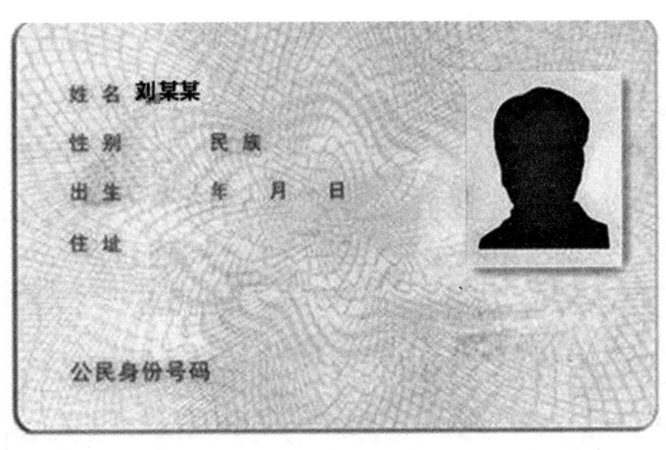

此复印件复印于金华市××电动车厂刘某某处，经核对与原件内容一致，现原件存放于××处。提供人是×××，提供时间为 2016 年 1 月 21 日。提供人签名：×××，执法人员签名：×××、×××。

金华市环境保护局行政处罚自由裁量初审建议

表一

基本情况

当事人	金华××电动车厂	裁量幅度
案由	年产 2 000 台人力、电动三轮车项目未批先产	

注：裁量幅度为处罚高限与处罚低限之差。

表二

裁量平均系数

裁量因子	规模	行业	危害程度	排污强度	固废量/t	其他	处罚金额/万元
等级类别	20	三轮车制造	—	—	—	—	
系数取值	0.3	0.6	—	—	—	—	4.5
平均系数							

表三

调整系数

调整因子	过错责任	违法次数	整改情况	环境影响程度	社会影响程度	合计
—						
特殊调整原因						

处罚低限+（处罚高价−处罚低价）×[（行业分类+企业规模）/2]×（1）=

0+（10−0）×（（0.3+0.6）/2）×（1）=4.50（最后处罚金额为 4.5 万元）

参加初审人员签字：×××、×××、×××、×××、×××、×××、×××

2016 年 2 月 1 日

金华市环境保护局案件调查报告

<table>
<tr><td>案　　由</td><td colspan="3">涉嫌建设项目未批先产</td></tr>
<tr><td>案件来源</td><td colspan="3">执法检查</td></tr>
<tr><td>当 事 人</td><td colspan="3">金华××电动车厂</td></tr>
<tr><td>法人代表</td><td>孙某某</td><td>职务</td><td>—</td></tr>
<tr><td>地　　址</td><td>×××</td><td>电话</td><td>×××</td></tr>
<tr><td colspan="4">调查经过：2015 年 12 月 29 日，我局执法人员对金华××电动车厂进行执法检查时发现，该当事人年产 2 000 台人力、电动三轮车项目涉嫌未批先产，且污水超标排放，随后我局执法人员对该环境违法行为进行了调查取证。</td></tr>
<tr><td colspan="4">查明的事实和证据：2015 年 12 月 29 日—2016 年 2 月 1 日查实，该当事人年产 2000 台人力、电动三轮车项目在未经环评审批情况下，于 2012 年 5 月底擅自投入生产，现场执法人员对该厂区西侧外排口采集了水样，经监测，结果为化学需氧量为 679 mg/L、氨氮为 26 mg/L 均超过《污水综合排放标准》（GB 8978—1996）表 4 一级标准（化学需氧量为 100 mg/L、氨氮为 15 mg/L），违反了《中华人民共和国环境保护法》第 19 条第 2 款及《建设项目环境保护管理条例》第 9 条第 1 款、第 20 条第 1 款之规定。以上事实有现场检查（勘察）笔录、调查询问笔录、照片等证据为证。</td></tr>
<tr><td colspan="4">处理依据：依据《中华人民共和国环境保护法》第 61 条和《建设项目环境保护管理条例》第 28 条的规定。</td></tr>
<tr><td colspan="4">处理意见：
1．责令金华××电动车厂年产 2 000 台人力、电动三轮车项目停止生产。
2．拟罚款肆万伍仟元整。

调查人（签名）：×××、×××　　　　2016 年 2 月 1 日</td></tr>
<tr><td colspan="4">婺城分局意见：

同意

负责人：×××、×××　　　　2016 年 2 月 1 日</td></tr>
</table>

金华市环境保护局行政执法文书

行政处罚初审表

案　由：未批先产

案件登记号：金环立〔2016〕×××号

当事人：金华××电动车厂

地址：×××

调查报告时间：2016 年 2 月 1 日　　　　报告人：×××、×××

初审意见：2015 年 12 月 29 日—2016 年 2 月 1 日，在我局组织的执法检查中，发现当事人年产 2 000 台人力、电动三轮车项目未经环保审批，未经环保验收，擅自投入生产，且生产废水超标排放，经监测，化学需氧量为 679 mg/L，氨氮为 26 mg/L。建议提交审议。

审核意见：	审批意见：
同意	同意
法制机构负责人：××× 2016 年 2 月 14 日	主管领导：××× 2016 年 2 月 14 日

案件集体审议记录

案件名称：金华××电动车厂未批先产

案　　号：金环立〔2016〕6 号

时　　间：2016 年 2 月 19 日 14 时 00 分至 15 时 00 分

地　　点：局会议室

集体讨论原因：对当事人重大违法行为给予较重行政处罚

主持人：石某某　　**职务：**局长　　**记录人：**金某某

参加人员：李某某、王某某、胡某某、施某某、吕某某、金某某、蒋某某

法制审核人汇报案件情况：2015 年 12 月 29 日—2016 年 2 月 1 日，在我局组织的执法检查中，发现当事人年产 2 000 台人力、电动三轮车生产项目未经环保审批，未经“三同时”验收，擅自投入生产。且生产废水超标排放，化学需氧量为 679 mg/L，氨氮为 26 mg/L。以上违法行为有调查笔录、现场勘察笔录、照片、监测报告等证据为证。当事人的行为违反了《中华人民共和国环境保护法》第 19 条第 2 款、《建设项目环境保护管理条例》第 9 条第 1 款、第 20 条第 1 款的规定，根据《中华人民共和国环境保护法》第 61 条、《建设项目环境保护管理条例》第 28 条的规定，拟给予当事人：1.责令停止生产；2.罚款 4.5 万元的行政处罚。

参加讨论人员意见和理由：

石某某：同意！

李某某：同意！

王某某：同意！

胡某某：同意！

施某某：同意！

吕某某：同意！

金某某：同意！

蒋某某：同意！

结论性意见：1.责令停止生产；2.罚款 4.5 万元。

出席人员签名：×××、×××、×××、×××

×××、×××、×××、×××

金华市环境保护局
行政处罚（事先）听证告知书

金环罚先告〔2016〕×××号

金华××电动车厂：

营业执照注册号：×××

组织机构代码：×××

法定代表人：孙某某

详细地址：×××

2015年12月29日—2016年2月1日，在我局组织的执法检查中，执法人员经调查核实，发现你单位有以下环境违法行为：年产2 000台人力、电动三轮车生产项目未经环保审批，未经“三同时”验收，擅自投入生产。且生产废水超标排放，经监测，化学需氧量为679 mg/L，氨氮为26 mg/L。

我局认为，你单位的行为违反了《中华人民共和国环境保护法》第19条第2款“未依法进行环境影响评价的开发利用规划，不得组织实施；未依法进行环境影响评价的建设项目，不得开工建设”及《建设项目环境保护管理条例》第9条第1款“建设单位应当在建设项目可行性研究阶段报批建设项目环境影响报告书、环境影响报告表或者环境影响登记表；但是，铁路、交通等建设项目，经有审批权的环境保护行政主管部门同意，可以在初步设计完成前报批环境影响报告书或者环境影响报告表”、第20条第1款“建设项目竣工后，建设单位应当向审批该建设项目环境影响报告书、环境影响报告表或者环境影响登记表的环境保护行政主管部门，申请该建设项目需要配套建设的环境保护设施竣工验收”的规定，已构成违法。该违法行为有调查询问笔录、现场检查（勘察）笔录、现场检查照片、监测报告等证据为证。

对于你单位未经环保审批，未经环保“三同时”验收，擅自投入生产，且生产废水超标排放的违法行为，我局根据《中华人民共和国环境保护法》第61条“建设单位未依法提交建设项目环境影响评价文件或者环境影响评价文件未经批准，擅自开工建设的，由负有环境保护监督管理职责的部门责令停止建设，处以罚款，并可以责令恢复原状”、《建设项目环境保护管理条例》第28条“违反本条例规定，建设项目需要配套建设的环境保护设施未建成、未经验收或者经验收不合格，主体工程正式投入生产或者使用的，由审批该建设项目环境影响报告书、环境影响报告表或者环境影响登记表的环境保护行政主管部门责令停止生产或者使用，可以处 10 万元以下的罚款”的规定，责令你单位停止生产，并拟作出如下行政处罚：

罚款人民币 4.5 万元。

根据《中华人民共和国行政处罚法》第三十一条、第三十二条的规定，如你单位对我局上述认定的违法事实、处罚依据及处罚内容等有异议的，可提出书面陈述、申辩意见，或七日内到我局进行陈述、申辩。根据该法第四十二条的规定，你单位有权要求听证；你单位如果要求听证，可在收到本告知书之日起三日内向我局书面提出听证申请；逾期未提出听证申请，视为你单位放弃听证要求。逾期不提供陈述、申辩意见，又不要求举行听证，我局将依法作出行政处罚决定。

单位地址：金华市××街××号市府大院××楼

邮政编码：×××

联 系 人：×××、×××

联系电话：×××

特此告知。

2016 年 2 月 22 日

金华市环境保护局行政处罚执法文书

送 达 回 执

受送达单位（人）：金华市××电动车厂

送达文件名称及文件编号：金华市环境保护局行政处罚决定书金环罚先告〔2016〕×××号

送达方式：直接送达　送达地点：金华市××电动车厂办公室

送达人：×××、×××　送达日期：2016年2月24日14时41分

收件人：×××　收件日期：2016年2月24日14时43分

×××

（公章）

2016年2月24

备注：

本人放弃陈述申辩

×××　2016年2月24日

注：本文书一式二联，第一联收件人签字后随卷存档，第二联备查。

金华市环境保护局
现场检查（勘察）笔录

检查（勘察）时间：2016年4月26日9时30分至10时30分

检查（勘察）地点：厂区×××

被检查（勘察）人名称（姓名）：金华××电动车厂

法定代表人（负责人）：孙某某

现场负责人姓名：______年龄：______职务：______

工作单位：______与本案关系：______

身份证号码：______电话：______

地址：______

检查（勘察）人：×××、×××　记录人：×××

其他见证人：______

检查（勘察）人：我们是金华市环境保护局执法人员×××、×××，这是我们的执法证件，执法证号分别是：×××、×××（亮证），请您过目确认。

被调查（询问）人对执法人员出示证件、表明身份的确认记录：______

______

调查（询问）人：今天依法对你单位进行检查，你必须如实回答，你依法享有陈述权、申辩权和申请执法人员回避的权利，听清楚了吗？

答：______

现场情况：根据金环罚字〔2016〕×××号文件要求，我局执法人员对金华××电动车厂进行执法后督察，经现场检查。

1．企业停产，未发现生产迹象，设备设施已搬离，现场无人管理；2．企业厂房出租，用于做建材仓库使用；3．检查情况已拍照。

（因企业已停产，设备已搬离，现场未发现与原厂有关人员）

被检查（勘察）人或现场负责人签名：　时间：2016.4.26

见证人签名：×××　时间：2016.4.26

检查（勘察）人签名：×××、×××　时间：2016.4.26

记录人签名：×××　时间：2016.4.26

现场照片（图片、影像资料）证据

注：金华××电动车厂，厂区已搬离，现已作为建材仓库使用

拍摄时间：2016 年 4 月 26 日　　拍摄人：×××

执法人员：×××、×××　　当事人签名：

见证人签名：×××

注：金华××电动车厂原生产车间，已作为仓库使用

拍摄时间：2016 年 4 月 26 日　　拍摄人：×××

执法人员：×××、×××　　当事人签名：

见证人签名：×××

现场照片（图片、影像资料）证据

注：金华××电动车厂原生产车间，已作为仓库使用

拍摄时间：2016 年 4 月 26 日　　　　拍摄人：×××

执法人员：×××、×××　　　　当事人签名：

见证人签名：×××

履行行政处罚决定催告书

金华××电动车厂：

营业执照注册号：×××

组织机构代码：×××

法定代表人：孙某某

详细地址：×××

2016 年 3 月 7 日，我局对你单位作出了“金环罚字〔2016〕×××号”行政处罚决定：罚款人民币 4.5 万元。行政处罚决定书于 2016 年 3 月 9 日送达你单位。你单位至今未履行。

你单位在法定期限内未申请复议，也未向人民法院起诉，又不履行本处罚决定的，我局将申请人民法院强制执行。现根据《中华人民共和国行政强制法》第五十四条的规定，我局催告你单位立即履行尚未履行的行政处罚决定：罚款人民币 4.5 万元及加处罚款（接到处罚决定 15 日内未缴纳的，每日按罚款数额的 3%加处罚款）。本催告书送达 10 日后你单位仍未履行义务的，我局将依法向婺城区人民法院申请强制执行。

2016 年 9 月 22 日

金华市环境保护局行政处罚执法文书

送 达 回 执

受送达单位（人）：金华市××电动车厂

送达文件名称及文件编号：履行行政处罚决定催告书

送达方式：直接送达　　送达地点：金华市××电动车厂办公室

送达人：×××、×××　　送达日期：2016年9月22日 15 时 20 分

收件人：×××　　收件日期：2016年9月22日 15 时 25 分

（公　章）

2016 年 9 月 22 日

备注：

注：本文书一式二联，第一联收件人签字后随卷存档，第二联备查。

金华市环境保护局行政处罚强制执行申请书

金环罚申字〔2016〕×××号

申请人：金华市环境保护局

地址：金华市××街××号市府大院××楼×楼

法定代表人： 石某某　　　　职务： 局　长

被申请人：金华××电动车厂

营业执照注册号：×××　　　　组织机构代码：×××

法定代表人：孙某某　　　　详细地址：×××

案由：2015年12月29日—2016年2月1日，在我局组织的执法检查中，执法人员经调查核实，发现你单位有以下环境违法行为：年产2 000台人力、电动三轮车生产项目未经环保审批，未经“三同时”验收，擅自投入生产。且生产废水超标排放，经监测，化学需氧量为679 mg/L，氨氮为26 mg/L。

对被申请人的环境违法行为，我局于2016年3月7日依法对被申请人作出行政处罚决定：1.责令停止生产；2. 罚款人民币4.5万元。该案的金环罚字〔2016〕×××号《行政处罚决定书》于2016年3月9日直接送达被申请人。被申请人逾期未提起行政复议，也未提起行政诉讼。经4月26日后督察，被申请人已停止生产。2016年9月22日我局依法下达《行政处罚决定催告书》，并于9月22日直接送达被申请人。

迄今为止，被申请人在规定的期限内未履行缴纳罚款的处罚决定。根据《中华人民共和国行政诉讼法》第六十五条的规定，特申请你院强制执行行政处罚：

罚款人民币4.5万元，加处罚款4.5万元。

此致

婺城区人民法院

附件：《行政处罚决定书》副本 1 份。

金华市环境保护局

法定代表人：×××

2016年11月15日

授权委托书

金华市婺城区人民法院：

委托单位：金华市环境保护局

地址：金华市××街××号市府大院×号楼

法定代表人：石某某

受委托人：

金某某，女，金华市环保局法宣处处长

联系电话：×××（办）×××

胡某某，男，金华市环保局婺城环保分局局长助理

联系电话：×××（办）×××

兹授权金某某、胡某某代表我局申请强制执行金环罚字〔2016〕×××号行政处罚决定。

授权范围：全权委托，享有代为承认、变更、进行和解等权利。

授权单位：金华市环境保护局

法定代表人：×××

2016 年 11 月 15 日

法定代表人身份证明书

石某某同志在我环保局任局长职务，是我局的法定代表人。

特此证明。

2016年1[illegible]月15日

附：法定代表人住址：

电　　话：

注：企业事业单位、机关、团体的主要负责人为本单位的法定代表人。

金华市婺城区人民法院

行政裁定书

〔2016〕浙0702行审×××号

申请执行人金华市环境保护局，住所地金华市×××街×××号市府大院×××号楼×楼。

法定代表人石某某，局长。

委托代理人金某某，该局法宣处处长。

委托代理人胡某某，该局婺城环保分局局长助理。

被执行人金华××电动车厂（个人独资企业），住所地×××。

业主孙某某，男，19××年××月××日出生，汉族，住××省××市×××村××号。

金华市环境保护局于2016年3月7日作出金环罚字〔2016〕×××号行政处罚决定，认定：金华××电动车厂年产2 000台人力、电动三轮车生产项目未经环保审批，未经环保“三同时”验收，擅自投入生产。且生产废水超标排放，经监测，化学需氧量为679 mg/L，氨氮为26 mg/L。其行为违反《中华人民共和国环境保护法》第十九条第二款及《建设项目环境保护管理条例》第九条第一款、第二十条第一款规定，已构成违法。根据《中华人民共和国环境保护法》第六十一条和《建设项目环境保护管理条例》第二十八条的规定，决定责令金华××电动车厂停止生产，并罚款人民币4.5万元。限收到处罚决定书之日起15日内缴纳到指定银行账户。如逾期不履行的，依据每日按罚款额的3%加处罚款。

2016年3月9日，金华市环境保护局将上述行政处罚决定书送达给金华××电动车厂。金华××电动车厂在规定期限内未停止生产，未履行缴款义务；既未申请行政复议，也未提起行政诉讼。金华市环境保护局于2016年9月22日经催告履行未果，于同年11月17日向本院申请强制执行（申请事项责令停止生产、罚款4.5万元并加处罚款4.5万元）。

本院受理后，依法组成合议庭，对申请执行的行政行为的合法性进行了审查。

经审查，本院认为：申请执行人作出的金环罚字〔2016〕×××号行政处罚决定，认定事实清楚，适用法律法规正确，执法程序并无不当。但对不需要采取司法强制措施的行政行为的案件执行，可由申请执行人负责实施。依照《中华人民共和国行政诉讼法》第九十七条、《行政强制法》第五十三条和五十七条等规定，裁定如下：

对申请执行人金华市环境保护局作出的金环罚字〔2016〕×××号行政处罚决定，准予强制执行，由申请执行人金华市环境保护局负责实施。

本裁定书送达之日即发生法律效力。

审 判 长　　×××

审 判 员　　×××

审 判 员　　××

二〇一六年十一月二十五日

书 记 员　　×××

金华市婺城区人民法院
非诉行政执行案件移送执行函

〔2016〕浙0703行审×××号

金华市环境保护局：

你局向本院申请强制执行的金环罚字〔2016〕×××号环境违法生产行政处罚一案，本院经审查后已裁定准予强制执行。依照市委办〔2007〕94号文件等规定，现交由你局负责执行实施。请你局将相关法律文书（详见送达回执）送达给被执行人后，及时制定执行方案、组织执行实施。送达回证请及时交回本院行政庭。你局在具体执行过程中，如果需要本院采取司法强制措施（查封、扣押、冻结、划拨、搜查、拘传、拍卖、变卖、司法拘留等），请你局及时向本院书面报告，由本院行政庭转交本院执行局审查办理。案件执行终结后，请你局将执结报告及相关材料及时报送本院。

二零一六年十一月二十五日

金华市婺城区人民法院

送达回证

<table>
<tr><td>案　　号</td><td colspan="4">〔2016〕浙 0702 行审×××号</td></tr>
<tr><td>案　　由</td><td colspan="4">环境违法行政处罚</td></tr>
<tr><td rowspan="12">送达文书
名称和件数</td><td>材料名称</td><td>份数</td><td>材料名称</td><td>份数</td></tr>
<tr><td>行政裁定书</td><td>1</td><td></td><td></td></tr>
<tr><td>执行告知书</td><td>1</td><td></td><td></td></tr>
<tr><td>执行通知书</td><td>1</td><td></td><td></td></tr>
<tr><td>报告财产令</td><td>1</td><td></td><td></td></tr>
<tr><td></td><td></td><td></td><td></td></tr>
<tr><td></td><td></td><td></td><td></td></tr>
<tr><td></td><td></td><td></td><td></td></tr>
<tr><td></td><td></td><td></td><td></td></tr>
<tr><td></td><td></td><td></td><td></td></tr>
<tr><td></td><td></td><td></td><td></td></tr>
<tr><td></td><td></td><td></td><td></td></tr>
<tr><td>受送达人</td><td colspan="4">金华××电动车厂</td></tr>
<tr><td>送达地址</td><td colspan="4">×××</td></tr>
<tr><td>受送达人
签名或盖章</td><td colspan="4">×××
2016 年 11 月 29 日</td></tr>
<tr><td>代 收 人
签名或盖章</td><td colspan="4">____年__月__日</td></tr>
<tr><td>送达方式</td><td>直接送达</td><td colspan="2">执行送达人</td><td>×××、×××</td></tr>
<tr><td>备注</td><td colspan="4"></td></tr>
<tr><td colspan="5">不能送达的原因或受送达人拒收理由：</td></tr>
</table>

电子回单

Bank　浙江XX银行　　　　　　　　　　网上银行电子回单　业务流水号XXX

付款人	户名	孙某某	收款人	户名	金华市婺城区财政局非税资金专户
	账号（卡号）	×××		账号（卡号）	×××
金额（小写）	¥45 000.00		金额（大写）	人民币肆万伍仟元整	
交易币种	人民币		交易类型	网银跨行互联	
交易摘要	网银跨行互联		交易时间	2016.11.30	
浙江XX银行	提示：此回单不作为到账通知，仅作为银行业务受理依据				

注：罚没缴纳电子回单

金华市环境保护局
行政处罚案件结案报告

单位（公章）

<table>
<tr><td>案　由</td><td>未批先产</td><td>案件来源</td><td>执法检查</td></tr>
<tr><td>当事人</td><td>金华××电动车厂</td><td>法定代表人</td><td>孙某某</td></tr>
<tr><td>工作单位</td><td></td><td>联系电话</td><td>×××</td></tr>
<tr><td>地址或住址</td><td colspan="3">×××</td></tr>
<tr><td>立案时间</td><td>2016 年 1 月 6 日</td><td>案件承办人</td><td>×××、×××</td></tr>
<tr><td>行政处罚
决定书文号</td><td colspan="3">金环罚字〔2016〕×××号</td></tr>
<tr><td>简要案情及查处经过</td><td colspan="3">2015 年 12 月 29 日—2016 年 2 月 1 日，在我局组织的执法检查中，执法人员经调查核实，发现当事人年产 2 000 台人力、电动三轮车生产项目未经环保审批，未经“三同时”验收，擅自投入生产。且生产废水超标排放，经监测，化学需氧量为 679 mg/L，氨氮为 26 mg/L。</td></tr>
<tr><td>行 政 处
罚 内 容</td><td colspan="3">罚款人民币 4.5 万元。</td></tr>
<tr><td>处罚执行方式及罚没财物的处置</td><td colspan="3">经申请法院强制执行，已履行。</td></tr>
<tr><td>法制机构
意　　见</td><td colspan="3">建议结案。
×××　2016.12.1</td></tr>
<tr><td>分管领导
审批意见</td><td colspan="3">同意
×××　2016.12.1</td></tr>
</table>

结　语

2016 年环境执法大练兵活动取得的突出成绩是各地执法工作者共同努力的结果，为了更好地发挥执法队伍的积极性和优势，我们希望大家通过各种形式向生态环境部推荐优秀和典型的环境执法案卷或者案件分析文章，欢迎广大支持和关心环境执法工作的同仁对环境执法案件给予更多的关注和意见。